OEUVRES

COMPLÈTES

DE MARMONTEL.

TOME XI.

LA PHARSALE.

DE L'IMPRIMERIE DE FIRMIN DIDOT,
IMPRIMEUR DU ROI, DE L'INSTITUT ET DE LA MARINE,
RUE JACOB, N° 24.

ŒUVRES
COMPLÈTES
DE MARMONTEL,

DE L'ACADÉMIE FRANÇAISE.

NOUVELLE ÉDITION

ORNÉE DE TRENTE-HUIT GRAVURES.

TOME XI.

A PARIS,

CHEZ VERDIÈRE, LIBRAIRE-ÉDITEUR,
QUAI DES AUGUSTINS, N° 25.

1819.

ŒUVRES

COMPLÈTES

DE DÉMOSTHÈNE

ET D'ESCHINE,

EN GREC ET EN FRANÇAIS.

Traduction de L'ABBÉ AUGER.

NOUVELLE ÉDITION, REVUE ET CORRIGÉE

PAR J. PLANCHE,

PROFESSEUR DE RHÉTORIQUE AU COLLÉGE ROYAL DE BOURBON;

Enrichie d'un beau portrait de Démosthène gravé d'après l'antique par M. Mécou.

NOUVEAU PROSPECTUS.

Nous n'avons aucune édition des OEuvres complètes de Démosthène et d'Eschine, où le texte soit en regard de la traduction. Il est étonnant que la typographie française n'ait pas encore donné un ouvrage qui fut nécessaire dans tous les temps, mais qui l'est bien davantage depuis le changement survenu dans nos institutions. Eschine et Démosthène ont brillé surtout dans les harangues politiques. Ce genre d'éloquence étant aujourd'hui d'une application beaucoup plus fréquente qu'avant notre révolution, l'étude, ou du moins la lecture de deux orateurs qui ont excellé dans ce genre, nous paraît indispensable à tous ceux qui suivent la carrière politique, et en général à tous ceux qui exercent des fonctions où l'on doit connaître l'art oratoire.

Cet ouvrage n'est pas moins nécessaire à tous les gens de lettres, et surtout aux instituteurs chargés de former la jeunesse au talent de la parole, et de lui faire connaître les plus beaux modèles de l'antiquité : il leur sera surtout avantageux d'avoir un texte pur et correct, imprimé avec le plus grand soin, et dans un format commode.

Nous avons fait usage de la traduction de l'abbé Auger, que nous avons préférée à celle de Tourreil, comme étant plus conforme au génie de l'orateur grec. Ce n'est pas que cette traduction n'ait essuyé des critiques, dont quelques-unes sont fondées. On lui a reproché d'abord d'être inférieure à l'original; mais ce défaut lui est commun avec toutes les autres traductions. On a relevé avec plus de justice des constructions vicieuses, des expressions triviales, quelquefois même des fautes contre le sens de l'auteur. M. Planche, professeur de rhétorique au collége royal de Bourbon, a revu cette traduction avec soin; il en a retouché tous les endroits défectueux et a fait disparaître tout ce qui était contraire au sens de l'original, ou à la pureté du style.

Au reste, nous prenons le public lui-même pour juge de notre entreprise. Afin qu'il puisse prononcer avec connaissance de cause sur le mérite de cette édition des OEuvres de Démosthène et d'Eschine, sous le double rapport de la partie littéraire et de la partie typographique, nous allons mettre sous ses yeux deux extraits de la harangue sur la Couronne par Démosthène, imprimés en grec et en français, sur le même papier et dans le même format que celui de l'ouvrage entier.

Εἰ μὲν τοίνυν τοῦτ' ἐπεχείρουν λέγειν, ὡς ἄρα ἐγὼ προήγαγον ὑμᾶς ἄξια τῶν προγόνων φρονεῖν, ὐκ ἔστιν ὅστις ὐκ ἂν εἰκότως ἐπιτιμήσειέ μοι· νῦν δ' ἐγὼ μὲν ὑμετέρας τὰς τοιαύτας προαιρέσεις ἀποφαίνω, καὶ δείκνυμι ὅτι καὶ πρὸ ἐμοῦ τοῦτ' εἶχε τὸ φρόνημα ἡ πόλις· τῆς μέν τοι διακονίας τῆς ἐφ' ἑκάστοις τῶν πεπραγμένων, καὶ ἐμαυτῷ μετεῖναί φημι· οὗτος δὲ τῶν ὅλων κατηγορῶν, καὶ κελεύων ὑμᾶς ἐμοὶ πικρῶς ἔχειν, ὡς φόβων καὶ κινδύνων αἰτίῳ τῇ Πόλει γεγενημένῳ, τῆς μὲν εἰς τὸ παρὸν τιμῆς ἐμὲ ἀποστερῆσαι γλίχεται, τὰ δ' εἰς ἅπαντα τὸν λοιπὸν χρόνον ἐγκώμια ὑμῶν ἀφαιρεῖται. Εἰ γάρ, ὡς ὐ τὰ βέλτιστα ἐμοῦ πολιτευσαμένου, τουδὶ καταψηφιεῖσθε, ἡμαρτηκέναι δόξετε, ὐ τῇ τῆς τύχης ἀγνωμοσύνῃ τὰ συμβάντα παθεῖν. Ἀλλ' ὐκ ἔστιν, ὐκ ἔστιν ὅπως ἡμάρτετε, ἄνδρες Ἀθηναῖοι, τὸν ὑπὲρ τῆς ἁπάντων ἐλευθερίας καὶ σωτηρίας κίνδυνον ἀράμενοι· οὔ, μὰ τοὺς ἐν Μαραθῶνι προκινδυνεύσαντας τῶν προγόνων, καὶ τὺς ἐν Πλαταιαῖς παραταξαμένυς, καὶ τοὺς ἐν Σαλαμῖνι ναυμαχήσαντας, καὶ τοὺς ἐπ' Ἀρτεμισίῳ, καὶ πολλὺς ἑτέρυς τοὺς ἐν τοῖς δημο-

Si donc j'osais prétendre que c'est moi qui vous inspirai dans ce temps-là des sentimens dignes de vos ancêtres, il n'est personne qui ne me reprochât avec raison une telle arrogance. Mais je déclare que la gloire des résolutions que vous prîtes alors vous appartient toute entière, et je montre qu'avant moi, la république a toujours pensé avec la même grandeur d'âme; je réclame seulement l'honneur d'avoir prêté mon ministère à l'exécution de vos généreuses entreprises. Mais quand ce calomniateur me fait un crime de tout, quand il cherche à vous aigrir contre moi, comme si j'avais été la cause des terreurs et des dangers de la république, non-seulement il veut me frustrer, pour le moment, de l'honneur que j'ai mérité, il vous dérobe encore à vous-mêmes votre gloire et les éloges de tous les siècles à venir. Car, si vous condamnez Ctésiphon, et que par-là vous condamniez toute mon administration, on dira que vous avez failli, et non pas que vous avez été trahis par la fortune. Mais non, Athéniens, non, vous n'avez point failli en bravant tous les dangers pour le salut et la liberté de toute la Grèce : non, vous n'avez point failli; j'en jure par ceux de nos ancêtres qui affrontèrent l'armée innombrable des Perses à Marathon, et par ceux qui combattirent à Platée, et par ceux qui ont livré les batailles navales de Salamine et d'Artémise, et par tant d'autres guerriers dont les cendres reposent dans les monumens publics; dans ces monumens

οἵοις μνήμασι κειμένους ἀγαθοὺς ἄνδρας, οὓς ἅπαντας ὁμοίως ἡ πόλις τῆς αὐτῆς ἀξιώσασα τιμῆς ἔθαψεν, Αἰσχίνη, οὐχὶ τοὺς κατορθώσαντας αὐτῶν, οὐδὲ τοὺς κρατήσαντας μόνους· δικαίως. Ὁ μὲν γὰρ ἦν ἀνδρῶν ἀγαθῶν ἔργον, ἅπασι πέπρακται· τῇ τύχῃ δὲ, ἣν ὁ δαίμων ἀπένειμεν ἑκάστοις, ταύτῃ κέχρηνται . . . .

Χειροτονῶν ὁ δῆμος τὸν ἐροῦντ᾽ ἐπὶ τοῖς τετελευτηκόσι παρ᾽ αὐτὰ τὰ συμβάντα, οὐ σὲ ἐχειροτόνησε προβληθέντα, οὐ σὲ, καίπερ εὔφωνον ὄντα, οὐδὲ Δημάδην, ἄρτι πεποιηκότα τὴν εἰρήνην, οὐδ᾽ Ἡγήμονα, οὐδ᾽ ἄλλον ὑμῶν οὐδένα, ἀλλ᾽ ἐμέ. . . . . .

Προσήκειν ὑπελάμβανον τὸν ἐροῦντα τότ᾽ ἐπὶ τοῖς τετελευτηκόσι, καὶ τὴν ἐκείνων ἀρετὴν κοσμήσοντα, μήθ᾽ ὁμωρόφιον, μήθ᾽ ὁμόσπονδον γεγενημένον εἶναι τοῖς πρὸς ἐκείνους παραταξαμένοις, μηδ᾽ ἐκεῖ μὲν κωμάζειν καὶ παιανίζειν ἐπὶ ταῖς τῶν Ἑλλήνων συμφοραῖς μετὰ τῶν αὐτοχείρων τοῦ φόνου, δεῦρο δ᾽ ἐλθόντα τιμᾶσθαι, καὶ μηδὲ τῇ φωνῇ δακρύειν ὑποκρινόμενον τὴν ἐκείνων τύχην, ἀλλὰ τῇ ψυχῇ συναλγεῖν. Τοῦτο δ᾽ ἑώρων παρ᾽ ἑαυτοῖς καὶ παρ᾽ ἐμοί, παρὰ δ᾽ ὑμῖν οὔ. Διὰ ταῦτ᾽ ἐμὲ ἐχειροτόνησαν, καὶ οὐχ ὑμᾶς........

où la république a fait ensevelir tous les défenseurs de la patrie, les jugeant tous également dignes de cet honneur, et non pas seulement ceux dont la victoire avait couronné les efforts : conduite pleine de justice ; car ce qui est du devoir d'un bon citoyen, ils l'avaient tous également rempli ; quant au succès, ils ne pouvaient en espérer un autre que celui qui avait été réglé par le destin..............

Lorsque le peuple élut après le combat l'orateur qui devait prononcer l'éloge funèbre des morts, il ne jeta les yeux ni sur vous, Eschine, qu'on désignait pour cette fonction, sur vous qui avez une si belle voix, ni sur Démade qui venait de conclure la paix, ni sur Hégémon, ni sur aucun de votre parti, mais sur moi......................

La bienséance demandait que le panégyriste de la vertu de ces illustres morts n'eût jamais habité sous le même toit, ne se fût jamais assis à la même table que leurs ennemis ; elle demandait que des traîtres, connus pour avoir, en Macédoine, célébré par des banquets et des chants de victoire les malheurs de la Grèce avec les meurtriers de leurs concitoyens, ne fussent pas à leur retour chargés d'une fonction honorable ; elle demandait enfin qu'on déplorât le sort de ces grands hommes, non pas avec les larmes forcées d'un comédien qui joue la douleur, mais avec les véritables regrets d'une âme profondément affligée. Cette douleur sincère, les bons citoyens la trouvaient dans leur cœur, dans le mien, et non pas dans les vôtres, etc. ....

CONDITIONS DE LA SOUSCRIPTION.

Les OEuvres complètes de Démosthène et d'Eschine formeront 10 vol. in-8.º, le texte grec en regard de la traduction : prix de chaque volume, 9 fr.

Après la publication du 2.ᵉ volume, le prix de la souscription sera augmenté de 2 fr. chaque volume.

Vingt-cinq exemplaires seulement seront tirés sur papier vélin. Prix de chaque volume avec le texte grec, 20 fr.

Le 1.ᵉʳ volume paraîtra le 15 Mai 1819.

On a suivi, pour le texte grec, l'édition de Leipsick, 1812.

On souscrit à Paris :

Chez VERDIÈRE, Libraire, quai des Augustins, n.º 25.
Chez CAREZ, THOMINE et FORTIC, Libraires, rue St.-André-des-Arts, n.º 59.

Et chez les principaux libraires des départemens.

Nota. Les mêmes Libraires se proposent de donner également par souscription les autres Orateurs Grecs, tels qu'Isocrate, Lysias, etc.

IMPRIMERIE D'ABEL LANOE, RUE DE LA HARPE.

PRÉFACE

DE LA PREMIÈRE ÉDITION.

J'AIME *Lucain et le pratique volontiers*, disait Montaigne, ce philosophe d'un sens si droit et d'un goût si solide; *non tant*, ajoutait-il, *pour son style, que pour sa valeur propre* (1); et c'est aussi de sa valeur propre que Tacite, Quintilien, le grand Corneille, faisaient cas : ils n'étaient pas hommes à se laisser séduire par de l'enflure et du faux sublime. Il y a donc autre chose que du faux sublime et de l'enflure dans le poëme de Lucain; et lorsqu'en le lisant avec réflexion, j'y ai trouvé ce talent dont la naissante renommée blessait les yeux de Néron (2), et qui faisait dire à Tacite, en parlant du père de ce poëte, que *l'honneur de l'avoir mis au jour*

―――――――

(1) Essais, liv. 2, chap. 10.
(2) *Famam carminum ejus premebat Nero, prohibueratque ostentare, vanus œmulatione.* Tac. Ann. lib. 15.

reux dans la rencontre de l'expression forte, précise et juste, se contenter ailleurs d'indiquer sa pensée en termes vagues et confus, dont on a peine à démêler le sens. Sa poésie est harmonieuse par intervalles, mais le plus grand nombre de ses vers sont brisés; et ces ruptures qui, dans le dramatique, sont favorables à l'expression des mouvements passionnés, privent l'épique de cette rapidité nombreuse qui enchante l'oreille et qui l'attache à la narration. Son coloris est sombre et monotone, et il n'y a jamais employé la magie du clair-obscur. Il s'engage dans des détails qui, en épuisant la description, rendent l'impression du tableau moins vive : il les accumulait, pour avoir à choisir. Après avoir atteint les bornes du grand et du vrai, sa fougue l'emporte, il les franchit, et donne fréquemment dans cette enflure qu'on lui reproche. De plus, son poëme a le défaut de presque tous les poëmes épiques, il manque d'ensemble, il est mal tissu; l'action en est éparse, les événements ne s'y enchaînent pas; toutes les scènes sont isolées : il a négligé l'art d'Homère, l'art des groupes et des contrastes, et semble avoir oublié ce grand principe d'Aristote, que *l'épopée ne doit être qu'une tragédie*

PRÉFACE.

en récit. La proximité de l'événement ne lui ayant pas permis de le manier à son gré pour former le nœud d'une intrigue, il a suivi le fil de l'histoire; et, se bornant au mérite de la peinture, il a presque absolument renoncé à la gloire de l'invention. Enfin le peu de merveilleux qu'il emploie n'a qu'un effet momentané; l'action du poëme en est indépendante. Voilà les défauts de Lucain. Après cet aveu, je ne crois pas qu'on me soupçonne de le préférer à Virgile.

Mais que reste-t-il donc à son poëme, dénué des charmes de l'élégance, de l'harmonie et du coloris, plein de longueurs et de négligences, et composé presque sans art? Ce qui lui reste? Des vers d'une beauté sublime, des peintures dont la vigueur n'est affaiblie que par des détails qu'on efface d'un trait de plume; des morceaux dramatiques d'une éloquence rare, si l'on prend soin d'en retrancher quelques endroits de déclamation; des caractères aussi hardiment dessinés que ceux d'Homère et de Corneille; des pensées d'une profondeur, d'une élévation étonnante; un fond de philosophie qu'on ne trouve au même degré dans aucun des poëmes anciens; le mérite d'avoir fait parler dignement Pompée,

César, Brutus, Caton, les consuls de Rome et la fille des Scipions; en un mot le plus grand des événements politiques présenté par un jeune homme avec une majesté qui impose, et un courage qui confond.

C'est là ce qui rachète les défauts de Lucain aux yeux de l'homme qui l'étudie; mais on n'étudie guère les poëtes : on s'en fait un amusement; et pour peu que la lecture en soit pénible, elle est ennuyeuse. Le style est une surface qui embellit tout, ou qui dépare tout; et n'y eût-il dans le poëme de Lucain que les négligences du style, ce défaut seul obscurcirait toutes les beautés du fonds, sur-tout aux yeux de ceux dont le goût délicat veut trouver par-tout l'élégance, et n'estime rien qu'à ce prix.

Ce poëme avait donc besoin d'être traduit, non pas servilement, mais avec choix, avec intelligence; et il faut avouer qu'il a eu le malheur de tomber dans de mauvaises mains. Je ne parle que de la version de Brebeuf, la seule qui jusqu'à-présent ait été connue et citée. Quel poëte eût jamais soutenu un pareil travestissement? C'est dans les vers de Brebeuf qu'on trouve à chaque instant cette enflure, cette déclamation,

PRÉFACE.

ce faux sublime qu'on attribue à Lucain. On ne doute pas que tout ce qu'il y a de diffus, d'ampoulé, de gigantesque dans la copie, ne soit dans l'original ; et souvent ce n'est qu'une image très-belle, une pensée très-juste, un sentiment très-naturel, un vers, un demi-vers sublime, que le traducteur amplifie et défigure en l'exagérant. C'est encore pis lorsque Brebeuf s'avise d'ajouter au texte, non pas des vers de liaison, mais des épisodes entiers : par exemple, à la fin du sixième livre, au moment du charme de la Thessalienne, on trouve dans le français un incident de deux cents vers, aussi froid qu'il est déplacé ; on le cherche dans le latin, il n'y en a pas un mot : c'est ce que Brebeuf appelle *une libre imitation.* Je passe sous silence les contre-sens, les obscurités, les endroits inintelligibles, où Brebeuf lui-même ne s'est point entendu, et cette foule de méchants vers, parmi lesquels il s'en trouve çà-et-là quelques-uns d'heureux. Mon dessein n'est pas de critiquer Brebeuf, mais d'avertir qu'on aurait tort de juger Lucain d'après lui.

Le moyen que j'ai pris pour détruire la prévention établie contre ce poëte, n'est rien moins que victorieux, et ma traduction sera pour lui une bien faible apologie, mais elle peut lui être avantageuse, en ce qu'au moins ces défauts y sont adoucis; et c'était un service essentiel à lui rendre. Or que fallait-il pour cela? Exprimer quelquefois plus simplement que lui de grandes idées et de belles images; éviter les excès où avait pu donner un jeune poëte plein de feu, dans la rapidité de la composition; faire, autant qu'il était en moi, ce qu'il aurait fait lui-même, s'il fût revenu sur ses pas, et si une mort violente ne l'eût pas enlevé. Ce poëme a cela de singulier, que presque toutes ses beautés sont dans le fonds, et presque tous ses défauts dans la forme. Or, dans une traduction, la forme change, et le fond reste; et ce qui est beau par la pensée, se fait sentir dans toutes les langues, soit dans la prose, soit dans les vers. Quant à la précision et à l'énergie, mérite éminent du style de Lucain, ce serait tenter l'impossible que de vouloir en approcher; mais j'ai pensé que du côté de la chaleur il pouvait gagner dans l'ensemble, ce qu'il aurait perdu dans les détails. J'ai considéré l'ébauche de ce poëme comme un arbre vigoureux et touffu, dont il y avait à retrancher bien des branches infructueuses, et sans le tailler

PRÉFACE.

au ciseau, j'ai cru qu'il fallait l'émonder. Ainsi, quoique mon style soit moins serré, mon récit sera plus rapide. Il le serait davantage, si j'avais osé m'en croire; mais (pour suivre la comparaison qui m'a servi de règle) j'ai mieux aimé qu'on me reprochât d'avoir laissé des rameaux superflus, que d'avoir coupé des rameaux utiles. Voilà mon excuse pour les détails qu'on pourra trouver un peu longs. A l'égard de la poésie de style, toutes les fois qu'elle a contribué à l'effet du tableau, je l'ai conservée avec soin; mais lorsqu'elle m'a paru nuire à la force ou à la chaleur, je l'ai réduite à l'expression simple. Quelquefois Lucain est obscur par un excès de précision, et souvent aussi la langue latine a un vague qui laisse à l'esprit le soin de décider ou d'achever le sens: alors, pour développer ou déterminer la pensée, j'ai mieux aimé allonger le texte, que de le commenter en notes. Celles que j'ai mises au bas des pages ont pour objet d'épargner au lecteur la peine que j'ai prise de vérifier les faits et d'éclaircir quelques détails. Enfin, pour suppléer à la faiblesse de ma version, j'ai cru devoir donner après chaque livre, non-seulement les plus beaux morceaux du poëme, mais aussi les endroits qui ont passé mes forces, et que je n'ai pu rendre à mon gré. Je sens quel est pour moi le désavantage de ne laisser voir que les beaux côtés de l'original : en citant les morceaux épineux ou stériles, je me serais mieux fait valoir ; mais ce n'est pas de moi, c'est de Lucain que je désire qu'on fasse l'éloge ; et si je parviens à donner de lui l'opinion que j'en ai moi-même, j'aurai le succès que j'attends.

Toutefois l'intérêt que j'y attache n'est pas uniquement celui qu'on prend aux hommes de génie, lors même qu'ils ne sont plus. Ce fut d'abord ce zèle qui me fit essayer de combattre un mépris injuste ; mais ce premier mouvement, je l'avoue, se fût bientôt ralenti, si l'importance de l'objet ne m'eût soutenu dans ce travail pénible.

Le Poeme de la Pharsale est le tableau le plus effrayant des maux de la guerre civile. C'est la leçon de l'Iliade présentée sous une autre face ; et dans aucun temps il n'est inutile de faire sentir aux peuples que, dans une guerre domestique, l'ambition des grands ne les emploie qu'à forger leurs propres chaînes, et qu'à verser leur propre sang. Mais la moralité de cet exemple eût été

PRÉFACE.

plus sensible encore, si le poëte, moins possédé de l'enthousiasme républicain, eût vu les hommes et les choses comme les voit la postérité.

Ce ne fut ni la jalousie de Pompée, ni l'ambition de César qui perdit Rome; ce fut l'orgueil, la dureté des patriciens; et ce que Lucain n'a pas assez fait sentir, c'est que la dissolution de la république, presque dès sa naissance, les guerres intestines élevées dans Rome depuis les Gracques, et enfin celle de Pompée et de César prirent leur source dans le sénat, et eurent pour causes premières sa dangereuse politique et son injuste domination.

Rome sous les consuls fut d'abord une aristocratie. Le sénat était roi, le peuple était sujet. Avec un sénat composé de vrais citoyens, ce gouvernement aurait eu le même avantage que la monarchie, sous un roi juste et modéré. Mais les sénateurs n'étaient que sénateurs; et l'esprit du corps fut toujours d'abuser le peuple et de l'asservir, de se regarder soi-même comme l'état par excellence, et de faire de la multitude le jouet de sa politique et l'instrument de sa grandeur. Dès le temps même qu'on appelle les beaux jours de la république, on voit le sénat partagé en trois opinions à l'égard du peuple. L'une était celle d'un petit nombre d'hommes sages, vertueux, pacifiques, et sans autre ambition que le zèle du bien public, tels que les Valerius, les Servilius, les Menenius-Agrippa, les Cincinnatus, et tous ces vrais Romains qui, après leurs victoires et leurs triomphes, ne laissaient pas en mourant de quoi payer leur sépulture. Ces hommes justes, simples, et modestes, ne cessaient de représenter au sénat, que son mépris pour le peuple était insensé; que c'était par le peuple que l'état subsistait; qu'il lui devait la puissance qu'il avait acquise, et les biens dont il jouissait; que des hommes libres, vaillants, sans cesse sous les armes, sans cesse vainqueurs au-dehors, se lasseraient bientôt d'être esclaves au-dedans; et que du moins par prudence on devait les ménager. Une autre opinion était celle des Appius, des Coriolans, de tous les jeunes patriciens, hommes violents et superbes, qui soutenaient que la douceur était un parti dangereux; qu'en flattant la multitude, on la rendait plus insolente; qu'on ne lui aurait pas plutôt cédé, qu'il faudrait lui céder encore; et qu'enfin le peuple était fait pour obéir et pour souffrir. Le gros du sénat, plus modéré, semblait tenir le milieu entre ces deux partis contraires ; mais en usant des ménagements auxquels l'obligeait sa faiblesse, il ne cédait jamais au peuple que lorsqu'il y était forcé, et ne se relâchait que pour le moment, de cette domination absolue et tyrannique qui le perdit.

Si le sénat n'eût rejeté que des demandes excessives, injustes, nuisibles à l'état, sa fermeté mériterait les éloges qu'on lui a donnés. Mais quelles étaient les prétentions du peuple ? Qu'on retranchât de ses dettes l'usure qui le dévorait, et qu'on lui donnât, pour subsister avec ses enfants et ses femmes, une portion des terres qu'il avait conquises et arrosées de son sang. Voilà les sources intarissables de tous les troubles élevés dans Rome entre les pauvres et les riches, entre le peuple et le sénat.

Pour sentir toute la dureté du sénat dans le refus constant de ces demandes, il faut se rappeler qu'à Rome, dans les premiers temps, les incursions fréquentes des ennemis sur les terres de la république, et l'interruption de la culture, occasionnée par des guerres continuelles, ruinaient le peuple, et rendaient les débiteurs insolvables; que livrés comme des esclaves au pouvoir des créanciers, ils étaient détenus dans d'étroites prisons, et réduits à un état cent fois pire que la servitude; que d'un autre côté le peuple n'avait d'autre métier que la guerre et l'agriculture; que les riches s'étant emparés peu-à-peu de toutes les terres de la république, et les faisant cultiver par leurs esclaves, à l'exclusion des hommes libres, le peuple de la ville et des campagnes se trouva n'avoir pas même pendant la paix la ressource de son travail (1). C'était lui faire une nécessité d'être sans cesse sous les armes : mais la guerre est un état violent, qui demande au moins du relâche; et ce peuple, qui n'allait aux combats que librement et par honneur, sentait fort bien qu'il avait le droit de vivre en paix du fruit de ses victoires. Il ne souffrait pas sans se plaindre, mais il se plaignait sans se prévaloir des forces qu'il avait en main; et plus ce bon peuple se montrait patient, modéré, docile, plus le sénat s'enhardissait à le tenir dans l'oppression.

---

(1) *Otio corrumpebantur, quòd nec propriam terram habebant, et in aliena nullus locus erat ipsorum operæ, in tantâ servorum copiâ.* App. de bell. civ. lib. 1.

PRÉFACE.

Non-seulement on fermait l'oreille à ses plaintes; mais si quelque patricien en paraissait touché, on l'accusait d'ambition, ou d'une lâche complaisance; et on allait jusqu'à lui refuser le triomphe, après les victoires les plus signalées (1).

Un empire si dur révoltait le peuple; il saisissait le moment où l'ennemi était aux portes, et déclarait qu'il ne prendrait les armes qu'après qu'on l'aurait satisfait. Alors on usait de condescendance; on lui envoyait un dictateur, ou un consul, avec des paroles de paix et des promesses consolantes, qu'on ne manquait jamais de désavouer quand il avait sauvé l'état (2).

La mauvaise foi produit la défiance. Le peuple, las d'être trompé, ne s'en tint plus à des promesses vaines; il s'obstina dans la résolution de ne plus servir, s'il n'était soulagé. Le sénat fléchit, il le fallut bien; mais il n'était plus temps : l'union était détruite, la confiance perdue; et ce

---

(1) Comme au consul Servilius.

(2) Ce fut ainsi qu'on manqua à la parole du dictateur Marcus Valerius, après la défaite des Eques, des Volsques et des Sabins, et à celle du consul Valerius, après la reprise du Capitole.

qui, accordé librement aux besoins du peuple, lui aurait fait adorer ses Pères, cela même, arraché par la force, ne lui fit voir dans le sénat que la faiblesse de ses tyrans. Aussi, profitant de son avantage, demanda-t-il des magistrats tirés de l'ordre des Plébéiens, et chargés de la défense et du maintien de ses droits. Le sénat, pour avoir abusé de son autorité, fut donc obligé de consentir qu'on lui opposât celle des tribuns; et dès-lors l'état fut divisé en deux partis ennemis l'un de l'autre.

Le sénat aurait dû voir enfin qu'un peuple libre, qui, comme lui, avait la puissance législative, qui avait de plus celle d'empêcher l'exécution de ses décrets, et qui, par la loi d'Agricola, était le juge du sénat lui-même; qu'un peuple à qui deux cent soixante ans de guerre avaient appris à maintenir par les armes l'autorité de ses lois, ne pouvait être retenu que par la douceur et l'équité; mais le sénat, au lieu de prendre pour lui-même le conseil qu'il donna dans la suite au collégue du second des Gracques (1), de s'attacher le peuple à force de bienfaits, ne consulta

---

(1) Livius Drusus.

PRÉFACE.

que son orgueil, et n'en eut que plus d'arrogance.

Dans un moment de disette, les consuls avaient fait venir des blés achetés à vil prix. Les patriciens les plus sensés voulaient qu'on les vendît de même au peuple; mais Coriolan, irrité du refus que le peuple avait fait de s'enrôler et de le suivre, prétendit qu'il fallait maintenir la cherté, de peur de paraître flatter la multitude. Cette opinion prévalut; et le sénat perdit Coriolan, pour avoir suivi le conseil que lui avait dicté la colère. Le peuple révolté n'en fit pas moins réduire les blés à leur juste valeur; mais Coriolan était banni, et son exil faillit à perdre Rome.

Dès qu'on vit que l'autorité du sénat devenait odieuse, l'espérance d'engager le peuple à se donner un roi, fit concevoir l'ambition de l'être. Le consul Cassius, pour se concilier (dit-on) la faveur des plébéiens, demanda pour eux au sénat le partage des terres nouvellement conquises, et de celles qui, appartenant de droit à la république, avaient été usurpées par la noblesse. L'intention du consul pouvait être mauvaise; mais sa demande se réduisait à ce que le peuple eût du pain. Le sénat fit semblant d'accepter cette loi; mais celui qui l'avait proposée, fut condamné, après son consulat, à être précipité du roc Tarpéien, et l'arrêt fut exécuté mieux que la loi qui en était la cause.

Cette loi si connue sous le nom de *Lex agraria*, fut d'abord éludée par les riches, bientôt violée ouvertement, et à la fin mise en oubli. On sent bien pourquoi le sénat laissait fouler aux pieds une loi qui faisait le salut des pauvres; il était composé de riches.

Le peuple sans ressource, sans espoir, sans appui, car il était trahi par ses tribuns eux-mêmes, dont le sénat s'était fait corrupteur; ce peuple qui tenait encore à la république, quoi qu'on fît pour l'en détacher, ne pouvait se résoudre à rompre ses liens. Mais il avait l'inquiétude d'un malade qui change de situation, pour en trouver une moins douloureuse. Il demandait de nouvelles lois, dans l'espérance qu'elles auraient plus de force que les anciennes; il demandait qu'on augmentât le nombre de ses tribuns, et en cela il faut avouer qu'il ne savait ce qu'il voulait, car, sans l'unanimité des voix, les décisions des tribuns étaient nulles, et le peuple facilitait, en les multipliant, les moyens de les diviser. Il en revint à la loi

PRÉFACE.

agraire, et voulut que cette grande cause fût traitée dans les comices.

Un plébéien, appelé L. Siccius Dentatus, y parla en faveur du peuple avec l'éloquence des faits. Il exposa quarante ans de service militaire, pendant lesquels il s'était trouvé à cent vingt et une batailles; il compta les blessures qu'il y avait reçues, et toutes les marques d'honneur dont il était revenu chargé. « Si l'on ne savait à Rome (ajouta-t-il) quelle est ma fortune, qui ne croirait qu'elle est proportionnée à mes longs travaux? Mes compagnons et moi nous avons défendu la république au péril de notre vie, étendu ses frontières, conquis de vastes et de fertiles champs, où nous n'avons pas la plus petite portion, et qui sont possédés sans droits par des gens sans mérite, dont les desseins pernicieux ne tendent qu'à nous asservir (1). »

Malgré l'éloquence de Siccius, la loi fut différée encore, et peu de temps après il fut assassiné.

Cette façon de se délivrer des partisans du peuple n'était pas faite pour l'adoucir. Il patien-

---

(1) Hist. rom. de Laurent Eschard.

tait plus qu'on ne peut croire; mais à la fin il se faisait justice; et l'exemple des décemvirs aurait dû frapper le sénat. Ce corps voyait que de jour en jour son despotisme se détruisait lui-même; il voyait que chaque nouvelle injustice diminuait son autorité; qu'il venait de perdre le droit de décerner le triomphe, pour l'avoir refusé à deux consuls amis du peuple, à qui le peuple l'accorda (1). Mais son arrogance était incorrigible. Le peuple enfin pour l'en guérir, employa le plus violent remède : il exigea qu'on permît l'alliance des patriciens avec lui, et qu'on admît au consulat les plébéiens qui en seraient dignes. Le sénat, révolté de ces demandes, déclara d'abord qu'il en viendrait aux dernières extrémités plutôt que d'y consentir; il y consentit cependant, et se résolut à souffrir qu'entre le peuple et lui tout fût partagé, excepté ses richesses : ce qui prouve qu'il tenait plus à l'avarice qu'à l'orgueil.

Mais flatter un moment le peuple, ce n'était pas guérir ses maux, dont les deux causes, l'u-

---

(1) Marcus Horatius Barbatus et L. Valerius Potitus, qui venaient de battre les Eques, les Volsques, et les Sabins.

PRÉFACE.

sure et l'indigence, ne cessaient de le désoler. Il demande encore le partage des terres; Camille s'y oppose; il est banni comme l'a été Coriolan; et son exil donne le temps aux Gaulois de mettre Rome en cendre. C'était donc peu de diviser l'état, ces troubles le privaient de ses meilleurs appuis, de ces hommes vaillants et fiers, qui, trop passionnés pour un parti, devenaient souvent les victimes de l'autre. Ce fut ainsi qu'on perdit Manlius, et dans la suite les deux Gracques.

L'opulence excessive où se vit Rome après la ruine de Carthage et de Numance, le luxe immodéré que les grands étalèrent dans leurs palais, dans leurs jardins, et à leur table, ne fit que rendre plus intolérable à la multitude l'oppression où elle gémissait. Pour ôter à cette inégalité monstrueuse ce qu'elle avait de plus odieux, le tribun Tiberius Gracchus entreprit de renouveler la loi du partage des champs. On a cherché des motifs de vengeance dans la conduite de ce tribun, reconnu pour le plus vertueux des hommes (1); mais l'on va voir si c'est ainsi que la passion se

---

(1) *Tantis denique adornatus virtutibus, quantas naturâ et industriâ mortalis conditio accipit.* Vell. Paterc. lib. 2.

conduit. Par la loi du consul Cassius, aucun citoyen ne pouvait posséder plus de cinq cents arpents de terres, de celles qui étaient réunies au domaine, et données sous une cense par la république. Ce fut cette loi que Gracchus voulut remettre en vigueur. La cause du peuple était celle de la justice, de l'humanité, de la patrie ; elle était même celle des riches considérés comme citoyens ; mais Gracchus, pour donner encore plus d'autorité à son réglement, prit la précaution de le faire approuver par les hommes les plus éclairés et les plus intègres de la république, par Appius Claudius son beau-père, par le jurisconsulte Mutius Scevola, et par le souverain pontife Crassus, personnages révérés dans Rome. Il fit plus, et sans se prévaloir du poids de leur suffrage, il observa dans son édit une indulgence, une modération qui aurait dû appaiser les riches, si l'avarice s'appaisait : il publia que ceux qui avaient contrevenu à la loi, non-seulement ne seraient point punis, mais qu'ils seraient dispensés de restituer les revenus des terres prohibées ; il ajouta, que ce que la loi retrancherait de leurs possessions leur serait payé par la république; enfin il se réduisit à demander au nom du peuple qu'on lui fît justice pour l'avenir, laissant paisibles, leur vie durant, ceux qui se trouvaient possesseurs de plus de terres qu'il n'était permis d'en avoir aux termes de la loi. Mais rien ne put contenir l'avidité des riches, qui, sans respect pour la dignité inviolable de tribun, se déchaînèrent contre Gracchus, le traitant de séditieux et de perturbateur de leur repos, qu'ils appelaient le repos public. Ce fut alors qu'il fit cette harangue si célèbre, dont je vais citer quelques traits.

« Les bêtes les plus sauvages (dit-il) ont leurs gîtes et leurs tanières, tandis que des hommes, et des hommes tels que les soldats et les citoyens romains, sont réduits à errer çà et là, avec leurs femmes et leurs enfants, sans avoir aucun lieu où ils puissent se retirer. Est-il juste que tant de vaillants hommes combattent avec tant de péril et de fatigue, pour le luxe, les richesses, et les superfluités de leurs concitoyens ? Comment les généraux qui les commandent peuvent-ils leur dire qu'ils les mènent combattre pour la conservation de leurs dieux domestiques et de la sépulture de leurs ancêtres, puisque pas un d'eux n'a ni maison, ni dieux domestiques, ni aucun lieu où leurs ancêtres aient eu le droit d'être ensevelis ?

On vous appelle (ajouta-t-il en parlant au peuple) les maîtres de la terre; quels maîtres! qui n'en possèdent pas le plus petit espace dont ils puissent disposer, et dont il leur soit permis de se faire une hutte; et cela tandis que d'autres, sans fatigues et sans péril, possèdent d'immenses domaines (1) »! A ces motifs il en ajouta d'intéressants pour l'avarice même (2) : la sûreté des possessions, l'espoir de les étendre, le danger de les perdre, si on laissait périr de misère ceux qui pouvaient seuls les garder. Tout fut mis en usage par ce courageux citoyen. Quel fut le succès de son zèle? Peu de jours après cette harangue, il fut assommé dans le Capitole par l'ordre et sous les yeux du sénat, à la tête duquel marchait Scipion Nasica, souverain pontife, l'un des plus

---

(1) Saint-Réal, conj. des Gracques.

(2) *Nunc rem in summo discrimine esse : paraturi ne sint reliqua per virorum fortium frequentiam; an amissuri etiam sua per infirmitatem virium, et inimicorum invidiam.... hortabatur divites considerarent ipsi nùm satius esset, spe futurorum commodorum, eos ultrò possessiones agrorum cedere pauperibus, alendorum liberorum onere gravatis, quàm de rebus exiguis contendendo potiora negligere.* App. de bell. civ. lib. 1.

riches patriciens, qui mourut peu de temps après dans l'opprobre et dans les remords.

Le meurtre de Gracchus n'appaisa point la rage des grands et des riches ; ils outragèrent son cadavre et ceux de ses amis, et les firent traîner dans le Tibre : l'un d'eux même fut enfermé vivant dans un tonneau, avec des vipères et des serpents; et ce fut pour punir des hommes qui voulaient qu'on retranchât quelque superfluité au luxe immodéré des riches, afin de subvenir aux besoins des pauvres, que ce supplice fut inventé.

C. Gracchus, frère de Tiberius, aussi vertueux et plus éloquent encore, fut bientôt, comme lui, la victime de son zèle pour le peuple, et de la haine des grands. Mais avant de mourir, il éleva le tribunal des chevaliers, pour juger et punir les prévarications des sénateurs : coup terrible pour la puissance et la dignité du sénat.

Le peuple qui, par une lâcheté inconcevable, avait abandonné ses généreux défenseurs, revenu d'un mouvement d'effroi, n'en eut qu'une plus forte haine pour ses tyrans qui l'avaient fait trembler. La tribune et le Champ-de-Mars, qui, jusques au meurtre des Gracques, n'avaient jamais vu couler de sang, en furent dès-lors inondés; et Rome devint un coupe-gorge.

On sent avec quelle facilité le peuple, réduit au désespoir, dut se livrer au premier des siens qui osa lever l'étendard de la révolte, ou au premier patricien qui le prit sous sa protection: de là tant de guerres civiles qui coup sur coup se rallumaient et renaissaient comme de leurs cendres, jusqu'à ce que le sénat et le peuple fussent liés au même joug.

On a dit que le peuple romain n'était plus digne d'être libre; c'est le sénat, comme on vient de le voir, qui n'était pas digne de le gouverner. Son orgueil, qui l'avait mis si bas, le suivit dans l'humiliation; et après avoir ruiné les fondements de la république, il acheva de la renverser.

A mesure que le sénat devenait plus odieux au peuple, il était plus ardent à persécuter ceux des siens que le peuple favorisait; et, dans son sens, l'ami du peuple était l'ennemi de l'état. Ce n'était pas sans raison qu'il se défiait des hommes puissants et populaires : il avait réduit le peuple à désirer un autre joug que le sien; mais son inquiétude ombrageuse et farouche accélérait sa chûte, au lieu de la retarder. Telle était la situation des choses du temps de Pompée et de César: *ayant les misères passées réduit la ville de Rome au point que, n'espérant pas de pouvoir jamais recouvrer sa liberté, elle ne cherchait plus que la plus douce et la plus équitable servitude* (1). Cependant ni Pompée, ni César lui-même, ne pensaient à l'assujettir. Pompée l'aurait pu à son retour d'Asie; l'enthousiasme pour lui était au plus haut point : mais en mettant le pied dans l'Italie, il congédia son armée ; et quoiqu'il eût pu disposer du peuple des villes, qui le suivait en foule, il se rendit à Rome en simple citoyen. Son ambition était remplie après son triomphe, s'il eût trouvé dans le sénat la considération qu'il y devait avoir; mais à peine on commence à le craindre, qu'on cherche à l'humilier. Les réglements qu'il a faits en Asie sont tous cassés et annullés; et Lucullus, qui lui reproche de lui avoir dérobé l'honneur de la défaite de Mithridate, est l'homme que le sénat lui oppose et qu'il anime contre lui. Pompée, *se trouvant ainsi rebuté et harassé au sénat, fut contraint d'avoir recours aux tribuns du peuple, et de s'accointer* (dit Plu-

---

(1) Plut. Vie de Pompée, trad. d'Amyot.

tarque) *de jeunes hommes éventés, dont le plus méchant, le plus audacieux et le plus téméraire était un nommé Claudius.*

Il est aisé de juger combien un homme qui se piquait sur-tout de décence et de dignité, était humilié de se voir réduit à ces sortes de liaisons; et quelle fut sa joie lorsque César, qui, à son retour d'Espagne, venait d'obtenir le triomphe, lui proposa de former avec Crassus, et lui, ce triumvirat qui fut le coup mortel pour l'autorité du sénat. Le consulat de César fut le prix de cette alliance, le mariage de Julie sa fille avec Pompée en fut le sceau; et Caton avait raison de dire que ce n'était pas leur inimitié, mais bien leur concorde qui avait perdu la république. Mais Caton qui s'était mis à la tête des ennemis de Pompée, aurait dû voir que c'était lui-même et les siens qui l'avaient réduit à cette extrémité, et que Pompée, honoré dans son corps, n'eût jamais formé d'autres ligues.

Dès que le plus riche citoyen de Rome et ses deux plus grands capitaines se furent liés d'intérêt, le crédit de Cicéron, de Catulus, de Caton même, ne fut qu'une ombre. César employa le temps de son consulat à gagner le peuple par la même voie que le sénat aurait dû prendre depuis long-temps pour se l'attacher : il caressa *la multitude des souffreteux et indigents* (1); il proposa de distribuer à ceux des plébéiens qui avaient trois enfants ou plus, les terres qui, dans la Campanie, appartenaient à l'état ; et il tira par cet édit vingt mille familles de la misère. Quelque juste que fût la loi, le sénat voulut, selon sa coutume, en éluder la publication; et Caton, plus emporté, s'y opposa formellement, disant pour raison, *qu'il ne fallait jamais innover en matière de gouvernement;* ce qui dans la circonstance actuelle signifiait, qu'il ne fallait jamais donner du pain à ceux qui n'en avaient pas. Mais le décret de César eut l'applaudissement du peuple, et le sénat et Caton lui-même furent obligés d'y souscrire, et de le sceller de la foi du serment. César nomma vingt commissaires pour l'exécution de sa loi, et Pompée, qui fut du nombre, dit hautement, que si quelqu'un osait la combattre, il la défendrait avec l'épée et le bouclier. Ainsi, tandis que les triumvirs se conciliaient la faveur du peuple, le sénat s'attirait de plus en plus sa haine;

---

(1) Plutarque.

et par les deux causes contraires, les uns s'élevaient à mesure que l'autre se dégradait encore et tombait dans l'avilissement.

César ayant gagné l'ordre des chevaliers, comme il avait gagné le peuple, disposa des suffrages, et se fit donner le gouvernement des Gaules. On a eu raison de dire qu'*après avoir vaincu les Gaulois avec le fer des Romains, il acheta Rome avec l'or des Gaulois.* Ce fut par lui que ses deux collégues furent consuls en même temps; et la prorogation de son gouvernement fut l'échange de ce service. Les consuls ne s'oublièrent pas. Crassus obtint la Syrie et l'Égypte, avec la conduite de la guerre contre les Parthes. Il y fut défait, et il y périt. Pompée eut l'Afrique et l'Espagne; mais il n'eut garde de s'éloigner de Rome, où les louanges qu'il entendait donner aux heureux exploits de César, lui causaient de l'inquiétude; et dès-lors il ne s'occupa qu'à susciter des ennemis à ce rival trop dangereux.

Ce que le sénat devait souhaiter le plus, arriva donc naturellement: l'union de ces deux hommes puissants se rompit d'elle-même. Il ne s'agissait plus que de les tenir divisés et en balance l'un avec l'autre. Mais la faction de Pompée fit déclarer le sénat pour lui; et des deux appuis, dont on avait le choix, on préféra le plus faible.

Pompée n'était pas un homme à opposer à César. Il y avait entre eux cette différence que Balzac a heureusement exprimée, en disant que *l'un était l'ouvrage de sa fortune*, et que *l'autre en était l'ouvrier* (1). Ce que Pompée avait en ostentation et en apparence, César l'avait en réalité. On voit César, avant de passer le Rubicon, modéré, patient, modeste, et presque suppliant, demander comme une grâce de n'avoir que des égaux; on voit Pompée rejeter avec arrogance cette condition comme indigne de lui. Mais César passe le Rubicon, et Pompée s'enfuit de Rome. En reculant devant César, il ne cesse de le menacer; et César lui demande la paix en le poursuivant sans relâche. Pompée, avant la bataille de Pharsale, règle d'avance dans son camp le sort des vainqueurs et celui des vaincus, nomme à la charge de souverain pon-

---

(1) Montaigne, en comparant César avec Alexandre son héros, avoue que *dans les exploits de César il y avait plus du sien, et plus de la fortune dans ceux d'Alexandre.* (Ess. liv. 2, ch. 36.)

PRÉFACE.

tife, désigne les consuls de l'année suivante, et fait préparer des festins pour célébrer sa victoire. César, tout occupé de ses dispositions, exhorte, encourage ses troupes, en prescrit l'ordre et les mouvements ; et, après avoir tout prévu pour l'attaque et pour la défense, il marche à Pompée et le bat. Voilà quels étaient ces deux hommes. La conduite de Pompée dans cette guerre n'avait été qu'un tissu de fautes. On lui a reproché d'avoir perdu courage dès le premier moment (1), et abandonné Rome au seul bruit de l'approche de César, qui n'avait alors qu'une légion ; de s'être laissé chasser de l'Italie, sans

---

(1) *Nihil actum est à Pompeio nostro sapienter, nihil fortiter.... Istum (Cæsarem) in rempublicam aluit, auxit, armavit.... ille provinciæ propagator, ille absentis in omnibus adjutor.... sed ut hæc omittam, quid fœdius, quid perturbatius hoc ab urbe discessu, sive potiùs, turpissimâ fugâ ? Quæ conditio non accipienda fuit potiùs, quàm relinquenda patria ? Malæ conditiones erant, fateor ; sed nunquid hoc pejus ? At recuperabit rempublicam. Quando ? aut quid ad eam spem est parati ? Non ager Picenus, amissus ? Non patefactum iter ad urbem ? Non pecunia omnis et publica et privata adversario tradita ? Denique nulla causa, nullæ vires, nulla sedes quò concurrant qui rempublicam defensam velint.* (Cic. ad. Att. lib. 8. ep. 3.)

PRÉFACE.

secourir Corfinium que Domitius défendait; d'avoir pu terminer la guerre en Épire par une victoire complète, et d'en avoir laissé échapper le moment; de n'avoir pas voulu regagner l'Italie, comme ses amis le lui conseillaient; de n'avoir su faire aucun usage de ses forces de mer qui étaient immenses; d'avoir eu la faiblesse de consentir à risquer une bataille décisive, lorsqu'il croyait n'avoir qu'à prolonger la guerre pour ruiner son ennemi; enfin d'avoir perdu la tête au (1) milieu de l'action, désespérant de son aile droite qui n'était pas entamée encore, et laissant vingt-quatre mille hommes à la merci du vainqueur.

Il est vrai qu'avant cette guerre Pompée n'avait eu que des succès; mais ces succès étaient plutôt de grands événements que de grandes actions. Deux de ses plus fameuses guerres avaient été décidées par la trahison. En Espagne, il n'avait jamais eu que du désavantage contre Sertorius; mais Sertorius fut assassiné, le traître Perpenna prit sa place, ne sut où donner de la tête, et fut battu, comme devait l'être un scélérat sans

---

(1) *Mentem diis adimentibus.* (App. de bell. civ. lib. 2.)

talents. En Asie, le seul combat que Pompée livra à Mithridate, ce fut la nuit et par surprise, et même contre son avis, n'ayant fait que céder aux instances de ses vieux capitaines; mais Mithridate, au sein de ses États, où Pompée n'avait osé le suivre, étant réduit au désespoir par la trahison de son fils, se donna lui-même la mort, et Pompée revint triompher à Rome de Mithridate empoisonné. *La fortune* (dit Plutarque) *lui dénoua la difficulté de ce nœud.*

Quant à la guerre des pirates, elle présentait, comme celle d'Asie, le tableau le plus imposant: dix mille corsaires détruits, vingt mille réduits à se rendre, la prise de quatre cents navires et de cent vingt forts, tout cela dans trois mois; il y avait de quoi étonner le peuple. Mais avec cinq cents vaisseaux, cent vingt-cinq mille hommes, vingt-cinq lieutenants choisis dans le sénat, et des sommes immenses pour les frais de la guerre, Pompée avait bien de l'avantage contre trente mille brigands.

Il serait injuste cependant de lui refuser une habileté peu commune dans l'art de la guerre: un bonheur si constant la suppose et la prouve. Mais c'était avec César qu'on avait à le compa-

PRÉFACE.

rer; or la seule conquête des Gaules, où la résolution, la constance, l'habileté de César, son activité incroyable, avaient été mises à tant d'épreuves, annonçait un homme fort au-dessus de celui qu'on lui opposait. Tout cela était connu à Rome, quelques moyens qu'eût employés la jalousie de Pompée pour déguiser la vérité. On voit dans les lettres de Cicéron, le panégyriste de Pompée, qu'il était loin de penser de lui tout le bien qu'il en avait dit. Caton, Lucullus, Métellus, n'en avaient pas meilleure opinion. On savait bien que la prudence, la politique, l'art d'enfler ses succès, d'éblouir le peuple, d'imposer au sénat, de ménager les esprits et de se les concilier, n'étaient pas des talents capables de sauver Rome dans ce moment de crise. On était encore éloigné de croire que Pompée, l'élève de Sylla (1), fût meilleur citoyen que César. Pompée avait dit dès sa jeunesse aux Mamertins, qui lui exposaient leurs priviléges : *Nous alléguez-vous des lois, à nous qui avons les armes à la main?* Fondé sur ce droit du plus fort, il avait refusé

---

(1) *Mirandum enim in modum Cneus noster Sullani regni similitudinem concupivit.* (Cic. ad Att. lib. 9. ep. 8.)

de congédier son armée après la défaite de Lépide, et l'avait gardée autour de Rome, jusqu'à ce qu'il eût obtenu qu'on l'envoyât contre Sertorius en Espagne. Il avait acheté publiquement les suffrages du peuple pour lui-même et pour ses partisans (1); enfin il avait eu recours plus d'une fois à la force des armes pour écarter des élections ses concurrents et ceux de ses amis. Caton devait s'en souvenir, puisqu'il avait été deux fois battu et chassé de la place publique par les gens de Pompée; il l'avait même depuis long-temps si bien connu et si peu estimé, qu'il lui avait refusé sa fille en mariage.

Mais il fallait au sénat, pour étayer les ruines de son autorité, un homme puissant auprès du peuple, et qui ne fût pas dangereux. Or dès que Pompée eut pris de l'ombrage des succès de César dans les Gaules, et du crédit qu'il se faisait à Rome par sa gloire et par ses présents, il s'était rangé du côté du sénat, mais sans aliéner

---

(1) *Atque in eo autoritate neque gratiâ pugnat, sed quibus Philippus omnia castella oppugnari posse dicebat, in quæ modò asellus onustus auro posset ascendere.* (Cic. ad Att. lib. 1. ep. 8.)

le peuple, dont il avait toujours recherché la faveur (1). *Il donnait sans arrogance, et prenait avec dignité; il y avait dans son visage ne sais quoi de douceur agréable, et conjointe avec une gravité humaine* (2) : il avait supérieurement ce qu'on appelle la représentation, et tout ce qui en impose au peuple. On l'avait vu, dès sa jeunesse, refuser modestement d'entrer au sénat après son premier triomphe, et se présenter devant les censeurs comme simple chevalier pour rendre compte de ses services, scène jouée, qui avait produit le plus grand effet sur la multitude; en arrivant à Brindes, à son retour d'Asie, il avait congédié son armée, et cet acte de citoyen avait été relevé par la magnificence de son triomphe; il s'était attribué le mérite d'avoir ramené l'abondance dans Rome après une grande disette; il avait fait élever, à ses frais, un magnifique théâtre, dont il venait de faire la dédicace dans son troisième consulat, et ce n'était pas sa

---

(1) *Amator plebis et senatûs cultor, temperatus, et prudens, comitate quoque seu verâ seu fictâ amabilis.* (App. de bell. civ. lib. 2.)

(2) Plut. Vie de Pompée.

moindre recommandation auprès d'un peuple passionné pour les spectacles et les jeux. En même temps il avait su se ménager au sénat des partisans zélés et de puissants amis. Mais ce qui le fit sur-tout préférer à César, c'est qu'il n'était pas tant à craindre : on considérait qu'à son âge l'ambition est moins ardente, moins active et moins dangereuse. Retiré depuis quelques années dans ses maisons de campagne, son amour pour Julie sa femme avait paru l'y occuper uniquement; et si on lui supposait encore la prétention qu'il eut toujours de primer dans le sénat, on ne lui attribuait plus le désir d'y dominer. Le reproche qu'on lui faisait de s'être lié avec César tourna même à son avantage; car on prétendit que celui qui avait fait le mal devait mieux qu'un autre savoir le réparer : étrange façon de raisonner, et bien peu digne du sénat de Rome!

César était plus jeune et naturellement plus actif, plus audacieux, plus ardent : libéral jusqu'à la prodigalité, plein de valeur, de grâce, et d'éloquence, il avait pour lui sa beauté, le merveilleux de son origine, le prodige encore plus éblouissant de ses conquêtes, qu'il ne devait qu'à lui. Ses troupes lui étaient dévouées : toutes les vertus militaires réunies en lui au plus haut degré, avaient porté jusqu'à l'enthousiasme leur confiance et leur amour. Mais ces avantages mêmes le faisaient regarder comme un fléau pour le sénat. Son équité, sa bonté, sa magnanimité, le rendaient populaire; et comme il l'était de bonne foi, avec franchise, et par sentiment, on voyait trop qu'il le serait toujours. Il avait marqué tant de bienveillance, ou, si l'on veut, tant de complaisance pour la multitude, qu'on disait que de son consulat il avait fait un tribunat du peuple. C'était là son vrai crime; car toutes ses démarches prouvaient assez qu'il se bornait à être un citoyen puissant. Mais le courage et la fermeté avec lesquels on prévoyait qu'un homme de ce caractère défendrait les droits et la liberté du peuple, dont il s'était déclaré l'appui, suffisaient pour donner l'alarme. Ainsi, en ne voyant en lui que ce qu'il annonçait lui-même, le sénat avait lieu de le craindre : mais du moins, par cette raison, il aurait dû le ménager; et il mit le comble à ses imprudences en s'obstinant à le pousser à bout.

César avait conquis les Gaules, et le temps de son gouvernement expirait. Il demanda pour récompense le triomphe et le consulat. On sait que pour demander le consulat, il fallait être présent à Rome; mais à la sollicitation de Pompée, les tribuns du peuple avaient décidé, par une loi expresse, que César serait censé présent. On n'eut aucun égard à leur décision: sa demande fut rejetée; et, pour réponse, le sénat lui manda qu'il eût à se démettre de son gouvernement, et à congédier son armée. Pompée alors était dans le sénat à la tête de ses ennemis; et Pompée avait trois légions, et le gouvernement de l'Espagne. César répondit donc qu'il était prêt à faire ce qu'on voulait, pourvu que la loi fût égale, et que Pompée en fît autant. « Je veux bien (disait-il) n'être ni plus puissant, ni plus élevé qu'un autre; mais je ne veux pas qu'un autre soit plus puissant, plus élevé que moi. Me désarmer, ce n'est pas désarmer la tyrannie; c'est lui laisser un plein pouvoir dans les mains de mon ennemi; c'est ôter à la liberté le seul défenseur qui lui reste. Veut-on savoir qui de nous deux aspire à dominer? qu'on nous impose la même loi. S'il y souscrit, je m'y soumets : me voilà simple citoyen, si Pompée consent à l'être. » Curion, qui portait la parole au nom de César, eut l'applaudissement du peuple : il devait naturellement avoir celui du sénat; mais Scipion, beau-père de Pompée, le consul Metellus, et Caton, s'écrièrent qu'*il fallait user de force d'armes, et non pas d'opinion, contre ce brigand* (1). Le sénat se leva sans avoir rien décidé; et Rome prit le deuil, comme dans une calamité publique.

César, plus modéré qu'on ne devait l'attendre, réduisit sa demande à ce qu'on lui laissât la Gaule-Cisalpine et l'Esclavonie (2), avec deux légions; il consentit même à n'avoir qu'une légion avec ces deux provinces; mais tout cela fut rejeté. On déclara César l'ennemi de l'état, s'il ne posait les armes dans un temps qui lui fut prescrit; on nomma Domitius pour lui succéder dans les Gaules; on chassa du sénat les tribuns, et Curion, qui parlaient pour lui; et les deux consuls allant trouver Pompée, et lui mettant le glaive à la main: *Nous t'ordonnons* (lui dit Metellus) *d'aller contre César*. Ainsi, la guerre fut déclarée, et César passa le Rubicon.

Une conduite si violente et si insensée de la part

---

(1) Plut. Vie de Jules-César.
(2) L'Esclavonie était comprise dans son gouvernement.

du sénat, serait inconcevable, si l'un des sénateurs ne nous en avait pas expliqué les motifs. Dans les uns, c'était l'intime persuasion que César aspirait à la tyrannie, et de ce petit nombre était Caton (1), *homme plus vertueux qu'habile, et qui opinait dans le sénat de Rome, comme il aurait fait dans la république de Platon, en quoi son âpre vertu nuisait souvent au bien public* (2). Dans d'autres, c'était déférence pour l'autorité de Pompée, ou reconnaissance pour les services qu'ils en avaient reçus. *Je ne trouve personne* (dit Cicéron) *qui ne pense qu'il vaut mieux tout accorder à César, que d'en venir aux armes contre lui; mais en pensant comme tout le monde, je dirai comme Pompée* (3). C'est bien là le propos

---

(1) *Unus est qui curet, constantiâ magis et integritate quàm (ut mihi videtur) consilio aut ingenio, Cato.* (Ad Att. lib. 1. ep. 17.)

(2) *Ille optimo animo utens et summâ fide, nocet interdùm reipublicæ; dicit enim tanquàm in Platonis politeiâ sententiam, non tanquàm in Romuli fece.* (Cic. ad Att. lib. 2. ep. 1.)

(3) *Dices :* Quid tu igitur sensurus es? *Non idem quod dicturus. Sentiam enim omnia facienda ne armis decertetur; dicam idem quod Pompeius.* (Cic. ad Att. lib. 7. ep. 6.)

d'un homme faible, et d'autant moins excusable, qu'il était persuadé que si Pompée avait voulu, il n'y aurait point eu de guerre civile (1). Dans le plus grand nombre, c'était une aveugle confiance en la supériorité des armes de Pompée, et l'espérance de profiter de la victoire qu'il remporterait (2). Que si l'on s'étonne de voir l'état sacrifié à ces intérêts personnels, le même témoin nous en dit la cause : *il n'y avait plus de gens de bien* (3).

Le peuple fut donc la victime du sénat; et César qui, traité avec modération, eût été sans doute le plus puissant, mais le meilleur citoyen de Rome, en devint le maître à son corps défendant. Depuis son retour de la Gaule jusqu'à la bataille de Pharsale, il ne cessa de demander la paix;

---

(1) *Eundum in Hispaniam censui : quòd si fecisset (Pompeius), civile bellum nullum omninò fuisset.* (Cic. ad fam. lib. 6. ep. 6.)

(2) *Victa est autoritas mea, non tàm à Pompeio, nam is movebatur, quàm ab iis qui, duce Pompeio freti, peropportunam rebus domesticis, et cupiditatibus suis illius belli victoriam fore putabant.* (Cic. ad fam. lib. 6. ep. 6.)

(3) *Ego quos tu bonos esse dicas non intelligo ipse : nullos novi.* (Cic. ad Att. lib. 7. ep. 7.)

Pompée, le sénat, les consuls n'y voulurent jamais entendre. *Que Pompée* (disait-il) *consente à me voir; notre accord n'est pas difficile : nous congédierons nos armées, et nous retournerons à Rome tous les deux simples citoyens.* L'orgueil de Pompée fut inexorable; et Labienus déclara, *qu'il n'y avait point d'accommodement, sans la tête de César.*

Celui-ci avait donc raison de dire sur le champ de Pharsale, en pleurant sa victoire : *Ils l'ont eux-mêmes ainsi voulu; et César était condamné, s'il se fût défait de son armée* (1). C'est d'Asinius Pollio, son ami, que l'on tenait ces paroles, mais si ce témoignage est suspect, celui de Cicéron ne l'est pas : *César* (dit-il) *est persuadé qu'il n'y a point de salut pour lui, s'il vient à quitter les armes; et il y consent, si Pompée veut les poser en même temps* (2).

Les amis de César, ou plutôt ses flatteurs le perdirent. On sait quelle fut la bassesse de Marc-

---

(1) Plut. Vie de Jules-César.

(2) *Cæsari autem persuasum est se salvum esse non posse si ab exercitu recesserit; fert tamen illam conditionem, ut ambo exercitus tradant.* (Cic. ad fam. lib. 8. ep. 14.)

PRÉFACE.

Antoine aux Lupercales; on sait que César ayant ce jour-là refusé le diadême, on en couronna ses statues. Mais il n'est pas sûr que l'imprudence de ses amis eût son aveu; et s'il regarda comme une injure l'audace des tribuns qui arrachèrent ces couronnes, s'il les destitua pour les en punir, c'est qu'il n'était pas homme à souffrir un affront. Du reste, on voit qu'il recevait avec répugnance les honneurs excessifs qu'on affectait de lui rendre : il s'en expliqua lui-même dans la tribune, lorsque le sénat vint lui annoncer qu'on lui en décernait de nouveaux. Mais ces honneurs étaient un piége que lui tendaient ses ennemis, pour le rendre odieux au peuple, et pour autoriser le crime qu'ils méditaient contre lui.

Ce fut au milieu du sénat, et par des sénateurs, qu'il fut assassiné; et si d'abord le peuple se laissa séduire au nom de *liberté*, on sait à quel excès de douleur et de rage le porta la lecture du testament de César, et de quelle ardeur il vengea sa mort. Ce peuple, qui l'aimait, lui eût pardonné sans peine de l'avoir tiré de l'oppression. Mais en prenant le peuple sous sa garde, il avait anéanti la puissance et le règne du sénat. Ce fut ce roi chassé du trône qui conspira contre son successeur.

Lequel des deux était le tyran? On le voit sans que je le dise; et il serait facile de prouver que César, en s'emparant des rênes de l'empire, avait fait un acte de citoyen. Son meurtrier fut donc le sénat; et si on demande pourquoi Sylla, le barbare Sylla régna tranquille, abdiqua sans crainte, et mourut impuni; tandis que César, la bonté, la clémence même, fut massacré au moment qu'il faisait les délices et le bonheur de Rome; c'est que l'un avait su flatter l'orgueil du sénat, en humiliant le peuple, et que l'autre, en devenant le père du peuple, avait été le destructeur de l'autorité du sénat.

C'est, je crois, sous ce point de vue que Lucain aurait dû voir et présenter cette grande révolution. Mais il était trop près de l'événement, pour le considérer d'un œil impartial. Le fanatisme républicain l'avait rendu injuste. Il ne voyait dans César que le fondateur de la tyrannie; et détestant l'effet dans la cause, il a fait de César un homme violent, injuste, et cruel comme ses successeurs. C'est une faute pardonnable à un Romain, sujet de Néron. Mais dans son opinion et dans sa position, l'audace de son style est quelque chose d'inconcevable.

PRÉFACE. XLVII

Proxima quid soboles, aut qui meruere nepotes
In regnum nasci? Pavidè nùm gessimus arma ?
Teximus an jugulos ? Alieni pœna timoris
In nostrá cervice sedet.

Quand on écrit de ces choses-là sous un tyran tel que Néron, il faut s'attendre à mourir jeune.

Nota. Le supplément *qui est à la fin du dixième Livre, est tiré des Commentaires de César, de ceux d'Hirtius, de Plutarque, d'Appien, de Dion Cassius, de Florus,* etc.

LA PHARSALE

DE LUCAIN.

LIVRE PREMIER.

ARGUMENT.

Causes de la guerre civile : l'excessive grandeur de Rome, la rivalité de Pompée et de César, la corruption des mœurs et le mépris des lois. César revient des Gaules, passe le Rubicon, et s'avance dans l'Italie. Il s'empare d'Ariminum. Les tribuns chassés de Rome se rendent auprès de César. Curion les accompagne. Il annonce à César qu'on est résolu à lui refuser le triomphe, et que l'on arme contre lui. Harangue de César à ses troupes pour les engager dans sa révolte. Les troupes balancent à se déclarer. Le centurion Lélius prend la parole et les détermine. César fait avancer les troupes qu'il a laissées dans les Gaules. A son approche, la terreur se répand dans Rome. Pompée et le sénat prennent la fuite, le peuple épouvanté les suit. Des prodiges effrayants redoublent encore l'alarme publique. Les devins d'Étrurie sont consultés. Arons, le plus vieux de ces devins, ordonne des expiations, et prédit vaguement des malheurs effroyables. Figulus, homme versé dans l'astrologie, confirme les prédictions du vieillard étrusque et annonce la guerre civile.

Où allez-vous, Romains, où portez-vous mes enseignes.

La Pharsale Liv. 1.

C. Perrin del. Ph. Triere sculp.

LA PHARSALE
DE LUCAIN.

LIVRE PREMIER.

Je chante cette guerre dont la Thessalie fut le théâtre : guerre sacrilége, qui mit les lois (1) aux pieds du crime ; où l'on vit un peuple puissant tourner ses mains victorieuses contre lui-même, l'aigle s'avancer contre l'aigle, deux camps (2) unis par les liens du sang, diviser l'empire, et se disputer le coupable honneur de hâter sa ruine, avec toutes les forces du monde ébranlé.

O citoyens, quelle fureur ! quel excès de démence et de rage ! Est-ce à vous d'assouvir la haine des nations dans le sang de votre patrie ? La superbe Babylone (3) s'enorgueillit de vos dépouilles ; l'ombre errante de Crassus demande vengeance ; et vous cherchez des combats qui n'auront jamais de triomphes ! quelles conquêtes ne feriez-vous pas au prix du sang que vous allez verser ? Des régions où naît le jour jusqu'aux bords où la nuit s'ensevelit avec les étoiles, des climats brûlants du midi jusqu'aux rivages glacés du nord, le Scythe, l'Arménien, les peuples, s'il en est (*a*), qui voient naître le Nil, tout serait dompté. Alors (4), si telle est ton ardeur pour une guerre détestable, ô Rome, tourne tes armes contre ton sein. Mais as-tu manqué d'ennemis? Tes villes d'Italie s'écroulent sous leurs toits brisés; leurs murailles ruinées ne sont plus que des débris épars; l'habitant solitaire est errant dans leur vaste enceinte; l'Hespérie, dès-long-temps inculte, est couverte de ronces; les mains du laboureur manquent aux champs qui les demandent.

Ce n'est pas toi, farouche Pyrrhus, ce n'est pas toi, fier Annibal, qui nous as causé tant de maux: le fer étranger ne nous fit jamais de si profondes plaies; ces coups partent d'une main domestique.

Remontons à la source de nos malheurs: c'est m'ouvrir une carrière immense.

Quelle est la cause qui entraîne ce peuple aux combats, et qui chasse la paix de la terre (5)? L'envieuse fatalité; l'arrêt porté par le destin, que rien d'élevé ne soit stable; la chûte qu'entraîne un trop pesant fardeau; Rome, que sa grandeur accable.

Ainsi, lorsque les siècles accumulés amèneront

(*a*) Les sources du Nil étaient inconnues.

l'instant de la dissolution du monde, tous les ressorts de la nature se briseront, tout rentrera dans l'ancien chaos : les astres confondus se heurteront ensemble, la mer engloutira les étoiles, la terre refusera d'embrasser la mer et la chassera de son lit ; l'ébranlement universel de la machine en détruira l'ordre et l'accord.

L'excessive grandeur (6) s'écroule sur elle-même ; c'est le terme que les dieux ont mis à nos prospérités. La fortune n'a voulu confier à aucune nation du monde le soin de sa haine contre les Romains : c'est toi, Rome, c'est toi qu'elle a rendue sous trois tyrans l'instrument de ta ruine ; c'est leur concorde impie et fatale qui t'a perdue. Laissez-nous-la, cruels, cette paix qui nous a tant coûté. Pourquoi la troubler? pourquoi courir aux armes, et vous arracher les dépouilles de l'univers en butte à vos coups?

Non, tant que la terre contiendra la mer, que l'air balancera la terre, que les astres rouleront au ciel, il n'y aura jamais de sincère accord dans le partage du rang suprême. L'autorité (7) ne veut point de compagne. N'en cherchons pas les exemples loin de nous ; le fondateur de ces murs les souilla du sang de son frère. Et ce n'était pas l'empire du monde qu'on se disputait avec tant de fureur : un hameau divisa ses maîtres.

On vit quelque temps subsister entre Pompée et César une paix simulée et contrainte. Crassus, au milieu de ces deux rivaux, tenait la guerre comme en suspens.

Tel un isthme étroit soutient seul le choc des deux mers qu'il sépare; mais si la barrière en est rompue, les mers se heurtent et se confondent. Ainsi la défaite et la mort déplorable de Crassus en Assyrie nous ont livrés à nos propres fureurs. La victoire des Parthes a déchaîné nos haines. Heureux Arsacides! dans cette journée vos succès ont passé votre attente; vous avez donné la guerre civile aux vaincus.

L'empire est partagé par le fer, et la fortune d'un peuple puissant, cette fortune qui embrasse la terre, les mers, le monde entier, ne peut contenir l'ambition de deux hommes.

O Julie! ô toi, que les cruelles parques ont enlevée au monde (*a*); si le destin t'eût laissée vivre, tu aurais pu, à l'exemple des Sabines, te précipiter entre ton père et ton époux, les retenir, les désarmer, joindre leurs mains dans tes mains pacifiques. Seul gage de leur alliance, tu n'es plus. Les flambeaux de ton hymen, allumés sous le plus noir auspice, se sont éteints dans le tombeau. Ta mort affranchit Pompée et César des liens de la foi jurée; rien ne s'oppose plus à cette jalousie impatiente, à cette émulation de gloire, qui les presse de ses aiguillons (8).

Toi, Pompée, tu crains que l'éclat de tes an-

(*a*) *Medium jam, ex invidiâ potentiæ, malè cohærentis inter Cn. Pompeium et C. Cæsarem concordiæ pignus, Julia, uxor magni, decessit.* (VELL. PATERC. l. 2. c. 47.)

ciens travaux ne soit obscurci par de nouveaux exploits, et que la conquête des Gaules n'efface tes triomphes d'Asie (9) : cette longue suite de prospérités et d'honneurs te remplit l'ame d'un noble orgueil; et ta fortune ne peut se résoudre à partager le premier rang. César ne veut rien qui le domine; Pompée ne veut rien qui l'égale. Lequel des deux partis fut le plus juste? il n'est pas permis de le savoir. Les dieux se déclarent pour le vainqueur, mais Caton s'attache au vaincu. Du reste, l'un des deux avait trop d'avantage.

Pompée, sur le déclin des ans, amolli par le long usage des dignités pacifiques, avait oublié la guerre au sein du repos. Tout occupé de sa renommée, soigneux de plaire à la multitude, poussé par le vent de la faveur populaire, et flatté de recueillir les applaudissements de son théâtre, il se reposait sur son ancienne fortune (*a*), sans se préparer des forces nouvelles : il lui restait l'ombre d'un grand nom.

Tel au milieu d'une campagne fertile, on voit un chêne antique et superbe, chargé des dépouilles des peuples et des trophées des guerriers. Il ne tient à la terre que par de faibles

---

(*a*) Il se vantait qu'en frappant du pied la terre, il en ferait sortir des armées; aussi Favonius, à l'approche de César, disait-il, en rappelant cette jactance de Pompée, *Il est temps qu'il frappe du pied la terre.*

racines, son poids seul l'y attache encore. Il n'étend plus dans les airs que des branches dépouillées : c'est de son bois, non de son feuillage, qu'il couvre les lieux d'alentour. Mais quoiqu'il soit prêt à tomber sous le premier effort des vents, quoiqu'il s'élève autour de lui des forêts d'arbres verdoyants et robustes, c'est encore lui seul qu'on révère.

A la renommée, à la gloire d'un grand capitaine, César joignait une valeur qui ne souffrait ni repos ni relâche, et qui ne voyait de honte qu'à ne pas vaincre dans les combats. Plus la résistance est opiniâtre, plus il s'obstine à la forcer. Où l'ambition, où le ressentiment l'appelle, c'est là qu'il vole le fer à la main. Jamais le sang ne lui coûte à répandre. Hâter ses succès, les poursuivre, saisir et presser la fortune qui le seconde, abattre tout ce qui s'oppose à son élévation, et s'applaudir de s'être ouvert un chemin à travers des ruines; telle était l'ame de César.

Ainsi la foudre, que le choc des vents fait jaillir des nuages, brille, et frappe les airs d'un bruit qui fait trembler le monde. Elle éclipse le jour, répand la terreur au sein des peuples pâlissants que les sillons de sa flamme éblouissent, brise et détruit ses propres temples, perce à travers les corps les plus durs, marque sa chûte et son retour par un vaste et soudain ravage, et rassemble ses feux dispersés.

Aux intérêts cachés (10) de ces deux rivaux,

se joignaient les semences publiques de discorde qui ont toujours perdu les états florissants. Dès que Rome triomphante se fut enrichie des dépouilles du monde, que la prospérité eut corrompu les mœurs, et que le brigandage eut amené le luxe, la somptuosité de nos palais fut sans bornes : notre goût dédaigna la frugalité de nos pères ; les hommes disputèrent aux femmes l'élégance de la parure, et la portèrent à un excès qui eût été même indécent pour elles. La pauvreté, la mère des héros, se vit rebutée et bannie : fatale époque de la ruine des nations! Ce fut à qui étendrait le plus loin les limites de ses domaines : on vit les champs autrefois sillonnés par la charrue des Camilles, les champs que la bêche antique des Curius avait défrichés, s'unir et former de vastes campagnes sous des possesseurs inconnus.

Ce peuple n'était pas assez vertueux pour goûter une paix innocente, et se reposer sur ses armes victorieuses dans le sein de la liberté. De la corruption des mœurs, on vit naître les haines promptes à s'allumer. Le crime ne coûta plus rien, sollicité par l'indigence. On mit l'honneur suprême à se rendre plus puissant que sa patrie, fût-ce même le fer à la main. De là le droit mesuré sur la force, les lois du sénat et du peuple violées, les tribuns rivaux des consuls, les faisceaux enlevés à prix d'argent, le peuple achetant la faveur du peuple, la brigue, cette peste publique, renouvelant tous les ans dans le Champ-de-Mars l'enchère des dignités vénales, l'usure vorace et les pactes ruineux, enfin la bonne foi chancelante dans tous les cœurs, et la guerre civile devenue un besoin pour une foule d'hommes perdus.

Déjà (11) César avait franchi le sommet des Alpes, l'esprit violemment agité, le cœur plein de la guerre future. A peine fut-il arrivé au bord du Rubicon (a) ; un fantôme lumineux et d'une grandeur effrayante lui apparut pendant la nuit : c'était l'image de la patrie. Elle était tremblante et consternée. De son front couronné de tours, les débris de ses cheveux blancs tombaient épars sur ses membres dépouillés. Immobile devant lui, elle prononce ces paroles entrecoupées de gémissements : « Où allez-vous, Romains ? où portez-vous mes enseignes? si vous êtes justes et citoyens, arrêtez : un pas de plus serait un crime. » Elle dit ; le cœur de César est saisi d'une soudaine horreur; ses cheveux se dressent sur sa tête, et la langueur dont il est abattu enchaîne ses pas au rivage. Mais bientôt rappelant ses esprits : «O Jupiter ! (s'écria-t-il) ô toi, que mes aïeux ont adoré dans Albe naissante, et qui du haut du capitole veilles aujourd'hui

---

(a) « Il s'arrêta coy, dit Plutarque ; et plus il approchait du fait, plus il lui venait en l'esprit un remords de penser à ce qu'il attentait. » (*Vie de Jules-César.*)

sur la reine du monde; et vous, dieux tutélaires des Troyens, qu'Énée apporta dans l'Ausonie ; et toi, Romulus, qui, enlévé au ciel, devins l'objet de notre culte, et toi, Vesta, qui vois sur tes autels brûler sans cesse le feu sacré; et toi, Rome, qui fus toujours une divinité pour moi, favorisez mon entreprise. Non, Rome, ne crois pas voir César te poursuivre, armé du flambeau des furies (12): vainqueur sur la terre et sur les mers, il est encore à toi, si tu le veux ; il est ton soldat, il le sera par-tout. Celui-là seul sera criminel, qui fera de César l'ennemi de Rome. » A ces mots, sans plus différer, il fit passer le fleuve à ses troupes.

Tel (13), dans les déserts de l'ardente Libye, un lion, dès qu'il aperçoit le chasseur, s'arrête et semble hésiter; mais c'est alors qu'il s'anime et qu'il rassemble toute sa fureur. Sitôt qu'il s'est battu les flancs du fouet meurtrier de sa queue, qu'il a dressé sa crinière ondoyante, et que le bruit sourd du rugissement a retenti dans sa gueule profonde ; soit que le Maure léger lui darde sa lance ou lui présente la pointe de l'épieu; il se précipite lui-même au-devant du fer, quoique assuré d'en recevoir l'atteinte.

Le Rubicon, faible dans sa source, roule à peine ses eaux défaillantes sous les signes brûlants de l'été; il serpente au fond des vallées, et sépare les champs de la Gaule, des campagnes de l'Italie. Mais l'hiver lui donnait des forces:

trois mois de pluie avaient grossi ses ondes, et les neiges des Alpes, fondues par l'humide haleine du vent du midi, l'enflaient encore de leurs torrents.

Pour soutenir le poids des eaux, la cavalerie s'élance la première, et dans son oblique passage elle oppose une digue à leur cours. L'impétuosité du fleuve alors suspendue, permet aux bataillons de s'ouvrir un chemin facile à travers les ondes obéissantes. Déjà César a franchi le fleuve ; il touche à la rive opposée; et dès qu'il a mis un pied rebelle dans l'Italie interdite à ses vœux : « C'est ici (14), dit-il, c'est ici que je laisse la paix et les lois que mes ennemis ont déja violées. Fortune, je m'abandonne à toi, plus de lien qui me retienne. J'ai pris pour arbitre le sort (*a*), et la guerre sera mon juge. » A ces mots, plus rapide que la pierre qui part de la fronde du Baléare, ou que la flèche que le Parthe décoche en arrière en fuyant, il prend sa course, et le soleil à peine effaçait les étoiles, lorsque César entra menaçant dans les murailles d'Ariminum (*b*).

Le jour se lève, ce triste jour qui doit éclairer les premiers troubles de la guerre : mais soit que les dieux ou les vents eussent assemblé les nuages, leur voile funèbre obscurcit les airs, et déroba la lumière au monde.

(*a*) Le mot de César, fut *Jacta sit alea.*
(*b*) Rimini.

Cependant les soldats de César s'étant emparés de la place publique, il ordonne que ses étendards y soient arborés ; et à l'instant même le bruyant clairon, la trompette éclatante, donnent le signal d'une guerre impie. Le peuple s'éveille à ce bruit effrayant ; les jeunes citoyens, arrachés au sommeil, se saisissent des armes suspendues autour de leurs dieux domestiques, des boucliers rompus, des lances émoussées, des glaives dévorés par la rouille, tels que les offre une longue paix. Mais lorsqu'ils reconnaissent les aigles romaines, qu'ils aperçoivent César au milieu de ses légions, la frayeur enchaîne leurs membres glacés, et ce n'est qu'au fond de leurs cœurs qu'une douleur muette ose former ces plaintes :

« O murs, trop voisins des Gaulois, à combien de maux (disent-ils) votre situation nous condamne ! Tous les peuples jouissent d'une profonde paix (15) ; et nous, si des furieux courent aux armes, nous sommes leur première proie, cette enceinte est leur premier camp. Pourquoi le sort ne nous a-t-il pas fait habiter des cabanes errantes sous le char brûlant du soleil, sous les astres glacés de l'ourse, plutôt que de nous donner à garder les barrières de l'Italie ? Que les Gaulois y pénètrent, que les Cimbres s'y répandent, que les Carthaginois fondent du haut des Alpes, que les courses et les fureurs des Teutons désolent ces bords, c'est par nous qu'ils commencent ; et toutes les fois que la fortune insulte Rome dans ses murs, c'est ici le chemin de la guerre. »

Tels (16) sont les gémissements étouffés de ce peuple : la crainte même n'ose paraître, et la douleur n'a point de voix. Le silence de ses murs est égal au silence des forêts, quand les oiseaux frissonnent, transis par les glaçons, et à celui de la pleine mer, quand le calme enchaîne les ondes.

La lumière du jour avait dissipé les froides ombres de la nuit, et César balançait encore ; mais bientôt la discorde, armée de nouveaux feux, vient irriter ses ressentiments, et le délivrer du frein de la honte. Il semble que la fortune elle-même travaille à justifier ses projets, et à fonder le droit de ses armes.

Rome, incertaine entre l'obéissance et la révolte, a vu le sénat, enhardi par l'impunité du meurtre des Gracques, chasser les tribuns au mépris des lois (a). Les tribuns se refugient sous les drapeaux de César, et Curion les accompagne; Curion dont l'éloquence, avant d'être vénale (b), avait été l'organe des lois et de la liberté ; Curion qui osa soulever le peuple contre l'autorité menaçante des grands. Il trouve César roulant dans

---

(a) *Et de imperio Cæsaris et de amplissimis viris tribunis plebis gravissimè decernitur. Profugiunt statim ex urbe tribuni plebis, seque ad Cæsarem conferunt.* (Cæsar, de bell. civ. lib. 1.)

(b) *Curio, quod ære alieno premeretur, mercede inductus est ut faveret Cæsari.* (Appianus, de bellis civilibus, lib. 2.)

sa pensée les soins divers dont il est occupé : il l'aborde, et lui parle en ces mots :

« Tant qu'on a permis à ma voix de s'élever en ta faveur (a), César, nous avons prolongé, en dépit du sénat, le commandement qu'il t'envie. Alors j'avais le droit de paraître dans la tribune, et d'entraîner vers toi les esprits d'une multitude flottante. Mais depuis que la force a fait taire les lois, on nous chasse du sein de nos dieux, et pour nous l'exil n'a rien de pénible. C'est à toi, c'est à la victoire de rendre à Rome ses citoyens. Hâte-toi, César, tout chancelle. Les partis opposés au tien n'ont ni fermeté, ni vigueur. Quand tout est prêt, pourquoi différer? Les délais (17) ne peuvent que nuire. Les dangers qui te menacent ne sont-ils pas les mêmes que tu as bravés tant de fois? Et combien plus grand en est le prix? La Gaule, un coin de la terre, t'a coûté dix ans d'une guerre pénible : ose livrer quelques combats, dont le succès est facile et sûr; Rome est à toi, et le monde avec elle. N'espère pas que ton retour soit décoré des honneurs du triomphe; le Capitole n'attend pas tes lauriers : la noire envie (18) qui ronge les cœurs, te refuse tout; à peine te pardonnera-t-elle d'avoir dompté les nations : le gendre a résolu d'éloigner le beau-

---

(a) *Curio jam apertè vociferabatur, negans successores mitti debere in provincias Cæsaris, ni Pompeius pariter imperio suo decederet.* (APPIANUS, de bellis civilibus, lib. 2.)

père du trône : tu ne peux partager le monde, mais tu peux le posséder seul. »

Tel qu'on voit un coursier impatient de quitter la barrière, où tête baissée il agite son frein, devenir plus fougueux encore dès qu'il entend le signal; tel, à la voix de Curion, César, qui déja respirait la guerre, s'enflamme d'une nouvelle ardeur. Il commande, et ses soldats armés accourent en foule aux drapeaux. Il appaise d'un regard leurs mouvements tumultueux, et de la main leur imposant silence (19) : « Compagnons de mes travaux (leur dit-il) vous qui depuis dix ans n'avez cessé de vaincre avec moi, exposés à des périls sans nombre; voilà donc le prix de notre sang, de nos blessures, de la mort de nos ennemis, et des hivers rigoureux que nous avons passés sous les Alpes. Si Annibal les traversait, causerait-il plus de trouble dans Rome? On court aux armes, on grossit les cohortes de nouveaux soldats ; les forêts tombent des montagnes, et se courbent en vaisseaux; l'ordre est donné de poursuivre César sur la terre et sur les mers. Que serait-ce donc si, vaincu moi-même, j'avais laissé le champ de bataille couvert de mes drapeaux, si je fuyais devant les Gaulois, s'ils me chassaient le glaive à la main? Lors même que la fortune me seconde, que les dieux m'appellent au comble de la gloire, on ose me défier! Qu'il vienne, ce chef amolli par les délices de la paix, qu'il vienne avec ses soldats faits à la hâte, avec ces graves patriciens, ce Marcellus qui harangue sans cesse, et ces Catons eux-mêmes, noms imposants et vains! Qu'il vienne, et voyons de quel droit des clients à gage le rassasient depuis tant d'années d'une autorité sans bornes; de quel droit il a triomphé avant l'âge prescrit par les lois; de quel droit il prétend ne déposer jamais les dignités une fois usurpées. Vous dirai-je à quel excès il a porté l'abus du pouvoir? Et qui de vous ignore qu'il a tari pour nous, d'un bout du monde à l'autre, toutes les sources de l'abondance, et appelé la famine à Rome, pour servir son ambition (*a*)? N'avons-nous pas vu ses cohortes répandre l'effroi dans le barreau? une enceinte de glaives menaçants, appareil inconnu jusqu'alors, investir le tribunal des lois, et faire pâlir leurs ministres? les soldats s'ouvrir un passage à travers l'assemblée des juges, et les satellites de Pompée environner Milon avant qu'il fût jugé? A-présent (20), pour ne pas languir dans une obscure vieillesse, il nous suscite une guerre coupable, accoutumé qu'il est à porter les armes contre son pays. Sylla, son maître, l'instruisit au crime; il ira plus loin que Sylla. Dès que les tigres, sur les pas de leurs mères, ont bu dans les forêts d'Hircanie le sang des troupeaux égorgés, ils ne dépouillent jamais leur férocité. Toi,

---

(*a*) *Populus romanus, fame pressus Pompeium annonæ præfecit.* (App. de Bell. civ. lib. 2.)

Pompée, accoutumé au sang dont dégouttait le glaive de Sylla, la même soif te tourmente encore ; et depuis que tes lèvres ont goûté ce breuvage affreux, ton cœur en est insatiable. Cependant quel sera le terme de ta puissance et de tes forfaits? Que du moins l'exemple de Sylla t'apprenne à te lasser d'être un tyran. Après avoir défait les brigands de Cilicie, après avoir réduit Mithridate à joindre le fer au poison pour se délivrer du fardeau d'une guerre qui l'accablait, veux-tu couronner tes exploits par la ruine de César? Et quel est son crime? De n'avoir pas obéi quand tu lui ordonnais de déposer les aigles. Mais (21), si tu me refuses le prix de mes travaux, récompense du moins ces guerriers blanchis sous les armes. Ils ont long-temps combattu sans moi ; qu'ils triomphent sans moi, j'y consens, et qu'un autre paraisse à leur tête. Où traîneront-ils, après la guerre, le reste d'une vie languissante? Où sera la retraite des émérites, l'apanage des vétérans, l'asyle des vieillards? O Pompée, leur préfères-tu des colonies de pirates (a)? C'en est trop, mes amis ; levez ces étendards dès long-temps victorieux ; marchons, et servons-nous des forces que nous ne devons qu'à nous-mêmes. A celui qui se présente les armes à la main, refuser ce qui lui est dû, c'est accorder tout ce qui lui

---

(1) Il leur avait donné des villes et des terres dans la Cilicie et dans l'Achaïe.

est possible. Et ne craignez pas que les dieux nous manquent : ce n'est point au pillage que je vous mène, ni à l'empire que je cours; nous allons chasser de Rome les maîtres superbes qu'elle est prête à servir. »

Dès qu'il eut cessé de parler, un long murmure, un frémissement sourd, répandu dans la foule, exprima les mouvements divers dont les esprits étaient combattus. La piété, l'amour du pays, ne laissaient pas que d'attendrir ces ames endurcies au carnage, et aveuglées par le succès; mais leur ardeur pour les combats, leur respect pour César les entraîne.

Alors le centurion Lélius, décoré de tous les honneurs d'un brave émérite, Lélius couronné du chêne qui atteste qu'on a sauvé un citoyen dans les combats, se fait entendre, et dit à César : « Arbitre suprême des destins de Rome, s'il est permis à la vérité de te parler par ma voix, nous nous plaignons que ta patience ait si long-temps enchaîné nos mains. As-tu cessé de compter sur nous ? Quoi! tandis que le sang qui coule dans nos veines échauffe encore notre courage, et que nos bras robustes sont en état de lancer le javelot, tu souffriras l'avilissement et la tyrannie du sénat! Est-ce donc (22) un malheur si grand que de vaincre sa patrie en combattant pour elle? Mène-moi chez les Scythes barbares, sur les bords inhabités des Syrtes, dans les sables brûlants de la Libye; je te suivrai par-tout. Cette main, pour laisser après toi l'univers subjugué, n'a-t-elle pas fait blanchir sous la rame les vagues irritées de l'Océan? n'a-t-elle pas dompté le Rhin fougueux, et fendu les tourbillons de ses eaux écumantes? Dès que tu commandes, rien ne m'arrête; je dois pouvoir tout ce que tu veux. Celui (23) que tes trompettes m'annoncent pour ennemi, n'est plus un citoyen pour moi. Je le jure par ces drapeaux qu'ont signalés dix ans de victoires; je le jure par tous les triomphes que tu as remportés sur les nations : si tu m'ordonnes de plonger mon épée dans le sein de mon frère, dans la gorge de mon père, dans les flancs de mon épouse au terme de l'enfantement; je frémirai, mais j'obéirai. Faut-il dépouiller les autels, embraser les temples? j'y porterai la flamme. Veux-tu camper sur les bords du Tibre? j'irai moi-même y tracer ton camp. Nomme (24) les murs que tu veux raser; cette ville fût-elle Rome, mes bras vont pousser le bélier qui en dispersera les débris. »

A ce discours, toutes les cohortes applaudirent (*a*), et leurs mains élevées s'offrirent à César, quoi qu'il fallût exécuter. Le bruit de l'acclamation fut égal au bruit des forêts de la Thrace, lorsque l'impétueux Borée se précipite et mugit

---

(*a*) *Conclamant legionis tertiæ quæ aderat milites.... sese paratos esse imperatoris sui, tribunorumque plebis injurias defendere.* (CÆSAR., de Bell. civ. lib. 2.)

contre les rochers du mont Ossa, et que les chênes, courbés jusqu'à leurs racines, relèvent leurs branches fracassées avec un long gémissement.

Dès que César voit ses soldats embrasser avec joie le parti de la guerre, où les destins semblaient l'appeler, pour ne pas laisser ralentir sa fortune, il se hâte de rassembler les légions répandues dans les campagnes de la Gaule, et d'investir Rome de toutes parts.

Alors s'avancent vers l'Italie celles de ses troupes qui campaient au bord du Léman (*a*); celles qui du haut des Vosges dominaient sur les Lingons (*b*); celles qui occupaient la côte de Ligurie, où le port Hercule (*c*) resserre la mer dans une enceinte de rochers.

Le Var (*d*) devenu par nos conquêtes la limite de l'Italie, l'Isère (*e*) qui, après de longs détours, se perd dans un fleuve plus renommé, le Rhône qui porte à la mer la Saône enveloppée dans ses flots rapides, et l'Aude (*f*) tranquille, et l'Adour (*g*) qui voit le rivage où finit son cours, former une

---

(*a*) **Le lac de Genève.**
(*b*) **Ceux de Langres.**
(*c*) **Monaco.**
(*d*) *Varus.*
(*e*) *Isara.*
(*f*) *Atax.*
(*g*) *Atur.*

paisible enceinte pour embrasser l'Océan : tous ces fleuves s'applaudissent de n'être plus chargés des barques romaines.

La même joie se répandit sur tout ce rivage que la terre et la mer semblent se disputer quand le vaste Océan l'inonde et l'abandonne tour-à-tour. Est-ce (25) l'Océan lui-même qui de l'extrémité de l'axe roule ses vagues et les ramène? Est-ce le retour périodique de l'astre de la nuit qui les foule sur son passage? Est-ce le soleil qui les attire pour alimenter ses flammes? Est-ce lui qui pompe la mer, et qui l'élève jusqu'aux cieux? Sondez ce mystère, vous qu'agite le soin d'observer le travail du monde. Pour moi, à qui les dieux t'ont cachée, cause puissante de ces grands mouvements, je veux bien t'ignorer toujours.

Les campagnes de Nîmes (*a*), celles du Rouergue (*b*) et de la Saintonge (*c*) sont enfin délivrées du long séjour des vainqueurs. Les peuples qui, sur l'aride sommet des Cévennes (*d*), habitent des rochers suspendus et menaçants; ceux de l'Auvergne, qui, comme nous, se disent descendants des Troyens; et ceux de Bourges (*e*) et de

---

(*a*) *Nemossus.*
(*b*) *Rutheni.*
(*c*) *Santonus.*
(*d*) *Gebennæ.*
(*e*) *Biturix.*

Soissons (*a*), agiles au combat de la lance ; ceux de Toul (*b*) et de Rheims (*c*), connus par leur adresse à darder le javelot ; les Bourguignons (*d*), célèbres dans l'art de rendre les coursiers dociles ; et le Belge (*e*), excellent pilote ; et ceux du Hainaut (*f*), dont la main rebelle a versé le sang de Cotta ; et ceux de Trèves (*g*) et de Maïence, vêtus à la manière des Scythes ; et les Bataves sanguinaires, dont la valeur s'est animée au son perçant de l'airain tortueux ; tous se félicitent de voir la guerre passer des Gaules en Italie.

Vous respirez en liberté, peuples qui répandez le sang humain sur les autels de Theutatès, de Taranis, et d'Hésus, divinités plus cruelles que la Diane de Tauride. Vous recommencez vos chants, bardes, qui consacrez par des louanges immortelles la mémoire des hommes vaillants qui périssent dans les combats. Et vous, druides, vous reprenez vos rites barbares, vos sanglants sacrifices, que la guerre avait abolis. Vous seuls avez le privilége de choisir entre tous les dieux

---

(*a*) *Suessones.*
(*b*) *Leucus.*
(*c*) *Rhemus.*
(*d*) *Sequana gens.*
(*e*) *Les Picards.*
(*f*) *Nervius.*
(*g*) *Vangiones.*

ceux qu'on doit adorer, ceux qu'on doit méconnaître. Vous célébrez vos mystères dans des forêts ténébreuses (26); vous prétendez que les ombres ne vont point peupler les demeures tranquilles de l'Érèbe, les sombres royaumes de Pluton; mais que nos esprits, dans un monde nouveau, vont animer de nouveaux corps. La mort, à vous en croire, n'est que le milieu d'une longue vie. Mais cette opinion, fût-elle une erreur, heureux les peuples qu'elle console! ils ne sont point tourmentés par la crainte du trépas, la plus cruelle de toutes les craintes. De là cette ardeur qui brave le fer, ce courage qui embrasse la mort, cette honte attachée aux soins d'une vie que l'on ne perd que pour un instant.

Ainsi la Gaule a vu les aigles romaines se retirer vers l'Italie; les légions mêmes destinées à fermer aux Germains la barrière de l'empire, abandonnent les bords du Rhin, et laissent le monde en proie aux nations.

Les forces immenses de César, rassemblées autour de lui, l'ayant mis en état de tout entreprendre, il se répand dans l'Italie, et s'empare des villes voisines de Rome (*a*). Au juste effroi

---

(*a*) On eût dit que les villes entières, se levant de leur place, s'enfuyaient de l'une à l'autre par toute l'Italie. La cité de Rome même fut incontinent remplie comme d'un flux des peuples voisins, tout à l'environ, qui s'y jetèrent de tous côtés en foule. (PLUTARQ. *Vie de Jules-César. Trad. d'Amyot.*)

que son approche inspire, la renommée (27) ajoute ses rumeurs. Elle prédit aux peuples leur ruine infaillible, et devançant la guerre qui s'approche à grands pas, ses voix innombrables sont occupées à semer l'épouvante. On dit que des corps détachés ravagent les fertiles campagnes de l'Ombrie; qu'une aile de l'armée s'étend jusqu'aux bords où le Nar coule dans le Tibre; que César lui-même, à la tête de ses épais bataillons, s'avance sur plusieurs colonnes, environné de toutes ses aigles. On croit le voir, non tel qu'autrefois, mais pareil à un géant terrible, et plus sauvage et plus féroce que les barbares qu'il a domptés; on croit le voir traînant après lui tous ces peuples répandus entre les Alpes et le Rhin, qui, arrachés du sein de leur patrie, viennent aux yeux des Romains immobiles saccager Rome et venger César.

Ainsi (28) chacun, par sa frayeur, grossit le bruit de l'alarme publique; et sans chercher de preuves à leurs maux, ils craignent tous ceux qu'ils imaginent.

Ce n'est pas seulement le vulgaire qui se sent frappé d'une aveugle terreur; le sénat (a), les pères de la patrie cherchent leur salut dans la fuite, et par un décret ils chargent les consuls

---

(a) *Consules, quod ante illud tempus acciderat nunquam, ex urbe proficiscuntur.* (Cæs. de Bello. civ. lib. 1.)

des funestes apprêts de la guerre. Alors (29) ne sachant de quel côté la retraite est la plus sûre, ou le danger le plus pressant, ils vont où la frayeur les emporte; ils se jettent au milieu d'une multitude éperdue, et rompent ces longues colonnes de fugitifs, dont le tumulte retarde les pas. Il semble que la flamme ait gagné leurs toits, ou que leurs maisons chancelantes menacent de s'écrouler sur eux. C'est ainsi qu'une foule égarée traverse Rome à pas précipités, comme si l'unique espoir qui reste à ces malheureux, était de quitter leur patrie.

Tels (30), quand l'impétueux Auster repousse la mer écumante loin des écueils de la Libye, et qu'on entend les mâts gémissants se briser sous l'effort des voiles, le pilote et le nocher s'élancent dans les flots du haut de la poupe qu'ils abandonnent; et, sans attendre que le vaisseau soit entr'ouvert, chacun se fait à lui-même un naufrage : tels les Romains, abandonnant leurs murs, fuyaient au-devant de la guerre.

Aucun d'eux n'est retenu ni par les gémissements d'un père accablé de vieillesse, ni par les larmes d'une épouse désolée, ni par ses lares qu'il embrasse, et qu'il appelle au secours de ses jours menacés; aucun ne s'arrête sur le seuil de sa demeure; aucun n'ose attacher ses regards sur cette ville chérie, qu'il voit peut-être pour la dernière fois. L'irrévocable (31) torrent de la populace a pris son cours.

O qu'aisément les dieux (32) nous élèvent au comble du bonheur! que mal-aisément il nous y soutiennent! Cette ville habitée par un peuple innombrable, où se rendaient en foule les nations vaincues, et qui semblait pouvoir contenir le genre humain, s'il était assemblé, des mains lâches et tremblantes la laissent en proie à César, l'abandonnent à son approche. Que sur des bords étrangers le soldat romain soit investi par un ennemi qui le presse, un simple fossé le met à couvert des surprises de la nuit; un léger rempart de gazon, fait à la hâte, lui assure sous la toile un sommeil paisible; et toi, Rome, au premier bruit de la guerre, te voilà déserte! On n'ose confier une nuit à tes murs. Pardonnons-leur ces frayeurs mortelles : Pompée fuyait, qui n'eût pas tremblé? Pour ne laisser même aux esprits consternés aucun espoir dans l'avenir, le sort manifesta sa colère par les plus terribles présages (*a*). Les dieux firent éclater au ciel, sur la terre, et sur les mers mille prodiges effrayants.

Dans l'obscurité de la nuit on aperçut de nouvelles étoiles; on vit le pôle lancer des flammes, et des torches brûlantes traverser le vague de l'air. Cet astre qui change la face des empires, la comète, déploya sa formidable chevelure. Au

---

(1) *Alicubi sanguinem pluisse, alicubi sudasse deorum effigies, multa fana tacta fulmine, mulam peperisse.* (App. de Bell. civ. lib. 2.)

milieu d'une sérénité (33) trompeuse on vit les éclairs se succéder rapidement et sous mille formes diverses, tantôt semblables à un javelot, tantôt à la lumière éparse d'une lampe; la foudre (34), sans nuage et sans bruit, partit des régions du nord, et tomba sur le Capitole. Ces feux rapides qui dans la nuit fendent les airs, les sillonnaient au milieu du jour. La lune, dont le disque arrondi réfléchissait alors la pleine image du soleil, pâlit, comme frappée de l'ombre de la terre. Le soleil lui-même, au plus haut de sa course, s'enveloppant d'une noire vapeur, plongea le monde dans les ténèbres L'Etna vomit des feux, mais (35) sans les lancer dans les airs : il inclina sa cime béante, et répandit son bitume enflammé du côté de l'Italie. Carybde roula une mer de sang ; les chiens de Scylla poussèrent des hurlements horribles. Cependant le feu de Vesta s'échappe des autels, et se partage en s'élevant, comme la flamme du bûcher des implacables enfants d'OEdipe. La terre s'ébranle sur ses pôles; et du sommet chancelant des Alpes s'écroulent des monceaux de neige qu'avaient entassés les hivers. L'Océan soulève ses ondes, et sur les bords de l'Hespérie et de l'Afrique, ses vagues renflées couvrent les cimes de Calpé et les flancs de l'Atlas. Les statues des dieux indigètes versent des larmes, celles des lares expriment par leur sueur l'état pénible où Rome est réduite. Les dons suspendus dans les temples s'en détachent, les oiseaux de proie souillent les airs de sang, les bêtes féroces quittent les forêts et cherchent dans Rome un refuge. Les animaux des champs murmurent des paroles. Les femmes engendrent des monstres, et la mère (36) est épouvantée de l'enfant qu'elle a mis au jour. Les ministres sacrés de Bellone et de Cybèle, errants et furieux, les membres déchirés, les cheveux épars, glacent les peuples par leurs cris lugubres. Les urnes funéraires gémissent; un bruit horrible d'armes et de voix se fait entendre dans les forêts; les peuples voisins de Rome abandonnent les campagnes : l'effroyable Erinnys (37) courait autour des murs, secouant sa torche allumée et sa chevelure de serpents. Telle autrefois dans Thèbes, une Euménide poursuivait Agavé, ou ce Lycurge l'ennemi de Bacchus; telle, évoquée par Junon, Mégère s'offrit aux yeux d'Hercule. Au milieu des ténèbres et du silence de la nuit, on entendit le son des trompettes, et un bruit égal aux clameurs des combattants dans la fureur de la mêlée. L'ombre de Sylla (38) sortit de la terre, et rendit d'effrayants oracles; les laboureurs épouvantés virent au bord de l'Anio Marius briser sa tombe, et lever sa tête du sein des morts.

On crut devoir, selon l'antique usage, avoir recours aux devins d'Étrurie. Arons, le plus âgé d'entre eux, retiré dans les murs solitaires de Lune, lisait l'avenir dans les directions de la foudre, dans le vol des oiseaux, dans les entrailles des victimes. D'abord il demande qu'on jette dans les flammes le fruit monstrueux que la nature égarée avait formé dans le sein de ce quadrupède qu'elle condamne à la stérilité. Il ordonne aux citoyens tremblants d'environner les murs de Rome, et de les purifier par des lustrations, tandis que les sacrificateurs en parcourent les dehors, accompagnés de l'ordre inférieur des ministres des autels. Après eux marche à la tête des vestales, le front ceint des bandelettes sacrées, la prêtresse qui seule a droit de voir le palladium. Sur leurs pas s'avancent les dépositaires des oracles et des livres des Sibylles, qui tous les ans vont laver la statue de Cybèle dans les faibles eaux de l'Almon. Ensuite venaient les augures, gardiens des oiseaux sacrés, et les chefs qui président dans les fêtes aux sacrifices des festins, et les prêtres d'Apollon, et ceux de Mars qui portaient en dansant les boucliers mystérieux, et le grand-prêtre de Jupiter, qu'on distinguait au voile attaché sur sa tête majestueuse.

Tandis qu'ils suivent à pas lents les vastes détours de l'enceinte de Rome, Arons ramasse les feux de la foudre, et la terre les reçoit dans son sein avec un triste et profond murmure. Il consacre le lieu où il les a cachés; il fait amener au pied des autels un taureau superbe, et commence les libations. La victime impatiente se débat long-temps pour se dérober au sacrifice;

mais les prêtres, se jetant sur ses cornes menaçantes, lui font plier le genou, et présentent sa gorge au couteau. Cependant, au lieu d'un sang vermeil, un noir poison coule de sa plaie : Arons lui-même en pâlit d'horreur; il observe la colère des dieux dans les entrailles de la victime, et la couleur l'en épouvante : il les voit couvertes de taches livides; le foie nage dans un sang impur; le poumon est flétri, le cœur abattu, l'enveloppe des intestins déchirée et sanglante; et, ce qu'on ne vit jamais en vain dans les flancs des animaux, du côté funeste, les fibres enflées palpitent sur les veines; du côté propice, elles sont lâches et sans vigueur.

Dès qu'Arons a reconnu à ces marques les présages de nos calamités, il s'écrie : « O dieux! dois-je révéler au monde tout ce que vous me laissez voir? Non, Jupiter, ce n'est pas à toi que je viens de sacrifier; j'ai trouvé l'enfer dans les flancs de ce taureau. Nous craignons (39) d'horribles malheurs; mais nos malheurs passeront nos craintes. Fasse le ciel que ces signes nous soient favorables, que l'art de lire au sein des victimes soit trompeur, et que Tagès, qui l'inventa, nous en ait imposé lui-même! »

C'est ainsi que le vieillard étrusque enveloppa ses prédictions d'un nuage mystérieux. Mais Figulus, qu'une longue étude avait admis aux secrets des dieux, à qui les sages de Memphis l'auraient cédé dans la connaissance des étoiles et dans celle des nombres qui règlent les mouvements célestes, Figulus éleva sa voix. « Ou le monde (dit-il) se meut au hasard, et les astres vagabonds errent au ciel sans règle et sans guide; ou, si le destin préside à leurs cours, l'univers est menacé d'un fléau terrible. La terre va-t-elle ouvrir ses abymes? Les cités seront-elles englouties? Verrons-nous les campagnes stériles, les airs infectés, les eaux empoisonnées? Quelle plaie, grands dieux! quelle désolation nous prépare votre colère! Les jours malheureux répandus dans tous les âges se sont rassemblés en un seul. Si l'étoile de Saturne dominait au ciel, l'urne céleste inonderait la terre d'un déluge semblable à celui de Deucalion. Si le soleil frappait le lion de sa lumière, c'est d'un incendie universel que la terre serait menacée; l'air lui-même s'enflammerait sous le char du dieu du jour. Ni l'un ni l'autre n'est à craindre; mais toi, qui embrases le scorpion, terrible Mars, que nous réserves-tu? L'étoile de Jupiter est à son couchant, celle de Vénus luit à peine, le rapide fils de Maïa languit et penche vers son déclin; Mars, c'est toi seul qui occupes le ciel. La rage (40) des combats va s'allumer : le glaive confond tous les droits; des crimes qui devraient être inconnus à la terre, obtiennent le nom de vertus. Cette fureur sera de longue durée. Hélas! et pourquoi demander aux dieux qu'elle cesse? La paix nous amène un tyran. Prolonge tes malheurs, ô Rome! traînetoi d'âge en âge à travers des ruines ; c'est le seul moyen d'échapper au joug. Il n'y a plus de liberté pour toi qu'au sein de la guerre civile. »

EXCERPTA

EX LIBRO PRIMO.

(1) Jusque datum sceleri.

(2) Cognatasque acies; et rupto fœdere regni,
Certatum totis concussi viribus orbis,
In commune nefas.

(3) Cumque superba foret Babylon spolianda tropæis
Ausoniis, umbrâque erraret Crassus inultâ,
Bella geri placuit nullos habitura triumphos.

(4) Tunc si tantus amor belli tibi, Roma, nefandi,
Totum sub latias leges cùm miseris orbem,
In te verte manus: nondùm tibi defuit hostis.

(5) .... Quid in arma furentem
Impulerit populum, quid pacem excusserit orbi:
Invida fatorum series, summisque negatum
Stare diù, nimioque graves sub pondere lapsus,
Nec se Roma ferens.

(6) In se magna ruunt: lætis hunc numina rebus
Crescendi posuere modum.

EX LIBRO PRIMO.

(7) Nulla fides regni sociis; omnisque potestas
Impatiens consortis erit. Nec gentibus ullis
Credite, nec longè fatorum exempla petantur :
Fraterno primi maduerunt sanguine muri.
Nec pretium tanti tellus pontusque furoris
Tunc erat : exiguum dominos commisit asylum.

(8) Stimulos dedit æmula virtus.

(9) .... Te jam series ususque laborum
Erigit, impatiensque loci fortuna secundi.
Nec quemquam jam ferre potest, Cæsarve priorem,
Pompeiusve parem. Quis justiùs induit arma?
Scire nefas. Magno se judice quisque tuetur.
Victrix causa Diis placuit, sed victa Catoni.
Nec coiere pares. Alter, vergentibus annis
In senium, longoque togæ tranquillior usu,
Dedidicit jam pace ducem; famæque petitor,
Multa dare in vulgus, totus popularibus auris
Impelli, plausuque sui gaudere theatri;
Nec reparare novas vires; multùmque priori
Credere fortunæ. Stat magni nominis umbra.
Qualis frugifero quercus sublimis in agro,
Exuvias veteres populi, sacrataque gestans
Dona ducum, nec jam validis radicibus hærens,
Pondere fixa suo est; nudosque per aëra ramos
Effundens, trunco, non frondibus, efficit umbram.
At quamvis primo nutet casura sub Euro,
Tot circùm sylvæ firmo se robore tollant;
Sola tamen colitur. Sed non in Cæsare tantùm
Nomen erat, nec fama ducis; sed nescia virtus
Stare loco, solusque pudor non vincere bello.
Acer et indomitus, quò spes, quòque ira vocasset,
Ferre manum, et nunquàm temerando parcere ferro;
Successus urgere suos, instare favori

Numinis, impellens quidquid sibi summa petenti
Obstaret, gaudensque viam fecisse ruinâ.
Qualiter expressum ventis per nubila fulmen,
Ætheris impulsi sonitu, mundique fragore
Emicuit, rupitque diem, populosque paventes
Terruit, obliquâ perstringens lumina flammâ :
In sua templa furit; nullâque exire vetante
Materiâ, magnamque cadens, magnamque revertens
Dat stragem latè, sparsosque recolligit ignes.

(10) Hæ ducibus causæ suberant. Sed publica belli
Semina, quæ populos semper mersêre potentes.
Namque ut opes nimias mundo fortuna subacto
Intulit, et rebus mores cessêre secundis,
Prædaque et hostiles luxum suasêre rapinæ;
Non auro, tectisve modus; mensasque priores
Aspernata fames; cultus gestare decoros
Vix nuribus, rapuere mares; fæcunda virorum
Paupertas fugitur; totoque accercitur orbe
Quo gens quæque perit; tunc longos jungere fines
Agrorum, et quondàm duro sulcata Camilli
Vomere, et antiquos Curiorum passa ligones,
Longa sub ignotis extendere rura colonis.
Non erat is populus, quem pax tranquilla juvaret;
Quem sua libertas immotis pasceret armis.
Indè iræ faciles, et, quod suasisset egestas,
Vile nefas; magnumque decus, ferroque petendum,
Plus patriâ potuisse suâ : mensuraque juris
Vis erat : hinc leges et plebis scita coactæ,
Et cum consulibus turbantes jura tribuni :
Hinc rapti pretio fasces; sectorque favoris
Ipse sui populus; lethalisque ambitus urbi,
Annua venali referens certamina campo :
Hinc usura vorax, avidumque in tempore fœnus;
Et concussa fides; et multis utile bellum.

EX LIBRO PRIMO.

(11) Jam gelidas Cæsar cursu superaverat Alpes,
Ingentesque animo motus, bellumque futurum
Ceperat. Ut ventum est parvi Rubiconis ad undas,
Ingens visa duci patriæ trepidantis imago,
Clara per obscuram vultu mæstissima noctem,
Turrigero canos effundens vertice crines,
Cæsarie lacerâ, nudisque adstare lacertis,
Et gemitu permista loqui : Quò tenditis ultra?
Quò fertis mea signa, viri? Si jure venitis,
Si cives, hùc usquè licet.

(12) .... Non te furialibus armis
Persequor. En adsum, victor terrâque marique,
Cæsar ubiquè tuus, (liceat modo) nunc quoque miles.
Ille erit ille nocens, qui me tibi fecerit hostem.

(13) .... Sic cùm squalentibus arvis
Æstiferæ Libyes, viso leo cominùs hoste,
Subsedit dubius, totam dùm colligit iram.
Mox ubi se sævæ stimulavit verbere caudæ,
Erexitque jubam, et vasto grave murmur hiatu
Infremuit, tum torta levis si lancea Mauri
Hæreat, aut latum subeant venabula pectus,
Per ferrum, tanti securus vulneris, exit.

(14) Hic, ait, hic pacem temerataque jura relinquo;
Te, fortuna, sequor : procul hinc jàm fœdera sunto.
Credidimus fatis : utendum est judice bello.

(15) .... Pax alta per omnes,
Et tranquilla quies populos ; nos præda furentum,
Primaque castra sumus.

(16) .... Gemitu sic quisque latenti,
Non ausus timuisse palàm : vox nulla dolori

Credita : sed quantum, volucres cum bruma coërcet,
Rura silent, mediusque jacet sine murmure pontus;
Tanta quies.

(17) .... Semper nocuit differre paratis.

(18) Livor edax tibi cuncta negat : gentesque subactas
Vix impune feres : socerum depellere regno
Decretum est genero. Partiri non potes orbem;
Solus habere potes.

(19) Bellorum, ô socii, qui mille pericula Martis
Mecum, ait, experti, decimo jam vincitis anno.
Hoc cruor arctoïs meruit diffusus in arvis,
Vulneraque, et mortes, hiemesque sub Alpibus actæ?
Non secus ingenti bellorum Roma tumultu
Concutitur, quàm si Pœnus transcenderet Alpes
Annibal. Implentur valido tirone cohortes;
In classem cadit omne nemus; terraque marique
Jussus Cæsar agi. Quid, si mihi signa jacerent
Marte sub adverso, ruerentque in terga feroces
Gallorum populi? Nunc, cùm fortuna secundis
Mecum rebus agat, superique ad summa vocantes,
Tentamur! Veniat longa dux pace solutus,
Milite cum subito, partesque in bello togatæ,
Marcellusque loquax, et nomina vana Catones.
Scilicet extremi Pompeium emptique clientes
Continuo per tot satiabunt tempora regno?
Ille reget currus nondùm patientibus annis?
Ille semel raptos numquàm dimittet honores?

(20) Nunc quoque, ne lassum teneat privata senectus,
Bella nefanda parat, suetus civilibus armis,
Et docilis Syllam scelerum vicisse magistrum.
Utque feræ tigres nunquam posuêre furorem.

Quas, nemore Hyrcano, matrum dùm lustra sequuntur,
Altus cæsorum pavit cruor armentorum;
Sic et Syllanum solito tibi lambere ferrum
Durat, Magne, sitis. Nullus, semel ore receptus,
Pollutas patitur sanguis mansuescere fauces.
Quem tamen inveniet tam longa potentia finem?
Quis scelerum modus erit? Ex hoc jam te, improbe, regno
Ille tuus saltem doceat discedere Sylla.

(21) . . . . Mihi si merces erepta laborum est,
His saltem longi, non me duce, præmia belli
Reddantur : miles sub quolibet iste triumphet.
Conferet exanguis quo se post bella senectus?
Quæ sædes erit emeritis? Quæ rura dabuntur
Quæ noster veteranus aret? Quæ mœnia fessis?
An meliùs fient piratæ, Magne, coloni?
Tollite jam pridem victricia, tollite signa.
Viribus utendum est quas fecimus. Arma tenenti
Omnia dat, qui justa negat. Nec numina desunt :
Nam neque præda meis, neque regnum quæritur armis;
Detrahimus dominos urbi servire paratæ.

(22) Usque adeò miserum est civili vincere bello?

(23) Nec civis meus est, in quem tua classica, Cæsar,
Audiero. Per signa decem felicia castris,
Perque tuos juro quocumque ex hoste triumphos :
Pectore si fratris gladium, juguloque parentis
Condere me jubeas, plenæque in viscera partu
Conjugis; invitâ, peragam tamen omnia, dextrâ.

(24) Tu quoscumque voles in planum effundere muros,
His aries actus disperget saxa lacertis;
Illa licet, penitus tolli quam jusseris urbem,
Roma sit.

(25) Ventus ab extremo pelagus sic axe volutet,
Destituatque ferens; an sidere mota secundo
Tethyos unda vagæ lunaribus æstuet horis;
Flammiger an Titan ut alentes hauriat undas,
Erigat Oceanum, fluctusque ad sidera tollat;
Quærite, quos agitat mundi labor : at mihi semper
Tu, quæcumque moves tam crebros causa meatus,
Ut superi voluere, late.

(26) .... Nemora alta remotis
Incolitis lucis. Vobis auctoribus, umbræ
Non tacitas Erebi sedes ditisque profundi
Pallida regna petunt. Regit idem spiritus artus
Orbe alio : longæ (canitis si cognita) vitæ
Mors media est. Certè populi quos despicit Arctos
Felices errore suo, quos ille timorum
Maximus, haud urget leti metus! Inde ruendi
In ferrum mens prona viris, animæque capaces
Mortis, et ignavum redituræ parcere vitæ.

(27) Vana quoque ad veros accessit fama timores.

(28) .... Sic quisque pavendo
Dat vires famæ; nulloque auctore malorum,
Quæ finxere timent.

(29) Tum quæ tuta petant, et quæ metuenda relinquant
Incerti, quò quemque fugæ tulit impetus, urgent
Præcipitem populum, serieque hærentia longâ
Agmina prorumpunt. Credas aut tecta nefandas
Corripuisse faces, aut jam quatiente ruinâ
Nutantes pendere domos. Sic turba per urbem
Præcipiti lymphata gradu, velut unica rebus
Spes foret afflictis patrios excedere muros,
Inconsulta ruit.

EX LIBRO PRIMO.

(30) .... Qualis, cum turbidus Auster
Reppulit à Libycis immensum Syrtibus æquor,
Fractaque veliferi sonuerunt pondera mali,
Desilit in fluctus desertâ puppe magister,
Navitaque; et nondùm sparsâ compage carinæ,
Naufragium sibi quisque facit. Sic urbe relictâ,
In bellum fugitur.

(31) .... Ruit irrevocabile vulgus.

(32) O faciles dare summa deos, eademque tueri
Difficiles! Urbem populis, victisque frequentem
Gentibus, et generis, coeat si turba, capacem
Humani, facilem venturo Cæsare prædam
Ignavæ liquere manus! Cùm pressus ab hoste
Clauditur externis miles Romanus in oris,
Effugit exiguo nocturna pericula vallo,
Et subitus rapti munimine cespitis agger
Præbet securos intra tentoria somnos;
Tu, tantum audito bellorum murmure, Roma,
Desereris! nox una tuis non credita muris!
Danda tamen venia est tantorum, danda, pavorum :
Pompeio fugiente timent.

(33) Fulgura fallaci micuerunt crebra sereno.

(34) .... Tacitum sine nubibus ullis
Fulmen.

(35) Nec tulit in cœlum flammas; sed vertice prono
Ignis in hesperium cecidit latus.

(36) .... Matremque suus conterruit infans.

(37) .... Ingens urbem cingebat Erynnis.

(38) Tristia Syllani cecinere oracula manes;
Tollentemque caput gelidas Anienis ad undas
Agricolæ fracto Marium fugêre sepulcro.

(39) .... Non fanda timemus;
Sed venient majora metu.

(40) Imminet armorum rabies; ferrique potestas
Confundet jus omne manu; scelerique nefando
Nomen erit virtus; multosque exibit in annos
Hic furor; et superos quid prodest poscere finem?
Cum domino pax ista venit. Duc, Roma, malorum
Continuam seriem, clademque in tempora multa
Extrahe, civili tantum jàm libera bello.

LA PHARSALE

DE LUCAIN.

LIVRE SECOND.

ARGUMENT.

Désolation répandue dans Rome. On se rappelle les temps malheureux de Marius et de Sylla, et l'on craint de revoir ces temps. Marcus Brutus va consulter Caton sur le parti qu'ils doivent suivre. Marcie, femme de Caton, qui l'avait cédée à Hortensius son ami, revient des funérailles d'Hortensius, et conjure Caton de la reprendre. Il y consent, et ils se réunissent en présence de Brutus. Pompée, à la tête d'une multitude de fugitifs, gagne les murs de Capoue, et prend des postes vers l'Apennin. Description de ces montagnes. Progrès de César dans l'Italie. Domitius défend Corfinium; mais il est trahi et livré à César. Pompée, qui n'est pas instruit du malheur de Domitius, veut marcher à son secours. Il harangue ses troupes; mais leur silence annonce leur découragement. Il abandonne l'Italie, et se retire à Brundusium. De là il envoie dans l'Orient pour engager dans son parti tous les peuples de ces contrées. César le suit à Brundusium : il entreprend de l'y enfermer en comblant l'entrée du port. La flotte de Pompée s'échappe à la faveur de la nuit.

Sois pour les nations vaincues l'exemple et le gage de ma clémence. Tu es libre.

La Pharsale Liv. 2.

C. Perrin del. Ph. Triere sculp.

LA PHARSALE
DE LUCAIN.

LIVRE SECOND.

Déja la colère des dieux s'est manifestée : la nature a donné le signal de la discorde; elle a interrompu son cours; et, par un pressentiment de l'avenir, elle s'est plongée elle-même dans ce tumulte qui engendre les monstres. C'est le présage de nos forfaits. Pourquoi donc, ô souverain des dieux, avoir ajouté aux malheurs des hommes cette prévoyance accablante? Soit (1) que dans le développement du chaos ta main féconde ait lié les causes par des nœuds indissolubles, que tu te sois imposé à toi-même une première loi, et que tout soit soumis à cet ordre immuable; soit qu'il n'y ait rien de prescrit, et qu'un hasard aveugle et vagabond opère seul dans la nature ce flux et ce reflux d'événements qui changent la face du monde; fais que nos maux arrivent soudain; que l'avenir soit inconnu à l'homme; qu'il puisse du moins espérer en tremblant.

Dès qu'on fut averti, par ces prodiges, des malheurs dont Rome était menacée, le ministère de la justice fut suspendu, les lois gardèrent un lugubre silence, les dignités se cachèrent sous le plus humble vêtement; on ne vit plus la pourpre entourée de faisceaux; les citoyens étouffèrent leurs plaintes; la douleur morne et sans voix erra dans cette ville immense.

Ainsi dans le moment qu'un jeune homme, l'espoir d'une famille, expire; avant que les premiers accents de la désolation aient éclaté; avant qu'une mère, les cheveux épars, jette de lamentables cris entre les bras de ses esclaves; tandis qu'elle presse le sein de son fils que la chaleur de la vie abandonne, qu'elle baise cette face livide et ces yeux plongés dans le sommeil de la mort; ce n'est pas encore de la douleur, c'est de l'effroi : attachée à ce corps expirant, interdite et comme insensible, elle contemple dans un étonnement stupide toute l'étendue de son malheur.

Telle est, dans les premiers instants, la consternation répandue dans Rome : les femmes ont dépouillé leur parure; leur foule éplorée assiége les temples; les unes baignent de leurs larmes les statues des dieux; les autres se frappent le sein contre les marches des autels qu'elles embrassent; celles-ci éperdues s'arrachent les cheveux sur le seuil des portes sacrées : ce n'est plus par des vœux timides, c'est par d'horribles hurlements qu'elles invoquent le ciel. Le temple de

Jupiter n'est pas le seul qu'elles remplissent; elles se partagent les dieux.

« C'est à-présent (s'écria l'une d'entre elles en se déchirant le visage baigné de pleurs), c'est à-présent, ô misérables mères, qu'il est permis de se frapper le sein et de s'arracher les cheveux : n'attendez pas, pour vous désoler, que nos malheurs soient à leur comble; pleurez tandis que la fortune est encore incertaine entre nos tyrans. Dès que l'un deux sera vainqueur, il faudra marquer de la joie. » C'est avec ces traits déchirants que leur douleur s'aiguillonne et s'irrite.

Les hommes eux-mêmes, en allant se ranger sous les drapeaux des deux partis, accusaient les dieux de les forcer au crime. « Malheureux (disaient-ils), que n'avons-nous plutôt vécu dans les temps de Cannes et de Trébie! Dieux! ce n'est point la paix que nous vous demandons; soulevez contre nous les nations barbares; que le monde conjuré se réunisse; que les peuples de l'orient et du nord, les Mèdes, les Scythes, les Germains fondent sur nous; que d'un côté nous ayons le Dace et le Gète à combattre, d'un autre côté l'Ibère, et qu'en même temps tous les peuples de l'orient tournent leurs flèches contre nous; que Rome n'ait pas un seul bras qui ne combatte : rendez-nous, grands dieux, tous nos ennemis à-la-fois, et sauvez-nous de la guerre civile; ou, si vous avez résolu d'anéantir le nom romain, faites tomber en pluie de feu les airs embrasés par la foudre; frappez en même temps et les deux chefs et les deux partis; n'attendez pas qu'ils méritent vos coups. Est-ce pour décider lequel des deux nous opprimera, qu'il en doit coûter tant de crimes? A peine, hélas! eût-il fallu s'y résoudre pour nous affranchir de tous les deux. » C'est ainsi que leur piété se répandait en inutiles plaintes. Les vieillards accablés de douleur se plaignaient d'avoir trop vécu, et que le ciel eût prolongé leurs jours pour leur faire voir une seconde fois les maux de la guerre civile.

L'un deux pour donner un exemple récent des maux que l'on avait à craindre : « O mes amis! (dit-il aux jeunes Romains qui l'environnaient) l'orage qui nous menace, est le même qui s'éleva sur Rome, lorsque Marius, vainqueur des Teutons et des Numides, se refugia dans des marais, et que les roseaux de Minturne couvrirent sa tête triomphante, cette tête dont la fortune leur confiait le dépôt fatal. Découvert et chargé de chaînes, il gémit long-temps enseveli dans les horreurs d'une noire prison. Destiné à mourir consul, à mourir tranquille au milieu des ruines de sa patrie, il portait d'avance la peine de ses crimes; mais la mort semblait l'éviter. En vain ses ennemis tiennent sa vie en leur pouvoir; le premier qui veut le frapper, recule saisi de frayeur. Sa main tremblante laisse tomber le glaive. Il a vu à travers les ténèbres de la prison une lumière resplendissante; il a vu les terribles déités qui vengent les forfaits, le menacer; il a vu Marius dans tout l'éclat de sa grandeur future; il l'a entendu, et il a tremblé. Retire-toi, lâche ennemi; ce n'est pas à toi de frapper cette tête : le cruel doit au destin des morts sans nombre avant la sienne. Cimbres, conservez avec soin les jours de ce vieillard, si vous voulez être vengés. Ce n'est point la faveur des dieux, c'est leur colère qui veille sur lui. Marius suffit au dessein qu'ils ont formé de perdre Rome. En vain l'Océan furieux le jette sur une plage ennemie; errant sur les bords inhabités de ces Numides qu'il a vaincus, des cabanes désertes lui servent d'asyle; il foule aux pieds les cendres des armées puniques; Carthage (2) et Marius se consolent mutuellement à la vue de leur ruine, et couchés sur le même sable, tous les deux pardonnent aux dieux. Mais au premier retour de la fortune, il rallume la haine des Africains; il assemble des armées d'esclaves, et brise les fers dont ils sont chargés: aucun n'est admis sous ses drapeaux, qu'il n'ait déja fait l'apprentissage du crime, et qu'il n'apporte dans son camp l'exemple de quelques forfaits.

« O destin! quel jour, quel horrible jour, que celui où Marius entra victorieux dans Rome! avec quelle rapidité la mort étendit ses ravages! La noblesse tombe confondue avec le peuple; le glaive destructeur vole au hasard, et frappe sans choix; le sang ruisselle dans les temples, les pavés des voies publiques en sont inondés et glissants. Nulle pitié, nul égard pour l'âge : on n'a pas honte de hâter la mort des vieillards courbés sous le poids des ans, ni de trancher la vie des enfants qui viennent d'ouvrir les yeux à la lumière. Hélas! et par quel crime ont-ils mérité de mourir? Ils sont mortels; c'en est assez : l'impétueuse fureur les rencontre et les moissonne sur son passage. Sans perdre le temps à chercher les criminels, on égorge en foule tout ce qui se présente. La main des meurtriers, plutôt que de rester oisive, fait tomber des têtes dont les traits mêmes leur sont inconnus. Il n'est qu'un espoir de salut; c'est d'attacher ses lèvres tremblantes à cette main prête à frapper. Ah! peuple indigne de tes ancêtres! devrais-tu, même à l'aspect de ces mille glaives qui s'avancent sous les étendards de la mort, devrais-tu consentir à racheter des siècles de vie à ce prix? Et tu subis cette indigne loi, pour traîner dans l'opprobre le peu de jours que Marius te laisse, et que Sylla vient t'arracher!

« Dans le massacre d'un peuple innombrable, comment donner des larmes à chaque citoyen? Reçois nos regrets, ô Bébius! ô toi, dont une foule d'assassins déchirent les entrailles, et se disputent les membres fumants; et toi, l'augure éloquent de nos malheurs, Antoine (*a*), dont la

---

(*a*) M. Antoine l'orateur.

LIVRE II. 99

tête, d'où le sang 'ruisselle encore, cette tête couverte de cheveux blancs, est apportée dans un festin sur la table de Marius. Les deux Crassus (a) sont égorgés. Le tribun Licinius périt dans les cachots. Le vieillard Scévola, que le sacerdoce aurait dû rendre inviolable, tombe au pied des autels de Vesta : son sang rejaillit sur le feu sacré; mais ses veines, épuisées par l'âge, n'en rendent pas assez pour l'éteindre. A tant d'horreurs succéda le septième consulat de Marius; et par-là finit (3) cet homme, accablé de toutes les rigueurs de la mauvaise fortune, comblé de toutes les faveurs de la bonne, et qui avait mesuré dans l'une et dans l'autre jusqu'où peut aller le sort d'un mortel.

« Mais bientôt quel nouveau carnage, et quels monceaux de nouvelles victimes entassées à la porte sacrée et à la porte Colline (b); lorsque le jeune Marius croyait faire passer l'empire du monde aux Samnites, et leur promettait de réduire Rome à une plus dure extrémité que celle des fourches Caudines!

« Sylla, qui voulut nous venger, mit le comble à nos pertes immenses (c) : il épuisa le peu de

---

(a) *Patrem et filium, in mutuo alterum alterius aspectu.* (FLORUS, lib. 3.)

(b) *Apud sacriportum et Collinam,* 70 *amplius millia Sylla concidit.* (FLORUS.)

(c) *Prœliis vastata sunt omnia, denis vicenisque millibus*

sang qui restait à la patrie. En coupant des membres corrompus, il suivit trop loin les progrès du mal. Il ne périt (4) que des coupables, mais dans un temps où il n'y avait plus que des coupables à sauver.

« Sous lui, les haines sont déchaînées, la colère se livre à ses emportements, dégagée du frein des lois. On ne sacrifiait pas tout à Sylla; chacun s'immolait ses victimes. Un mot du vainqueur avait ouvert la barrière à tous les forfaits. On vit l'esclave assassiner le maître, le frère vendre le sang du frère, les fils, dégouttants du meurtre de leur père, se disputer sa tête qu'ils venaient de trancher. Les tombeaux sont remplis de fugitifs; les vivants y sont confondus avec les morts; les antres des bêtes féroces ne peuvent contenir la foule des transfuges : les uns, pour dérober leur mort au vainqueur, ont recours au lien fatal; les autres se précipitent du haut d'un rocher; celui-ci élève son bûcher lui-même, il se donne le coup mortel, et se jette dans les flammes avant que la force l'ait abandonné. Rome consternée et tremblante reconnaît les têtes de ses plus illustres citoyens portées au bout des lances et entassées dans la place publique : là se révèlent tous les crimes cachés.

« Les pères vont dérober d'une main trem-

---

sæpe una acie cadentibus, circa urbem quoque cæsis 50000.
(Appian. de Bell. civ lib. 1.)

blante les corps livides et sanglants de leurs fils, que leurs yeux seuls reconnaissent encore. Moi-même, il me souvient, qu'impatient de rendre aux mânes de mon frère les devoirs de la sépulture, dont le tyran nous faisait un crime, il me souvient qu'avant de porter sa tête sur le bûcher, je parcourus ce champ de carnage, digne monument de la paix de Sylla, pour tâcher de découvrir parmi tant de corps mutilés, celui auquel s'adapterait cette tête défigurée. O dieux, par quelles cruautés la mort de Catulus (*a*) fut vengée sur le frère de Marius! et quels maux souffrit, avant d'expirer, cette malheureuse victime! Mânes qu'on voulut appaiser, vous en fûtes effrayés vous-mêmes. Nous l'avons vu, ce corps défiguré, dont chaque membre était une plaie : percé de coups, dépouillé par lambeaux, il n'avait pas encore reçu le coup mortel, et par un excès inouï de cruauté l'on prenait soin de ménager sa vie. Ses mains tombent sous le tranchant du glaive, sa langue arrachée palpite encore; il ne respire, il n'entend plus que par des organes mutilés. Un ongle meurtrier extirpe ses yeux qui ont vu disperser tous ses membres. On ne croira jamais qu'une seule tête ait pu suffire à tant de tourments. Les débris de ce cadavre ne forment

---

(*a*) Lutatius Catulus, collègue de Marius dans la guerre des Cimbres, fut un de ses plus ardents persécuteurs, et du nombre de ses proscrits.

plus qu'un horrible monceau de chair meurtrie et d'ossements brisés : les corps des malheureux qui ont péri dans un naufrage et que la vague a écrasés contre les écueils, arrivent moins déchirés sur le sable. Et quels soins prenez-vous, cruels, de rendre Marius méconnaissable aux yeux de Sylla? Pour se repaître de son supplice, il eût fallu qu'il reconnût ses traits. Preneste voit tous ses habitants moissonnés par le glaive (*a*), tout un peuple tombe comme d'un seul coup. Alors la fleur de l'Italie, la seule jeunesse qui lui restait, fut massacrée dans le champ de Mars, au sein de cette malheureuse Rome qu'elle inonda de son sang. Que tant de victimes périssent à la fois par la famine, par un naufrage, sous les ruines d'une ville subitement écrasée, dans les horreurs de la peste ou de la guerre, il y en eut des exemples; mais d'une exécution si sanglante, il n'y en eut jamais. A peine, à travers les flots de ce peuple qu'on égorge, les mains parricides peuvent se mouvoir; à peine ceux qui reçoivent le coup mortel peuvent tomber : leurs corps pressés se soutiennent l'un l'autre, et dans leur chûte ils deviennent eux-mêmes les instruments du carnage: les morts étouffent les vivants.

« Sylla (5), du haut du capitole, tranquille spectateur de cette horrible scène, n'a pas même

---

(*a*) *In his quotquot erant Samnites, omnes Syllæ jussu occisi.* (APPIAN. de Bell. civ. lib. I.)

un regret d'avoir proscrit tant de milliers de citoyens. Cependant le lit du Tibre ne peut contenir les cadavres qu'on y entasse. Les premiers tombent dans le fleuve, les derniers s'élèvent au-dessus des eaux; les barques rapides s'y arrêtent; le fleuve coupé par cette digue affreuse, d'un côté s'écoule dans la mer, de l'autre il s'enfle et reste suspendu. Les flots de sang que l'on verse de toutes parts se font un passage à travers la campagne, et viennent en longs ruisseaux grossir les ondes amoncelées. Déja le fleuve surmonte ses bords, et y rejette les cadavres. Enfin, se précipitant avec violence dans la mer de Tyrrhène, il fend les eaux par un torrent de sang.

« C'est ainsi que Sylla a mérité d'être appelé le salut de la patrie, l'heureux Sylla (a); c'est ainsi qu'il s'est fait élever un tombeau dans Rome. Voilà, mes amis, ce qui nous reste à éprouver une seconde fois: tel sera le cours de cette guerre, et tel en sera le succès. Que dis-je? et plût aux dieux n'avoir que de semblables maux à craindre! Hélas! il y va de bien plus et pour Rome et pour l'univers. Marius et les siens, exilés de leur patrie, ne demandaient que leur retour. Sylla ne voulait qu'anéantir les factions. César et Pompée ont d'autres desseins. Non contents d'un pouvoir

---

(a) Par un décret du sénat il fut appelé *Venustus*, le gracieux Sylla; et on grava au bas de sa statue, *Cornelio Syllæ Imperatori felici*. (APPIAN. de Bell. civ. lib. 1.)

partagé, ils combattent pour le rang suprême; aucun des deux ne daignerait susciter la guerre civile, pour être ce qu'a été Sylla. »

Ainsi la vieillesse consternée pleurait sur le passé, et tremblait pour l'avenir.

Mais cette frayeur n'eut point d'accès dans la grande ame de Brutus (*a*). Brutus, au milieu de la désolation publique, ne mêla point ses larmes aux larmes du peuple. Dans le silence de la nuit (6), il va frapper au seuil de l'humble demeure de Caton (*b*); il le trouve veillant, et l'ame agitée des dangers de Rome et du sort du monde. Brutus l'aborde, et lui dit : « O vous, l'unique refuge de la vertu dès long-temps bannie de la terre, vous, son ami, vous que le tourbillon de la fortune ne peut détacher de son parti, sage Caton, soyez mon guide, affermissez mon esprit chancelant, donnez votre force à mon ame. Que d'autres servent Pompée ou César; Caton est le chef que Brutus veut suivre. Resterez-vous au sein de la paix, seul immobile au milieu des secousses qui ébranlent le monde? ou voulez-vous absoudre la guerre en vous associant aux forfaits et aux malheurs qu'elle produira? Chacun dans cette guerre fatale ne prend les armes que pour soi; l'un pour éviter la peine due à ses crimes,

---

(*a*) M. Brutus.

(*b*) Surnommé depuis Caton d'Utique.

et se soustraire aux lois redoutables pendant la paix ; l'autre pour écarter, le fer à la main, l'indigence qui le presse, et s'enrichir des dépouilles du monde, lorsque tout sera confondu. Vous seul aimerez-vous la guerre pour elle-même? Et que vous servira d'avoir été si long-temps incorruptible au milieu d'un monde corrompu? Est-ce là le prix de tant de constance? Dans l'un et l'autre camp tout ce peuple arrivera coupable ; Caton lui seul va le devenir. Dieux, ne permettez pas que des armes parricides souillent ces mains pures, et qu'une si haute vertu jusques-là se dégrade et se déshonore. Sur vous seul, ami, n'en doutez pas, retomberait la honte et le crime de cette guerre : et qui ne se vanterait de mourir de la main de Caton, quoique frappé d'une autre main? qui ne se croirait pas vengé, en vous laissant le reproche de sa mort? Non, le calme est votre partage, comme il est le partage des corps célestes : invariables dans leurs cours, ils remplissent leur vaste carrière, tandis que les régions de l'air sont embrasées par la foudre. La terre est en butte au choc des tempêtes; l'olympe repose au-dessus des nuages. Tel est l'ordre immuable de la nature. La discorde agite les petites choses; les grandes jouissent d'une profonde paix. Quelle joie pour César, d'apprendre qu'un citoyen tel que vous aurait pris les armes! Rangez-vous du parti de son rival; peu lui importe : Caton se déclare assez pour lui, s'il se déclare pour la guerre civile. Déja une grande partie du sénat, les patriciens, les consuls eux-mêmes demandent à servir sous Pompée. Qu'on voie Caton subir le même joug, il n'y a plus au monde que César qui soit libre. Ah! si c'est pour les lois, pour la patrie que vous voulez combattre, disposez de moi; mais il n'est pas temps. Vous voyez dans Brutus, non l'ennemi de César, non l'ennemi de Pompée, mais, après la guerre, l'ennemi déclaré de celui des deux qui sera vainqueur. » Il dit; et du sein de Caton, comme du fond d'un sanctuaire, se firent entendre ces paroles sacrées:

« Oui (7), Brutus, la guerre civile est le plus grand des maux; mais ma vertu suit d'un pas assuré la fatalité qui m'entraîne. Si les dieux me rendent coupable, ce sera le crime des dieux. Et qui peut voir, exempt de péril, la ruine de l'univers? Quoi, des nations inconnues s'engagent dans nos querelles; des rois nés sous d'autres étoiles, séparés de nous par de vastes mers, suivent l'aigle romaine aux combats; et moi, Romain, je resterais seul plongé dans un honteux repos! Loin de moi, grands dieux, cette cruelle indifférence! ne souffrez pas que Rome, dont la chûte ébranlera le Dace et le Gète, que Rome tombe sans m'écraser. Un père à qui la mort vient enlever ses enfants, les accompagne jusqu'à la sépulture; sa douleur même se plaît à se nourrir du long appareil de leur pompe funèbre; ses mains portent les noirs flambeaux qui vont embraser leur bûcher, et l'on voit ses bras paternels s'étendre encore à travers les flammes. Non, Rome, je ne me détacherai de toi qu'après t'avoir embrassée mourante, et avoir reçu ton dernier soupir. Liberté, je suivrai ton nom, quand tu ne seras plus qu'une ombre. Soumettons-nous : les dieux inexorables demandent Rome entière en sacrifice ; qu'ils soient contents, ne leur dérobons pas une seule de leurs victimes. Ah! que ne puis-je offrir au ciel et aux enfers cette tête chargée de tous les crimes de ma patrie, et condamnée à les expier! Décius se dévoua, et périt au milieu d'une armée ennemie ; que ces deux armées de Romains, m'exposant seul au milieu d'elles, épuisent sur moi tous leurs traits. J'irai, le sein découvert, au-devant de toutes les lances, et au milieu du champ de bataille, je recevrai seul tous les coups de la guerre : heureux si mon sang est la rançon du monde, si mon trépas suffit pour appaiser les dieux! Eh! pourquoi ferait-on périr des peuples dociles au joug, et disposés à fléchir sous un maître? C'est moi qu'il faut perdre, moi qui m'obstine seul à défendre inutilement nos lois et notre liberté. Mon sang versé rendra la paix et le repos à l'Italie. Après moi, qui voudra régner, n'aura pas besoin de recourir aux armes. Cependant qui nous empêche de nous ranger du parti que Rome autorise? Si la fortune seconde Pompée, il n'est pas sûr qu'il en abuse pour usurper l'empire du monde. Combattons sous lui, de peur qu'il n'ose croire que c'est pour lui que l'on va combattre. Caton, soldat dans son armée, lui apprendra, s'il est vainqueur, que c'est pour Rome qu'il aura vaincu. »

Telle fut la réponse de Caton, et l'ame du jeune Brutus, embrasée d'un feu nouveau, ne respira plus que la guerre civile.

Alors (8), comme le soleil chassait les ténèbres, on entendit frapper à la porte : c'était la pieuse Marcie qui venait de rendre à Hortensius son époux les devoirs de la sépulture. Dans la fleur de l'âge et de la beauté, un lien plus cher l'avait unie au vertueux Caton; et Caton, après avoir eu d'elle trois gages d'un saint hyménée, l'avait cédée à son ami, afin qu'elle ornât une maison nouvelle des fruits de sa fécondité, et que son sang maternel fût le lien des deux familles. Mais à peine a-t-elle recueilli les cendres d'Hortensius, qu'elle revient, la pâleur sur le visage, les joues déchirées, les cheveux épars, le sein meurtri, la tête couverte de la poussière du tombeau. Elle eût vainement employé d'autres charmes pour plaire aux yeux du sévère Caton. Elle se présente, et dans sa douleur elle lui parle en ces mots :

« Tant que mon âge et mes forces m'ont fait un devoir d'être mère, ô Caton, j'ai fait ce que vous avez voulu; j'ai subi la loi d'un second hyménée. A-présent que mes entrailles sont épuisées, que la nature et la patrie n'ont plus rien à exiger de moi, je reviens à vous, dans l'espoir de n'être plus livrée à personne. Rendez-moi les chastes nœuds de mon premier hymen ; rendez-moi le nom, le seul nom de votre épouse ; qu'on puisse écrire sur mon tombeau, *Marcie, femme de Caton ;* et que l'avenir n'ait pas lieu de douter si vous m'aviez cédée ou bannie. Ce n'est point à vos prospérités que je viens m'associer ; c'est de vos peines, de vos travaux que je veux être la compagne. Laissez-moi vous suivre dans les camps, partager, adoucir vos fatigues. Eh ! pourquoi resterais-je en sûreté au sein de la paix ? Pourquoi Cornélie verrait-elle de plus près que moi les dangers de la guerre civile ? »

Ces paroles fléchirent Caton ; et, quoique le moment de courir aux armes fût peu favorable aux vœux de son épouse, il consentit à renouveler avec elle la sainteté de leurs premiers serments ; mais seulement à la face du ciel, et sans l'appareil d'une pompe vaine.

Le vestibule de sa maison n'est point couronné de guirlandes, il n'est point éclairé des flambeaux de l'hymen ; le lit nuptial n'est point élevé sur des marches d'ivoire ; une trame d'or ne brille pas dans les tapis dont il est couvert ; On ne voit point Marcie, dans la parure d'une nouvelle épouse, relever par le feu des diamants les riches couleurs d'une robe éclatante, et, soutenue par ses compagnes, franchir, sans y toucher, le seuil de la porte consacrée à Vesta; sa tête n'est point ornée de ce tissu de pourpre qui tombe sur les yeux timides d'une jeune vierge dévouée à l'hymen, et qui sert de voile à la tendre pudeur. Mais telle (9) qu'elle est, et sans déposer le deuil lugubre qui la couvre, elle embrasse son époux, comme elle embrasserait ses enfants. Les jeux profanes, la folle ivresse ne sont point appelés à ce grave hyménée; les parents mêmes n'y sont point appelés. Marcie (10) et Caton se réunissent dans le silence, et sous l'auspice de Brutus.

Caton (11), dès le premier signal de la guerre, avait laissé croître sa barbe hérissée, et ses cheveux blancs ombrageaient son front. Ce front sévère n'admit point la joie : Caton ne daigna pas même écarter ses longs cheveux de son visage austère et vénérable. Également insensible à l'amour et à la haine, tout occupé à gémir sur les malheurs de l'humanité, il s'interdit le lit nuptial, et la sévérité de sa vertu résista même aux plaisirs légitimes.

Telles furent les mœurs de Caton, telle fut sa secte rigide : suivre les lois de la nature; vivre et mourir pour son pays; se croire fait, non pour soi-même, mais pour le bien du monde entier; n'avoir, au lieu de festins, que l'aliment nécessaire à la vie; au lieu de palais, qu'un abri contre les hivers; au lieu de riches vêtements, que l'étoffe grossière dont se couvre le peuple; borner l'usage de l'amour au soin de perpétuer son es-

pèce; n'être époux, ne devenir père que pour
le bien de sa patrie; se faire un culte de la justice, de l'honnêteté une inflexible loi, du bien
général un intérêt unique; tel fut (dis-je) cet
homme austère; et dans tout le cours de sa vie,
jamais la volupté, cette idole d'elle-même, ne
surprit un seul mouvement de son ame, et n'eut
aucune part dans aucune de ses actions.

Tandis que ces choses se passaient dans Rome,
Pompée, à la tête d'une multitude tremblante,
avait gagné les murs de Capoue. Il y établit le
siége de la guerre; et, pour s'opposer aux entreprises de César, il envoya des corps détachés
vers ces collines d'où l'Apennin s'élève et domine
sur l'horizon.

D'un côté l'Apennin touche aux Alpes et regarde la Gaule; c'est là qu'il est le plus voisin des
cieux: de l'autre, il s'étendait autrefois jusques
dans la Sicile; mais depuis que les flots ont rompu
la chaîne, il se termine au détroit de Scylla. Ainsi,
la croupe de cette montagne chargée de noires
forêts de pins, se prolonge à travers les contrées
du Latium, entre la mer de Tyrrhène et le golfe
Adriatique; et des flancs de ses rochers coulent
ces fleuves majestueux qui se répandent dans
l'Italie, et vont se perdre dans les deux mers.

D'un côté se précipitent le Métaure fugitif, et
l'impétueux Crustume, et la Senna, et le Sapis,
que l'Isaure enfle de ses eaux, et l'Aufidus dont
la rapidité fend les ondes adriatiques, et l'Eridan,

celui de tous les fleuves dont la source est la plus féconde, l'Eridan qui roule au sein des mers les forêts brisées sur son passage, l'Eridan qui semble épuiser toutes les eaux de l'Italie. Ce fleuve égalerait le Nil, si, comme le Nil, il pouvait s'étendre et se reposer sur de vastes plaines ; il égalerait le Danube, si le Danube, en parcourant le monde, ne se grossissait des torrents qu'il rencontre et qu'il entraîne avec lui dans l'Euxin. L'Eridan fut le premier des fleuves (dit la fable) dont le peuplier couronna les bords. Ce fut dans son sein que tomba Phaëton, lorsque ayant pris en main les rênes des rapides coursiers du dieu du jour, il s'écarta de la route prescrite. La terre était embrasée jusque dans ses entrailles, tous les fleuves étaient desséchés; l'Eridan lui seul fut capable d'éteindre les flammes du char du soleil.

Les eaux qui coulent sur la pente opposée forment le Vulturne rapide, le Sarne nébuleux, et le Liris qui coule à l'ombre des forêts de Marice, et le Siler qui arrose les fertiles champs de Salerne, et le Macre qui roule sur des écueils jusqu'au port de Lune, voisin de sa source, sans pouvoir porter même une barque légère; et le Rutube aux bords escarpés, et le Tibre qui donne la loi à tous les fleuves de l'univers.

César qui respire la guerre, et qui ne se plaît à marcher que par des chemins arrosés de sang, gémit de trouver l'Italie ouverte. Il se flattait que Pompée lui disputerait le passage, et que des débris marqueraient ses pas. On lui ouvre les portes; il voudrait les rompre : le laboureur tremblant lui laisse envahir ses campagnes; c'est par le fer, c'est par la flamme qu'il eût voulu les ravager. Il rougit (12) de suivre une route permise, et de paraître encore citoyen.

Les villes d'Italie, incertaines et chancelantes entre la crainte et le devoir, n'attendent pour se livrer à lui que les approches de la guerre; cependant leur frayeur se déguise sous l'appareil d'une longue défense. On élève des remparts, on creuse des fossés, on prépare sur le haut des tours de lourdes masses de rocher et des machines à lancer les traits, pour accabler les assiégeants. Le peuple penche du côté de Pompée, et la fidélité qu'il lui doit, balance l'effroi que César inspire.

Ainsi (13), lorsque le bruyant Auster s'est emparé de l'Océan, toutes les vagues lui obéissent : si la terre alors entr'ouverte d'un second coup du trident d'Éole, lance l'Aquilon sur les flots agités, quoique poussés par un vent nouveau, c'est au premier qu'ils cèdent encore; et tandis que l'Aquilon domine au ciel et commande aux nuages, le seul Auster règne sur les eaux.

Mais il était facile à la terreur de changer les esprits; et la foi qu'ils gardaient à Pompée, était flottante comme sa fortune. Bientôt la fuite de Libon laissa l'Étrurie sans défense : Thermon abandonna l'Ombrie : Sylla, qui n'eut dans les guerres civiles ni le courage, ni le bonheur de son père, prit la fuite au nom de César : à peine quelques troupes légères menacent les murs d'Auximon, Varus en sort épouvanté, jette l'alarme dans les villes voisines, et s'échappe à travers les forêts. Lentulus, chassé d'Asculum et suivi de près dans sa fuite, voit ses cohortes dispersées le laisser seul avec ses drapeaux, et se tourner du côté du vainqueur. Toi, Scipion, tu vas bientôt livrer les murs de Lucère confiés à tes soins, ces murs qui seraient défendus par la plus vaillante jeunesse. Pompée a sur-tout mis son espoir dans la résistance de Corfinium, que Domitius garde avec dix cohortes. César y marche, et Domitius, voyant à travers un nuage immense de poussière les rayons du soleil réfléchis par le brillant acier des armes : « A moi, compagnons (s'écria-t-il), courez au fleuve, coupez le pont. Dieux, faites que ce torrent lui-même enfle ses eaux pour le briser; que ce soit ici le terme de la guerre; qu'ici du moins l'ardeur de l'ennemi se ralentisse, et se consume en longs efforts. Retardons ses progrès rapides; ce sera pour nous une victoire que d'avoir les premiers arrêté César. » Il n'en dit pas davantage, et les cohortes à sa voix accourent au fleuve; il n'est plus temps. César qui s'avance, et qui voit de loin qu'on veut lui couper le passage, s'écrie enflammé de colère : « Eh quoi, lâches, ce n'est pas assez des murs ténébreux qui vous couvrent! si des fleuves ne nous séparent, vous tremblez! vos efforts sont vains. Le Gange même, le Gange débordé serait une faible barrière. César a passé le Rubicon; il n'est plus de fleuve qni l'arrête. Marchez, amis ; que la cavalerie s'élance, que l'infanterie se précipite sur ce pont qui va s'écrouler. » A peine il a donné l'ordre, on lâche la bride aux coursiers, la plaine fuit sous leurs pas rapides; les bras nerveux des archers font voler au-delà du fleuve un grêle de dards. Le pont est abandonné; César s'en empare, il le traverse, et chasse l'ennemi jusque dans ses murs. Il fait construire des tours assez fortes pour porter d'énormes fardeaux, et des toits à l'abri desquels le soldat puisse approcher des murailles. Mais tandis que l'assaut se prépare, ô crime! ô trahison! les portes s'ouvrent, et les soldats de Domitius le traînent captif aux pieds de César, aux pieds d'un citoyen superbe (a). Domitius, loin de laisser abattre par le malheur la noble fierté de son ame, présente à la mort un front menaçant. César sait bien qu'il la desire, et qu'il ne craint que le pardon. « Vis (14), malgré toi (lui dit-il), et vois le jour que César te laisse. Sois pour les nations vaincues l'exemple et le gage de ma clémence. Tu es libre, tu peux tenter de nouveau contre moi le sort des armes;

(a) Selon Plutarque, Domitius se rendit de plein gré à César; mais Appien et César lui-même disent qu'il fut livré au moment qu'il allait s'enfuir.

et s'il me livre jamais en tes mains, je te dispense du retour. » A ces mots, il ordonna que ses liens fussent rompus.

Quelle honte la fortune eût épargnée à ce Romain, s'il eût obtenu le trépas! Sans doute le dernier supplice pour un citoyen fut de s'entendre pardonner d'avoir suivi Pompée et le sénat, sous les drapeaux de la patrie.

Domitius cependant dissimule et renferme sa rage; mais bientôt livré à lui-même : « Malheureux! (dit-il) irai-je cacher ma honte au sein de Rome, à l'ombre de la paix? Fuirai-je les dangers de la guerre, moi qui rougis de voir le jour? Précipitons-nous à travers mille morts, courons au terme d'une vie odieuse, et rejetons ce bienfait de César. »

Pompée, qui n'était pas instruit du malheur de Domitius, se préparait à le soutenir. Résolu de marcher le jour suivant, il crut devoir éprouver le zèle de ses troupes, et d'une voix qui imprimait le respect : « Vengeurs des forfaits (leur dit-il), défenseurs de la cause publique, seule armée de vrais Romains, vous à qui le sénat a donné à soutenir, non l'ambition d'un seul homme, mais les droits, la liberté de tous, faites des vœux pour le combat. Le fer et le feu ravagent l'Hespérie, les Gaulois descendent comme un torrent du sommet des Alpes, le sang romain a déja souillé le glaive de César : grâces aux dieux, c'est nous qui avons reçu les premiers outrages de la guerre; c'est sur l'aggresseur que le crime en retombe; et Rome qui daigne me confier ses droits, nous en demande le châtiment. Ce n'est point un juste ennemi que nous allons combattre, c'est un citoyen rebelle et perfide que nous allons punir; et son attentat mérite aussi peu le nom de guerre, que le complot de Catilina, lorsqu'avec Lentulus et Céthégus, ses conjurés, il résolut d'embraser Rome. O César (15), quelle rage t'aveugle! toi, que les destins appelaient au rang des Metellus et des Camille, tu préfères de grossir le nombre des Marius et des Cinna! Viens donc périr, comme Lépide, Carbon, Sertorius, ont péri. Encore est-ce m'avilir que de tourner contre toi mes armes : je rougis que Rome occupe mes mains à terrasser un furieux. Que n'est-il revenu vainqueur des Parthes, ce Crassus qui nous délivra de Spartacus et de ses complices! ce serait à lui de nous venger de toi. Mais puisque les dieux daignent t'accorder l'honneur de tomber sous mes coups, tu vas éprouver si les ans ont énervé mon bras, ou glacé le sang dans mes veines; si, pour avoir souffert la paix, nous sommes effrayés de la guerre. Laissez (16), Romains, laissez croire à César que Pompée est amolli par le repos, ou abattu sous le poids des années : l'âge n'a rien d'effrayant dans un capitaine; consolez-vous de marcher sous un vieux chef, contre de vieux soldats. Du reste, je suis parvenu au plus haut point de grandeur auquel un simple citoyen puisse être élevé par un peuple libre. Rome n'a laissé au-dessus de moi que la place d'un tyran. Celui qui dans l'état veut me surpasser, n'aspire donc plus au rang d'un citoyen, mais d'un roi. Aussi voyez-vous dans mon armée tout ce que Rome a de plus illustre, les pères de la patrie, les consuls eux-mêmes, sous les drapeaux de la liberté. Lequel des deux sera vainqueur, ou de César ou du sénat? J'ose croire que la fortuue aurait honte de balancer. Et de quoi s'enorgueillit ce jeune audacieux? Est-ce d'avoir employé dix ans à conquérir la Gaule? est-ce d'avoir abandonné honteusement les bords du Rhin? est-ce d'avoir été chassé du rivage britannique, et d'avoir attribué le mauvais succès de sa folle entreprise aux obstacles d'une mer inconstante et pleine d'écueils? Son audace triompherait-elle de voir Rome entière sous les armes s'éloigner du sein de ses dieux? Ah! jeune insensé, connais mieux ce peuple : il ne te fuit pas, il me suit; il me suit, moi qui dans deux mois ai purgé la mer de pirates; moi qui, plus heureux que Sylla, ai vu ce Mithridate qu'on ne pouvait dompter, et qui depuis si long-temps retardait les destins de Rome, errant dans les déserts du Bosphore et de la Scythie, et réduit à se donner la mort. Oui, Romains, j'ose le dire pour justifier votre confiance et la mienne; j'ai porté la gloire de nos armes dans tous les climats que le soleil éclaire; et la guerre civile est la seule que j'ai laissée à faire à César. »

Cette harangue ne fut point suivie de l'acclamation des cohortes ; elles ne demandèrent point le signal du combat qu'on leur annonçait. Pompée lui-même, intimidé par ce silence, crut devoir s'éloigner, plutôt que de courir les risques d'un combat d'où dépendait le sort du monde, avec une armée déja vaincue au seul bruit du nom de César.

Tel qu'un taureau chassé des pâturages par un taureau plus vigoureux, va se cacher au fond des forêts, et ne revient tenter le combat que lorsque son front, que l'âge affermit, se sent armé de toutes ses forces ; tel Pompée, trop faible encore pour résister à César, lui abandonne l'Italie, et se retire à travers les campagnes de la Pouille, dans les murs de Brundusium (*a*).

Cette ville fut jadis habitée par des Crétois qui s'étaient embarqués avec Thésée, vainqueur du Minotaure, et que les vaisseaux athéniens avaient déposés sur nos bords. Elle est située vers la pointe de l'Italie, à l'entrée de la mer Adriatique, sur une langue de terre qui s'avance et se courbe en croissant, comme pour embrasser les flots. Ce serait un port mal assuré, s'il n'était couvert par une île dont les rochers brisent l'effort des vagues et des vents. Des deux côtés du port, la nature a élevé deux chaînes de mon-

---

(*a*) Brindes.

tagnes qui repoussent la mer, et qui défendent aux orages de troubler l'asyle des vaisseaux, que des câbles tremblants y retiennent à l'ancre. De là on gagne la pleine mer, soit qu'on fasse voile vers l'île de Corcyre, soit que du côté de l'Illyrie on veuille arriver au port d'Épidaure. C'est le refuge des nochers, lorsque tous les flots de la mer Adriatique sont soulevés, que les nuages enveloppent les montagnes de l'Épire, et que l'île de Sason disparaît sous les vagues écumantes. Là, Pompée, qui ne pouvait plus compter sur l'Italie, ni transporter la guerre en Espagne, dont il était séparé par la chaîne immense des Alpes, dit à l'aîné de ses enfants (*a*) : « Allez, mon fils, parcourez le monde ; soulevez le Nil et l'Euphrate ; armez tous les peuples à qui le nom de Pompée est connu, toutes les villes où mes exploits ont rendu Rome recommandable ; que les pirates de Cilicie abandonnent les champs que je leur ai donnés en partage, et se répandent de nouveau sur les mers d'où je les ai chassés : appelez à mon secours Ptolomée dont je suis l'appui, et Tigrane qui me doit sa couronne, et Pharnace que j'ai revêtu de la dépouille de son père : n'oubliez ni les habitants vagabonds de l'une et de l'autre Arménie, ni les nations féroces qui occupent les bords de l'Euxin, ni celles qui couvrent les sommets du

---

(*a*) Cn. Pompée.

Riphée, ni celles qui voyagent sur les glaces du Palus-Méotide : que vous dirai-je enfin? Allumez la guerre dans tout l'Orient; que tout ce que j'ai vaincu sur la terre embrasse ma défense, et que mes triomphes viennent grossir mon camp. Vous, consuls, au premier souffle de Borée, passez en Épire; allez amasser de nouvelles forces dans les champs de la Grèce et de la Macédoine, tandis que l'hiver nous laisse respirer. » Il commande ; on met à la voile; et on s'empresse de lui obéir.

Cependant (17) César, trop ardent pour laisser reposer ses armes, de peur de donner au sort le temps de changer, presse Pompée et le suit pas à pas. Tout autre que lui serait content d'avoir d'une première course pris tant de villes, forcé tant de remparts, conquis sans obstacle cette reine du monde, cette Rome, le plus haut prix que la victoire ait jamais offert. Mais César, qui ne perd jamais un instant, et qui ne compte avoir rien fait, tant qu'il lui reste encore à faire, César s'attache avec fureur à la perte de son rival. Quoiqu'il possède toute l'Italie, si Pompée en occupe le rivage, il lui semble qu'elle leur soit commune; son chagrin ne peut l'y souffrir. C'est peu de le chasser de l'Italie, il veut lui interdire les mers; et pour lui couper le passage, il entreprend d'élever devant le port une barrière de rochers. Ces immenses travaux sont perdus : les rochers tombent, la mer les dévore, et des montagnes entassées sont englouties sous le sable. César voyant que ces masses énormes ne trouvaient pas de fond qui les soutînt, prit le parti de faire abattre des forêts, et de lier les arbres l'un à l'autre par de longues chaînes. Xerxès autrefois (dit-on) se fit sur les flots une route semblable : il joignit l'Europe avec l'Asie par un pont de vaisseaux, et sur ce pont il traversa le Bosphore à la tête de son armée, lorsqu'il força la mer Égée de porter ses voiles autour du mont Athos. Ainsi les forêts enchaînées et flottantes ferment l'embouchure du port où César assiége Pompée. Les travaux s'avancent, des remparts s'élèvent, et des tours mouvantes semblent sortir des eaux.

Pompée, étonné de voir une terre nouvelle s'élever entre la mer et lui, cherche avec un mortel effroi le moyen de s'ouvrir un passage, et d'affaiblir son ennemi en dispersant la guerre sur des bords éloignés. Il fait avancer contre la digue des navires armés que les vents poussent à pleines voiles : les pierres, les dards, les torches allumées volent au milieu des ténèbres; les ouvrages s'écroulent, et la mer est ouverte. Pompée, à la faveur de la nuit, saisit enfin l'instant de s'échapper : il défend que le son de la trompette, le cri des matelots fassent retentir le rivage, et que l'on donne le signal du départ. On n'entendit pas une seule voix dans le moment qu'on dressa les mâts, qu'on leva l'ancre, et qu'on mit à la voile. Les pilotes, glacés de crainte, gardèrent un profond silence; les matelots, suspendus aux cordages, furent même attentifs à ne pas les agiter, de peur que le bruit excité dans l'air ne décelât l'évasion de la flotte.

Le soleil entrait dans le signe de la balance, lorsque Pompée partit de ces bords. O fortune (18)! il te demande comme une faveur de lui permettre d'abandonner l'Italie, puisque tu lui défends de la conserver. A peine encore les destins y consentent; l'onde entr'ouverte et refoulée par tant de vaisseaux qui la sillonnaient, fit entendre un long mugissement. Alors les soldats de César, à qui cette ville infidèle, et qui changeait avec la fortune, avait ouvert ses portes et livré ses murs, gagnent l'embouchure du port par les deux bouts de son enceinte, et frémissent de voir que la flotte ennemie s'est échappée et vogue en pleine mer. O comble d'orgueil! (19) la fuite de Pompée est pour César une faible victoire.

Le passage était plus étroit que celui qui sépare l'Eubée de la Béotie : deux vaisseaux s'y arrêtent; on les attire au bord; et là, pour la première fois, les flots de la mer sont rougis du sang de la guerre civile. Le reste de la flotte s'éloigne, et abandonne ces deux vaisseaux.

Déja les couleurs dont brille l'orient, annoncent le retour de l'aurore : sa lumière, teinte d'un rouge vermeil, commence à effacer les étoiles voisines : la Pléiade commence à pâlir, l'Ourse languissante se plonge dans l'azur du ciel, et Lucifer lui-même se dérobe à l'éclat du jour. Toi, Pompée (20), tu vogues à voiles déployées; mais tu n'as plus avec toi cette fortune qui t'accompagnait lorsque tu forçais les pirates à te céder l'empire des mers : lasse de tes triomphes, elle t'abandonne. Chassé du sein de ta patrie avec ton épouse et tes enfants, chargé de tes dieux domestiques, et traînant la guerre après toi, grand toutefois encore dans ton exil, tu vois les peuples marcher à ta suite : le destin semble chercher des régions éloignées pour y consommer ta ruine : non que les dieux veuillent te refuser un tombeau dans dans les murs qui t'ont vu naître; mais en condamnant l'Égypte à porter l'opprobre de ta mort, ils ont fait grâce à l'Italie. Ils ordonnent à la fortune d'aller cacher son crime sous un ciel étranger; ils veulent épargner à Rome la douleur de voir ses campagnes souillées du sang de son héros.

EXCERPTA

EX LIBRO SECUNDO.

(1) Sive parens rerum, quùm primùm informia regna,
Materiamque rudem, flammâ cedente, recepit,
Fixit in æternum causas, qua cuncta coercet
Se quoque lege tenens, et sæcula jussa ferentem
Fatorum immoto divisit limine mundum;
Sive nihil positum est, sed fors incerta vagatur,
Fertque refertque vices, et habent mortalia casum;
Sit subitum quotcumque paras; sit cæca futuri
Mens hominum fati; liceat sperare timenti.

(2) .... Solatia fati
Carthago Mariusque tulit : pariterque jacentes
Ignovêre Deis.

(3) Ille fuit vitæ Mario modus, omnia passo,
Quæ pejor fortuna potest, atque omnibus uso
Quæ melior; mensoque, homini quid fata paterent

(4) .... Periêre nocentes;
Sed cùm jàm soli possent superesse nocentes.
Tunc data libertas odiis, resolutaque legum
Frænis ira ruit. Non uni cuncta dabantur;
Sed fecit sibi quisque nefas. Semel omnia victor
Jusserat. Infandum domini per viscera ferrum
Exegit famulus; nati maduêre paterno

Sanguine. Certatum est, cui cervix cæsa parentis
Cederet, in fratrum ceciderunt præmia fratres.

(5) Intrepidus tanti sedit securus ab alto
Spectator sceleris : miseri tot millia vulgi
Non piguit jussisse mori.

(6) Invenit insomni volventem publica curâ
Fata virum, casusque urbis, cunctisque timentem,
Securumque sui; farique his vocibus orsus.
Omnibus expulsæ terris, olimque fugatæ
Virtutis jam sola fides, quam turbine nullo
Excutiet fortuna tibi; tu mente labantem
Dirige me; dubium certo tu robore firma.
Namque alii Magnum, vel Cæsaris arma sequantur;
Dux Bruto Cato solus erit. Pacemne tueris,
Inconcussa tenens dubio vestigia mundo?
An placuit, ducibus scelerum, populique furentis
Cladibus immistum; civile absolvere bellum?
Quemque suæ rapiunt scelerata in prælia causæ :
Hos polluta domus, legesque in pace timendæ
Hos ferro fugienda fames, mundique ruinæ
Permiscenda fides. Nullum furor egit in arma.
Castra petunt magnâ victi mercede; tibi uni
Per se bella placent? Quid tot durasse per annos
Profuit immunem corrupti moribus ævi?
Hoc solum longæ pretium virtutis habebis?
Accipient alios, facient te bella nocentem.
Ne tantum, ô superi! liceat feralibus armis,
Has etiam movisse manus : nec pila lacertis
Missa tuis cæcâ telorum in nube ferantur;
Nec tanta incassum virtus eat. Ingeret omnis
Se belli fortuna tibi. Quis nolet ab isto
Ense mori, quamvis alieno vulnere labens,
Et scelus esse tuum? Meliùs tranquilla sine armis

Otia solus ages, sicut cœlestia semper
Inconcussa suo volvuntur sidera lapsu.
Fulminibus propior terræ succenditur aër,
Imaque telluris ventos, tractusque coruscos
Flammarum accipiunt; nubes excedit Olympus,
Lege deûm. Minimas rerum discordia turbat;
Pacem summa tenent. Quam lætæ Cæsaris aures
Accipient tantum venisse in prælia civem!
Nam prælata suis nunquam diversa dolebit
Castra ducis Magni. Nimium placet ipse, Catoni
Si bellum civile placet. Pars magna senatûs,
Et duce privato gesturus prælia consul
Sollicitant, proceresque alii; quibus adde Catonem
Sub juga Pompeii; toto jam liber in orbe
Solus Cæsar erit. Quòd si pro legibus arma
Ferre juvat patriis, libertatemque tueri;
Nunc neque Pompeii Brutum, neque Cæsaris hostem,
Post bellum victoris habe. Sic fatur; at illi
Arcano sacras reddit Cato pectore voces.

« (7) Summum, Brute, nefas civilia bella fatemur,
Sed quò fata trahunt, virtus secura sequetur.
Crimen erit superis et me fecisse nocentem.
Sidera quis, mundumque velit spectare cadentem,
Expers ipse metûs?............................
....
.... Gentesne furorem
Hesperium ignotæ romanaque signa sequentur,
Deductique fretis alio sub sidere reges;
Otia solus agam? Procul hunc arcete furorem
O superi, moturâ Dacas ut clade Getasque,
Securo me, Roma cadat! Ceu morte parentem
Natorum orbatum, longum producere funus
Ad tumulum jubet ipse dolor; juvat ignibus atris
Inseruisse manus, constructoque aggere busti

Ipsum atras tenuisse faces; non ante revellar,
Exanimem quam te complectar, Roma, tuumque
Nomen, Libertas, et inanem prosequar umbram.
Sic eat : immites romana piacula divi
Plena ferant : nullo fraudemus sanguine bellum.
O utinam, Cœlique Deis, Erebique liberet
Hoc caput in cunctas damnatum exponere pœnas!
Devotum hostiles Decium pressêre catervæ;
Me geminæ figant acies; me barbara telis
Rheni turba petat : cunctis ego pervius hastis
Excipiam medius totius vulnera belli.
Hic redimat sanguis populos; hac cæde luatur
Quidquid Romani meruerunt pendere mores.
Ad juga cur faciles populi, cur sæva volentes
Regna pati pereunt? Me solum invadite ferro,
Me frustra leges et inania jura tuentem :
Hic dabit, hic pacem jugulus, finemque laborum
Gentibus Hesperiis : post me regnare volenti
Non opus est bello. Quin publica signa, ducemque
Pompeium sequimur? Nec, si fortuna favebit,
Hunc quoque totius sibi jus promittere mundi
Non bene compertum est : ideo me milite vincat,
Ne sibi se vicisse putet. »

(8) Interea, Phœbo gelidas pellente tenebras,
Pulsatæ sonuêre fores : quas sancta relicto
Hortensî mœrens irrupit Marcia busto.
Quondam virgo toris melioris juncta mariti;
Mox, ubi connubii pretium mercesque soluta est
Tertia jam soboles; alios fecunda penates
Impletura datur, geminas è sanguine matris
Permistura domos. Sed postquàm condidit urnâ
Supremos cineres, miserando concita vultu,
Effusas laniata comas, concussaque pectus
Verberibus crebris, cineresque ingesta sepulcri,

Non aliter placitura viro, sic mœsta profatur:
Dùm sanguis inerat, dùm vis materna, peregi
Jussa, Cato; et geminos excepi fœta maritos.
Visceribus lassis, partuque exhausta, revertor
Jàm nulli tradenda viro. Da fœdera prisci
Illibata tori; da tantùm nomen inane
Connubii; liceat tumulo scripsisse, *Catonis
Marcia*; nec dubium longo quæratur in ævo,
Mutarim primas expulsa, an tradita tædas.
Non me lætorum sociam, rebusque secundis
Accipis : in curam venio, partemque laborum.
Da mihi castra sequi. Cur tutâ in pace relinquar,
Et sit civili propior Cornelia bello?
Hæ flexêre virum voces, et tempora quamquàm
Sunt aliena toris, jàm fato in bella vocante,
Fœdera sola tamen, vanâque carentia pompâ
Jura placent, sacrisque deos admittere testes.

(9) Sicut erat, mœsti servans lugubria cultûs,
Quoque modo natos, hoc est amplexa maritum.

(10) Junguntur taciti, contentique auspice Bruto.

(11) Ille nec horrificam sancto dimovit ab ore
Cæsariem, duroque admisit gaudia vultu.
Ut primùm tolli feralia viderat arma,
Intonsos rigidam in frontem descendere canos
Passus erat, mœstamque genis increscere barbam.
Uni quippe vacat, studiisque odiisque carenti,
Humanum lugere genus. Nec fœdera prisci
Sunt tentata tori. Justo quoque robur amori
Restitit. Hi mores, hæc duri immota Catonis
Secta fuit : servare modum; finemque tenere,
Naturamque sequi, patriæque impendere vitam;
Nec sibi, sed toti genitum se credere mundo.

Huic epulæ, vicisse famem; magnique penates,
Submovisse hiemem tecto; pretiosaque vestis,
Hirtam membra super, Romani more quiritis,
Induxisse togam. Veneris huic maximus usus
Progenies : Urbi pater est, urbique maritus :
Justitiæ cultor, rigidi servator honesti :
In commune bonus : nullosque Catonis in actus
Subrepsit, partemque tulit sibi nata voluptas.

(12) Concessâ pudet ire viâ, civemque videri.

(13) .... Ut quùm mare possidet Auster
Flatibus horrisonis, hunc æquora tota sequuntur :
Si rursùs tellus, pulsu laxata tridentis
Æolii, tumidis immittat fluctibus Eurum;
Quamvis icta novo, ventum tenuêre priorem
Æquora; nubiferoque polus quùm cesserit Euro,
Vendicat unda Notum.

(14) Vive, licet nolis; et nostro munere, dixit,
Cerne diem. Victis jàm spes bona partibus esto,
Exemplumque mei; vel, si libet, arma retenta;
Et nihil hac veniâ, si viceris ipse, paciscor.
Fatur; et adstrictis laxari vincula palmis
Imperat. Heu quantò meliùs, vel cæde peractâ,
Parcere Romano potuit fortuna pudori!
Pœnarum extremum civi, quod castra secutus
Sit patriæ, magnumque ducem, totumque senatum,
Ignosci. Premit ille graves interritus iras;
Et secum : Romamne petes, pacisque recessus
Degener? In medios belli non ire furores,
Jamdudùm moriture, paras? Rue certus; et omnes
Lucis rumpe moras, et Cæsaris effuge munus.

(15) **O rabies miseranda ducis! cùm fata Camillis**

Te, Cæsar, magnisque velint miscere Metellis,
Ad Cinnas, Mariosque venis!

(16) .... Licet ille solutum
Defectumque vocet, ne vos mea terreat ætas.
Dux sit in his castris senior, dùm miles in illis.
Quò potuit civem populus perducere liber,
Ascendi; supràque nihil nisi regna reliqui.
Non privata cupit, Romanâ quisquis in urbe
Pompeium transire parat. Hinc consul uterque,
Hinc acies statura Ducum. Cæsarne, senatus
Victor erit? Non tàm cæco trahis omnia cursu,
Teque nihil, fortuna, pudet.

(17) At nunquàm patiens pacis, longæque quietis
Armorum, ne quid fatis mutare liceret,
Assequitur, generique premit vestigia Cæsar.
Sufficerent aliis primo tot mœnia cursu
Rapta, tot oppressæ dejectis hostibus arces,
Ipsa caput mundi, bellorum maxima merces,
Roma capi facilis; sed Cæsar in omnia præceps,
Nil actum credens, dùm quid superesset agendum,
Instat atrox; et adhùc, quamvis possederit omnem
Italiam, extremo sedeat quòd littore Magnus,
Communem tamen esse dolet.

(18) Dux etiam votis hoc te, fortuna, precatur,
Quam retinere vetas, liceat sibi perdere saltem
Italiam. Vix fata sinunt.

(19) Heu pudor! exigua est fugiens victoria Magnus!

(20) .... Pelagus jàm, Magne, tenebas
Non ea fata ferens, quæ, cùm semper æquora toto
Prædonem sequerere mari. Lassata triumphis

Descivit fortuna tuis. Cum conjuge pulsus,
Et natis, totosque trahens in bella penates,
Vadis adhùc ingens populis comitantibus exul.
Quæritur indignæ sedes longinqua ruinæ.
Non quia te superi patrio privare sepulchro
Maluerint : Phariæ busto damnantur arenæ;
Parcitur Hesperiæ, procul hoc ut in orbe remoto
Abscondat fortuna nefas, Romanaque tellus
Immaculata sui servetur sanguine Magni

LA PHARSALE
DE LUCAIN.

LIVRE TROISIÈME.

ARGUMENT.

Pendant le trajet de la flotte, Pompée se livre au sommeil, et voit l'ombre de Julie en songe. Il aborde dans l'Illyrie. César se rend à Rome : il y assemble le sénat. Il veut faire ouvrir le temple de Saturne pour en enlever le trésor public. Le tribun Métellus s'y oppose : sa résistance est vaine, et le trésor est enlevé. Pompée engage dans son parti les peuples de l'orient, du midi et du nord. César, avec ses légions, franchit les Alpes pour aller en Espagne : Marseille refuse de se donner à lui. Siége de Marseille. La forêt des druides est abattue. César, impatient de se rendre en Espagne, laisse à ses lieutenants le soin de poursuivre le siége. Les Marseillais mettent le feu aux travaux de César. Sa flotte, commandée par D. Brutus, se présente devant Marseille. Combat sur mer.

Tu n'emporteras les dépouilles du temple que souillé du sang d'un Tribun.

La Pharsale liv. 3.

Perin del.
C. de Gendt Sculp.

LA PHARSALE

DE LUCAIN.

LIVRE TROISIÈME.

Tandis que le vent du midi enflait la voile, et poussait la flotte sur l'humide plaine, tous les yeux étaient tournés du côté de la vaste mer ; Pompée lui seul ne put détacher ses regards du rivage de l'Italie, qu'il voyait pour la dernière fois. Mais bientôt cette terre chérie disparaît à sa vue, et ses montagnes couronnées de nuages s'évanouissent dans le lointain.

Accablé d'ennuis, épuisé de fatigue, le héros enfin succombe et se livre au sommeil. Alors l'image de Julie (1) perçant la terre, se présente à lui, comme une furie, sur un tombeau qui vomit des feux. « Ton crime est retombé sur moi (lui dit-elle); on me traîne de l'Élysée dans le Tartare, de l'asyle des ames justes au noir séjour des mânes criminels. J'ai vu les Euménides s'armer de torches empoisonnées, pour les secouer au milieu de vous. Le nocher du brûlant Achéron prépare des barques sans nombre. On agrandit les cachots des enfers. Les furies suffiront à peine à châtier tant de criminels; les mains des parques vont se lasser à trancher les jours de tant de victimes. Il t'en souvient, Pompée; le temps de notre hymen a été celui de tes triomphes. Tu as changé de fortune en changeant d'épouse. Elle est née pour le malheur de tous ses maris, cette Cornélie, femme sans pudeur, qui n'a pas rougi d'entrer dans mon lit, quand mon bûcher fumait encore. Qu'elle soit donc sans cesse attachée à tes pas et sur les mers et dans les camps; pourvu que je trouble ton sommeil auprès d'elle, et que je dérobe à ton indigne amour tous les moments que tu lui destines. César et Julie s'emparent de toi. Mon père le jour, et moi la nuit, nous t'occuperons sans relâche. Le Léthé ne t'a point effacé de ma mémoire. Les dieux des enfers m'ont permis de te poursuivre et de me venger. Tu me verras, au signal du combat, m'élever entre les deux armées. Mon ombre ne souffrira jamais que tu cesses d'être le gendre de César. Tu crois en vain trancher avec l'épée les nœuds d'une sainte alliance ; la guerre civile va te rendre à moi. » A ces mots elle se dérobe à son époux, qui lui tend les bras.

Il s'éveille, et sa frayeur se dissipe avec son sommeil. Les menaces du ciel et des enfers, loin de l'abattre, l'élèvent au-dessus de lui-même. Il voit sa perte, et il y court. Pourquoi (dit-il) m'effrayer d'un vain songe? Ou la mort n'est rien, ou elle ne doit laisser aucun ressentiment de la vie; et ni l'amour ni la haine ne nous suivent dans le tombeau.

Déja le soleil se plongeait au sein de l'onde, et nous cachait de son globe enflammé ce que la lune nous dérobe du sien lorsqu'elle approche de sa plénitude, ou qu'elle commence à s'en éloigner. Ce fut alors que la côte d'Illyrie offrit un asyle sûr, un accès facile aux vaisseaux de Pompée. On ploie les voiles, on baisse les mâts, et l'on aborde à l'aide des rames (a).

Dès que César, à qui les vents enlevaient sa proie, et qui l'avait suivie des yeux, se trouva seul au bord de l'Italie, loin de se réjouir d'en avoir chassé son rival, il gémit de voir qu'il lui eût échappé. Aucun succès ne le flatte, s'il ne décide de l'empire du monde : la victoire elle-même est trop achetée s'il faut l'attendre. Mais, oubliant pour un temps la guerre, et tout occupé des soins de la paix, il cherche à se concilier la légère faveur du peuple : il sait que la disette ou l'abondance décide le plus souvent de sa haine ou de son amour; que celui qui nourrit son oisiveté en est le maître; au lieu qu'il n'est point de crainte (2) qui retienne un peuple affa-

---

(a) Pompée avait onze légions, et environ sept mille hommes de cavalerie.

mé. Il charge Curion d'aller (*a*) enlever les blés de la Sicile, et Valérius ceux de la Sardaigne. Ces deux îles sont renommées par la richesse de leurs moissons: nulle autre contrée de la terre n'a tant de fois répandu l'abondance dans l'Italie. A peine la Libye est-elle plus fertile, dans les années même où les vents du midi permettent à Borée d'assembler les nuages vers le milieu de l'axe du monde, et d'y verser des pluies abondantes.

Acquitté de ce premier soin, César marche à Rome en vainqueur. Ses légions le suivent, mais désarmées, et portant sur le front le doux présage de la paix.

Dieux! s'il ne revenait dans sa patrie que chargé des dépouilles des peuples de la Gaule et du Nord, quel triomphe pour lui, quelle pompe! Le Rhin, l'Océan lui-même, enchaînés à son char, la Bretagne et la Gaule captives! que de gloire il a perdu en abusant de la victoire! Les habitants des villes (3) n'accourent point sur sa route avec une joie tumultueuse; ils le voient passer, et baissent les yeux, saisis d'une terreur muette. En aucun lieu le peuple des campagnes ne se précipite au-devant de ses pas. César s'applaudit cependant de leur inspirer tant de crainte : à peine

---

(*a*) Avec trois légions, pour passer de là en Afrique. (*Cés. de la guerre civile*, liv. I.)

eût-il préféré leur amour. Déja il a passé la forteresse d'Anxur et la forêt consacrée à la Diane de Scythie; déja il découvre d'une éminence cette Rome qu'il n'avait pas vue depuis dix ans qu'avait duré la guerre des Gaules. Il s'étonne lui-même de l'état où il l'a réduite, et il lui adresse ces mots : « Est-il possible (4), ô séjour des dieux, que l'on abandonne tes murs sans y être forcé par la guerre! Et quelle ville méritera qu'on la défende, si ce n'est Rome? Heureusement ce n'est ni le Parthe, ni le Dace uni au Gète, ni le Sarmate secondé du Pannonien qui te menace : la fortune n'oppose qu'un citoyen qui t'aime, au chef timide qui n'ose te garder. »

Bientôt César entre dans Rome, où l'épouvante l'a devancé : car on s'attend qu'il va la livrer au pillage, comme une ville prise d'assaut, saccager ses murs, embraser ses temples, ensevelir les dieux de la patrie sous les débris de leurs autels. On ne doute pas qu'il ne veuille tout ce qu'il peut; et comme il peut tout, il n'est rien qu'on ne craigne. On ne feint pas même de le voir avec joie, et de faire des vœux pour lui; la haine occupe et remplit tous les cœurs.

Les pères de la patrie, du fond de leur retraite, se rendent au temple d'Apollon, où César les fait appeler. C'est la première fois qu'un citoyen ose convoquer le sénat. On n'y voit point de siéges réservés pour les consuls et le préteur, pour les censeurs et les édiles : César réunit toutes ces dignités en lui seul; et c'est pour entendre la volonté d'un homme que le sénat est assemblé. Les pères conscrits prennent place, résolus de consentir à tout, soit qu'il demande un trône ou des autels, l'exil ou la mort du sénat lui-même. Grâces aux dieux, César eut honte d'exiger ce que Rome n'eût pas eu honte de permettre (*a*).

Cependant la liberté indignée osa se révolter encore, et tenter, par l'organe d'un citoyen, si les lois pourraient résister à la force. Le tribun Métellus (*b*), voyant qu'on allait enlever le trésor du temple de Saturne, accourut, se fit un passage à travers le cortége de César, et se présenta sur le seuil du temple qu'on allait ouvrir. L'avarice est donc la seule passion qui brave le fer et la mort(5)? César foule aux pieds les lois, sans que personne s'arme pour elles; et, le plus vil de tous les biens, l'or excite un soulèvement. Métellus s'oppose au pillage du temple, et s'adressant à César : « Tu n'ouvriras ces portes (lui dit-il) qu'après m'avoir percé le sein, et tu n'emporteras les dépouilles du temple, que souillé du sang d'un tribun. Tu sais si les dieux laissent violer impunément cette dignité sainte, et si les

---

(*a*) Tous les historiens attestent la modération dont il usa. Il ne parla que du soin de la république, de réconciliation, et de paix.

(*b*) César, dans ses Commentaires, a passé ce fait sous silence.

Euménides l'ont vengée de l'impiété de Crassus (a)? Sois sacrilége à son exemple; tire ce glaive, et frappe sans rougir. Tu n'as point à craindre les yeux du peuple : nous sommes seuls, Rome est déserte. Mais dis-moi, tyran, que veux-tu? Livrer la patrie en proie à tes soldats? Il te reste encore tant de provinces, tant de villes à ruiner! Qu'as-tu besoin des trésors de la paix? n'as-tu pas tous ceux de la guerre? »

Ce discours alluma la colère du vainqueur. « Tu te flattes en vain (lui dit-il) d'obtenir de moi une mort honorable : non, Métellus, ma main ne sera point souillée d'un sang aussi vil que le tien. Il n'est point de marque d'honneur qui te rende digne de mon ressentiment. C'est donc à toi que Rome confie la défense de sa liberté? Certes le temps a bien changé les choses, si les lois aiment mieux s'appuyer sur Métellus, que de fléchir devant César! » Alors, impatient de voir que le tribun ne quittait point la porte du temple, il regardait ses soldats rangés autour de lui, et allait oublier le caractère pacifique dont il s'était revêtu, si Cotta n'eût dissuadé Métellus d'une résistance imprudente.

« Sous l'autorité d'un seul (6), lui dit-il, la liberté se détruit elle-même en s'obstinant à ne

---

(a) Ateius, tribun du peuple, n'ayant pu l'empêcher de partir de Rome pour aller faire la guerre aux Parthes, le chargea de malédictions. (*Plut. Vie de Crassus.*)

pas fléchir. Vous en conserverez du moins l'ombre, si, en cédant à la nécessité, vous semblez vouloir tout ce qu'elle exige. Nous avons subi tant de lois injustes! la seule excuse que peut avoir une si honteuse obéissance, c'est l'impuissance de résister. Qu'ils se hâtent d'emporter loin de nous ces trésors pernicieux, ces fatales semences de guerre. La ruine de l'état regarde et intéresse un peuple libre; mais la misère d'un peuple esclave lui est moins onéreuse qu'à ses tyrans.

Métellus s'éloigne à ces mots; et la roche Tarpeïenne, retentissant du bruit des portes, annonce à Rome que le temple est ouvert. Du fond de ce temple fut alors tiré ce dépôt si long-temps inviolable des revenus du peuple romain; le tribut des Carthaginois, celui de Persée et de Philippe; tout l'or que Pyrrhus laissa dans tes mains, ô Rome, alors vertueuse et libre, cet or au prix duquel Fabrice avait refusé de te trahir; ce qu'avait épargné la frugalité de nos pères; ce que l'opulente Asie avait payé de tribut aux Romains; ce que Métellus avait rapporté de l'île de Crète, et Caton de l'île de Chypre; enfin les dépouilles de l'Orient captif et les richesses de tant de rois étalées tout récemment encore dans les triomphes de Pompée; tout fut envahi; le temple fut livré à la plus affreuse rapine; et dès-lors (7), exemple inouï! César fut plus riche que Rome.

Cependant la fortune de Pompée soulevait les

nations, et les attirait de toutes parts dans sa querelle et dans sa ruine. La Grèce, qui voyait de plus près l'appareil de la guerre, s'empressa d'y contribuer. Des campagnes de la Phocide et des deux sommets du Parnasse, des champs de Béotie que borde le Céphise, des environs de Thèbes où coule Dircé, de l'Élide qu'arrose l'Alphée avant de traverser les mers pour aller chercher Aréthuse, on voit les peuples accourir.

Ceux d'Arcadie descendent du Ménale, ceux d'Épire abandonnent les Atamanes, et Dodone qui ne rend plus d'oracles, et ce rivage autrefois célèbre (*a*) où régna la veuve d'Hector. L'Illyrie a pris les armes, l'Istrie a suivi son exemple. Athènes, quoique nouvellement épuisée de combattants, arme encore quelques vaisseaux. Cent villes de Crète unissent leurs forces; la Thessalie assemble les siennes : on quitte les bords du Pénée et les forêts du mont Oëta, et ce golfe (*b*) où fut lancé le premier navire qui fendit les mers, l'Argo, qui rassembla sur un même rivage des peuples inconnus l'un à l'autre, qui exposa la race humaine à la fureur des vents et des ondes, et lui apporta une nouvelle mort.

Le Thrace a déserté l'Hémus, et les bords du Strymon d'où l'on voit ces oiseaux qui fendent les airs en phalange, fuir aux approches de l'hi-

---

(*a*) Oricum
(*b*) Iolco.

ver, et chercher sur le Nil un climat plus doux. Sur les pas du Thrace s'avancent les habitants de cette île qu'embrasse le Danube lorsqu'il se plonge dans l'Euxin. De leur côté marchent les peuples de Mysie, et ceux d'Éolie qu'abreuve le Caïque, et ceux qui cultivent la stérile Arisbé. La Phrygie assemble les siens. Pitané se voit dépeuplée, ainsi que Célène qui regrette encore le satyre, imprudent émule du dieu de la lyre et du chant. On quitte les bords du Méandre et du Marsyas qu'il reçoit dans son sein, et du Pactole qui coule à travers des mines d'or, et de l'Hermus aussi riche que le Pactole par la fertilité de ses rives. Ceux de la Troade se rendent eux-mêmes sous les drapeaux d'un chef qui court avec eux à sa perte; et la fabuleuse origine de César descendant d'Iule, ne les empêche pas de s'armer contre lui.

Les forêts du Taurus sont désertes, les murs de Tharse, abandonnés; les ports de Cilicie retentissent des bruyants apprêts d'une flotte, et les Ciliciens, que Cynosure (*a*) conduit si sûrement, traversent les mers, non plus, comme autrefois, en pirates, mais en guerriers. Avec eux marchent aux combats les sauvages habitants de la Cappadoce, et ceux de l'Arménie répandus

---

(*a*) La petite Ourse, la même que les Phéniciens avaient prise pour guide dans leur navigation. (STRAB. *liv.* I. *de sa Géog.*)

sur le mont Amane et sur les bords du Niphate qui roule des rochers, et ceux des rives de l'Halis que le malheur de Crésus a rendu célèbre. Le Syrien quitte les bords de l'Oronte, l'Iduméen ses champs ombragés de palmes, le Phénicien les murs de Damas et de Gaza, de Tyr et de Sidon qu'enrichit la pourpre. Ce peuple (8) est le premier, si l'on en croit la renommée, qui ait essayé de rendre la parole visible, et de la fixer sous les yeux. L'Égypte n'avait point encore appris à tracer la pensée sur l'écorce de ses roseaux; seulement elle gravait sur la pierre des figures d'oiseaux, de reptiles, de quadrupèdes; et ces images parlaient à la vue un langage mystérieux.

La guerre attire en même temps les peuples heureux qui cultivaient les riches campagnes de l'Euphrate et du Tigre. Ces deux fleuves prennent leur source dans la même chaîne de montagnes; et lorsque, dans leurs cours, leurs eaux se réunissent, on ne sait plus lequel des deux noms leur donner. Mais l'Euphrate a l'avantage de se répandre, comme le Nil, dans de vastes plaines que ses eaux fertilisent; tandis que le Tigre se perd au sein de la terre, où il s'est fait une route cachée, et ne renaît de sa nouvelle source que pour se jeter dans l'Océan.

L'Arabe vient sous un ciel nouveau, et il s'étonne de n'y voir jamais les ombres s'étendre du côté du midi. La fureur des Romains se communique jusqu'au fond de l'Asie, chez les Orètes et les Carmanes, d'où l'on découvre à peine l'Ourse et le rapide Bootès. Elle passe de même en Afrique chez le brûlant Éthiopien si éloigné de nos climats. Ammon ne cesse de voir traverser ses déserts par des légions d'hommes armés; et depuis les Syrtes jusqu'au rivage Maure, la Libye a rassemblé tout ce qu'elle a de combattants. Les peuples qui couvrent les riches bords du Phase vont courir les mêmes dangers. Le Parthe belliqueux reste seul en balance entre César et Pompée, et il s'applaudit de les voir divisés. Mais les peuples errants dans les déserts de la Scythie, ceux que le Bactre environne, ceux que l'Hyrcanie enferme dans ses forêts, ceux qui vivent au pied du Caucase, se rangent du parti du sénat. Des climats glacés où le Tanaïs, se précipitant du sommet du Riphée, sépare l'Europe de l'Asie; des bords du détroit du Palus-Méotide, égal au passage qu'Alcide ouvrit aux eaux de l'Océan, tous les peuples du nord volent au secours de Pompée. Il voit arriver dans son camp le Sarmate, voisin du Moscovite, l'Arimaspe qui relève ses cheveux avec des liens tissus de l'or que son fleuve roule, le Massagète qui, dans les combats, se nourrit du sang du coursier qui le porte, et le Gélon si rapide à la course, et le Coâtre qui vit dans des forêts dont les chênes touchent aux cieux. Le signal de la guerre a mis en mouvement les peuples mêmes de l'Aurore, jusques dans ces régions éloignées où le Gange est adoré, le Gange, le seul des fleuves de l'univers qui ose suivre un cours opposé à celui du dieu de la lumière, et s'ouvrir une embouchure en face du soleil naissant. C'est par le Gange que fut arrêté le héros de la Macédoine, sans qu'il pût arriver aux bords de l'Orient : vainqueur du monde jusques-là, il s'avoua vaincu par le Gange.

Le même signal retentit sur l'Indus, ce fleuve qui, se jetant au sein des mers par deux bouches profondes, ne s'aperçoit pas dans sa rapidité que l'Hydaspe se mêle à ses eaux. En même temps s'unissent, pour marcher aux combats, les peuples qui boivent sur ces bords la douce liqueur qu'un roseau distille, et ceux qui teignent leur chevelure dans le suc doré d'une plante, et qui sèment de pierreries le long tissu dont ils s'enveloppent, et ceux qui dressent eux-mêmes leurs bûchers et se jettent vivants au milieu des flammes. O quelle gloire (9) n'est-ce pas pour eux de disposer ainsi d'eux-mêmes, et rassasiés de la vie, d'en donner les restes aux dieux!

Ni sous les drapeaux de Cyrus, ni dans l'armée de Xerxès, ni sur la flotte d'Agamemnon, jamais on n'avait vu tant de rois se réunir sous un même chef, ni tant de peuples différents de vêtements, de traits, et de langage. Ce sont autant de compagnons que la fortune veut que Pompée entraîne dans sa vaste ruine, et autant de victimes qu'elle va immoler aux funérailles de ce grand homme, pour les rendre dignes de lui. Ou plutôt, de peur que l'heureux César n'ait plus d'un combat à livrer pour subjuguer le monde, elle veut le lui donner à vaincre tout-à-la-fois, en un seul jour, dans les champs de la Thessalie.

Dès que César est sorti des murs de Rome, que son aspect faisait trembler, il semble donner à ses légions des ailes pour franchir les Alpes, à travers les nuages qui les couronnent. Mais tandis que les autres nations frémissent au nom de César, Marseille, cette colonie de Phocéens, ose rester fidèle à son alliance avec Rome, et préférer le parti le plus juste au plus heureux. Cependant elle veut essayer, par un langage pacifique, de fléchir la fureur indomptable de César, et la dureté de cette ame superbe. Ses députés, choisis parmi la jeunesse (a), s'avancent, l'olive dans les mains, au devant de César et de ses légions.

« Romains (10), dirent-ils, vos annales attestent que dans les guerres du dehors Marseille a dans tous les temps partagé les travaux et les dangers de Rome; aujourd'hui même, si tu veux, César, chercher dans l'univers de nouveaux triomphes, nos mains vont s'armer, et te sont dévouées; mais si dans les combats où vous courez, Rome, ennemie d'elle-même, va se baigner dans son propre sang, nous n'avons à vous offrir que des larmes et un asyle. Les coups que Rome va se porter, nous seront sacrés comme ceux de la

---

(a) Il y avait quinze députés.

foudre. Si les dieux s'armaient contre les dieux, ou si les géants leur déclaraient la guerre, la piété des humains serait insensée d'oser vouloir les secourir par des vœux ou par de faibles armes; et ce ne serait qu'au bruit du tonnerre que l'homme, aveugle sur le destin des dieux, s'apercevrait que Jupiter serait encore maître de l'Olympe. Ajoutez au respect qui nous retient, que des peuples sans nombre accourent dans vos camps, et que ce monde corrompu n'a pas assez le crime en horreur, pour que vos guerres domestiques manquent de glaives et de ministres. Et plût aux dieux que la terre entière pensât comme nous, qu'elle refusât de seconder vos haines, et que nul étranger ne voulût se mêler à vos combattants! Que feriez-vous livrés à vous-mêmes? Est-il un fils à qui les armes ne tombassent des mains à la rencontre de son père? Est-il des frères assez barbares pour croiser leurs lances et se percer de traits? La guerre est finie, si vous êtes privés du secours de ceux à qui elle est permise. Pour nous, la seule grâce que nous vous demandons, c'est de laisser loin de nos murs ces drapeaux, ces aigles terribles; de daigner vous fier à nous, et de consentir que nos portes soient ouvertes à César, et fermées à la guerre. Permets, César, permets qu'il reste sur la terre un asyle inaccessible au crime, et sûr également pour les deux partis, où Pompée et toi, si jamais le malheur de Rome vous touche et vous dispose à un accord, vous puissiez venir désarmés. Du reste, qui peut t'engager, quand la guerre t'appelle en Espagne, à suspendre ici ta marche rapide? Est-ce de nous que le succès dépend? Nous ne sommes d'aucun poids dans la balance des destins du monde. Depuis que ce peuple, exilé de son ancienne patrie, a quitté les murs de Phocée (*a*) livrés aux flammes, quels ont été nos heureux exploits? Enfermés dans d'étroites murailles, et sur un rivage étranger, notre bonne foi seule nous rend illustres. Toutefois si tu prétends assiéger nos murs et briser nos portes, nous sommes résolus à braver le fer et la flamme, et la soif et la faim. Si tu nous prives du secours des eaux, nous creuserons, nous lécherons la terre; si le pain nous manque, nous nous réduirons aux aliments les plus immondes. Ce peuple aura le courage de souffrir pour sa liberté tous les maux que supporta Sagonte assiégée par Annibal. Les enfants qui, dans les bras de leurs mères défaillantes, presseront en vain leurs mamelles taries et desséchées par la faim, en seront arrachés et jetés dans les flammes; l'épouse demandera la mort à son époux chéri; les frères se perceront l'un l'autre pour se délivrer de la vie; et cette guerre domestique nous fera moins d'horreur que celle où tu veux nous forcer. »

(*a*) Phocée, ville d'Ionie, et non pas de Phocide, comme le poëte et bien d'autres l'ont cru.

Ainsi parla cette vertueuse jeunesse; et César, dont la colère enflammait les regards, la laisse éclater en ces mots : « Ce peuple transfuge compte vainement sur la rapidité de ma course. Tout impatient que je suis de me rendre aux extrémités de la terre, j'aurai le temps de raser ses murs. Réjouissez-vous, compagnons, le sort présente sur votre passage de quoi exercer votre valeur. Nous avons besoin d'ennemis, comme les vents ont besoin d'obstacles pour ramasser leurs forces dissipées, et comme la flamme a besoin d'aliment. Tout ce qui cède nous dérobe la gloire de vaincre, que la révolte nous offrirait. Marseille (dit-on) consent à m'ouvrir ses portes, si j'ai la bassesse de vouloir m'y présenter seul et sans armes. C'est donc peu de m'exclure, elle veut m'enfermer! Ne croit-elle pas se dérober à la guerre qui embrase le monde? Lâches (11), vous serez punis d'avoir osé prétendre à la paix; et vous apprendrez que du temps de César il n'y a point d'asyle plus sûr au monde que la guerre même sous ses drapeaux. » Il dit, et marche vers les murs de Marseille, où rien n'annonce la frayeur. Il trouve les portes fermées, et les remparts couverts d'une jeunesse nombreuse et résolue à s'ensevelir sous ses murs. Ce sera pour Marseille un honneur immortel, un fait mémorable dans tous les âges, d'avoir soutenu sans abattement les approches de la guerre, d'en avoir suspendu le cours; et tandis que l'impétueux César entraînaît tout sur son passage, de n'avoir seule été vaincue que par un siége pénible et lent. Quelle gloire en effet de résister aux destins, et de retarder si long-temps la fortune impatiente de donner un maître à l'univers!

Non loin (*a*) de la ville est une colline dont le sommet applani forme un terrain spacieux. Cette hauteur, où il est facile à César de se retrancher par une longue enceinte, lui présente un camp avantageux et sûr. Du côté opposé à cette colline, et à la même hauteur, s'élève un fort qui protège la ville; et dans l'intervalle sont des champs cultivés.

César trouve digne de lui le vaste projet de combler le vallon, et de joindre les deux éminences. D'abord, pour investir la ville du côté de la terre, il fait pratiquer un long retranchement du haut de son camp jusqu'à la mer. Un rempart de gazon (*b*), couronné d'épais créneaux, doit embrasser la ville, et lui couper les eaux et les vivres qui lui viennent des champs voisins.

D'immenses forêts tombent de toutes parts,

(*a*) *Massilia ferè ex tribus oppidi partibus mari alluitur; reliqua quarta est quæ aditum habet à terrá. Hujus quoque spatii pars ea quæ ad arcem pertinet, loci naturá et valle altissimá munita, longam et difficilem habet oppugnationem.* (Cæsar, de Bell. civ lib. 2.)

(*b*) *C. Trebonius aggerem in altitudinem pedum octoginta extruit.* (Cæsar, de Bell. civ. lib. 2.)

et les cimes des montagnes sont dépouillées de leurs chênes antiques ; car il fallait que le milieu du rempart n'étant comblé que de légers faisceaux couverts d'une couche de terre, les deux bords fussent contenus par des pieux et des poutres solidement unies, de peur que ce terrain mal affermi ne s'écroulât sous le poids des tours.

Non loin de la ville était un bois sacré (12) et dès long-temps inviolable, dont les branches entrelacées, écartant les rayons du jour, enfermaient sous leur épaisse voûte un air ténébreux et de froides ombres. Ce lieu n'était point habité par le dieu tutélaire des campagnes, ni par les sylvains et les nymphes des bois. Mais il dérobait à la lumière un culte barbare et d'affreux sacrifices. Les autels, les arbres y dégouttaient de sang humain; et, si l'on peut ajouter foi à la superstitieuse antiquité, les oiseaux n'osaient s'arrêter sur les rameaux de ce bois ténébreux, ni les bêtes féroces y chercher un repaire; la foudre évitait d'y tomber, et les vents craignaient d'en agiter les branches. Mais, sans leurs sifflements lugubres, la forêt porte son horreur avec elle. De ses noirs rochers découle une onde impure ; les tristes simulacres des dieux qu'on y adore sont informes et mutilés; leur attitude seule et la couleur livide de ces bustes rongés par le temps, imprime une sombre épouvante. L'homme ne tremble pas ainsi devant des dieux qui lui sont peints sous des traits auxquels il est accoutumé.

Plus l'objet de son culte lui est inconnu, plus cette obscurité le lui rend formidable. Les antres de la forêt rendaient (disait-on) de longs mugissements ; les arbres déracinés et couchés par terre se relevaient d'eux-mêmes ; ils offraient, sans se consumer, l'image d'un vaste incendie ; et des dragons rampants à longs replis embrassaient les tiges de ces vieux chênes. Les peuples y portaient leurs offrandes, mais sans en approcher jamais. Leurs dieux les en avaient chassés, pour y habiter seuls en silence. Les prêtres eux-mêmes, soit le jour, soit la nuit, n'y pénètrent qu'en pâlissant ; ils tremblent, saisis d'une profonde horreur en approchant de leurs idoles.

Ce fut d'abord cette forêt que César ordonna d'abattre : elle était voisine de son camp ; et comme la guerre l'avait épargnée, elle restait seule, épaisse et touffue, au milieu des monts d'alentour que le fer avait dépouillés.

A cet ordre, les plus courageux tremblent. La majesté du lieu les avait remplis d'un saint respect ; et dès qu'ils frapperaient ces arbres sacrés, il leur semblait déja voir les haches vengeresses retourner sur eux-mêmes.

César, voyant frémir les cohortes, dont la terreur enchaînait les mains, ose le premier se saisir de la hache ; il la lève, frappe et l'enfonce dans un chêne qui touchait aux cieux. Alors leur montrant le fer plongé dans ce bois qu'ils avaient craint de violer : « Si quelqu'un de vous (dit-il) regarde comme un crime d'abattre la forêt, m'en voilà chargé; c'est sur moi qu'il retombe. » Tous obéissent à l'instant, non que l'exemple les rassure, mais la crainte de César l'emporte sur celle des dieux. Aussitôt les ormeaux, les hêtres, les chênes, les cyprès que rassemblait cette forêt terrible, virent pour la première fois tomber leur longue chevelure, et entre leurs cimes flottantes il se fit un passage à la clarté du jour. Toute la forêt s'ébranle à la fois, chancelle, et tombe sur elle-même; mais en tombant (13) elle se soutient, et son épaisseur résiste à sa chûte.

A la vue d'un tel sacrilége, tous les peuples de la Gaule gémirent; mais Marseille s'en applaudit. Qui peut se persuader en effet que les dieux se laissent braver impunément? et cependant combien de coupables la fortune n'a-t-elle pas sauvés? Il semble que le courroux du ciel n'ait le droit de tomber que sur les misérables.

Quand les bois furent abattus, on tira des campagnes voisines des chariots pour les enlever : le laboureur consterné vit dételer ses taureaux; et obligé d'abandonner son champ, il pleura la perte de l'année.

César, trop impatient pour se consumer dans les longueurs d'un siége, en laisse le soin à ses lieutenants (a); il tourne ses pas du côté de l'Es-

---

(a) Il y laissa C. Trébonius, avec trois légions. (Ces. *de la guerre civile, l. 2.*)

pagne, où ses légions l'ont devancé (*a*), et ordonne à la guerre de le suivre vers cette extrémité du monde.

Cependant les travaux du siège s'avancent. Le rempart s'élève, et on y établit deux tours (*b*) de la même hauteur que les murs de la citadelle. Ces tours ne sont point attachées à la terre, mais elles roulent sur des essieux dont le mobile est en elles-mêmes. Les assiégés, du haut de leur fort, voyant ces masses s'ébranler, en attribuèrent la cause à quelque violente secousse qu'avaient donnée à la terre les vents enfermés dans son sein; et ils s'étonnèrent que leurs murailles n'en fussent pas ébranlées : mais tout-à-coup du haut de ces tours mouvantes tombe sur eux une grêle de dards. De leur côté, volent sur les Romains des traits plus terribles encore; car ce n'est point à force de bras que leurs javelots sont lancés : décochés par le ressort de la baliste, ils partent avec la rapidité de la foudre, et au lieu de s'arrêter dans la plaie, ils s'ouvrent une large voie à travers l'armure et les os fracassés, y laissent

---

(*a*) Il avait envoyé devant lui Caius Fabius, avec trois légions qui s'étaient trouvées autour de Narbonne, pour s'emparer des défilés des Pyrénées, et avait ordonné à d'autres légions qui étaient plus loin, de les suivre sans différer. (César, *de Bell. civ. lib.* 2.)

(*b*) *Turris structa, triginta pedibus patens ad sex tabulata elevata.* (César, de Bell. civ. lib. 2.)

la mort, et volent au-delà avec la force de la donner encore.

Cette machine formidable lance des pierres d'un poids énorme, et qui, pareilles à des rochers déracinés par le temps et détachés par un orage, brisent tout ce qu'elles rencontrent. C'est peu d'écraser les corps sous leur chûte, elles en dispersent au loin tous les membres avec le sang.

Mais à mesure que les assiégeants s'approchaient des murs, à couvert sous le toit d'airain qu'ils s'étaient fait de leurs boucliers, les traits qui de loin auraient pu les atteindre, passaient au-dessus de leurs têtes; et il n'était pas facile aux ennemis de changer la direction de la machine qui les lançait. Mais la pesanteur des rochers leur suffit pour accabler tout ce qui s'approche, et ils se contentent de les rouler à force de bras du haut des murailles. Tant que les boucliers des Romains sont unis, et qu'ils se soutiennent l'un l'autre, ils repoussent les traits qui les frappent, comme un toit repousse la grêle qui, sans le briser, le fait retentir. Mais sitôt que la force du soldat épuisée cède à l'ardeur des assiégés, et laisse rompre cette espèce de voûte, chaque bouclier seul est trop faible pour soutenir tous les coups qu'il reçoit. Alors on fait avancer par un chemin glissant une (*a*) couver-

---

(*a*) *Antecedebat testudo pedum sexaginta, involuta omnibus rebus quibus ignis jactus et lapides defendi possent.* (Cæs. de Bell. civ. lib. 2)

ture solide et mouvante, à l'abri de laquelle on se prépare à battre les murs et à les ruiner. Bientôt le bélier, dont le balancement redouble les forces, frappe et tente de détacher ces longues couches de pierres qu'un dur ciment tient enchaînées, et que leur poids même affermit. Mais le toit qui protège les Romains, chargé d'un déluge de feu, ébranlé par les masses qu'on y fait tomber et par les poutres qui du haut des murs travaillent sans cesse à l'abattre, ce toit tout-à-coup s'embrase et s'écroule; et accablés d'un travail inutile, les soldats regagnent leur camp.

Les assiégés, qui n'avaient d'abord espéré que de défendre leurs murailles, osent risquer une attaque au dehors (*a*). Une jeunesse intrépide sort à la faveur de la nuit : elle n'a pour armes ni la lance, ni l'arc; ses mains ne portent que la flamme, cachée à l'ombre des boucliers.

Dans un instant l'incendie se déclare; un vent impétueux le répand sur tous les travaux de César. Le chêne vert a beau résister, les progrès du feu n'en sont pas moins rapides : par-tout où les flambeaux s'attachent, le feu s'élance sur sa proie, et des tourbillons de flamme se mêlent dans l'air à d'immenses volumes de fumée. Non-seulement les bois entassés, mais les rochers eux-mêmes sont embrasés et réduits en poudre. Tout

---

(*a*) Ce fut par trahison, et en rompant la trève qu'ils avaient demandée.

le rempart s'écroule en même temps, et dans ses débris dispersés la masse en paraît agrandie.

Les Romains, sans ressource du côté de la terre, tentent la fortune sur mer. Déja Brutus (*a*) sur le vaisseau Prétorien, semblable à une forteresse, avait abordé aux îles Stechades (*b*), accompagné d'une flotte que le Rhône avait vu construire (*c*), et qu'il avait portée à son embouchure. On y joint des navires faits à la hâte, non de bois peints et décorés, mais de chênes grossièrement taillés, et tels qu'ils tombaient des montagnes, du reste fortement unis, et formant une aire solide et commode pour le combat.

Marseille, de son côté, s'est résolue à courir avec toutes ses forces le hasard d'un combat sur mer. Les vieillards eux-mêmes ont pris les armes, et viennent se ranger parmi les jeunes citoyens. Non-seulement les vaisseaux en état de servir, mais ceux qui dans le port tombaient en ruine et qu'on a réparés, sont chargés d'armes et de combattants.

Le soleil (14) naissant répandait sur la face des eaux ses rayons brisés par les ondes. Le ciel était sans nuage, les vents en silence laissaient régner

---

(*a*) Decius Brutus.

(*b*) Les îles d'Hières.

(*c*) A Arles : cette flotte était composée de douze longs vaisseaux, qui en trente jours, à compter du moment où les bois furent coupés, avaient été faits et armés.

dans l'air le calme et la sérénité, et la mer semblait applanir ses flots pour offrir à la guerre un théâtre immobile. Alors chaque navire quitte sa place, et d'un mouvement égal s'avancent des deux côtés ceux de Marseille et ceux des Romains. D'abord la rame les ébranle, et bientôt, à coups redoublés, elle les soulève et les fait mouvoir.

La flotte des Romains était rangée en forme de croissant. Les vaisseaux les plus forts terminaient l'enceinte, les plus faibles occupaient le centre. Au milieu de la flotte et au-dessus d'elle, s'élevait comme une tour la poupe du vaisseau de Brutus. Six rangs de rameurs lui faisaient tracer un sillon vaste au sein de l'onde, et ses rames les plus élevées s'étendaient au loin sur la mer.

Dès que les flottes ne sont plus séparées que par l'espace qu'un vaisseau peut parcourir d'un seul coup d'aviron, mille voix remplissent les airs, et l'on n'entend plus, à travers ces clameurs, ni le bruit des rames, ni le son des trompettes. La mer tout-à-coup blanchit d'écume; on voit les rameurs balayer les flots, et, renversés sur les bancs, se frapper le sein du levier qu'ils ramènent. Les proues se heurtent à grand bruit, les vaisseaux se repoussent l'un l'autre, mille traits lancés se croisent dans l'air, bientôt la mer en est semée. Déja les deux flottes se déploient, et les vaisseaux divisés se donnent un champ libre pour le combat. Alors, comme (15) dans l'Océan, si le flux et le vent sont opposés, la mer avance et le flot recule ; de même les vaisseaux ennemis sillonnent l'onde en sens contraire ; la masse d'eau que l'un chasse est à l'instant repoussée par l'autre ; et balancée entre deux rames, elle y demeure comme en suspens. Mais les vaisseaux de Marseille étaient plus propres à l'attaque, plus légers à la fuite, plus faciles à ramener par de rapides évolutions, enfin plus dociles à la main du pilote. Ceux des Romains au contraire, par leur pesanteur et leur stabilité, avaient pour eux l'avantage d'un combat de pied ferme, et tel que sur la terre on eût pu le donner.

Brutus dit donc à son pilote : « Pourquoi laisser les deux flottes se disperser ainsi sur les eaux ? est-ce d'adresse que tu veux combattre ? Ramasse nos forces, et que nos vaisseaux présentent le flanc à la proue ennemie. » Le pilote obéit, et le combat change. Dès-lors chaque vaisseau qui de sa proue heurte le flanc des vaisseaux de Brutus, y reste attaché, vaincu par le choc, et retenu captif par le fer qu'il enfonce. D'autres sont arrêtés par des griffes d'airain, ou liés par de longues chaînes. Les rames se tiennent enlacées, et les deux flottes, couvrant la mer, forment un champ de bataille immobile. Ce n'est plus le javelot, ce n'est plus la flèche qu'on lance ; on se joint, on croise les armes, on combat l'épée à la main. Chacun, du haut de son bord, se penche au-devant du fer ennemi ; la plupart tombent sur le bord qu'ils défendent. Les eaux sont couvertes d'une écume de sang, la mer profonde en est rougie, et les cadavres suspendus entre les flancs des vaisseaux opposés, rendent impuissants les efforts que fait l'un des deux pour attirer l'autre. Parmi les combattants, les uns, qui respirent encore en tombant, boivent leur sang avec l'onde amère; d'autres, luttant contre une mort lente, sont tout-à-coup ensevelis avec leur vaisseau qui s'entr'ouvre et s'abyme. Les traits qui volent en vain ne tombent pas de même; et s'ils ont manqué leur première victime, il s'en trouve mille à frapper sur les eaux. L'une de nos galères, environnée de celles de Marseille, avait déployé ses forces sur ses deux bords, et les défendait en même temps avec une égale intrépidité. Ce fut là que le brave Tagus, combattant du haut de la poupe, et voulant enlever le pavillon de l'un des vaisseaux ennemis, reçut deux flèches opposées qui se croisèrent en lui perçant le cœur. D'abord son sang hésite, incertain par quelle plaie il va s'écouler; mais repoussant à-la-fois les deux flèches, il s'ouvre à grands flots l'un et l'autre passage, et semble, en divisant l'ame de ce guerrier, payer un double tribut à la mort.

Dans ce combat s'était engagé le malheureux Télon, celui des Phocéens qui maîtrisait le mieux un navire dans la tempête. Jamais pilote n'a mieux prévu les variations de l'air; toujours ses voiles étaient disposées pour le vent qui allait se lever.

Il avait brisé du fer de sa proue le flanc du

vaisseau qu'il attaquait. Mais un javelot lui perça le sein, et le dernier effort de sa main défaillante fut de détourner son vaisseau.

Giarée, qui voit tomber Télon, va pour le remplacer, et saute sur sa poupe. Le trait mortel le frappe au moment qu'il s'élance, l'attache et le tient suspendu au navire même qu'il allait quitter.

Il y avait parmi ceux de Marseille deux jumeaux (16), la gloire de leur mère. Les mêmes flancs les avaient conçus pour des destins bien différents. La cruelle mort distingua ces frères, que leurs parents confondaient tous les jours. Hélas! cette douce erreur est détruite : l'un d'eux a péri, et celui qui leur reste, éternel objet de leurs larmes, nourrit sans cesse leur douleur en leur offrant l'image de celui qui n'est plus. Ce malheureux jeune homme voyant les rames de son vaisseau entrelacées avec celles d'un vaisseau romain, osa porter la main sur le bord ennemi; un fer pesant et meurtrier tombe sur sa main et la coupe; mais sans lâcher prise, elle se roidit, attachée au bois qu'elle a saisi. Le malheur ne fit qu'irriter le courage de ce guerrier. De l'intrépide main qui lui reste, il veut reprendre celle qu'il a perdue; mais un nouveau coup lui détache le bras et la main dont il combattait. Alors, sans bouclier, sans armes, il ne va point se cacher au fond du vaisseau; mais de son corps exposé aux coups, il fait un rempart à son frère. Percé de flèches, il se tient debout; et après le coup qui suffit à sa mort, il en reçoit mille qui tous seraient mortels, et qu'il épargne à ses amis. Enfin, comme il sent que son ame va s'échapper par tant de plaies, il la ramasse et la retient dans ce corps faible et défaillant; il emploie tout le sang qui lui reste à tendre un moment les ressorts de ses membres; et consumant dans un dernier effort tout ce qu'il a de vie et de force, il se précipite sur le bord ennemi, pour nuire au moins par le poids de sa chûte.

Ce vaisseau, comblé de cadavres, regorgeant de sang, brisé par les coups redoublés des proues, s'entr'ouvre enfin de toutes parts. L'eau perce à travers ses courbes fracassées; et dès qu'il est plein jusqu'aux bords, il s'enfonce, et le tourbillon qui l'engloutit, enveloppe et dévore tout ce qui l'environne. L'onde recule, l'abyme s'ouvre, la mer retombe et le remplit.

Dans ce jour, le sort des combats parut vouloir faire éclater ses prodiges. Le fer recourbé que les Romains jetaient sur une galère ennemie, atteignit un guerrier nommé Licidias, et il l'entraînait dans les flots. Ses compagnons s'efforcent de le retenir; les jambes qu'ils saisissent, leur restent, le haut du corps en est détaché. Son sang ne s'écoule pas en faible ruisseau comme par une plaie, mais il jaillit à-la-fois par tous ses canaux, et le mouvement de l'ame, qui circule de veine en veine, est tout-à-coup interrompu. Jamais la source de la vie n'eut, pour s'épancher, une voie aussi vaste. La moitié du corps, qui n'avait que des membres épuisés de sang et d'esprits, fut à l'instant la proie de la mort; mais celle où le poumon respire, où le cœur fomente et répand la chaleur, lutta long-temps avant que de subir le sort de l'autre moitié de lui-même.

Tandis qu'une troupe obstinée à la défense de son vaisseau se presse en foule sur le bord qu'on attaque, et laisse vide de défenseurs le flanc qui n'a point d'ennemis, le navire, penché du côté qu'elle appesantit, se renverse, et couvre d'une voûte profonde et la mer et les combattants. Leurs bras ne peuvent se déployer, et ils périssent comme enfermés dans une étroite prison.

Cependant on ne voit par-tout que l'affreuse image d'une mort sanglante. Là, tandis qu'un jeune homme se sauve à la nage, deux vaisseaux qui vont se heurter, le percent du bec de leurs proues, et ses os, brisés par ce choc terrible, n'empêchent pas l'airain de retentir. De ses entrailles écrasées le sang jaillit au loin dans l'air; et lorsque les deux vaisseaux s'éloignent, son corps transpercé tombe au sein des eaux, et leur laisse un libre passage. Ici, comme dans un naufrage (17), une foule de malheureux prêts à périr, et se débattant contre la mort, tâchent d'aborder une de leurs galères; mais dès qu'ils veulent s'y attacher, comme elle chancelle et va s'abymer sous une charge trop pesante, leurs compagnons, du haut bord, leur coupent les bras sans pitié. Ces bras suppliants restent suspendus ; les corps mutilés s'en détachent et tombent au fond de l'abyme : car l'eau ne peut plus soutenir le poids de ces corps immobiles.

Déja les combattants ont épuisé leurs traits, mais leur fureur invente des armes. Les uns chargent l'ennemi à coups de rames, les autres saisissent les antennes et les lancent à force de bras. Les rameurs arrachent leurs bancs, et les font voler d'un bord à l'autre. On brise le vaisseau pour combattre. Ceux-ci, foulant aux pieds les morts, les dépouillent du fer dont ils étaient armés ; ceux-là, percés d'un trait mortel, le retirent de la plaie, et la ferment d'une main, pour que le sang retenu dans les veines donne à l'autre main plus de force : qu'il s'écoule après que le trait fatal est parti, c'est assez ; ils meurent contents, s'il les venge.

Mais rien ne fit dans ce combat de mer autant de ravage que le feu. La poix brûlante, la cire enflammée, répandent l'incendie avec elles. L'onde (18) ne peut vaincre la flamme ; et des vaisseaux brisés dans le combat, un feu dévorant poursuit et consume les débris épars sur les eaux. De mille genres de mort, le seul que l'on craigne est celui dont on se voit périr. Ainsi les uns, pour éteindre la flamme, font percer les eaux de toutes parts ; les autres, pour se sauver des eaux, s'attachent à des poutres brûlantes. Le naufrage même n'éteint pas la valeur. On voit ceux qui nagent encore ramasser les traits répandus sur la mer, et les fournir à leurs compagnons qui combattent sur les vaisseaux, ou, d'une main faible et mal assurée, s'efforcer de les lancer eux-mêmes sur l'ennemi qui nage autour d'eux. Si le fer manque, l'onde y supplée : l'ennemi s'attache à son ennemi, leurs bras et leurs mains s'entrelacent, et chacun d'eux s'enfonce avec joie pour submerger l'autre avec lui.

Il y avait dans ce combat, parmi les Phocéens, un homme exercé à retenir son haleine sous les eaux, soit qu'il fallût aller dégager l'ancre, ou chercher au fond de la mer ce que le sable avait dévoré. Dès que ce plongeur redoutable avait noyé son adversaire, il revenait sur l'eau triomphant. Mais à la fin, croyant remonter sans obstacles, sa tête rencontre le fond d'une galère, et du coup il reste englouti.

L'unique soin de ceux qui périssaient fut de rendre leur trépas utile. On en vit s'attacher aux rames d'un vaisseau ennemi, pour retarder sa fuite; on en vit même se suspendre, en mourant, à la poupe de leur navire, pour rompre le choc d'un navire opposé.

Un Phocéen, nommé Ligdamus, instruit dans l'art des Baléares, fait partir de sa fronde un plomb rapide. Tyrrhène, qui commandait du haut de sa poupe, en est atteint; le plomb mortel lui brise les tempes; et ses yeux, dont tous les liens sont rompus, tombent chassés par des flots de sang. Tyrrhène, immobile et dans l'étonnement de ne plus voir la lumière, prend ces ténèbres pour celles de la mort; mais bientôt se sentant plein de vie : « Compagnons (dit-il), employez-moi comme une machine à lancer les traits. Allons, Tyrrhène, abandonnons ce reste de vie aux fureurs de la guerre; et de mon cadavre plus qu'à demi-mort, tirons encore cet avantage, de l'exposer aux coups destinés aux vivants. » Il dit, et ses traits aveuglément lancés ne laissent pas de porter atteinte. Argus, jeune homme d'une naissance illustre, en est frappé au-dessus du flanc, et en tombant sur le fer, il l'enfonce.

Sur le même vaisseau (19) et à l'extrémité opposée était le malheureux père d'Argus, guerrier illustre dans sa jeunesse, et qui ne le cédait en valeur à aucun des Phocéens. Mais ici, courbé sous le poids des ans et tout consumé de vieillesse, c'était un exemple, et non pas un soldat.

Témoin de la mort de son fils, il se traîne à pas chancelants; et de chûte en chûte, le long du navire, il arrive jusqu'à la poupe, et il y trouve son fils expirant. On ne voit point ses larmes couler, ni ses mains frapper sa poitrine; mais, immobile et les bras tendus, tout son corps se roidit, ses yeux se couvrent d'épaisses ténèbres; il regarde son fils, et il ne le reconnaît plus. Celui-ci, dès qu'il aperçoit son père, soulève sa tête sur son cou languissant : il veut lui parler, la voix lui manque; seulement sa bouche muette demande à son père un dernier baiser, et invite sa main à lui fermer les yeux. Dès que le vieillard est revenu à lui-même, et que la douleur a repris ses forces cruelles : « Je ne perdrai point (dit-il) le moment que me laissent les dieux; je l'emploierai à percer ce cœur paternel. Pardonne, ô mon cher fils, pardonne à ton père de n'avoir pas reçu tes embrassements et les derniers soupirs de ta bouche. La chaleur de la vie ne t'a point quitté; tu respires, tu peux me survivre encore. » A ces mots, quoique son épée fût tout entière plongée dans son sein, il se hâte de se précipiter dans les flots, de peur que le fer ne fût trop lent à dégager son ame, impatiente de précéder celle de son fils chez les morts.

La victoire n'est plus douteuse : le sort des combats s'est déclaré. La plupart des vaisseaux de Marseille sont ensevelis sous les eaux; le reste ayant changé de pilotes, reçoit et porte les vainqueurs; un petit nombre gagnent la mer, et cherchent leur salut dans la fuite.

Quelle fut (20) au-dedans des murs la désolation des parents! De quels cris les mères éplorées firent retentir le rivage! On vit des femmes éperdues, qui, dans les cadavres flottants sur le bord, croyant reconnaître des traits souillés de sang, embrassaient le corps d'un ennemi qu'elles prenaient pour celui d'un époux. On vit de misérables pères se disputer un corps mutilé, que chacun d'eux croyait être son fils, pour lui rendre les honneurs suprêmes.

Cependant Brutus, triomphant sur les mers, s'applaudit d'avoir le premier joint à l'éclat des armes de César, l'honneur d'une victoire navale.

EXCERPTA

EX LIBRO TERTIO.

(1) Visa caput mœstum per hiantes Julia terras
Tollere, et accenso furialis stare sepulcro.
Sedibus Elysiis, campoque expulsa piorum,
Ad Stygias (inquit) tenebras, manesque nocentes,
Post bellum civile, trahor. Vidi ipsa tenentes
Eumenidas, quaterent quas vestris lampadas armis.
Præparat innumeras puppes Acherontis adusti
Portitor; in multas laxantur Tartara pœnas
Vix operi cunctæ, dextrâ properante, sorores
Sufficiunt : lassant rumpentes stamina Parcas.
Conjuge me lætos duxisti, Magne, triumphos;
Fortuna est mutata toris; semperque potentes
Detrahere in cladem fato damnata maritos,
Innupsit tepido pellex Cornelia busto.
Hæreat illa tuis per bella, per æquora signis;
Dùm, non securos, liceat mihi rumpere somnos,
Et nullum vestro vacuum sit tempus amori,
Sed teneat Cæsarque dies, et Julia noctes.
Me non Lethææ, conjux, oblivia ripæ
Immemorem fecêre tui; regesque silentûm
Permisêre sequi. Veniam, te bella gerente,
In medias acies. Numquam tibi, Magne, per umbras,
Perque meos manes generum non esse licebit.
Abscindis frustrà ferro tua pignora : bellum
Te faciet civile meum. Sic fata, refugit
Umbra per amplexus trepidi dilapsa mariti.

Ille, dei quamvis cladem manesque minentur,
Major in arma ruit, certa cum mente malorum.
Et, quid (ait) vani terremur imagine visûs?
Aut nihil est sensûs animis à morte relictum,
Aut mors ipsa nihil.

(2) Nescit plebs jejuna timere.

(3) Non illum lætis vadentem cœtibus urbes,
Sed tacitæ vidêre metu. Non constitit usquàm
Obvia turba duci. Gaudet tamen esse timori
Tàm magno populis; et se non mallet amari.

(4) Te ne, deûm sedes, non ullo Marte coacti
Deseruêre viri! pro quâ pugnabitur urbe?
Dii meliùs, quòd non Latias Eous in oras
Nunc furor incubuit, nec juncto Sarmata velox
Pannonio, Dacisque Getes admistus; habenti
Tàm pavidum tibi, Roma, ducem fortuna pepercit,
Quòd bellum civile fuit. Sic fatur et urbem
Attonitam terrore subit. Namque ignibus atris
Creditur, ut captæ, rapturus mœnia Romæ,
Sparsurusque deos. Fuit hæc mensura timoris :
Velle putant quodcumque potest. Non omina fausta,
Non fictas læto voces simulare tumultu;
Vix odisse vacat. Phæbea palatia complet
Turba patrum, nullo cogendi jure senatûs,
E latebris educta suis. Non consule sacræ
Fulserunt sedes: non proxima lege potestas
Prætor adest; vacuæque loco cessêre curules.
Omnia Cæsar erat. Privatæ curia vocis
Testis adest. Sedêre patres, censere parati,
Si regnum, si templa sibi, jugulumque senatûs,
Exiliumve petat. Meliùs, quòd plura jubere
Erubuit, quàm Roma pati.

(5) Usquè adeò solus ferrum, mortemque timere
Auri nescit amor! Pereunt discrimine nullo
Amissæ leges; sed pars vilissima rerum,
Certamen movistis, opes.

(6) Libertas (inquit) populi quem regna coercent
Libertate perit; cujus servaveris umbram,
Si quidquid jubeare, velis. Tot rebus iniquis
Paruimus victi! venia est hæc sola pudoris,
Degenerisque metûs, nil jàm potuisse negari.
Ocius avertant diri mala semina belli.
Damna movent populos, si quos sua jura tuentur;
Non sibi sed domino gravis est, quæ servit, egestas.

(7) Pauperiorque fuit tunc primùm Cæsare Roma.

(8) Phænices primi, famæ si creditur, ausi
Mansuram rudibus vocem signare figuris.
C'est de lui que nous vient cet art ingénieux,
De peindre la parole et de parler aux yeux,
Et par les traits divers des figures tracées,
Donner de la couleur et du corps aux pensées.
(Brébeuf.)

(9) .... Proh! quanta est gloria genti
Injecisse manum fatis, vitâque repletos,
Quod superest donasse deis!

(10) Semper in externis populo, communia vestro
Massiliam bellis testatur fata tulisse,
Comprensa est Latiis quæcumque annalibus ætas.
Et nunc, ignoto si quos petis orbe triumphos,
Accipe devotas externa in prœlia dextras.
At si funestas acies, si dira paratis
Prœlia discordes, lacrymas civilibus armis

Secretumque damus. Tractentur vulnera nullâ
Sacra manu. Si cœlicolis furor arma dedisset,
Aut si terrigenæ tentarent astra gigantes,
Non tamen auderet pietas humana, vel armis,
Vel votis, prodesse Jovi; sortisque deorum
Ignarum mortale genus, per fulmina tantùm
Sciret adhuc cœlo solum regnare tonantem.
Adde quod innumeræ concurrunt undique gentes,
Nec sic horret iners scelerum contagia mundus,
Ut gladiis egeant civilia bella coactis.
Sit mens ista quidem cunctis, ut vestra recusent
Fata nec hæc alius committat prœlia miles.
Cui non, conspecto languebit dextra, parente,
Telaque diversi prohibebunt spargere fratres?
Finis adest rerum, si non committitis illis
Arma, quibus fas est. Nobis hæc summa precandi.
Terribiles aquilas, infestaque signa relinquas
Urbe procul, nostrisque velis te credere muris,
Excludique sinas, admisso Cæsare, bellum.
Sit locus exceptus sceleri, Magnoque, tibique
Tutus, ut invictæ fatum si consulat urbi,
Fœdera si placeant, sit quò veniatis inermes.
Vel, cùm tanta vocent discrimina Martis Iberi,
Quid rapidum deflectis iter? Non pondera rerum,
Nec momenta sumus : numquam felicibus armis
Usa manus, patriæ primis à sedibus exul,
Et post translatas exustæ Phocidos arces,
Mœnibus exiguis alieno in littore tuti,
Illustrat quos sola fides. Si claudere muros
Obsidione paras, et vi perfringere portas;
Excepisse faces tectis et tela parati,
Undarum raptos aversis fontibus haustus
Quærere, et effossam sitientes lambere terram;
Et desit si larga Ceres, tunc horrida cerni
Fœdaque contingi maculato carpere morsu.

Nec pavet hic populus pro libertate subire,
Obsessum Pœno gessit quod Màrte Saguntum.
Pectoribus rapti matrum frustràque trahentes
Ubera sicca fame, medios mittentur in ignes;
Uxor et à caro poscet sibi fata marito;
Vulnera miscebunt fratres, bellumque coacti
Hoc potiùs civile gerent.

(11) .... Dabitis pœnas pro pace petitâ;
Et nihil esse meo discetis tutius ævo,
Quàm, duce me, bellum.

(12) Lucus erat longo nunquam violatus ab ævo,
Obscurum cingens connexis aëra ramis,
Et gelidas altè summotis solibus umbras.
Hunc non ruricolæ Panes, nemorumque potentes
Sylvani, nymphæque tenent; sed barbara ritu
Sacra deûm, structæ sacris feralibus aræ;
Omnis et humanis lustrata cruoribus arbos.
Si qua fidem meruit superos mirata vetustas,
Illis et volucres metuunt insistere ramis,
Et lustris recubare feræ : nec ventus in illas
Incubuit silvas, excussaque nubibus atris
Fulgura; non ullis frondem ferientibus auris,
Arboribus suus horror inest. Tùm plurima nigris
Fontibus unda cadit; simulacraque mœsta deorum
Arte carent, cæsisque extant informia truncis.
Ipse situs, putrique facit jàm robore pallor
Attonitos. Non vulgatis sacrata figuris
Numina sic metuunt : tantùm terroribus addit,
Quos timeant non nosse deos. Jàm fama ferebat
Sæpe cavas motu terræ mugire cavernas,
Et procumbentes iterùm consurgere taxos,
Et non ardentis fulgere incendia silvæ,
Roboraque amplexos circumfluxisse dracones

Non illum cultu populi propiore frequentant,
Sed cessere deis. Medio quùm Phœbus in axe est,
Aut cœlum nox atra tenet, pavet ipse sacerdos
Accessus, dominumque timet deprendere luci.
Hanc jubet immerso silvam procumbere ferro :
Nam vicina operi, belloque intacta priori,
Inter nudatos stabat densissima montes.
Sed fortes tremuêre manus, motique verendâ
Majestate loci, si robora sacra ferirent,
In sua credebant redituras membra secures.
Implicitas magno Cæsar terrore cohortes
Ut vidit, primus raptam librare bipennem
Ausus et aëriam ferro proscindere quercum,
Effatur, merso violata in robora ferro :
Jàm ne quis vestrûm dubitet subvertere silvam,
Credite me fecisse nefas. Tunc paruit omnis
Imperiis, non sublato secura pavore
Turba, sed expensâ superorum et Cæsaris irâ.

(13) .... Propulsaque robore denso,
Sustinuit se silva cadens. Gemuêre videntes
Gallorum populi : muris sed clausâ juventus
Exultat. Quis enim læsos impunè putaret
Esse deos? Servat multos fortuna nocentes;
Et tantùm miseris irasci numina possunt.

(14) Ut matutinos spargens super æquora Phœbus
Fregit aquis radios, et liber nubibus æther,
Et posito Boreâ, pacemque tenentibus Austris,
Servatum bello jacuit mare; movit ab omni
Quisque suam statione ratem, paribusque lacertis
Cæsaris hinc pubes, hinc Graio remige classis
Tollitur : impulsæ tonsis tremuêre carinæ,
Crebraque sublimes convellunt verbera puppes.

(15) Ut quotiès æstus Zephiris Eurisque repugnat,

Huc abeunt fluctus, illuc mare ; sic ubi puppes
Sulcato varios duxerunt gurgite tractus,
Quod tulit illa ratis remis, hæc repulit æquor.

(16) Stant gemini fratres, fecundæ gloria matris,
Quos eadem variis genuerunt viscera fatis :
Discrevit mors sæva viros : unumque relictum
Agnorunt miseri, sublato errore, parentes,
Æternis causam lacrymis : tenet ille dolorem
Semper, et amissum fratrem lugentibus offert.

(17) . . . . Pars maxima turbæ
Naufraga, jactatis morti oblucta lacertis,
Puppis ad auxilium sociæ concurrit ; at illi
Robora quùm vetitis prensarent actiùs ulnis,
Nutaretque ratis populo peritura recepto,
Impia turba super medios ferit ense lacertos.
Brachia linquentes Graiâ pendentia puppe,
A manibus cecidêre suis. Nonампliùs undæ
Sustinuêre graves in summo gurgite truncos.
Jàmque omni fusis nudato milite telis,
Invenit arma furor : remum contorsit in hostem
Alter ; at hic tortum validis aplustre lacertis ;
Avulsasque rotant excusso remige sedes ;
In pugnam fregêre rates.

(18) Nec flammas superant undæ ; sparsisque per æquor
Jàm ratibus, fragmenta ferus sibi vendicat ignis.
Hic recipit fluctus, extinguat ut æquore flammas ;
Hi, ne mergantur, tabulis ardentibus hærent.
Mille modos inter lethi ; mors una timori est,
Quà cœpêre mori. Nec cessat naufraga virtus :
Tela legunt dejecta mari, ratibusque ministrant ;
Incertasque manus, ictu languente, per undas
Exercent. Nunc rara datur si copia ferri,
Utuntur pelago : sævus complectitur hostem

Hostis, et implicitis gaudent subsidere membris,
Mergentesque mori.

(19) Stabat diversâ victæ jàm parte carinæ
Infelix Argi genitor. (Non ille juventæ
Tempore Phocaïcis ulli cessurus in armis :
Victum ævo robur cecidit; fessusque senectâ,
Exemplum, non miles erat.) Qui, funere viso,
Sæpè cadens longæ, senior, per transtra carinæ,
Pervenit ad puppim, spirantesque invenit artus.
Non lacrymæ cecidêre genis, non pectora tundit;
Distentis toto riguit sed corpore palmis.
Nox subit atque oculos vastæ obduxere tenebræ,
Et miserum cernens agnoscere desinit Argum.
Ille caput labens et jàm languentia colla,
Viso patre, levat; vox fauces nulla solutas
Prosequitur; tacito tantùm petit oscula vultu,
Invitatque patris claudenda ad lumina dextram.
Ut torpore senex caruit, viresque cruentus
Cœpit habere dolor : Non perdam tempora (dixit)
A sævis permissa deis, jugulumque senilem
Confodiam. Veniam misero concede parenti,
Arge, quod amplexus, extrema quod oscula fugi.
Nondùm destituit calidus tua vulnera sanguis,
Semianimisque jaces, et adhuc potes esse superstes.
Sic fatus, quamvis capulum per viscera missi
Polluerat gladii, tamen alta sub æquora tendit
Præcipiti saltu. Lethum præcedere nati
Festinantem animam morti non credidit uni.

(20) .... Quis in urbe parentum
Fletus erat! quantus matrum per littora planctus!
Conjux sæpè sui, confusis vultibus undâ,
Credidit ora viri, Romanum amplexa cadaver;
Accensisque rogis miseri de corpore trunco
Certavêre patres. At Brutus in æquore victor,
Primus Cæsareis pelagi decus addidit armis.

LA PHARSALE

DE LUCAIN.

LIVRE QUATRIÈME.

ARGUMENT.

Événements de la guerre d'Espagne entre César et les lieutenants de Pompée, Afranius et Pétréius. Les deux armées campent près d'Ilerda, sur le bord du Sicoris. Le camp de César est inondé. L'armée de Pompée quitte le sien pour passer dans la Celtibérie : celle de César la poursuit et l'atteint. Les deux camps, séparés seulement par un étroit vallon, se mêlent et se réconcilient ; mais Pétréius rompt la paix. L'armée de Pompée retourne sur ses pas. César l'oblige à gagner des hauteurs où elle manque d'eau : elle demande à poser les armes, et César se laisse fléchir.

Au bord de l'Illyrie, C. Antoine, lieutenant de César, enfermé dans l'île de Corcyre et pressé par la faim, tente de s'échapper. Un de ses navires est arrêté par des chaînes qu'on a tendues sous les eaux. Sur ce navire une seule cohorte, dont Vultéius est le chef, se défend avec le courage du désespoir. Enfin, plutôt que de se rendre, Vultéius, haranguant les siens, les détermine à se tuer entre eux.

Curion passe dans la Libye, et va s'établir sur les montagnes où Scipion avait campé, et qui furent (dit-on) le royaume d'Antée. Fable de ce géant étouffé par Hercule. Premiers avantages de Curion contre Varus : sa défaite par les Numides.

Il rompt lui même à coups d'épée les nœuds de leurs embrassemens.

La Pharsale liv. 4.

C. Perrin del.   L. M. Halbou sculp.

LA PHARSALE
DE LUCAIN.

LIVRE QUATRIÈME.

César, au-delà des Pyrénées, et vers les bornes de l'occident, commençait une guerre qui coûta peu de sang, mais qui fut d'un grand poids dans la fortune des deux partis. A la tête des troupes de Pompée, en Espagne, marchaient Afranius et Pétréius, ses lieutenants. Rivaux et compagnons de gloire, ils partageaient d'intelligence le commandement de l'armée, et ils l'exerçaient tour-à-tour (*a*). Aux légions romaines qu'ils commandaient s'étaient joints l'Astur, le Vecton, et ceux des Celtes qui de la Gaule avaient passé dans l'Ibérie.

Sur une colline fertile et d'une pente facile et

(*a*) Ils avaient cinq légions, quatre-vingts cohortes tirées des deux Espagnes, et cinq mille hommes de cavalerie espagnole.

douce, est située l'antique Ilerda (*a*). Au pied de ses murs, le Sicoris (*b*), l'un des plus beaux fleuves de ces contrées, promène ses tranquilles eaux. Un pont de pierre embrasse le fleuve de son arc immense, et résiste aux torrents de l'hiver. Près de la ville et sur une hauteur est situé le camp de Pompée; celui de César occupe une éminence égale; le fleuve borde les deux camps.

Du côté de la ville s'étend une vaste plaine, où l'œil s'égare dans le lointain, et que termine la rapide Cinga. Cette rivière n'a pas la gloire de garder son nom jusqu'à la mer, et d'y porter elle-même le tribut de son onde : l'Ibère, qui préside à ces campagnes, la reçoit et la mêle à ses flots.

Le premier jour se passa sans combattre : on l'employa des deux côtés à étaler ses forces aux yeux de l'ennemi. Les deux partis, à l'aspect l'un de l'autre, frémirent du crime qu'ils allaient commettre. La honte suspendit les armes dans leurs mains; ils donnèrent un jour au respect des lois et à l'amour de la patrie.

Mais sur le déclin de ce jour paisible, César, pour tromper l'ennemi et lui dérober ses travaux, range en avant ses deux premières lignes, et emploie l'autre à creuser à la hâte un fossé autour de son camp.

(*a*) Lérida.

(*b*) La Sègre.

Aux premiers rayons du soleil naissant, il commande que l'on se porte sur une hauteur (*a*) qui sépare la ville du camp de Pompée. Au même instant l'ennemi s'en empare et s'y établit avant lui. Ce poste est disputé le fer à la main. La valeur le promet aux uns, l'avantage du lieu l'assure aux autres. On voit les soldats de César, chargés de leurs armes, gravir sur les rochers; on les voit prêts à tomber en arrière, se soutenir et se pousser l'un l'autre à l'aide de leurs boucliers. Loin de pouvoir lancer le javelot, chacun d'eux s'en fait un appui pour affermir ses pas chancelants; ils saisissent de l'autre main les pointes du roc, les racines des arbres, et ne se servent de leur épée que pour se frayer un chemin. César, qui les voit sur le point d'être précipités, fait avancer sa cavalerie pour favoriser leur retour. Ils se retirent ainsi protégés, sans que l'on ose les poursuivre. Ceux de Pompée, du haut des rochers où ils les attendent, lèvent en vain le bras pour les frapper : et l'ennemi et la victoire leur échappent en même temps.

Jusques-là on n'avait eu à courir que le danger des armes; mais dès-lors ce fut la guerre des éléments qu'on eut à soutenir.

(*a*) *Erat inter oppidum Ilerdam et proximum collem ubi castra Petreius atque Afranius habebant, planities circiter trecenta passuum, atque in hoc ferè medio spatio tumulus erat paulò editior.* (Cæs. de Bell. civ. lib. 1.)

L'aride souffle des aquilons tenait suspendues dans l'air condensé les froides vapeurs de la terre. Les montagnes étaient chargées de neiges, les plaines brûlées par les frimas; et dans toutes les régions du couchant, l'on voyait la terre endurcie par la sécheresse d'un long hiver.

Mais lorsque le soleil, de retour dans le bélier, eut égalé le jour et la nuit, et que le jour eut repris l'avantage; à peine Diane traçait dans le ciel le premier trait de son croissant, qu'elle imposa silence à Borée; et le vent de l'aurore échauffa les airs. Ce vent chasse vers l'occident tous les nuages de ces climats : et les vapeurs que l'Arabie exhale, et celles qui s'élèvent du Gange, et celles qu'attire le soleil naissant, et qui défendent l'Indien des traits brûlants de sa lumière, enfin tout ce que les vents en ont amassé sur les bords où le jour se lève, se précipite et s'accumule vers les régions du couchant (*a*). Là, comme le ciel se joint à l'Océan, les nuages arrêtés par les bornes du monde, se roulent sur eux-mêmes en épais tourbillons; l'étroit espace qui sépare le ciel de la terre, et qu'occupe un air ténébreux, contient à peine ce monceau de nues. Affaissées par le poids du ciel, elles s'épaississent en pluie, et se répandent à longs flots. Les foudres qu'elles lancent à coups redoublés,

---

(*a*) *Tanta tempestas cooritur, ut nunquàm illis locis majores aquas fuisse constaret.* (Cæs. de Bell. civ. lib. 1.)

sont éteintes aussitôt qu'allumées : l'arc coloré qui embrasse les airs, et dont une pâle clarté distingue à peine les faibles nuances, boit l'Océan, grossit les nuages des flots qu'il pompe et qu'il élève, et rend au ciel cette mer flottante, qui s'en épanche incessamment. Des neiges que n'avait jamais pu fondre le soleil, coulent du haut des Pyrénées; les rochers de glace sont amollis; et alors les sources des fleuves n'ont plus où s'épancher, tant leur lit se trouve rempli des eaux qui tombent des deux rives. Le camp de César est inondé; le flot bat et soulève les tentes. La plaine est changée en un lac; on ne sait plus où mener paître les troupeaux : les sillons noyés ne produisent aucun herbage. Le laboureur, répandu dans les campagnes désolées, s'égare et ne reconnaît plus les chemins cachés sous les eaux.

La compagne inséparable des grandes calamités, l'horrible et cruelle famine approche; le soldat, sans être assiégé, manque de tout : heureux de pouvoir acheter un peu de pain au prix de tout ce qu'il possède. O rage insatiable du gain! A prix d'argent, l'on trouvait encore des malheureux qui, affamés eux-mêmes, vendaient leur dernier aliment.

Déja les collines se cachent sous les eaux, déja les fleuves confondus ne forment plus qu'un immense abyme. Les rochers y sont engloutis; les bêtes féroces, chassées de leur antre, nagent en vain; elles sont submergées avec les cavernes qui leur servaient d'asyle. Les torrents enlèvent et roulent avec eux les chevaux encore frémissants. Enfin l'impétuosité des eaux de la terre dompte et repousse celles de l'Océan. La nuit qui couvre ces contrées, ne permet pas aux rayons du soleil de percer l'épais tissu de ces voiles sombres, et les ténèbres dont le ciel est couvert, font un chaos de la nature entière.

Dieu de l'Olympe, et toi, dieu des flots, achevez : que les nuages du ciel et les vagues de l'Océan s'unissent; que ces torrents, au lieu de s'écouler, soient refoulés par les mers; que la terre ébranlée ouvre aux fleuves lointains une route nouvelle; qu'ils viennent inonder les plaines de l'Ibère, noyer, engloutir les deux camps, et la guerre civile avec eux.

Mais ce fut assez pour la fortune d'avoir causé à César quelques moments d'effroi : elle revint complaisante et soumise; et les dieux, comme pour s'excuser, redoublèrent pour lui de faveur.

Le ciel s'épure et s'éclaircit; le soleil, vainqueur des nuages, les dissipe dans l'air en légères toisons; les éléments ont repris leur place, et les eaux long-temps suspendues sont retombées dans leur lit. Les forêts relèvent leur cime touffue; le sommet des collines perce au-dessus des eaux; et le soleil rendu à la terre en sèche et durcit la surface.

Dès que le Sicoris a retiré ses ondes, et qu'il

a reconnu ses bords, des barques tissues de rameaux flexibles et revêtues de la dépouille des taureaux, traversent le fleuve, tout enflé qu'il est. Ainsi, lorsque le Nil couvre les plaines de l'Égypte, un léger tissu de papyre (*a*) porte sur les eaux l'habitant de Memphis. Les soldats de César vont au-delà du fleuve abattre des forêts pour élever un pont. Mais dans la crainte d'un nouveau débordement, César ne veut pas que le pont se termine aux deux rives. Il le prolonge au loin dans la campagne, et ouvrant au fleuve divers canaux, il l'affaiblit en le divisant, comme s'il voulait le punir d'avoir osé surmonter ses rivages.

Pétréius, qui voit que tout réussit au gré de l'ennemi, et que lui-même il n'a rien à attendre des habitants de ces contrées, abandonne les murs d'Ilerda, et va chercher au fond de l'occident des nations féroces qui ne respirent que la guerre (*b*).

Dès que César s'est aperçu que le camp de Pompée est abandonné, et la hauteur qu'il occupait déserte, il fait courir aux armes, et sans aller chercher ni le pont, ni un gué plus facile, il commande qu'on passe à la nage; et cette route que le soldat n'eût osé prendre dans sa fuite, il la

---

(*a*) Espèce de roseau.

(*b*) *Constituunt* (*Afranius et Petreius*) *ipsis locis excedere et in Celtiberiam bellum transferre.* (Cæs. de Bell. civ. lib. 1.)

saisit pour voler aux combats. Arrivé au-delà du fleuve, il se ressuie et se délasse jusques vers le milieu du jour. Ce fut au bas d'un amphithéâtre de montagnes entrecoupées de vallons étroits et profonds, que la colonne de César atteignit celle de Pompée. Celle-ci s'emparait des défilés, et César voyait le moment que la guerre allait s'engager dans un pays impraticable (*a*). « Courez sans ordre (dit-il aux siens); arrêtez la victoire qui nous échappe; précédez l'ennemi dans sa fuite, présentez-lui un front menaçant; qu'il soit forcé de voir la mort en face, et de périr par d'honorables coups. » Il dit et gagne les hauteurs qui dominaient sur l'ennemi.

Les deux armées campent en présence (*b*), seulement séparées par un étroit vallon. Dès qu'elles se virent de près (1), et que de l'un à l'autre camp le frère reconnut son frère, le fils son père, le père ses enfants, la fureur des partis fut étouffée dans leurs ames. D'abord la crainte leur im-

---

(*a*) *Erat in celeritate omne positum certamen, uti priùs angustias montesque occuparent.... confecit iter prior Cæsar.* (Cæs. de Bell. civ. lib. 1.) Il avait laissé sa cavalerie derrière l'ennemi. Il faut (disait-il), pour me devancer, qu'ils abandonnent leur bagage et leurs vivres. S'ils veulent les garder, je les devancerai.

(*b*) *Cæsar, præsidiis montibus dispositis, omni ad Iberum intercluso itinere, quàm proximè potest hostium castris castra communit.* (Cæs. de Bell. civ. lib. 1.)

posa silence, et chacun d'eux ne salua les siens que d'un signe de tête, ou d'un mouvement de l'épée. Mais bientôt leur amour mutuel, devenu plus pressant, leur fait oublier la discipline austère; ils osent (*a*) franchir le vallon et courir s'embrasser l'un l'autre. L'ennemi s'entend nommer par l'ennemi, le parent répond au parent qui l'appelle, tout ce qu'il y a de Romains dans les deux camps se reconnaissent. Ils se rappellent leur enfance, leurs liaisons, leur ancienne amitié; leurs armes sont baignées de pleurs; des sanglots entrecoupés se mêlent à leurs embrassements; et, quoique leurs mains n'aient point encore trempé dans le sang, ils se reprochent avec effroi tout celui qu'ils allaient répandre.

Insensés! pourquoi ces remords, ces gémissements, et ces larmes? pourquoi jurer qu'on vous fait violence, et que vous ne servez le crime qu'à regret? Est-ce à vous de craindre celui que vous seuls rendez redoutable? Que ses trompettes donnent le signal; fermez l'oreille à ces sons fu-

---

(*a*) *Liberam nacti milites colloquiorum facultatem, vulgò procedunt; et quem quisque in castris notum aut municipem habebat, conquirit atque vocat... fidem ab imperatore de Petreii et Afranii vitâ petunt.... Legatosque de pace primorum ordinum centuriones ad Cæsarem mittunt. Interim alii suos in castra invitandi causâ adducunt; alii ab suis abducuntur; adeò ut una castra jam facta ex binis viderentur.* (Cæs. de Bell. civ. lib. 1.)

nestes. Qu'il arbore ses étendards; restez tranquilles : vous allez voir la guerre civile tomber d'elle-même, et César, simple citoyen, redevenir l'ami de Pompée. O toi, qui embrasses l'univers et qui l'enchaînes de tes doux liens; toi, le salut et l'amour du monde, qui rentrerait sans toi dans le cahos, viens à nous, concorde éternelle : voici le moment qui décide du sort des siècles à venir; les crimes que nous allons commettre n'ont plus ni voiles, ni ténèbres : si ce peuple se rend coupable, il n'a plus d'excuse; chacun a reconnu son sang. Vœux impuissants! destins inexorables! le ciel ne nous accorde un moment de relâche, que pour nous rendre plus sensibles aux maux qui nous sont réservés.

La paix régnait dans les deux camps, ils étaient confondus ensemble; les soldats se livrant à la joie, avaient élevé des tables sur des appuis de gazon, et faisaient des libations de vin à la patrie et à l'amitié. Assis autour des mêmes foyers, ou couchés sous les mêmes tentes, ils dérobaient cette nuit au sommeil, et la passaient à se raconter leurs marches, leurs travaux, leurs premières armes. C'est au milieu de ces récits, dans l'instant même que ces malheureux se donnent une foi mutuelle, et se jurent une amitié qui va rendre leurs crimes désormais plus horribles, c'est là que le sort les attend. Pétréius, instruit que la paix est jurée, qu'il est trahi et livré à César, assemble ceux qui lui sont dévoués;

et suivi de cette odieuse escorte, il accourt (*a*) et chasse de son camp les soldats de César qu'il trouve désarmés. Il rompt lui-même à coups d'épée les nœuds de leurs embrassements; et la fureur (2) dont il est animé, lui fait tenir aux siens ce langage.

« Peuple infidèle à la patrie, et déserteur de ses drapeaux, si le sénat ne peut obtenir de vous d'attendre que César soit vaincu, attendez du moins qu'il soit vainqueur. Il vous reste une épée et du sang dans les veines, le sort de la guerre est encore incertain; et vous irez tomber aux pieds d'un maître! et vous irez porter ses étendards! Il faudra supplier César de daigner, sans péril, accepter des esclaves! Ne lui demanderez-vous pas aussi la grâce de vos chefs? Non, perfides, jamais notre vie ne sera le prix d'une lâcheté. Ce n'est pas de nos jours qu'il s'agit, et que doit décider la guerre civile. Votre paix infâme n'est qu'une trahison. Ce ne serait pas la peine d'arracher le fer des entrailles de la terre, d'élever des remparts, d'aguerrir des coursiers, d'armer et de lancer des flottes, si l'on pouvait sans honte acheter la paix au prix de l'honneur

---

(*a*) *Improviso ad vallum advolat; colloquia militum interrumpit; nostros repellit ab castris; quos deprehendit, interficit.... flens manipulos circuit, militesque appellat :* Neu se, neu Pompeium absentem imperatorem suum adversariis ad supplicium tradant, *obsecrat.* (Cæs. de Bell. civ. lib. 1.)

et de la liberté. Un coupable serment suffit pour attacher vos ennemis au parti du crime; et vous, parce que votre cause est juste, la foi qui vous lie est plus vile à vos yeux! ils sont fidèles, et vous êtes parjures! Mais, direz-vous, on nous permet d'espérer notre pardon. O ruine entière de la pudeur! ô Pompée! dans ce moment même, hélas! ignorant ton malheur, tu lèves des armées par toute la terre, tu fais avancer des extrémités du monde les rois ligués pour ta défense, et l'on traite ici de ta grâce! et peut-être César la promet!» Ces mots ébranlent tous les esprits, et l'ardeur des forfaits se ranime (*a*). Ainsi quand les bêtes féroces, dans la prison qui les enferme, oubliant les forêts, semblent s'être adoucies; qu'elles ont dépouillé leur orgueil menaçant, et appris à souffrir l'empire de l'homme; si par hasard un peu de sang touche à leurs lèvres embrasées, leur rage se réveille, leur gosier s'enfle, altéré du sang dont le goût vient d'exciter la soif; elles brûlent de s'en assouvir; et leur cruauté s'abstient à peine de dévorer leur maître pâlissant. Tout ce qu'une rencontre subite, ménagée par la haine des dieux, eût pu produire de plus atroce dans l'aveugle fureur d'un combat de nuit, fut commis en pleine

---

(*a*) *Edicunt, penes quem quisque sit miles Cæsaris, ut producantur; productos palàm in prætorio interficiunt. Sed plerosque ii quos receperant, celant, noctuque per vallum emittunt.* (Cæs. de Bell. civ. lib. 1.)

lumière, et au mépris des droits les plus saints. Autour de ces tables et sur ces mêmes lits où les soldats s'embrassaient, ils s'égorgent. Ils gémissent de tirer l'épée; mais si-tôt que cette arme ennemie de toute justice est dans leur main, tout ce qu'ils frappent leur est odieux; et si leur courage chancelle, ils l'affermissent en redoublant leurs coups. Le camp est rempli de tumulte et d'horreur, les crimes l'inondent en foule; on tranche la tête à ses plus proches, et de peur que le parricide ne reste enseveli, on en fait trophée aux yeux des chefs; on s'applaudit de se montrer coupable. Pour toi, César, quoique indigné du carnage qu'on faisait des tiens, tu respectas les dieux et la nature (a), et ta clémence fit alors pour ta gloire plus que n'ont fait tes triomphes de Marseille, de Pharsale, et d'Égypte: ce fut à ce titre, et par l'impiété sacrilége de tes ennemis, que ta cause devint la plus juste.

Les lieutenants de Pompée, n'osant présenter au combat des cohortes souillées d'un crime que les furies devaient poursuivre, prennent le parti de la fuite et regagnent les hauteurs d'Ilerda. La cavalerie de César, qui les environne, leur interdit la plaine, et les oblige de se retirer sur l'aride sommet des collines. Là, comme il sait

---

(a) *Cæsar, qui milites adversariorum per tempus colloquii venerant, summâ diligentiâ conquiri et remitti jubet.* (Cæs. de Bell. civ. lib. 1.)

qu'elles vont manquer d'eau, il entoure leur camp d'un fossé profond, dont il défend le bord escarpé, sans leur permettre de s'étendre jusqu'au fleuve, ni d'embrasser dans leur enceinte aucune des sources d'alentour.

Aux approches de la mort qui les menace, leur crainte se change en fureur. D'abord ils tuent les chevaux, secours inutile dans un camp assiégé; ils renoncent même à la fuite; et n'ayant plus l'espoir de s'échapper, ils courent se jeter eux-mêmes sur le fer de l'ennemi. Dès que César les voit se dévouer à un trépas inévitable : « Soldats (dit-il aux siens), retenez vos traits; détournez vos lances, évitez de verser du sang. Celui qui défie la mort, ne la reçoit guère sans la donner. Voilà une jeunesse désespérée, à qui la lumière est odieuse, et qui, prodigue de sa vie, ne veut périr qu'à nos dépens. Elle ne sentira pas ses blessures; elle va se précipiter sur la pointe de vos glaives, et mourir contente, si elle meurt baignée dans votre sang mêlé avec le sien. Attendez que sa fureur s'appaise, que son impétuosité se ralentisse, et qu'elle ait perdu l'envie de mourir (*a*). » Ce fut ainsi que César laissa ses

---

(*a*) *Tenere uterque propositum videbatur; Cæsar ut, nisi coactus, prœlium non committeret; ille (Afranius) ut opera Cæsaris impediret. Producitur tamen res; aciesque ad solis occasum continetur. Indè utrique in castra discedunt.* (Cæs. de Bell. civ. lib. I.)

ennemis s'épuiser en menaces, et leur refusa le combat jusqu'au moment où le flambeau du jour céda le ciel aux astres de la nuit.

Les assiégés n'ayant plus le moyen de recevoir, ni de donner la mort, leur première ardeur tombe peu-à-peu, et leurs esprits se refroidissent.

Tel un combattant percé du coup mortel, n'en est que plus impétueux, dans le moment que la blessure est vive et la douleur aiguë, et que le sang qui bouillonne encore, donne à ses nerfs plus de ressort; mais si son ennemi, après l'avoir frappé, se met en défense et suspend ses coups, il le voit bientôt qui chancelle; un froid mortel se répand dans ses veines, la force diminue, la langueur lui succède, et sa colère et son courage s'épuisent avec son sang.

Déja l'eau manquait dans le camp de Pompée. Le fer des armes fut employé à déchirer le sein de la terre, dans l'espérance d'y trouver quelque source. On creusa un puits, dont la profondeur s'étendait du haut de la colline au niveau de la plaine. Le pâle scrutateur des mines d'Assyrie ne pénètre pas si avant, ni si loin de la clarté des cieux. Cependant on n'entendit point le bruit des fleuves souterrains; on ne vit point de sources jaillir des couches de ponce qu'on avait percées, ni les pleurs de la terre distiller des bords de l'abyme, ni des filets d'eau circuler à travers les lits de gravier. On retire enfin de ces caves profondes une jeunesse couverte de sueur, qui vient de s'épuiser en vain à briser des rochers que les métaux durcissent. La pénible recherche des eaux leur a rendu plus intolérable l'aridité de l'air qu'on leur fait respirer. Ils n'osent pas même employer le secours des aliments (3) à réparer leurs forces défaillantes. Pour ne pas irriter leur soif, ils se privent de nourriture : pour eux, la faim est un soulagement. S'ils aperçoivent quelque humidité sur la terre, ils en arrachent les gazons, et des deux mains ils les pressent sur leurs lèvres desséchées. S'ils trouvent une eau croupissante et couverte d'un noir limon, toute l'armée s'y précipite et se dispute ce breuvage impur. Pour adoucir les tourments de sa mort, le soldat expirant boit des eaux dont il n'eût pas voulu pour prolonger sa vie. Ils s'attachent à la mamelle des animaux qui broutent l'herbe; et au défaut de lait, ils en tirent du sang. Ils pilent les plantes et les feuilles des arbres; et pressant la moëlle des bois encore verts, ils en expriment le suc de la sève. Heureuses les armées qu'on a vues quelquefois mourir éparses dans les campagnes, pour avoir bu des eaux qu'un ennemi barbare empoisonnait en s'éloignant! O César, tu peux sans mystère mêler aux fleuves d'alentour tout ce qu'il y a de plus infect dans la nature, les plantes même les plus venimeuses que l'on recueille sur le Dicté; cette malheureuse jeunesse, sûre d'en mourir, va s'en abreuver. Une flamme intestine dévore leurs entrailles; leur langue aride et raboteuse se durcit dans leur bouche embrasée ; leurs veines sont presque taries; leur poumon, qu'aucune liqueur n'arrose, laisse à peine un étroit passage au flux et au reflux de l'air; leur haleine brûlante déchire leur palais que la sécheresse a fendu; leur bouche haletante dans l'ardeur de la soif, aspire avidement les vapeurs de la nuit. Ils se rappellent ces pluies abondantes dont ils ont vu naguère la campagne inondée ; et leurs yeux, sans cesse attachés aux arides nuages qui flottent dans les airs, implorent en vain la rosée. Ce qui redouble leur supplice, c'est de se voir, non sous le ciel brûlant et au milieu des sables de l'Afrique, mais entre l'impétueux Ibère et le tranquille Sicoris ; de voir couler ces fleuves sous leurs yeux, et de périr de soif à leur vue.

Les chefs (4) de cette armée expirante cèdent enfin à la nécessité: Afranius, détestant la guerre, se résout à demander la paix. Il s'avance lui-même en suppliant, traînant après lui dans le camp de César ses cohortes faibles et mourantes. Il paraît devant le vainqueur, mais avec une majesté que le malheur n'a point abattue. Son maintien se ressent de sa première fortune, et de l'état où il est réduit. On reconnaît en lui un vaincu, mais un chef, et il demande grâce à César avec un visage intrépide.

« Si le sort (dit-il) m'eût fait succomber sous un ennemi sans vertu, ma mort eût prévenu ma honte, et cette main m'eût délivré de toi. Nous venons, César, te demander la vie, parce que nous te croyons digne de nous l'accorder. Ce n'est ni l'esprit de faction, ni la haine qui nous a mis les armes à la main. La guerre civile nous a trouvés servants sous Pompée, et à la tête de ses légions; nous lui sommes restés fidèles et attachés tant que nous l'avons pu. C'en est fait: nous ne retardons plus tes destins, nous t'abandonnons les bords du couchant, nous te laissons le chemin de l'orient libre, nous te délivrons du danger d'avoir derrière toi tout l'univers armé. Cette guerre ne t'a pas coûté beaucoup de sang ni de fatigues. Pardonne à tes ennemis ta victoire; c'est le seul crime dont ils aient à rougir. Suppose ces légions détruites et couchées sur la poussière. Il ne serait pas digne de toi d'associer nos armes avec les tiennes, et de partager ton triomphe avec de malheureux captifs. Nous avons rempli nos destins; pour toute grâce, n'oblige pas les vaincus à vaincre avec toi. »

Il dit: César, qui l'écoutait avec un visage serein, fut généreux et facile à fléchir. Il fit grâce à ses ennemis, et les dispensa de la guerre (*a*). Dès que la paix est acceptée, les soldats accourent aux fleuves, ils se couchent en foule sur le

---

(*a*) *Res huc deducitur, ut ii qui habeant domicilium aut possessiones in Hispaniâ, statim; reliqui ad Varum flumen dimittantur.... Cæsar, ex eo tempore, dum ad flumen Varum veniatur, se frumentum daturum, pollicetur. Addit etiam*

rivage, et troublent eux-mêmes ces eaux dont ils peuvent enfin s'abreuver à loisir. Il en est qui s'étouffent par trop d'avidité, sans pouvoir éteindre la soif qui les dévore. La liqueur qui doit l'appaiser, l'irrite. Mais le plus grand nombre, rappelé à la vie, reprend ses forces et sa vigueur.

O prodigalité du luxe (5)! ô faste insensé de l'opulence! désir ambitieux des mets exquis et rares! vaine gloire des somptueux festins! venez apprendre avec quoi l'homme soutient et prolonge sa vie, et à quoi la nature a réduit ses besoins. Pour ranimer ces malheureux, il n'a pas fallu d'un vin recueilli sous un consul antique et versé dans des coupes d'or. Ils ont puisé la vie au sein d'une onde pure. Hélas! telle est la condition de tous les peuples qui font la guerre; un fleuve et des moissons, c'est assez pour eux.

Dès ce moment, le soldat pose les armes et les abandonne au vainqueur. Il est sans crainte dès qu'il est sans défense. Exempt de crime, et libre de soins, il va se répandre dans les villes d'où la guerre l'avait tiré. Oh! qu'en jouissant des douceurs de la paix, il se repentit d'avoir cherché la guerre, et demandé aux dieux de coupables succès! Ceux même que la victoire seconde,

---

ut, quid quisque eorum in bello amiserit, quæ sint penès milites suos, iis qui amiserint restituatur; militibus, æquâ factâ æstimatione, pecuniam pro iis rebus solvit. (Cæs. de Bell. civ. lib. 1.)

ont encore tant de dangers, tant de travaux à soutenir avant de fixer la fortune! ils ont tant de sang à répandre dans tous les climats de la terre, et César à suivre à travers tant de hasards qu'il lui reste à courir!

Heureux (6) celui qui, voyant le monde sur le penchant de sa ruine, sait en quel lieu passer une tranquille nuit! il se délasse et dort en sûreté, sans craindre que le signal le rappelle aux armes, et que le son de la trompette interrompe son doux sommeil. Il revoit tous les jours sa femme, ses enfants, son foyer rustique; et, satisfait de cultiver le modique champ de ses pères, il n'attend pas qu'on lui assigne au loin l'héritage de l'étranger.

Un autre avantage de leur retraite, c'est de ne plus tenir à aucun parti dont l'intérêt les trouble et les agite. Pompée les a défendus, César les a sauvés; ainsi dégagés de l'un par l'autre, et seuls heureux dans l'univers, ils sont tranquilles spectateurs des événements de la guerre civile.

Cependant la fortune ne fut pas la même partout; elle osa se déclarer un moment contre César aux champs de Salone, aux bords Adriatiques, où l'Iader finit son cours.

Antoine (*a*), comptant sur la foi des belliqueux habitants de Cercyre, avait choisi cette

---

(*a*) C. Antonius.

île pour y établir son camp, inaccessible aux dangers de la guerre, s'il avait pu en écarter la faim, contre laquelle il n'est point de rempart. Cette île ne produisait ni pâturages, ni moissons ; et les soldats, réduits à brouter l'herbe, après en avoir dépouillé la campagne, n'avaient plus, pour nourriture, que la racine des gazons secs ; lorsqu'ils aperçurent sur le rivage de l'Illyrie un corps de troupes que Bazile amenait à leur secours. Antoine inventa, pour le joindre, un nouveau moyen de traverser les eaux (*a*).

Au lieu de vaisseaux construits selon l'usage, il établit sur deux rangs de barques liées ensemble par de longues chaînes, un vaste plan de poutres à fleur d'eau. Le rameur n'y est point exposé aux traits de l'ennemi; à couvert dans les intervalles des bois qui forment ce pont flottant, ils ne sillonnent que les eaux enfermées au milieu des barques, et donnent ainsi le merveilleux spectacle d'une machine qui vogue sans voiles et sans aucun mobile au dehors. On observa le flux et le reflux, et dans l'instant que la mer, se reployant sur elle-même, abandonnait le rivage, on lança ce navire immense avec deux galères qui l'accompagnaient. Ces vaisseaux s'avancent, et au milieu s'élève une forteresse mou-

---

(*a*) César ne parle point de cette aventure, Florus la raconte; mais, selon Florus, c'était Bazile qui envoyait les trois navires au secours d'Antoine. (FLORUS, *liv*. 4. *chap*. 2.)

vante, dont le sommet couronné de créneaux se balance dans les airs.

Octave, qui gardait ce passage (*a*), ne voulut pas attaquer d'abord ; il retint l'ardeur de sa flotte, et il attendit que sa proie, attirée par l'espoir d'un trajet facile, vînt se livrer tout entière à lui. Par le calme trompeur qui régnait sur la mer, il invitait ses ennemis à s'engager dans leur folle entreprise.

Ainsi, tandis que le chasseur reconnaît le cerf et lui marque une enceinte, ou l'investit de ses filets, il impose silence à ses chiens vigilants, et les retient muets à la chaîne. Aucun d'eux ne court la forêt, si ce n'est celui qui, le museau baissé, démêle et reconnaît la trace, qui sait se taire en découvrant la proie, et n'indiquer le lieu où elle repose, que par un léger tremblement.

Un Cilicien de la flotte d'Octave mit en usage un vieil artifice des pirates de son pays, pour tendre à l'ennemi des piéges sous les eaux. Il laisse la surface libre, mais au-dessous il tient suspendues des chaînes lâches, dont les deux bouts sont attachés au rivage. Ni le premier, ni le second navire ne s'y arrêtent ; mais le vaste plan suspendu sur les barques est tout-à-coup retenu au passage, et les chaînes, se reployant, l'attirent parmi les écueils.

(*a*) M. Octavius et Libon, lieutenants de Pompée, commandaient la flotte de Liburnie et de l'Achaïe.

Près de là, une voûte de rochers suspendus et menaçants couvre la mer d'une forêt sombre. C'est dans ces antres ténébreux que la vague ensevelit souvent les débris des vaisseaux brisés par les tempêtes, et les corps de ceux qui ont péri sur les eaux. La mer, repoussée par les rochers, les laisse à découvert ; et lorsque ces cavernes profondes vomissent les eaux mugissantes, les tourbillons d'écume qui s'élancent des gouffres de Carybde, n'ont rien de plus effrayant. C'est vers l'entrée de ce gouffre que fut attiré le navire qui portait les troupes d'Antoine ; et dans l'instant il est environné d'un côté par les vaisseaux qui se détachent du rivage, de l'autre par une multitude de combattants dont les rochers et le bord sont couverts.

Vultéius, qui commandait ce navire, s'aperçut des piéges qu'on lui avait tendus. Mais ayant tenté vainement de rompre les chaînes à coups de hache, il se résolut au combat, sans aucun espoir de salut, sans savoir même de quel côté il ferait face à l'ennemi. Cependant tout ce que peut la valeur assiégée et environnée de périls, fut exécuté dans ce moment terrible. Un seul navire (a), avec une cohorte, investi d'un nombre

---

(a) *Vix mille hominum manus circumfusi undiquè exercitûs per totum diem tela sustinuit; et cùm exitum virtus non haberet, tamen ne in deditionem veniret, hortante tribuno Vulteio, mutuis ictibus in se concurrit.* (FLOR. lib. 4. c. 2.)

épouvantable de vaisseaux et de combattants, se défendit et soutint leur attaque. Le choc, il est vrai, ne fut pas long; la faible lumière qui l'éclairait, fit place aux ombres de la nuit; la paix régna dans les ténèbres.

La troupe, consternée aux approches d'une mort inévitable, s'abandonnait au désespoir, quand (7) Vultéius, d'une voix magnanime, relève en ces mots les esprits : « Romains, nous n'avons plus à être libres que le court espace d'une nuit : employez donc ce peu d'instants à voir, dans cette extrémité, quel est le parti que vous devez prendre. La vie n'est jamais trop courte, quand il en reste assez pour choisir sa mort. Et ne croyez pas qu'il y ait moins de gloire à prévenir la mort, quand on la voit de près : nul homme, en abrégeant ses jours, ne sait le temps qu'il eût pu vivre. Il faut le même courage pour renoncer à des moments ou à des années : l'honneur en est à disposer de soi, et à prévenir ses destins. On n'est jamais forcé à vouloir mourir, et c'est à le vouloir que la vertu se montre. La fuite nous est interdite; nous sommes environnés d'ennemis prêts à nous égorger. Décidons-nous; loin d'ici la crainte; cédons à la nécessité, mais en hommes libres, et non pas en esclaves. Ce n'est pourtant pas dans l'obscurité qu'il faut périr, et comme des troupes qui dans les ténèbres s'accablent de traits lancés au hasard. Sur un champ de bataille, dans des monceaux de morts, le plus beau trépas se perd dans la foule, la vertu y reste ensevelie et sans honneur; il n'en sera pas ainsi de la nôtre. Les dieux ont voulu l'exposer sur ce théâtre aux yeux de nos amis et de nos ennemis. Ce rivage, cette mer, les rochers de l'île que nous avons quittée, seront couverts de spectateurs. De l'un et de l'autre rivage, les deux partis vont nous contempler. O fortune! tu te prépares à faire de nous je ne sais quel exemple grand et mémorable à jamais. Tout ce que la fidélité, le dévouement des troupes a laissé de monuments illustres dans tous les siècles, cette brave jeunesse va l'effacer. Oui, César, c'est faire peu pour toi, nous le savons, que de nous immoler nous-mêmes; mais assiégés comme nous le sommes, nous n'avons pas de plus grand témoignage à te donner de notre amour. Le sort envieux a sans doute beaucoup retranché de notre gloire en ne permettant pas que nos vieillards et nos enfants se soient trouvés pris avec nous, et dans le nombre de tes victimes; mais que ton ennemi sache du moins qu'il est des hommes qu'on ne peut dompter ; qu'il apprenne à craindre des furieux résolus et prompts à mourir; qu'il bénisse le ciel de n'en avoir retenu dans ses piéges qu'un petit nombre. Il essayera de nous tenter en parlant de paix et d'accord; il tâchera de nous corrompre par l'offre d'une vie honteuse. Ah! plût aux dieux qu'il nous fît grâce, et que le salut nous fût assuré! notre mort en serait bien plus belle, et en nous voyant nous la donner nous-mêmes, on ne croirait pas que ce fût la ressource du désespoir. Il faut, amis, il faut mériter, par un courage sans exemple, que César, entre tant de milliers d'hommes qui lui restent, regarde la perte de ce petit nombre comme un vrai désastre pour lui. Non, quand le sort m'offrirait le moyen de m'échapper, je le refuserais, tant le péril m'élève l'ame. Romain, j'ai rejeté la vie. Mon cœur n'est plus aiguillonné que du désir d'un beau trépas. Ce désir va jusqu'à la fureur. Il n'y a que ceux qui touchent à leur terme, qui sentent combien il est doux de mourir. Les dieux ont soin de le cacher à ceux qu'ils condamnent à vivre, afin qu'ils subissent leur sort et qu'ils daignent souffrir la vie. »

Ce fut ainsi que l'ardeur du héros inspirée à ses soldats, releva leur ame abattue ; et ces mêmes hommes, qui, avant de l'entendre, mesuraient d'un œil plein d'effroi le cours des astres de la nuit, et frémissaient de voir arriver le jour, désirèrent ce jour terrible.

La nuit alors n'était pas lente à se cacher dans l'Océan; car le soleil allait sortir du signe brillant des enfants de Léda, et il voyait en se levant les flèches du Centaure se plonger dans l'onde. La lumière du jour découvrit les Istriens sur le rivage, et sur la mer la flotte des Grecs, jointe aux Esclavons belliqueux. D'abord on suspendit l'attaque, pour voir si Vultéius et les siens se laisseraient désarmer, et si, en retardant leur mort, on leur ferait aimer la vie. Mais cette jeunesse héroïque se tint ferme en son dévouement, fière d'avoir renoncé au jour, et sûre de sortir du combat avec gloire, en s'immolant de ses propres mains. Rien ne peut plus ébranler ces ames déterminées au dernier effort de la nature et de la vertu. Un petit nombre d'hommes soutient les assauts d'une multitude épandue et sur la mer et sur le rivage : tant on est fort, quand on sait mourir.

Enfin las de verser du sang, et croyant avoir assez vendu leur vie, ils abandonnent l'ennemi, et toute leur fureur se tourne contre eux-mêmes. Vultéius le premier se découvrant le sein, et tendant la gorge au coup mortel : « Qui de vous, amis (leur dit-il), est digne de plonger sa main dans mon sang, et de prouver par-là qu'il veut mourir? » Il n'eut pas besoin d'en dire davantage : cent glaives se disputent l'honneur de lui percer le sein. Il loue tous ceux qui le frappent; mais à celui qui a donné l'exemple, et dont il a reçu le premier coup, il prête à son tour sa main reconnaissante, et le tue avant d'expirer. Tout le reste s'égorge à l'envi; et entre eux s'exercent les fureurs de la guerre la plus sanglante. Ainsi s'égorgeaient devant Thèbes cette foule d'hommes armés, que vit naître Cadmus des dents terribles qu'il avait semées, présage fatal de la guerre qui devait s'allumer entre les fils d'OEdipe. Ainsi périrent au bord du Phase ces cruels enfants de la terre, que Médée, par des enchantements nouveaux, dont elle-même pâlit d'effroi, força de s'immoler entre eux, et d'engraisser de leur sang les sillons qui venaient de les engendrer. Tel fut, dis-je, le massacre de cette jeunesse intrépide. Il ne leur en coûte rien de mourir. En recevant le trépas (8), ils le donnent. Aucun des glaives ne frappe en vain, quoique poussé d'une main défaillante. Ce n'est pas le fer qui s'enfonce; c'est le sein qui frappe le fer; c'est la gorge qui va au-devant de l'épée, et qui la force de s'y plonger. Quoique le frère se présente à son frère, le père à son fils, dans ce carnage affreux, leurs coups n'en sont ni moins assurés, ni moins appesantis : tout ce qu'ils accordent à la nature, c'est de ne pas les redoubler. On les voit traîner leurs entrailles déchirées sur le navire, et rougir la mer de leur sang. Ils regardent avec mépris la lumière qui leur échappe; ils tournent contre l'ennemi un œil insultant, un front superbe, et ils s'applaudissent de sentir la mort. Le navire n'est bientôt plus qu'un monceau de cadavres que les vainqueurs honorent du bûcher, saisis d'étonnement de voir que la nature ait produit un homme capable d'inspirer une semblable résolution.

Jamais la renommée n'a rien publié dans l'univers avec tant d'éclat et de gloire; mais les nations (9), même après cet exemple, sont trop timides pour concevoir combien il est aisé de s'affranchir de l'esclavage. On craint le glaive dans la main des tyrans; la liberté tremble et gémit sous le poids des armes qui l'oppriment. L'homme ne sait pas que le fer ne lui a été donné que pour se sauver de la servitude. O mort, que n'es-tu refusée aux lâches! pourquoi les délivres-tu de la honte de vivre? que n'est-il réservé à la vertu de te donner aux malheureux!

La guerre n'était pas moins vive, ni moins sanglante aux champs de la Libye. Curion avait mouillé au promontoire de Lilybée; et de-là, secondé par l'Aquilon, il avait passé en Afrique, et abordé entre Clupée (a) et les ruines de Carthage, lieu que nos armes ont rendu fameux. Il va d'abord camper loin de la mer, sur la rive du Bagradas, qui traverse des sables arides. Bientôt il gagne des hauteurs, que l'antiquité, digne de foi, dit avoir été le royaume d'Antée. Voici ce qu'un vieillard du pays en avait appris de ses pères.

Quand la Terre enfanta les géants, ce fut dans les antres de la Libye qu'elle conçut le formidable Antée. Elle en eut plus d'orgueil que d'avoir engendré les géants même de la Thessalie; et il fut heureux pour le ciel que ce ne fût pas l'un des Titans. Dès que son corps touchait la terre,

---

(a) *Apellit ad eum locum qui appellatur Aquilaria. Hic locus abest à Clupeis passuum 22 millia.* (Cæs. de Bello civ. lib. 2.)

La Pharsale.

ses forces se renouvelaient. Il avait un antre profond pour demeure, un vaste rocher lui servait de toit, les lions étaient sa pâture; il se couchait, non sur leur dépouille, ni sur les débris des forêts, mais sur le sein nu de sa mère. D'abord tout périt sous ses coups, et les habitants des campagnes de l'Afrique, et les étrangers que les flots jetaient sur ce funeste bord. Long-temps même la valeur du géant dédaigna le secours de la terre. Quoiqu'il se tînt debout, sa vigueur naturelle le rendait seule infatigable. Enfin le bruit de ses fureurs attire en Libye le magnanime Alcide, Alcide qui purgeait le monde des monstres qui le ravageaient. Ils s'abordent; le héros se dépouille de la peau du lion de Némée; le géant, de celle d'un lion de Libye. L'un, selon l'usage des jeux olympiques, arrose d'huile ses membres nerveux; l'autre ne se croyant pas assez fort, s'il ne touchait que du pied sa mère, prend soin de se rouler dans un sable brûlant. Leurs bras et leurs mains s'entrelacent, ils en forment de pesants nœuds autour de leur col inflexible. Leur tête reste inébranlable, leur front superbe n'est point incliné. L'un et l'autre s'étonne de trouver son égal. Alcide, en ménageant ses forces, épuise celles du géant. Il le voit hors d'haleine et couvert de sueur; il lui secoue la tête, il lui presse le sein, il le sent déja qui chancelle; déja, se croyant le vainqueur, il enveloppe et serre dans ses bras le dos et les flancs du géant, et sous l'effort du pied qu'il lui enfonce dans l'aîne, forçant ses jambes à s'écarter, il le pousse et le jette étendu sur le sable. La Terre boit la sueur de son fils, et il sent ses veines se remplir d'un sang dont l'ardeur le ranime. Ses muscles s'enflent, ses nerfs sont tendus, son corps renouvelé se dégage des nœuds dont l'enveloppe Alcide. Alcide est interdit de voir qu'il ait repris tant de vigueur. L'hydre et ses têtes menaçantes l'avaient moins étonné, quoiqu'il fût jeune alors et bien moins aguerri. Ils luttent long-temps, l'un avec ses forces, l'autre avec celles de la Terre; et le combat est douteux. Jamais Junon ne s'était flattée avec plus d'apparence de voir Alcide succomber. La sueur inonde ce corps infatigable, et cette tête qui sans fléchir a soutenu le poids du ciel. Dès que le fils de Jupiter veut de nouveau serrer Antée entre ses bras, celui-ci se laisse tomber lui-même et se relève plus affermi : tout ce que la Terre a de vie et de force, passe dans le corps de son fils. Elle se lasse à lutter contre un homme. Alcide enfin s'étant aperçu qu'Antée allait puiser dans le sein maternel une vigueur à chaque instant nouvelle : « Tu n'auras plus (dit-il) cet avantage; je t'enchaînerai dans mes bras; c'est dans l'air qu'il faut que tu meures. » A ces mots, il soulève cet énorme géant, qui se débat en vain pour retomber. La Terre, séparée de son fils expirant, ne peut lui redonner la vie. Alcide le tint suspendu loin d'elle; et quoiqu'il le sentît glacé, il fut long-temps sans oser le lui rendre, de peur de le voir ranimé.

C'est de là que l'antiquité, admiratrice d'elle-même, et soigneuse de rendre le passé recommandable à l'avenir, a tiré le nom qui reste à ces montagnes. Mais la gloire de Scipion les rendit encore plus célèbres, lorsqu'il força les Africains à quitter l'Italie et à repasser les mers. Ce fut là d'abord qu'il établit son camp, et ce fut aussi le premier théâtre de nos victoires en Afrique.

Curion, flatté de ce présage, comme si le bonheur de nos armes était attaché à ce lieu, et comme si la fortune de Scipion l'y attendait lui-même, fait dresser dans ce poste heureux (*a*) un camp qui ne devait pas l'être. Il donne du relâche à ses troupes, et avec des forces trop inégales il ose défier un superbe ennemi.

Toute la puissance de Rome en Afrique était alors dans les mains de Varus. Celui-ci, bien qu'il se confiât en ce qu'il avait de milice romaine, ne

---

(*a*) *Castra Corneliana. Id autem est jugum directum, eminens in mare, utrâque ex parte præruptum atque asperum, sed paulò tamen leniore fastigio ab eâ parte quæ ad Uticam vergit. Abest directo itinere ab Uticâ paulò amplius passuum mille.* (Cæs. de Bell. civ. lib. 2.) Curion ne prit ce camp que lorsqu'il apprit que Juba s'avançait, et son malheur vint d'avoir quitté ce poste pour marcher à l'ennemi. César l'excuse bien généreusement. *Multum ad rem hanc probandam adjuvat adolescentia, magnitudo animi, superioris temporis proventus, fiducia rei bene gerendæ.* (Cæs. de Bell. civ. lib. 2.)

laissa pas d'appeler à lui toutes les forces du roi de Libye; et des extrémités du monde, tous les peuples soumis à Juba s'avançaient sous les drapeaux de leur jeune roi. Jamais prince dans l'univers ne posséda un plus vaste empire : le sien s'étendait depuis l'Atlas jusqu'aux Syrtes et jusqu'aux plaines d'Ammon : il occupait l'espace de la zône brûlante, et pour enceinte il avait les deux mers. Les peuples qui suivent Juba sont l'habitant du mont Atlas, le Numide errant, le Gétule prompt à s'élancer sur des chevaux sans frein, le Maure dont la couleur est celle des peuples de l'Inde, le Nasamon qui vit dans des plaines stériles, le Garamante brûlé par le soleil, le Marmaride léger à la course, le Mazax dont le dard le dispute à la flèche du Mède, le Massilien qui monte des chevaux nus, et les fait obéir à une simple verge qui leur tient lieu de rênes et de mors; tous les peuples chasseurs des déserts de l'Afrique, qui abandonnent leurs cabanes pour courir après les lions, et qui, ne se confiant point à leurs flèches, provoquent ces animaux terribles, et les enveloppent de leurs vêtements.

Juba ne défendait pas seulement la cause de Pompée; il vengeait la sienne (*a*). La même an-

---

(*a*) *Huic et paternum hospitium cum Pompeio, et simultas cum Curione intercedebant; quòd tribunus pl. legem promulgaverat, quâ lege regnum Jubæ publicaverat.* (Cæs. de Bello civ. lib. 2.)

née qu'en allumant les feux de la guerre civile, Curion s'était rendu coupable envers les hommes et les dieux, il avait voulu, par une loi du peuple, chasser Juba du trône de ses pères; et Juba, le cœur plein de son ressentiment, regarde cette guerre comme le plus beau droit du sceptre qu'il a conservé. Curion tremble au bruit de son approche. Les troupes qu'il commande ne sont pas de celles qu'il a éprouvées sur les bords du Rhin, et qui, dévouées à César, ne connaissent que ses enseignes. Ce sont les troupes infidèles qui ont livré Corfinium, aussi peu attachées au chef qu'elles suivent, qu'à celui qu'elles ont quitté, et pour qui, sans zèle et sans choix, il est égal de servir l'un ou l'autre. Mais les voyant saisies de crainte, n'oser garder la nuit les barrières du camp, Curion se dit à lui-même : « Rien ne cache mieux la frayeur (10) qu'une entreprise audacieuse. Je veux présenter le combat, et tandis qu'elles sont à moi, faire avancer mes troupes dans la plaine. C'est dans le repos que les esprits changent. Dès que le glaive une fois tiré allume la fureur, et que le casque couvre la honte, qui songe alors à balancer ou le talent des chefs, ou le droit des partis? On obéit à celui qui commande; on sert la cause où l'on est engagé. Le soldat ressemble au gladiateur dans l'arène : ce n'est point un ennemi, mais un adversaire qu'il attaque; et pour l'irriter, il suffit qu'on lui oppose son égal. »

En se parlant ainsi, Curion déploie son armée

en pleine campagne; et la fortune, par un succès léger, semble vouloir l'aveugler sur le revers qui l'attend; car il chasse devant lui l'armée de Varus, et le carnage qu'il en fait ne cesse qu'aux barrières du camp où il la fait rentrer (*a*).

Juba, instruit de la défaite de Varus, s'applaudit de voir dépendre de lui seul l'événement de cette guerre. Il accourt sans bruit avec son armée, et le silence qu'il fait garder dérobe sa marche à l'ennemi. Sa seule crainte est d'en inspirer, et que les Romains ne l'évitent. Il détache en avant Saburra, son lieutenant, avec une troupe légère, pour engager une première attaque, et pour attirer l'ennemi. Saburra doit laisser croire qu'il commande seul, que Juba ne vient point, et que ce corps de troupes est tout ce qu'il envoie. Cependant Juba se tient caché dans une vallée profonde (*b*) avec toutes les forces de son empire. L'artifice lui réussit. Curion, dédaignant de s'instruire des forces des Africains, oblige sa cavalerie à sortir la nuit de son camp, et à se répandre au loin dans un pays inconnu (*c*). Ce

---

(*a*) *Curio exercitum in castra reducit, suis omnibus, præter Fabium, incolumibus, ex numero adversariorum circiter* 600 *interfectis, ac* 1000 *vulneratis.* (CÆS. de Bell. civ. lib. 2.)

(*b*) A six milles de distance.

(*c*) *Equites missi nocte iter conficiunt. Imprudentes atque inopinantes hostes aggrediuntur.... Hos oppressos somno et dispersos adorti, magnum eorum numerum interficiunt. Multi*

fut en vain qu'on l'exhorta à se défier d'un ennemi chez qui l'art de la guerre n'était qu'un tissu de piéges ; sa destinée l'entraînait à la mort, et l'auteur de la guerre civile en devait être la victime. Dès les premiers rayons de l'aurore, il sort de son camp avec toute son armée, et la fait avancer sur le sommet des montagnes. Sitôt que le Numide voit que de ces hauteurs les Romains peuvent l'apercevoir, il s'éloigne, selon sa coutume, et feint de reculer, afin d'engager l'ennemi à descendre dans la plaine. Curion, qui prend pour une fuite cette retraite simulée, se précipite en vainqueur sur ses pas. L'artifice alors se découvre, et les Africains répandus sur les collines d'alentour enveloppent l'armée romaine. Le chef et les soldats (11) se voyant perdus, restent muets d'étonnement. Le lâche n'ose penser à la fuite, ni le valeureux au combat (*a*):

---

perterriti profugiunt. Quo facto ad Curionem equites revertuntur, captivosque ad eum reducunt. (Cæs. de Bell. civ. lib. 2.)

(*a*) *Nec militibus quidem, ut fessis, neque equitibus, ut paucis et labore confectis, studium ad pugnandum virtusque deerat. Sed ii erant numero CC. Reliqui in itinere substiterant. Hi quamcumque in partem impetum fecerant, hostes loco cedere cogebant. Sed neque longiùs fugientes prosequi, nec vehementiùs equos incitare poterant. At equitatus hostium ab utroque cornu circumire aciem nostram, et aversos proterere incipit. Cum cohortes ex acie procurrissent, Numidæ impetum nostrorum effugiebant; rursùsque ad ordines suos*

car au lieu de voir leurs chevaux émus au son de la trompette, dresser l'oreille, agiter leurs crins, ronger leurs mors blanchis d'écume, et d'un pied rebelle frappant la terre et brisant les cailloux, s'indigner du repos; on les voit la tête baissée, le corps tout fumant de sueur, la langue pendante, la bouche embrasée du feu de leur haleine, dont les impulsions pénibles sont des gémissements profonds. Leurs flancs s'élèvent et s'abaissent avec un violent effort, et une écume sèche et brûlante couvre leurs mors ensanglantés. En vain le fouet ou l'aiguillon les presse, en vain l'éperon leur déchire le flanc; aucun ne s'emporte, aucun ne prend sa course : ils n'ont pas même la force de doubler le pas; et le peu qu'ils avancent, ne sert qu'à exposer de plus près leur guide aux coups de l'ennemi.

Mais dès que les coursiers numides (12) fondent sur les Romains, la terre s'ébranle sous leurs

---

se recipientes circumibant, et ab acie excludebant. Sic neque in loco manere, ordinesque servare, neque procurrere, et casum subire, tutum videbatur. Hostium copiæ summissis ab rege auxiliis crebrò augebantur; nostris vires lassitudine deficiebant. Simul ii qui vulnera acceperant, neque acie excedere, neque in locum tutum referri poterant; quòd tota acies equitatu hostium circumdata tenebatur. Hi de suâ salute desperantes, ut extremo vitæ tempore homines facere consueverunt, aut suam mortem miserebantur, aut parentes suos commendabant, si quos ex periculo fortuna servare potuisset. Plena erant omnia timoris et luctûs. (Cæs. de Bell. civ. lib. 2.)

pas rapides; un tourbillon de poussière, pareil à ceux que soulève et roule Borée, forme dans l'air un nuage épais, et dérobe aux yeux la lumière. Comme leur choc impétueux tombait sur de l'infanterie, ce funeste et sanglant combat ne fut pas douteux un moment : il ne dura que le temps d'égorger; car les Romains n'avaient la liberté ni d'avancer, ni de combattre. Il tombe sur eux une grêle de flèches, dont le poids seul les eût accablés. Les bataillons romains se pressent vers leur centre, et, resserrés dans un cercle étroit, ne forment plus qu'une masse immobile. Si quelqu'un, poussé par la crainte, se précipite au milieu des siens, leurs glaives tournés contre lui opposent la mort à la fuite. A mesure que les premiers reculent, le bataillon s'épaissit. Manque d'espace, ils ne peuvent plus agir, ni remuer leurs armes : leurs bras se froissent en se heurtant; le choc des cuirasses dont ils sont couverts, écrase le fer et le sein qui le porte. Le Maure ne put pas jouir du spectacle de sa victoire : il ne vit ni des flots de sang, ni un vaste champ de carnage; il ne vit qu'un monceau de morts (a).

Mânes des Africains (13), ombre d'Annibal, ombres des enfants de Carthage, accourez; ce sacrifice est digne de vous. Voilà le sang dont vous êtes avides : venez vous en rassasier, et ne de-

---

(a) *Milites ad unum omnes interficiuntur.* (Cæs. de Bell. civ. lib 2.)

mandez plus vengeance. Grands dieux, se peut-il que le massacre des Romains en Libye soit un triomphe pour Pompée, un triomphe pour le sénat! Ah! qu'il serait bien moins affreux que l'Afrique eût vaincu pour elle!

Dès que la poussière humectée de sang ne s'éleva plus en nuage, et que Curion vit ses troupes étendues autour de lui, il ne put survivre à son malheur, ni penser à la fuite. Il a recours à une mort prompte, et vertueux par nécessité, il se perce, et tombe au milieu des siens.

Malheureux! de quoi t'ont servi tant de troubles excités parmi le peuple, du haut de la tribune, d'où tu l'animais et lui distribuais des armes, et ta révolte contre le sénat, et ton ardeur à soulever le beau-père contre le gendre? Tu meurs avant que Pharsale ait décidé de leur sort. Tu n'auras pas même le plaisir cruel de contempler les horreurs de la guerre civile. Hommes puissants (14), ainsi vous expiez les malheurs de votre patrie; ainsi vos armes parricides sont lavées dans votre sang. O que Rome serait heureuse et ses citoyens fortunés, si les dieux défendaient notre liberté avec autant de soin qu'ils la vengent! Te voilà, superbe tribun, en proie aux vautours de Libye. Tu n'obtiens pas même un bûcher. Nous te rendons pourtant ce témoignage, ô malheureux jeune homme, (car à quoi bon dissimuler ce que la renommée attesterait sans nous?) que tant que tu suivis les sentiers du devoir et de la vertu, jamais Rome n'avait vu naître un meilleur citoyen, une plus belle ame, un plus zélé défenseur des lois; et si l'ambition, le luxe, le dangereux appât des richesses, ont pu t'égarer, que Rome en accuse la corruption du siècle dont tu n'as fait que suivre le torrent. Le changement de Curion, ébloui par les riches dépouilles de la Gaule, et corrompu par l'or de César, entraîna la chûte de Rome. Avant lui, les hommes superbes et cruels qui s'étaient arrogé le droit de nous égorger à leur gré, les Sylla, les Marius, les Cinna, et cette suite de Césars, dont le pouvoir n'a plus de bornes, avaient au moins acheté Rome. Le seul Curion la vendit (*a*).

(*a*) *Bello autem civili, et tot, quæ deindè per continuos 20 annos consecuta sunt, malis, non alius majorem flagrantioremque, quàm C. Curio, Trib. pleb. subjecit facem : vir nobilis, eloquens, audax, suæ alienæque et fortunæ et pudicitiæ prodigus, homo ingeniosissimè nequam, et facundus malo publico.... Hic primò pro Pompeii partibus, id est, ut tunc habebatur, pro republicâ; mox simulatione contra Pompeium et Cæsarem, sed animo pro Cæsare.* (VELL. Paterc. lib. 2. c. 48.)

EXCERPTA

EX LIBRO QUARTO.

(1) ...... Postquam spatio languentia nullo,
Mutua conspicuos habuerunt lumina vultus,
Et fratres, natosque suos vidêre, patresque;
Deprensum est civile nefas. Tenuêre parumper
Ora metu. Tantùm nutu, motoque salutant
Ense suos. Mox ut stimulis majoribus ardens
Rupit amor leges, audet transcendere vallum
Miles, in amplexus effusas tendere palmas.
Hospitis ille ciet nomen; vocat ille propinquum :
. . . .
Arma rigant lacrymis, singultibus oscula rumpunt
Et quamvis nullo maculatus sanguine miles,
Quæ potuit fecisse, timet. Quid pectora pulsas?
Quid vesane gemis? Fletus quid fundis inanes,
Nec te sponte tuâ sceleri parere fateris?
Usque adeòne times, quem tu facis ipse timendum?
Classica det bello; sævos tu neglige cantus :
Signa ferat; cessa : jamjàm civilis Erinnys
Concidet; et Cæsar generum privatus amabit.
Nunc ades, æterno complectens omnia nexu,
O rerum, mixtique salus, Concordia, mundi,
Et sacer orbis amor! Magnum nunc sæcula nostra
Venturi discrimen habent. Periêre latebræ
Tot scelerum : populo venia est erepta nocenti :
Agnovêre suos.

(2) Addidit ira ferox moturas prœlia voces :
Immemor ô patriæ, signorum oblite tuorum,
Non potes hoc causæ, miles, præstare senatûs,
Assertor victo redeas ut Cæsare ! certè
Ut vincare potes. Dùm ferrum, incertaque fata,
Quique fluat multo non deerit vulnere sanguis,
Ibitis ad dominum? Damnataque signa feretis?
Utque habeat famulos, nullo discrimine, Cæsar
Exorandus erit? Ducibus quoque vita petenda est?
Nunquàm nostra salus pretium, mercesque nefandæ
Proditionis erit. Non hoc civilia bella,
Ut vivamus, agunt. Trahimur sub nomine pacis.
Non chalybem gentes, penitùs fugiente metallo,
Eruerent; nulli vallarent oppida muri;
Non sonipes in bella ferox, non iret in æquor
Turrigeras classis pelago sparsura carinas;
Si benè libertas unquàm pro pace daretur.
Hostes nempè meos sceleri jurata nefando
Sacramenta tenent; at vobis vilior hoc est
Vestra fides, quòd pro causâ pugnabitis æquâ !
Sed veniam sperare licet. Proh dira pudoris
Funera! Nunc toto fatorum ignarus in orbe,
Magne, paras acies, mundique extrema tenentes
Sollicitas reges; cùm forsan fœdere nostro
Jam tibi sit promissa salus! Sic fatur, et omnes
Concussit mentes, scelerumque reduxit amorem.
Sic, ubi desuetæ silvis in carcere clauso
Mansuevêre feræ, et vultus posuêre minaces,
Atque hominem didicêre pati; si torrida parvus
Venit in ora cruor, redeunt rabiesque furorque,
Admonitæque tument gustato sanguine fauces;
Fervet et à trepido vix abstinet ira magistro.

(3) .... Nec languida fessi
Corpora sustentant epulis; mensasque perosi

Auxilium fecêre famem. Si mollius arvum
Prodidit humorem, pingues manus utraque glebas
Exprimit ora super. Nigro si turbida limo
Colluvies immota jacet, cadit omnis in haustus
Certatim obscœnos miles moriensque recepit,
Quas nollet victurus aquas; rituque ferarum
Distentas siccant pecudes, et lacte negato,
Sordidus exhausto sorbetur ab ubere sanguis.
. . . .
. . . . Torrentur viscera flammâ
Oraque sicca rigent squammosis aspera linguis.
Jàm marcent venæ, nulloque humore rigatus,
Aëris alternos angustat pulmo meatus,
Rescissoque nocent suspiria dura palato.
Pandunt ora siti, nocturnumque aëra captant.
Expectant imbres, quorum modo cuncta natabant
Impulsu, et siccis vultus in nubibus hærent
Quòque magis miseros undæ jejunia solvant,
Non super arentem Meroen, Cancrique sub axe,
Quâ nudi Garamantes arant, sedêre; sed inter
Stagnantem Sicorim, et rapidum deprensus Iberum.
Spectat vicinos sitiens exercitus amnes.

(4) Jàm domiti cessêre duces; pacisque petendæ
Auctor, damnatis, supplex Afranius, armis,
Semianimes in castra trahens hostilia turmas,
Victoris stetit ante pedes. Servata precanti
Majestas, non fracta malis; interque priorem
Fortunam, casusque novos, gerit omnia victi,
Sed ducis, et veniam securo pectore poscit.
Si me degeneri stravissent fata sub hoste,
Non deerat fortis rapiendo dextera letho;
At nunc sola mihi est orandæ causa salutis,
Dignum donandâ, Cæsar, te credere vitâ.
Non partis studiis agimur, nec sumsimus arma

Consiliis inimica tuis. Nos denique bellum
Invenit civile duces; causæque priori,
Dùm potuit, servata fides. Nil fata moramur.
Tradimus Hesperias gentes, aperimus Eoas,
Securumque orbis patimur post terga relicti.
Nec cruor effusus campis tibi bella peregit,
Nec ferrum, lassæque manus. Hoc hostibus unum,
Quòd vincas, ignosce tuis. Nec magna petuntur :
Otia des fessis, vitam patiaris inertem
Degere, quam tribuis; campis prostrata jacere
Agmina nostra putes : nec enim felicibus armis
Misceri damnata decet, partemque triumphi
Captos ferre tui. Turba hæc sua fata peregit.
Hoc petimus, victos ne tecum vincere cogas.

(5) . . . . O prodiga rerum
Luxuries, nunquàm parvo contenta paratu,
Et quæsitorum terrâ pelagoque ciborum
Luxuriosa fames, et lautæ gloria mensæ!
Discite, quàm parvo liceat producere vitam,
Et quantùm natura petat. Non erigit ægros
Nobilis ignoto diffusus consule Bacchus;
Non auro, murrhâque bibunt; sed gurgite puro
Vita redit. Satis est populis fluviusque Ceresque.
Heu miseri, qui bella gerunt.

(6) Felix, qui potuit, mundi nutante ruinâ,
Quo jaceat jàm scire loco. Non prœlia fessos
Ulla vocant, certos non rumpunt classica somnos.
Jàm conjux, natique rudes, et sordida tecta,
Et, non deductos, recipit sua terra colonos.
Hoc quoque securis oneris fortuna remisit,
Sollicitus menti quod abest favor : ille salutis
Est auctor, dux ille fuit; sic prœlia soli
Felices nullo spectant civilia voto.

(7) Tunc sic attonitam, venturaque fatam paventem

EX LIBRO QUARTO.

Rexit magnanimâ Vulteius voce cohortem :
Libera non ultrà quam parvâ nocte juventus,
Consulite extremis angusto in tempore rebus.
Vita brevis nulli superest, qui tempus in illa
Quærendæ sibi mortis habet.... Stant undiquè nostris
Intenti cives jugulis. Decernite lethum...
Non tamen in cœcâ bellorum nocte cadendum est,
Ut cùm permixtis acies sua tela tenebris
Involvunt : conserta jacent cùm corpora campo,
In medium mors omnis abit ; perit obruta virtus.
Nos in conspicuâ sociis, hostique carinâ
Constituêre dei. Præbebunt æquora testes,
Præbebunt terræ, summis dabit insula saxis.
Spectabunt geminæ diverso è littore partes.
Nescio quod nostris magnum et memorabile fatis
Exemplum, Fortuna, paras. Quæcumque per ævum
Exhibuit monimenta fides, servataque ferro
Militiæ pietas, transibit nostra juventus.
Namque suis pro te gladiis incumbere, Cæsar,
Esse parum scimus ; sed non majora supersunt
Obsessis tanti quæ pignora demus amoris.
Abscindit nostræ multùm sors invida laudi,
Quòd non cum senibus capti natisque tenemur.
Indomitos sciat esse viros, timeatque furentes,
Et morti faciles animos ; et gaudeat hostis
Non plures hæsisse rates. Tentare parabunt
Fœderibus, turpique volent corrumpere vitâ ;
O utinam, quò plus habeat mors unica famæ,
Promittant veniam, jubeant sperare salutem :
Nec nos, cum calido fodiemus viscera ferro,
Desperasse putent. Magnâ virtute merendum est,
Cæsar, ut, amissis inter tot millia paucis,
Hoc damnum cladémque vocet. Dent fata recessum,
Emittantque licet ; vitare instantia nollem.
Projeci vitam, comites ; totusque futuræ

Mortis agor stimulis : furor est. Agnoscere solis
Permissum est, quos jàm tangit vicinia fati,
Victurosque dei celant, ut vivere durent,
Felix esse mori. Sic cunctas sustulit ardor
Nobilium mentes juvenum : cùm sidera cœli,
Ante ducis voces, oculis humentibus omnes
Aspicerent, flexoque Ursæ temone paverent;
Iidem, cùm fortes animos præcepta subissent,
Optavêre diem.

(8) . . . . Pariter sternuntque caduntque,
Vulnere lethali : nec quemquam dextra fefellit,
Cùm feriat moriente manu. Nec vulnus adactis
Debetur gladiis : percussum est pectore ferrum,
Et jugulis pressêre manum. Cum sorte cruentâ
Fratribus incurrant fratres, natusque parenti,
Haud trepidante tamen toto cum pondere dextrâ
Exegêre enses. Pietas ferientibus una,
Non repetisse, fuit. Jàm latis viscera lapsa
Semianimes traxêre foris, multùmque cruoris
Infudêre mari. Despectam cernere lucem,
Victoresque suos vultu spectare superbo,
Et mortem sentire juvat.

(9) Non tamen ignavæ, post hæc exempla virorum,
Percipient gentes quàm sit non ardua virtus
Servitium fugisse manu. Sed regna timentur
Ob ferrum, et sævis libertas uritur armis :
Ignoratque datos, ne quisquam serviat, enses.
Mors, utinam pavidos vitæ subducere nolles,
Sed virtus te sola daret !

(10) Audendo magnus tegitur timor : arma capessam
Ipse prior : campum miles descendat in æquum
Dùm meus est : variam semper dant otia mentem.

Eripe consilium pugnâ : cùm dira voluntas
Ense subit prenso, galeæ texêre pudorem;
Quis conferre duces meminit? quis pendere causas?
Quâ stetit, indè favet.

(11) Obstupuit dux ipse simul, perituraque turba.
Non timidi petiêre fugam, non prœlia fortes :
Quippe ubi non sonipes motus clangore tubarum
Saxa quatit pulsu rigidos vexantia frenos
Ora terens, spargitque jubas, et surrigit aures,
Incertoque pedum pugnat non stare tumultu.
Fessa jacet cervix; fumant sudoribus armi;
Oraque projectâ squallent arentia linguâ;
Pectora rauca gemunt, quæ creber anhelitus urget;
Et defecta gravis longè trahit ilia pulsus;
Siccaque sanguineis durescit spuma lupatis.

(12) At vagus Afer equos ut primum emisit in agmen,
Tunc campi tremuêre sono : terrâque solutâ,
Quantus Bistonio torquetur turbine pulvis,
Aëra nube suâ texit, traxitque tenebras.
Ut verò in pedites fatum miserabile belli
Incubuit; nullo dubii discrimine Martis
Ancipites steterunt casus, sed tempora pugnæ
Mors tenuit.

(13) Excitet invisas diræ Carthaginis umbras
Inferiis fortuna novis; ferat ista cruentus
Annibal, et Pœni tàm dira piacula manes.
Romanam superi, Libycâ tellure ruinam
Pompeio prodesse nefas, votisque senatus.
Africa nos potiùs vincat sibi. Curio fusas
Ut vidit campis acies, et cernere tantas
Permisit clades compressus sanguine pulvis,
Non tulit afflictis animam producere rebus,

Aut sperare fugam; ceciditque in strage suorum,
Impiger ad lethum, et fortis virtute coactâ.

(14) Has urbi miseræ vestro de sanguine pœnas
Ferre datis, luitis jugulo sic arma, potentes.
Felix Roma quidem, civesque habitura beatos,
Si libertatis superis tàm cura placeret
Quàm vindicta placet. Libycas en nobile corpus
Pascit aves, nullo contectus Curio busto.
At tibi nos (quandò non proderit ista silere,
A quibus omne ævi senium sua fama repellit)
Digna damus, juvenis, meritæ præconia vitæ.
Haud alium tantâ civem tulit indole Roma,
Aut cui plus leges deberent, recta sequenti.
Perdita tunc urbi nocuerunt sæcula, postquàm
Ambitus, et luxus, et opum metuenda facultas,
Transverso mentem dubiàm torrente tulerunt....
Jus licet in jugulos nostros sibi fecerit ense
Sylla potens, Mariusque ferox, et Cinna cruentus;
Cæsareæque domûs series, cui tanta potestas
Concessa est; emere omnes, hic vendidit urbem.

LA PHARSALE

DE LUCAIN.

LIVRE CINQUIÈME.

ARGUMENT.

Le sénat s'assemble en Épire. Appius consulte l'oracle de Delphes sur le sort de la guerre civile. L'armée de César se révolte à Plaisance; César la fait rentrer dans le devoir. Il l'envoie à Brundusium, et il se rend à Rome, où il se fait nommer dictateur et consul. De là il passe à Brundusium, y embarque une partie de ses troupes; et avec sa flotte il aborde en Épire. Le reste de ses troupes se faisant trop attendre, César, sur une simple barque, entreprend de les aller chercher. Une tempête le rejette sur le bord d'où il est parti. Pompée, voyant approcher le moment d'une bataille, oblige Cornélie à se rendre à Lesbos. Adieux de Pompée et de Cornélie.

Ô Pompée ! est-ce ainsi que ma foi t'est connue ?
mon sort n'est-il pas inséparable du tien ?

La Pharsale liv. 5.

LA PHARSALE
DE LUCAIN.

LIVRE CINQUIÈME.

C'était ainsi qu'entre les deux chefs, affaiblis l'un et l'autre par des pertes sanglantes, la Fortune, observant le partage des bons et des mauvais succès, ménageait des forces égales pour les champs de la Thessalie.

L'Hémus était couvert de neige, les Pléiades descendaient de l'olympe, et ce jour qui change le titre de nos fastes, la fête de Janus approchait.

Les consuls (a), dont l'année expire, en emploient les derniers moments à rassembler le sénat, que les fonctions de la guerre ont tenu dispersé. En Épire, un indigne toit, un vil refuge de voyageurs, reçut les sénateurs de Rome. Des murs étrangers entendirent les conseils de cet ordre auguste. Ce n'est plus un camp, c'est le sénat lui-même : ses haches, ses faisceaux, sa majesté, l'annoncent;

(a) Lentulus et Marcellus.

et le respect qu'imprime aux nations cette assemblée vénérable, leur apprend qu'en effet ce n'est point le sénat qui suit le parti de Pompée, mais Pompée qui sert la patrie sous les drapeaux du sénat.

Dès que (1) les pères conscrits sont rangés dans un grave et triste silence, le consul Lentulus se lève du siége éminent qu'il occupe, et il leur adresse ces mots : « Si vous avez tous dans le cœur l'antique vertu de vos pères, et un courage digne du sang de ces illustres Romains, n'examinez ni quel lieu vous rassemble, ni à quelle distance nous sommes de notre ville captive. Voyez la patrie par-tout où vous êtes; et avant d'exercer l'autorité suprême, décidez d'abord, pères conscrits, ce que l'univers reconnaît, que c'est en vous que le sénat réside. Que le sort nous envoie sous les astres glacés du nord, ou sous le ciel brûlant du midi, sous cette zône sans nuages, où les jours et les nuits se balancent dans une éternelle égalité, nous serons par-tout le centre de l'État, et le droit de le gouverner nous accompagnera sans cesse. Quand les Gaulois mirent le Capitole en cendres, Veïes où était Camille, devint Rome dans ce moment. Le siége du sénat peut changer, mais son pouvoir est immuable. César s'est emparé de nos murs déserts, de nos maisons abandonnées; les lois sont muettes, la tribune est fermée; le Capitole ne voit plus de sénateurs que le rebut du sénat et de Rome; tous ceux que l'exil n'avait pas écartés, sont ici. Exempts de crime, et vieillis ensemble dans le calme d'une longue paix, il a fallu, pour nous disperser, toutes les fureurs de la guerre. Mais ce corps auguste est vivant, et ses membres se réunissent. Voilà que les dieux balancent dans leurs mains les forces du monde et les destins de Rome. La mer d'Illyrie vient de submerger une partie des rebelles; Curion, le chef et l'ame du sénat de César est couché sur les bords sanglants de l'Afrique. Vengeurs de la patrie, levez ses étendards; précipitez le cours de nos destins; secondez les dieux par votre courage : que le succès vous inspire au moins la confiance que vous inspirait, même dans le malheur, la justice de votre cause. Notre consulat expire avec l'année; mais vous, dont l'autorité n'a point de bornes, délibérez, pères conscrits, et décernez le commandement à Pompée. »

Au nom de Pompée, tout le sénat répondit par acclamations, et chargea ce grand homme du soin de son salut et des destins de la patrie. Ensuite on distribua des honneurs aux rois et aux peuples qui, par leur zèle, s'en étaient rendus dignes. Rhodes, Lacédémone, Athènes, sont nommées avec éloge; Marseille obtient les honneurs dus à sa généreuse défense, le sénat donne aux rois de Thrace, de Galatie, et de Macédoine, d'éclatantes marques d'estime; il confirme à Juba la possession du royaume de Libye; et toi, Ptolomée, ô fatalité! toi, digne chef d'un peuple perfide, toi, la honte du trône et le crime des dieux, il te proclame roi d'Égypte; il arme ta main jeune encore de ce glaive infracteur du droit des nations... des nations! et plût au ciel qu'il n'eût attenté que sur elles! L'héritage de Lagus sera payé par l'assassinat de Pompée; et le sénat, par ce don funeste, ravit un sceptre à Cléopâtre, et dérobe un crime à César.

Après l'assemblée, le sénat prend les armes; et tandis que les peuples et les rois, le bandeau sur les yeux, se livrent au sort de la guerre, le timide Appius est le seul qui n'ose en courir les hasards. Appius, qui commande dans l'Achaïe, pour s'assurer des événements, importune les dieux, et se fait ouvrir le sanctuaire de l'oracle de Delphes, fermé dès long-temps aux mortels.

Au milieu du monde, et à distance égale des rives de l'aurore et des bords du couchant, s'élève le double sommet du Parnasse, mont célèbre par les deux cultes de Bacchus et d'Apollon. Ce fut la seule des montagnes qui dans le déluge domina sur les eaux, et qui servit de borne entre le ciel et l'onde; encore ne laissait-elle voir que la cime de ses rochers : ses flancs se cachaient dans l'abyme. Ce fut là qu'Apollon, jeune encore, essaya ses premières flèches contre ce monstrueux serpent qui avait poursuivi sa mère (*a*), exilée

---

(*a*) Latone.

du ciel, et pressée des douleurs de l'enfantement.

C'était alors le règne de Thémis : Delphes en rendait les oracles. Mais Apollon, voyant ces cavernes profondes exhaler un souffle prophétique et se remplir d'un esprit divin, il s'y enferma lui-même, et caché dans ce sanctuaire, il y devint l'organe des destins.

Quel est réellement (2) cet esprit immortel dont l'antre est pénétré ? Quel est celui des dieux qui possède les secrets du sombre avenir, qui prévoit l'ordre éternel des choses, et qui du ciel daigne descendre dans les entrailles de la terre, y souffrir l'approche de l'homme, et se communiquer à lui ? Grande et puissante divinité sans doute, soit qu'elle ne fasse qu'annoncer ce qui doit être, soit qu'elle ordonne ce qu'elle annonce, et que sa volonté devienne le destin ! Ne serait-ce pas une émanation de Jupiter lui-même, qui du haut des cieux, dont il est l'ame et le soutien, s'étend jusqu'à la terre, et remplit l'intervalle du séjour des mortels et de celui des dieux ?

Dès que cet esprit s'est emparé du chaste sein de la prêtresse, le bruit de l'impulsion divine retentit au fond de son cœur, et le souffle prophétique s'exhale de sa bouche, comme la flamme s'élance à flots pressés du sommet brûlant de l'Ætna. Jamais le dieu ne se refuse aux mortels : il répond à qui l'interroge ; mais ce qu'il annonce est irrévocable : il n'est pas même permis de démander qu'il change. Il rejette les vœux du crime ; les sourdes prières des méchants ne pénètrent point jusqu'à lui ; mais favorable aux justes, il leur apprit souvent, comme aux Tyriens, à changer de patrie ; il leur apprit, comme aux Athéniens (*a*) à Salamine, à vaincre un ennemi puissant ; il leur enseigna les moyens de faire cesser, en appaisant les dieux, la stérilité des campagnes ou la contagion de l'air.

Le plus grand (3) malheur de ces derniers temps fut la perte de cet oracle, lorsque les rois, qu'effrayait l'avenir, imposèrent silence aux dieux. Les prêtresses de Delphes, loin de s'affliger de ce long repos, en jouissent au fond de leur temple. Car une mort soudaine est pour elles la peine ou le prix de l'enthousiasme (*b*). Dans l'accès de la fureur divine, tous les ressorts du corps humain se brisent, et les efforts du dieu qui l'obsède, dégagent l'ame de ses liens.

Ainsi les voûtes de l'antre étaient muettes et les trépieds dès long-temps immobiles, lorsqu'Appius, pour approfondir les secrets du destin de Rome, troubla ce silence et ce long repos. Il or-

---

(*a*) L'oracle leur avait dit de s'enfermer dans des murs de bois ; ils montèrent sur leurs vaisseaux, et battirent la flotte de Xerxès.

(*b*) Apollon allume dans l'ame la lumière pour éclairer l'avenir, ce qui s'appelle *enthousiasme*. (PLUT. *des oracles de la Pythie.*)

donne au ministre d'Apollon d'ouvrir le temple et de livrer au dieu la Pythonisse pâlissante.

La jeune et chaste Phémonoé, libre de soins, se promenait alors à l'ombre des forêts, au bord de Castalie. Le pontife la saisit, et l'entraîne jusqu'au vestibule du temple. Mais tremblant de toucher le seuil, elle a recours à la feinte, pour dissuader Appius du désir de l'interroger.

« O Romain! quelle ardeur imprudente te fait (dit-elle) chercher à pénétrer les secrets du sombre avenir? Cet antre est dès long-temps muet, et le dieu n'y rend plus d'oracles : soit que l'esprit qui l'animait se soit dissipé dans les airs; soit que depuis que les barbares (*a*) ont mis Delphes en cendres, Apollon ne daigne plus s'y cacher parmi des ruines; soit que le ciel le fasse taire, et qu'il juge que c'est assez des vers de l'antique Sibylle pour vous révéler vos destins; soit que ce dieu, qui dans tous les temps a banni de son temple les coupables mortels, ne trouve plus, dans nos jours malheureux, de bouche assez pure pour lui servir d'organe. »

Appius découvrit d'abord l'artifice de la prêtresse; et par ses menaces il lui fit avouer que le dieu était encore présent. Alors elle ceignit son front des bandelettes mystérieuses, se mit un voile blanc sur la tête, et entrelaça de lauriers ses cheveux épars et flottants. Le prêtre, qui la

---

(*a*) Brennus.

voit hésiter et pâlir, la pousse dans l'intérieur du temple. Mais frémissant de pénétrer jusque dans le sanctuaire, elle se tint sous la première voûte, et par un froid enthousiasme imitant l'inspiration, elle rendit un faux oracle : ruse offensante pour Appius, mais plus encore pour Apollon lui-même. Ce n'était point cette sainte fureur qui annonce que le dieu possède sa prêtresse ; ce n'était point ce murmure confus d'une voix étouffée et tremblante, ces paroles obscures et entrecoupées, ni ces sons effrayants dont l'éclat eût rempli la vaste profondeur de l'antre. On ne vit point ses cheveux hérissés secouer le laurier qui couronnait sa tête ; les voûtes du temple ne tremblèrent point, la forêt d'alentour demeura immobile ; tout annonça que la Pythie avait craint de se livrer au dieu qu'elle faisait parler.

Appius, qui ne voit pas même les trépieds émus, s'irrite, et dit à la prêtresse : « Impie, ta mort va me venger, et venger le dieu dont tu te joues, si à l'instant même tu ne consens à t'enfoncer dans l'antre prophétique, et si, interrogée sur le sort d'une guerre dont l'univers est menacé, tu n'attends pas pour me répondre que le dieu daigne t'inspirer. » La Pythonisse épouvantée se détermine enfin (4) à lui obéir. D'abord immobile sur le trépied, son sein se remplit du dieu nouveau pour elle. Tout ce que l'antre pouvait contenir de cet esprit qui depuis tant de siècles ne s'en était point exhalé, la pénètre et se répand en elle avec un impétueux effort. Jamais Apollon ne s'était emparé si pleinement du corps d'une mortelle. L'ame unie à ce corps fragile en est chassée; le dieu la force à le lui céder. Éperdue et hors d'elle-même, la Pythie errait dans son antre, roulant sa tête échevelée, et secouant sur son front hérissé les lauriers dont il était ceint. Elle renverse les trépieds qu'elle recontre sur son passage ; le feu divin bouillonne dans ses veines; elle porte dans son sein Apollon furieux; et tandis qu'il emploie à l'irriter ses fouets invisibles, ses aiguillons de flamme, il lui met un frein qui la dompte, et il s'en faut bien qu'il lui laisse prédire tout ce qu'il lui laisse prévoir. Les âges se présentent en foule, et ce long amas d'événemens accable ses faibles esprits : tant ce tableau de l'avenir est vaste, et tant les siècles accumulés s'empressent de paraître au jour ! Les destins semblent lutter au passage, et se disputer la voix qui doit les annoncer. Rien n'échappe à la vue de la Pythie, ni le premier jour du monde, ni le dernier, ni l'étendue de l'Océan, ni le nombre de ses grains de sable. Mais telle qu'on vit autrefois la Sibylle de Cume, dédaignant de répondre à la foule des peuples qui l'interrogeaient, se borner aux destins de Rome, les détacher du chaos de l'avenir, et les tracer d'une main libre et sûre; telle ici la prêtresse de Delphes, se bornant à prédire le sort d'Appius, le cherche longtemps, et le démêle à peine dans la multitude innombrable des grands destins qui lui sont offerts. L'écume alors découle de ses lèvres; sa voix s'exhale en gémissements; bientôt elle éclate en murmure; ses hurlements font retentir les voûtes de l'antre sacré; et succombant au dieu qui la domine, elle prononce enfin ces mots. « Romain, je te vois échapper aux coups menaçants d'une guerre où se décide le sort du monde. Seul, à l'abri de ces grands revers, au fond d'un vallon de l'Eubée, tu jouiras d'un plein repos. » Elle supprima tout le reste, et Apollon lui étouffa la voix.

Dépositaire des destins (5), dieu confident des secrets du monde et gardien de la vérité, toi, à qui le ciel n'a pas voulu cacher un seul jour du sombre avenir, pourquoi craindre de révéler le décret de notre ruine, la mort des rois, le massacre des chefs, le carnage de tant de peuples, de qui le sang va se mêler avec des flots de sang romain? Est-ce que les dieux n'ont pas encore résolu ces grands attentats, et que les astres, qui balancent à condamner la tête de Pompée, tiennent les destins en suspens! ou bien veux-tu, par ton silence, favoriser le meurtre de César, l'expiation de ses forfaits, et le retour du pouvoir légitime aux mains des Brutus, nos vengeurs?

La Pythonisse alors enfonce avec son sein les portes du temple, et s'en élance. Comme elle n'a pas tout révélé, sa fureur n'est point épuisée;

le dieu qu'elle n'a pu chasser, la possède et l'agite encore. Elle roule des yeux furibonds, et son regard vague et rapide erre dans l'espace du ciel. Tantôt son visage est glacé, tantôt menaçant et terrible ; il n'est pas deux instants le même, tour-à-tour couvert d'une pâleur livide et d'une brûlante rougeur. Mais sa pâleur n'est pas celle que cause le saisissement de l'effroi, elle est effrayante elle-même. Son sein, soulevé par de violents soupirs, ressemble aux vagues qui se balancent avec un triste et profond murmure, long-temps après que le fougueux Borée a fait enfler les eaux de l'Océan. Mais du moment qu'elle repasse de cette lumière céleste, qui l'éclairait sur le sort du monde, à la clarté faible et commune qui conduit les simples mortels, elle se sent tout-à-coup enveloppée de ténèbres : Apollon commande à l'Oubli de s'emparer de son ame, et d'en effacer la trace des secrets de l'avenir. La vérité chassée du sein de la Pythie se retire vers les trépieds, et à peine la malheureuse Phémoné a repris ses sens, qu'elle succombe et qu'elle expire.

Le Crédule Appius, séduit par l'ambiguïté de l'oracle, ne fut point effrayé des approches de la mort qui le menaçait. Il ne songea qu'à s'établir aux champs de l'Eubée, dans les murs de Chalcis, et loin des troubles qui partageaient le monde. Insensé ! quel était ton espoir ? et quel autre dieu que la mort pouvait te garantir du choc de cette guerre, et te mettre à l'abri des maux dont tout l'univers gémissait? Oui, tu reposeras en paix; mais le tombeau sera ton asyle : il t'attend au bord de l'Euripe, sur le rivage opposée à celui de l'Élide, si funeste aux Grecs assemblés (*a*).

Cependant César revenait vainqueur des plaines de l'Ibère, et portait ses aigles triomphantes en de nouveaux climats, lorsqu'au milieu de ses prospérités il vit le moment où les dieux en allaient rompre à jamais le cours. Ce chef, que la guerre n'avait pu dompter, fut prêt à perdre au milieu de son camp le fruit de tous ses attentats (*b*). Le soldat, à regret fidèle, et las de servir ses fureurs, avait résolu de l'abandonner : soit que le silence des trompettes eût donné aux esprits le temps de se calmer, et que l'épée refroidie dans le repos se refusât aux horreurs de la guerre; soit que l'avarice des troupes demandant un plus haut salaire, leur eût fait condamner un crime infructueux, et mettre à prix leurs glaives déja souillés de sang.

Jamais César (6) n'avait mieux éprouvé combien peu solide et peu stable était le faîte des grandeurs, d'où il voyait à ses pieds le monde, et quels faibles appuis étayaient son pouvoir frêle

---

(*a*) Où la flotte d'Agamemnon eut tant de peine à obtenir les vents.

(*b*) A Plaisance. César ni Plutarque ne parlent point de cette révolte; mais voyez *Appien*, *liv.* 2, *des Guerres civiles*.

et chancelant. Semblable à un corps mutilé dont on a retranché les membres, et réduit presque à son épée, lui qui venait de voir marcher tant de peuples sous ses drapeaux, il apprit que les glaives, une fois tirés, appartenaient aux soldats, et non pas au chef. Ce n'est plus un murmure timide, ni un ressentiment caché au fond des cœurs : cette crainte qui réprime les mouvements séditieux d'une populace irritée, et qui la fait trembler devant ceux qui auraient tremblé devant elle, la crainte où chacun est pour soi, de se trouver seul révolté contre le joug de la tyrannie, n'arrête pas ici les mutins : toute l'armée, avec la même audace, a secoué le frein de l'obéissance ; et quand le crime est celui du grand nombre, il est sûr de l'impunité. Les soldats se répandirent donc en murmures et en menaces. « Laisse-nous (7), César (dirent-ils), laisse-nous enfin nous soustraire à ta rage. Tu ne cherches par mer et par terre que des mains pour nous égorger. Tu nous abandonnes, comme une vile proie, au premier ennemi qui se présente. La Gaule t'a enlevé une partie de tes légions ; une autre partie a succombé aux durs travaux de la guerre d'Espagne ; une autre est couchée dans l'Hespérie : ainsi, dans tous les pays du monde, nous te faisons vaincre, et tu nous fais périr. Que nous revient-il d'avoir arrosé de notre sang les campagnes du Nord et fait couler le Rhône et le Rhin sous tes lois ? Pour récompenses de tant de guerres tu nous donnes la guerre civile! et quel en est pour nous le fruit? Quand nous t'avons livré notre patrie, après en avoir chassé le sénat, de quel palais ou de quel temple nous as-tu permis le pillage? Il n'est point de forfaits que nous n'ayons commis : nos armes, nos mains sont criminelles; notre pauvreté seule nous déclare innocents. Où se borneront nos travaux? et quand diras-tu, c'est assez, si pour toi, c'est trop peu de Rome? Vois nos cheveux blanchis, vois nos mains défaillantes, vois nos corps épuisés de sang. Le peu de vie qui nous reste se consume dans les combats. Permets à des vieillards d'aller mourir en paix. Que te demandons-nous enfin? A ne pas tomber de défaillance sur le revers d'une tranchée, à ne pas rendre les derniers soupirs sous le casque, à chercher une main qui nous ferme les yeux, à expirer dans le sein d'une épouse, arrosés de ses larmes, et sûrs d'avoir chacun notre bûcher. Souffre du moins que la maladie termine notre vieillesse; qu'il y ait sous César une autre mort que celle que donne le fer. Sous quels appas crois-tu nous cacher les forfaits où tu nous destines? Et de tous les crimes de la guerre civile ne savons-nous pas quel est celui qui serait payé le plus cher? Tu nous a vus dans les combats, tu sais de quoi nous sommes capables; n'en est-ce point assez? Faut-il encore t'apprendre qu'il n'est rien de sacré pour nous? et connais-tu quelque devoir, quelque lien (8) qui nous retienne? Sur le Rhin, César fut notre chef; il est ici notre compagnon. Le crime rend égaux tous ceux qu'il associe. Et à quoi bon nous sacrifier pour un ingrat qui méconnaît la valeur et le zèle? Tout ce que nous faisons, il l'attribue au sort, et il l'appelle sa fortune. Qu'il sache à la fin que c'est nous qui sommes pour lui le sort. Il a beau se flatter que tous les dieux lui seront soumis et dociles; s'il n'a plus le soldat pour lui, le voilà réduit à la paix. »

Après ce discours, ils commencent à se répandre dans le camp; et d'un air insultant, ils déclarent qu'ils ne veulent plus de César pour leur chef. Justes dieux, faites qu'ils persistent! puisqu'il n'y a plus dans les cœurs ni piété, ni bonne foi, et que la perte des mœurs est notre unique ressource; faites que la discorde et la licence éteignent les feux qu'elles ont allumés!

Quel chef n'eût pas été effrayé d'une révolte si générale et si prompte? Mais César, qui se fait une joie de suivre sa destinée à travers des précipices, et d'exercer sa fortune à vaincre les plus grands périls, César se présente; et sans daigner attendre que l'emportement du soldat s'appaise, il se hâte de le surprendre dans tout l'accès de sa fureur. Si son armée lui eût demandé le pillage des villes, des temples, du capitole même; si elle eût voulu qu'on lui livrât les mères et les femmes des sénateurs; César y eût consenti : tout ce qui est violent et cruel lui convient; c'est le droit, c'est le prix de la guerre. Il ne craint de trouver dans les ames que la raison et l'équité. Quoi, César, tu n'as point de honte de chérir une guerre que tes soldats détestent! ils sont plutôt que toi rassasiés de sang! le droit de l'épée leur est odieux; et toi seul, par toutes les voies, tu suis tes violents projets! Commence à te lasser du crime; consens à te voir désarmé. Qu'espères-tu, cruel? A quoi veux-tu forcer ces malheureux qui te résistent? C'est la guerre civile qui se refuse à toi.

César (9) parut sur une éminence avec un visage intrépide; et inaccessible à la crainte, il mérita de l'inspirer. Il parle, et adresse aux soldats ces mots dictés par la colère.

« Celui qu'absent vous menaciez de l'œil et de la main, soldats, il est présent : le voilà sans défense; et le sein découvert, il s'expose à vos coups. Si vous voulez finir la guerre, en voici le moyen : frappez; c'est ici qu'en fuyant il faut laisser vos épées. Une sédition qui n'ose rien de grand, n'annonce que des lâches qui sont las de marcher sous un chef invincible, et ne demandent qu'à s'enfuir. Retirez-vous, et me laissez accomplir sans vous mes destins. Bientôt ces armes trouveront des mains dignes de les porter. A peine vous aurai-je chassés, que la fortune va m'offrir autant de soldats qu'il vaquera de glaives. Pompée trouve dans sa fuite des peuples nombreux empressés à le suivre; et à moi, la victoire ne

LIVRE V. 247

me donnerait pas une foule d'hommes obscurs, pour recueillir les fruits d'une guerre dont le succès est décidé! On les verra, ces heureux étrangers, sans avoir reçu de blessures, chargés des dépouilles du monde, de ces dépouilles qui devaient être le prix de vos travaux, suivre mes chars couverts de lauriers. Et vous, vieillards blanchis sous mes enseignes, et dont la guerre a épuisé le sang, confondus avec la populace de Rome, vous serez, comme elle, spectateurs oisifs de mon entrée triomphante. Vous flattez-vous, par votre fuite, de retarder le cours de mes succès, et d'avoir donné quelque poids à ma fortune et à ma puissance? Non, non, les dieux ne s'abaissent pas jusqu'à s'occuper de votre salut ou de votre perte. Le monde est subordonné au destin des grands, et le genre humain ne vit que pour un petit nombre d'hommes. Les mêmes soldats qui sous moi ont fait trembler le couchant et le nord, seraient en fuite sous Pompée. Labiénus était un héros dans mes armées; à présent c'est un vil transfuge (*a*), qui parcourt la terre et les mers avec le chef qu'il ma préféré. Et ne croyez pas que je vous sache gré d'être

---

(*a*) Dès le commencement de la guerre civile, Labiénus, ami de César et son lieutenant dans la guerre des Gaules, l'abandonna, et suivit Pompée. César lui renvoya son argent et son bagage, qu'il avait laissés. (PLUTARQ. *Vie de Jules-César.*)

moins parjures que lui, en ne portant les armes ni pour ni contre moi. Celui qui abandonne mes drapeaux ne m'est plus rien, qu'il suive ou non les drapeaux de Pompée. Ah! je reconnais la protection des dieux, au soin qu'ils ont pris de ne pas m'exposer à de nouveaux combats, avant d'avoir changé d'armée. Et de quel poids mon heureux destin me soulage, en me donnant lieu de désarmer et de renvoyer sans aucun salaire, des hommes qui devaient tout attendre de moi, et que la dépouille du monde aurait à peine récompensés! C'est pour moi désormais que je ferai la guerre. Sortez de mon camp, lâches Romains, laissez porter mes drapeaux à des hommes. Je ne retiens que le petit nombre des auteurs de la trahison; et je les retiens, non pour me servir, mais pour subir la peine de leur crime. A genoux, perfides (dit-il à ceux-ci); prosternez-vous, et dans la poussière tendez la tête au fer vengeur. Et vous, jeune milice qu'on n'a point corrompue, et qui dès-à-présent faites la force de mes armes, regardez le supplice des traîtres : apprenez à frapper, apprenez à mourir (a). »

(a) *His auditis in legione ipsâ (nonâ scilicet, undè ortum est seditionis initium) fuit comploratio; tribuni verò supplices rogabant veniam. Cæsar œgrè cunctanterque exhortatus, hactenùs tamen pœnam remisit, ut ex centum et viginti solis, qui præcipui seditionis autores videbantur, sorte in duodecim ductos animadverteret. Ex his duodecim unum compertum*

Toute l'armée tremble à sa voix menaçante. Cette multitude d'hommes armés ont la faiblesse de craindre un homme qu'il dépend d'eux de rendre leur égal. Il semble qu'il commande aux épées, et que le fer, dans la main des soldats, lui obéisse en dépit d'eux. Il ne laissait pourtant pas de craindre que les troupes ne s'opposassent au châtiment qu'il ordonnait. Mais leurs soumission passa son espérance. Il ne demandait que leurs glaives, ils lui présentèrent leur sein. César n'avait garde de vouloir perdre des hommes endurcis au crime; il n'en fit mourir qu'un petit nombre. Leur sang fut le sceau de la réunion; et, par cet exemple, la révolte appaisée fit tout rentrer dans l'ordre et le devoir.

César ordonne à ses troupes de se rendre en diligence à Brundusium, et d'y rassembler tous les vaisseaux répandus sur cette côte de l'Italie. Cependant il marche vers Rome, où la frayeur l'a devancé. Quoique sans escorte, il est en assurance. Rome avait appris dès long-temps à fléchir devant la toge pacifique. Il se montre facile et bon envers le peuple qui l'implore; mais il se nomme dictateur lui-même, et marque nos fastes par son consulat. Et quel titre eût mieux désigné l'an du désastre de Pharsale? Pour que rien ne manque au droit des armes, il réunit dans ses

---

est abfuisse seditionis tempore; pro quo Cæsar Centurionem occidit qui eum detulerat. (APPIAN. de Bell. civ. lib. 2.)

mains les haches et l'épée, les aigles et les faisceaux; et sous le nom vague d'*Empereur* (*a*), il s'atribue tout le pouvoir d'un maître. Ce fut pour lui qu'on inventa tous ces titres menteurs, dont nous avons flatté l'orgueil de nos tyrans. On feint, pour son élection, de tenir les comices, d'assembler les tribus, et de recueillir les suffrages. Mais il défend de consulter les auspices. Le ciel a beau tonner, l'augure est sourd; il donne même pour un heureux présage le vol des oiseaux qui jamais n'ont annoncé que des malheurs. Dès-lors tomba sans force et sans honneur cette dignité consulaire, si révérée chez nos aïeux. Le consulat ne servit plus qu'à distinguer l'année dans nos fastes. On ne laissa pas de célébrer avec la pompe accoutumée la fête de Jupiter latin; et Rome, qu'il avait si mal protégée, ne lui en offrit pas moins ses sacrifices et ses vœux dans une nuit resplendissante (*b*).

César, après cette solennité, prend sa course à travers les campagnes de la Pouille, que le laboureur fugitif a livrées aux ronces et aux herbes

---

(*a*) *Empereur* ne signifiait alors que *généralissime des armées*.

(*b*) *His rebus, et feriis latinis, comitiisque omnibus perficiundis undecim dies tribuit, dictaturâque se abdicat, et ab urbe proficiscitur, Brundusiumque pervenit. Eò legiones duodecim, equitatum omnem venire jusserat.* (Cæs. de Bell. civ. lib. 3.)

sauvages. Il les traverse avec la rapidité de la flamme du ciel, ou d'une tigresse qui poursuit à la trace le ravisseur de ses petits.

En arrivant à Brundusium, il trouve la mer soulevée par les vents orageux du nord, et ses troupes épouvantées des périls qu'elle présentait. Il parut honteux à César de perdre le temps de la guerre dans une lâche oisiveté, et de se tenir enfermé dans un port, tandis que la mer était libre, et praticable même pour des vaisseaux moins heureux que les siens. Pour encourager ses soldats qui n'étaient point accoutumés à ces dangers, il leur fit entendre que si les vents de l'hiver s'emparaient du ciel et de l'onde avec plus de force, ils y régnaient aussi avec plus de constance que les vents du printemps, qui suivaient les caprices de cette perfide saison. « Nous n'avons pas (dit-il) à suivre les détours d'une mer engagée dans les replis de ses rivages. Notre route est droite, et ne demande que le souffle de l'Aquilon. Que ce vent se lève et qu'il enfle les voiles, il va nous porter sur les bords de la Grèce, sans donner aux vaisseaux ennemis le temps de traverser les miens. Hâtons-nous, amis, de rompre les liens qui nous enchaînent sur ces bords. Ce temps, qui vous semble orageux, nous sera favorable ; nous le perdons dans le repos. »

Le soleil s'était plongé dans l'onde ; les premières étoiles perçaient l'azur du ciel, et les corps éclairés par l'astre de la nuit commençaient à jeter leur ombre, quand toute la flotte (*a*) à-la-fois, dénouant ses câbles et déployant ses voiles, se livre aux vents qui vont l'abandonner. A peine un souffle léger commence à soulever les voiles, quand tout-à-coup elles s'affaissent et retombent sur les mâts. Les flots sont enchaînés dans un calme profond. L'eau des marais est moins dormante. On croit voir la surface immobile du Bosphore, quand l'hiver suspend le cours du Danube, que la glace couvre le vaste sein de l'onde, et que l'Hellespont, impraticable aux voiles, offre un chemin solide aux coursiers de la Thrace et aux chars sur lesquels les peuples de l'Hémus vont chercher de plus doux climats. Au silence affreux de ces eaux languissantes, on dirait que la nature engourdie a perdu ses forces, et que l'élément liquide a oublié son mouvement. On ne voit pas même frémir la surface des eaux, ni trembler l'image brillante de l'astre qu'elle réfléchit.

La flotte ainsi retenue était exposée à mille dangers. Les galères ennemies pouvaient l'environner et l'assaillir, en sillonnant l'onde à la rame. La faim, plus redoutable encore, pouvait l'assiéger dans ce long repos. Ce nouveau genre de péril produit des vœux non moins étranges. On

---

(*a*) Selon Appien, César embarqua sept légions et six cents cavaliers d'élite ; mais César ne dit que vingt mille hommes d'infanterie et six cents hommes de cavalerie.

va jusqu'à souhaiter que les vents se déchaînent et que les flots s'irritent, pourvu qu'ils se dégagent de ce morne engourdissement. On veut bien retrouver une mer furieuse, pourvu que ce soit une mer. Cependant on ne voit au ciel aucun nuage, on n'entend sur l'humide plaine aucun murmure menaçant. Dans les airs, sur les eaux, une triste langueur ne laisse pas même espérer un naufrage. Mais quand la nuit fit place à la lumière, un nuage obscurcit le soleil naissant : la mer s'ébranle et se balance, le sommet des montagnes d'Épire chancelle aux yeux des matelots : la flotte commence à se mouvoir; et, à la faveur des vents et des ondes, elle aborde auprès de Paleste (a).

Le premier champ de bataille où Pompée et César furent en présence, est environné par le tranquille Apsus et par le rapide Genuse. L'Apsus coule lentement, et porte de légères barques; le Genuse est souvent débordé par les neiges que fond la pluie ou le soleil; mais ni l'un ni l'autre ne fait de longs détours. Ils n'ont à parcourir qu'un très-petit espace, depuis leur source jusqu'à la mer. Ce fut dans les champs qu'ils arrosent que la fortune voulut voir entrer en lice

---

(a) *Pridiè nonarum Januarii naves solvit.... et portus omnes timens, quos teneri ab adversariis arbitrabatur, ad eum locum qui appellatur Pharsalus, omnibus navibus ad unam incolumibus, milites exposuit.* (Cæs. de Bell. civ. lib. 3.)

deux fameux rivaux. Ce malheureux monde espérait qu'en se voyant à si peu de distance, ils détesteraient leurs fureurs : car de l'un à l'autre camp l'on pouvait distinguer les traits du visage et les sons de la voix; et César, depuis son alliance avec Pompée, depuis la mort de sa fille et de son petit-fils (*a*), ne vit jamais de si près son gendre, si ce n'est, hélas! sur les sables du Nil.

Quelque ardeur que César eût pour les combats, ce qu'il avait laissé de son armée en Italie l'obligea de suspendre le cours de ses fureurs. Ces troupes, qui devaient le suivre, avaient à leur tête l'audacieux Antoine (*b*), qui dans cette guerre s'exerçait sous César à disputer l'empire du monde. César impatient l'appelle, et se répand en prières et en menaces. « Viens (lui dit-il), je touche au terme de mes vœux : cette guerre que j'ai poussée par les plus rapides succès, n'attend que toi pour l'achever. Est-ce en Libye que je t'ai laissé? Sommes-nous séparés par les écueils des Syrthes? Personne, avant toi, n'a-t-il osé franchir cet étroit passage? et te fais-je courir des dangers inconnus? Lâche, César ne te demande pas de le devancer, mais de le suivre. Je te trace la route, j'aborde le premier sur une plage étran-

---

(*a*) *Atque omnia, inter destinatos tanto discrimini duces, dirimente fortunâ, filius quoque parvus Pompeii, Juliâ natus, intra breve spatium obiit.* (VELL. PATERC. lib. 2. c. 47.)

(*b*) **M. Antonius.**

gère, au milieu de mes ennemis. Est-ce donc la vue de mon camp qui t'effraie? Je parle en vain, mes vœux se perdent à travers les vents et les eaux. Le moment de remplir mes destins m'échappe. Ah! du moins cesse de retenir mes troupes qui ne demandent qu'à passer les mers. Si je connais bien cette brave jeunesse, elle voudrait, fût-ce par un naufrage, se jeter aux bords où je suis. » Après avoir cent fois répété ces plaintes : « Non (dit-il), ce ne sont pas les dieux qui m'abandonnent; c'est moi qui tarde à seconder les dieux. » Alors il prend la résolution de risquer lui-même, au milieu de la nuit, le passage qu'Antoine et les siens n'osent tenter. Il a souvent éprouvé que le ciel favorise les téméraires; et cette mer, que redoutent les flottes, il espère la dompter seul sur un esquif frêle et léger.

Le calme de la nuit a dissipé les soins pénibles des combats. Cette foule de malheureux que la guerre assemble, goûtent les douceurs du repos; et plus leur condition est humble, plus leur sommeil est profond. Tout le camp est tranquille, et la seconde veille a vu renouveler la garde de la nuit. César, dans son inquiétude, marche au milieu de ce vaste silence, et va faire lui-même ce qu'il n'eût pas voulu commander à l'un de ses esclaves. Il n'emmène personne, et ne veut avec lui pour compagne que sa fortune. Il s'avance au-delà des tentes, et passant à travers les gardes endormies, il gémit de voir que l'on peut les surprendre. Il suit les détours du rivage, et rencontre une barque attachée à des écueils que la mer a creusés. Non loin de là, le conducteur de la barque avait sa cabane. Ni la pierre, ni le bois n'en composaient l'humble structure; c'était une cloison de canne qui soutenait un toit de jonc; et quand la barque était à sec, mise en travers du côté du vent, elle protégeait l'édifice. César frappe à coups redoublés; le nocher Amyclas (10) se réveille, et se lève de son lit d'algue, où il reposait mollement. « Qui frappe (dit-il)? est-ce quelqu'un qui a fait naufrage, ou que son malheur oblige à venir implorer mon assistance? » En disant ces mots, il ranime quelques étincelles de feu, et son souffle en tire la flamme. Au milieu du tumulte des armes il est sans crainte, il sait que les cabanes ne sont point un appât pour la guerre civile. O doux avantage de la pauvreté, d'avoir pour compagne la paix! ô sûreté d'un humble asyle! présent des dieux, dont les mortels n'ont pas encore senti le prix! Quel est le rempart, quel est le temple où César eût frappé sans y jeter l'effroi? Amyclas ouvre, et César lui dit : « Forme des vœux, étends tes espérances loin au-delà de ta condition : mes bienfaits passeront encore tes espérances et tes vœux, si tu fais ce j'attends de toi, si tu me rends au bord de l'Italie. Tu ne seras plus réduit à tirer ta subsistance de ta barque, et à traîner ta vieillesse indigente dans un travail ingrat et rigoureux. Confie-toi aux soins d'un dieu qui vient dans ton asyle obscur verser tout-à-coup l'abondance. » Ce langage (11) ne convenait pas au vêtement vil que César avait pris; mais il ne pouvait se forcer à parler en homme vulgaire. Le pauvre Amyclas lui répond : « Il y a bien du risque et de l'audace à s'exposer cette nuit sur la mer. La clarté pâle et trouble du soleil couchant, la rougeur de la lune à son lever, le bruit des vents dans les forêts et des flots contre le rivage, tout m'annonce une nuit orageuse, et me défend de m'embarquer; mais si de grands intérêts vous appellent sur l'autre bord, vous pouvez disposer de moi. Je vous passerai, ou les vents et les flots rendront le trajet impossible. » A ces mots il détache la barque, et présente la voile au vent (a).

Bientôt le ciel se trouble et s'obscurcit, d'épaisses ténèbres couvrent le sein des eaux, la vague à longs replis s'élève et se balance, et la tourmente annonce que la mer a conçu les vents dans son sein. « Voyez-vous (dit alors Amyclas) quel horrible temps nous menace? Tous les vents vont se déchaîner; nous n'avons pas même l'espoir d'aller échouer aux côtes d'Italie. Le seul qui nous reste est de regagner le bord d'où nous sommes partis. Laissez-moi retourner en arrière, de peur que le port, qui est encore assez proche, ne soit trop loin de nous dans un moment. »

(a) La barque était à l'embouchure de la rivière d'*Anius*.

« Va (lui dit le héros), ne crains rien : c'est César que tu portes, c'est lui qui te protége; et la Fortune, qui l'éprouve, ne l'a jamais abandonné (*a*). » Il achevait à peine, un tourbillon rapide (12) ébranle la poupe, rompt les cordages, enlève et fait voltiger la voile au-dessus du fragile mât. La barque gémit sous le coup, et ses flancs, prêts à s'entr'ouvrir, crient sous l'effort de la vague. Alors tous les périls ensemble fondent sur le héros, tous les vents viennent l'assaillir. Ce fut toi, Corus, qui le premier élevas ta tête du sein de la mer atlantique. Le volume immense des flots soulevés t'obéissait, et allait se briser contre le rivage, quand le froid Borée s'élance et les repousse : la mer, entre vous suspendue, ne sait auquel des deux céder. Mais vient l'Aquilon furieux, qui emporte les flots roulés sur eux-mêmes, et laisse le sable à découvert. Aucun de ces vents ne parvient à pousser jusques au bord les vagues qu'il entraîne; elles se brisent contre les vagues que pousse le vent opposé; et quand les vents s'appaiseraient soudain, les flots se heurteraient encore. Il semble que des fougueux enfants d'Éole aucun ne soit resté dans ses antres profonds. Cha-

---

(*a*) *Tunc consul, capite retecto, exclamat : Perge contra tempestatem forti animo : Cæsarem fers et fortunam Cæsaris.* (APPIAN. de Bell. civ. lib 2.) Plutarque dit la même chose; mais César, dans ses Commentaires, ne parle point de cette aventure.

cun d'eux défend ses rivages ; et, grâce à leurs efforts contraires, la mer se contient dans son lit. Jamais les rochers qui la bordent n'avaient vu ses eaux s'élever avec tant de fureur et de violence. On croit revoir le temps où le dieu souverain du ciel, las de lancer la foudre sur la terre, remit nos crimes à punir au trident du dieu des eaux, et lui céda pour quelques jours une partie de son empire. La mer alors ne reconnut d'autres limites que les cieux. Peu s'en fallut qu'il n'en fût de même dans cette nuit dont les ténèbres retraçaient la nuit des enfers. L'air s'affaisse, la mer s'élance, et le flot va dans les nuages se grossir de nouvelles eaux. Cette horreur profonde n'est pas même éclairée par les terribles feux de la foudre ; ils sont éteints aussi-tôt qu'allumés dans l'humide épaisseur de l'air. Au bruit du tonnerre et des flots, au choc des vents et des tempêtes, les voûtes du ciel sont ébranlées, et du monde chancelant sur son axe les deux pôles semblent fléchir. La nature bouleversée frémit de rentrer dans le chaos. On eût dit que les éléments avaient rompu leur alliance, et qu'on allait revoir ce ténébreux mélange, où étaient confondus les cieux et les enfers.

Le seul espoir de salut qui reste à César, c'est de voir que le monde n'a pas encore péri dans ce combat des éléments. Quand la barque est portée sur la croupe des flots, il voit l'abyme au-dessous de lui ; et lorsque la barque se précipite dans le vaste sillon des ondes, à peine la cime du mât paraît-elle au-dessus des eaux. Tantôt les voiles sont dans les nuages, et tantôt la carène touche au sable de la mer; car toute la masse des eaux, divisée en monceaux d'écume, laisse leur intervalle à sec.

Le nocher tremblant a bientôt épuisé toutes les ressources de l'art; il ne sait plus auquel des vents il doit résister ou obéir. Heureusement leur discorde même rendait leurs efforts inutiles. Les flots qui auraient renversé la barque, trouvaient un obstacle dans les flots contraires. Si une vague la fait pencher, une autre vague la relève : on dirait que les vents la portent sur leurs ailes; et leur choc la tient suspendue au-dessus de tous les écueils.

César (13) reconnut enfin des dangers dignes de son courage. « Eh quoi (dit-il)! est-ce pour les dieux un si grand travail que de perdre un homme? et faut-il soulever les mers pour submerger un fragile esquif? Si je dois trouver sous les eaux la mort que j'affrontais dans les combats, je la reçois d'un visage intrépide, telle que le ciel me l'envoie; et, quoique ma fin prématurée interrompe de grands desseins, j'aurai peut-être assez fait pour ma gloire. J'ai dompté les peuples du Nord, la crainte a mis à mes pieds leurs armes; Rome m'a vu au-dessus de Pompée; j'ai forcé le peuple à être juste, et à m'accorder les faisceaux, qu'il m'avait long-temps refusés. L'État n'a point de dignités dont les titres ne me décorent. O Fortune, à qui seule j'ai confié mes vœux, fais que personne que toi ne sache que César, au comble des honneurs, César, dictateur et consul, est mort comme un homme privé! Non, grands dieux! je ne veux point de funérailles; retenez seulement au milieu des flots les débris de mon corps déchiré. Je renonce aux honneurs du bûcher et de la sépulture, pourvu qu'on me craigne sans cesse, et que sans cesse on tremble de me voir reparaître de tous les bouts de l'univers. » Comme il parlait ainsi, ô prodige incroyable! une vague enlève la barque, et au lieu de l'engloutir, va la poser au bord de l'Épire, sur une plage unie et sans écueils. En touchant la terre, il recouvre à-la-fois ses conquêtes et sa fortune, et tant de villes qu'il avait prises, et tant d'États qu'il avait soumis.

Mais alors le jour commençait à luire, et le retour de César dans son camp ne fut pas aussi inconnu que sa fuite. Ses amis l'environnèrent les yeux en larmes, et lui adressèrent des plaintes dont il ne fut pas offensé (*a*) : « Cruel (14), lui dirent-ils, où t'emportait une audace si téméraire; et à quoi nous réservais-tu, nous dont la vie est si peu de chose, quand tu donnais à la mer en furie le corps de César à déchirer? Non, ce n'est pas vertu, c'est inhumanité, d'exposer une vie d'où

(*a*) *Voyez* Plutarque, (*Vie de Jules-César.*)

dépend celle de tant de peuples; de courir à ta perte quand tu fais leur salut; et de dévouer à la mort le chef que s'est donné le monde. Est-ce qu'aucun des tiens n'a mérité de ne pas te survivre? Quoi, tandis que la mer t'emportait loin de nous, tu nous laissais plongés dans un lâche sommeil! Nous ne pouvons y penser sans honte. Ce qui t'avait déterminé, c'est que tu trouvais trop cruel d'exposer un autre que toi à une mer si furieuse : mais pourquoi t'y exposer toi-même? es-tu réduit à cette extrémité? L'excès du malheur peut engager les hommes dans les entreprises les plus hardies, dans les périls les plus évidents; mais toi, vainqueur et maître du monde, te rendre le jouet de la fureur des eaux, n'est-ce pas défier les dieux? C'est sans doute un présage bien éclatant du succès de tes armes, un gage bien certain de la faveur du ciel, et du soin que prend de toi la Fortune, que de te voir reporté par les flots sur le bord que tu avais quitté; mais est-ce à te sauver d'un naufrage que tu dois employer le secours des dieux, ce secours qui doit, si tu le veux, t'élever à l'empire du monde? »

Dans le moment même, le soleil, achevant de chasser les ombres de la nuit, amène un jour serein; et les vents, calmés par sa présence, laissent la mer appaiser ses flots. Dès qu'Antoine et les siens les virent applanis, et que Borée, épurant les airs, allait seul dominer sur l'onde, ils levèrent l'ancre; et la rame en cadence secondant la voile, la flotte s'avançait rangée sur la mer, comme une armée dans une vaste plaine; mais la nuit, qui fut orageuse, ne permit pas aux vaisseaux de se tenir ensemble et dans l'ordre qu'ils avaient pris.

Telle, quand les oiseaux du Strymon, chassés par l'hiver, quittent ce fleuve pour voler sur le Nil, la phalange qu'ils forment dans l'air, prend mille figures diverses. Mais si un vent trop violent frappe leurs ailes étendues, ils se dispersent et se rallient par pelotons confusément épars; et la figure qu'ils traçaient aux yeux, se dissipe comme un nuage.

Le vent devenu plus fort au lever du soleil, prit la flotte en poupe, et rendant inutile l'effort qu'elle fit pour aborder à Lisse, il la poussa dans le port de Nymphée (*a*).

Pompée, voyant que César avait rassemblé toutes ses forces, et qu'ils touchaient au moment fatal d'une bataille sanglante et décisive, résolut de mettre en sûreté ce qu'il avait de plus cher au monde, en envoyant Cornélie à Lesbos (*b*),

---

(*a*) A trois milles au-delà de Lisse.

(*b*) Pompée, à son retour de la guerre d'Asie, passant par l'île de Lesbos, avait affranchi Mitylène de toute espèce de tribut. Dans les jeux qu'il y vit célébrer, les poëtes, disputant le prix, chantaient à l'envi ses victoires. Ce fut sur le plan du théâtre de Mitylène qu'il fit bâtir le sien à Rome, mais plus grand et plus magnifique. (PLUT. *Vie de Jules-César.*)

loin du tumulte affreux des armes. Ah! qu'un saint amour (15) a de pouvoir sur les ames vertueuses! Oui, Pompée, le danger de ton épouse te rendait timide et tremblant à l'approche des combats. Ce fut elle qui te fit craindre de courir le dernier hasard qui menaçait Rome et le monde. Ton ame est préparée à de tristes adieux, mais ta voix s'y refuse encore. Tu te plais même à les différer, à dérober du moins quelques instants au sort cruel qui vous sépare.

Ce fut vers la fin de la nuit, quand le sommeil quittait leurs yeux, et que la tendre Cornélie pressait contre son sein le cœur de son époux, ce cœur plein de trouble et de peines; ce fut alors, qu'elle s'aperçut que, se refusant à ses chastes baisers, il détournait en soupirant son visage inondé de larmes. Frappée jusqu'au fond de l'ame, elle n'ose paraître l'avoir surpris versant des pleurs; mais il lui dit en gémissant : « Épouse plus chère pour moi que la vie, et non-seulement aujourd'hui que la vie m'est odieuse, mais dans mes jours les plus heureux, voici le moment que j'ai trop différé. Et que ne puis-je le différer encore! César, avec toutes ses forces, vient me présenter le combat. Il faut s'y résoudre. Rendez-vous à Lesbos. Pour vous Lesbos est un sûr asyle. Épargnez-vous d'inutiles prières. Ce que vous me demanderiez, je me le suis refusé à moi-même. Vous n'aurez pas long-temps à souffrir de mon absence : tout va bientôt se décider.

Quand les choses sont à leur comble, la révolution en est rapide et prompte. Quoi qu'il arrive, c'est assez pour vous du bruit de mes dangers, sans en être témoin vous-même. Si vous pouviez en soutenir la vue, j'aurais mal connu votre cœur. Le dirai-je enfin? J'aurais honte de passer avec vous de douces nuits sur un champ de bataille, et que les trompettes qui donneront l'alarme et le signal au monde, me surprissent entre vos bras. Pompée aurait trop à rougir d'être seul heureux au milieu des calamités de la guerre. Allez m'attendre loin des périls qui menacent tant de peuples et tant de rois. Si je succombe, soyez assez loin pour ne pas ressentir tout le poids de ma chûte; si je péris dans ma défaite, que la plus belle partie de moi-même survive à mon malheur; et si le sort m'oblige à fuir, pressé par un cruel vainqueur, qu'il me reste au moins un refuge.

Cornélie eut à peine la force de l'entendre et de soutenir l'excès de sa douleur. D'abord frappée comme de la foudre, elle perdit l'usage de ses sens. Enfin dès que sa voix put se faire un passage : Je ne me plains (dit-elle) ni des dieux, ni du sort. Ce n'est ni leur rigueur, ni celle de la mort qui rompt les nœuds d'un saint amour. C'est mon époux lui-même qui me chasse comme une femme répudiée; c'est la loi du divorce que je parais subir. Oui, hâtons-nous de nous séparer à l'approche de l'ennemi, appaisons par-là ton beau-père (16). O Pompée! est-ce ainsi que ma foi t'est connue? Crois-tu qu'il y ait pour moi au monde d'autre sûreté que la tienne? mon sort n'est-il pas dès long-temps inséparable du tien? Tu veux, cruel, qu'en m'éloignant de toi, je laisse ta tête exposée à la foudre, et à cette ruine effroyable dont l'univers est menacé! Tu parles d'un asyle assuré pour moi, dans le moment même où je t'entends faire des vœux pour cesser de vivre! Quelque résolue que je sois à ne pas me voir l'esclave de tes ennemis, et à te suivre dans la nuit du tombeau, ne vois-tu pas qu'en m'éloignant de toi, tu me forces à te survivre au moins le temps d'apprendre ton trépas? Tu fais plus, tu m'accoutumes à souffrir la vie, tu as la cruauté de m'apprendre à vaincre ma douleur! Pardonne, je crains d'y résister et de supporter la lumière. Que si les dieux daignent m'entendre, si le succès répond à mes souhaits, veux-tu que ta femme soit la dernière à se réjouir du bonheur de tes armes? Tu seras vainqueur; et moi, tremblante encore sur le rivage de Lesbos, je frémirai de voir arriver le vaisseau qui m'en portera la nouvelle! Que dis-je? ta victoire même pourra-t-elle me rassurer? n'aurai-je pas à craindre encore que dans un lieu écarté, César, me trouvant seule, ne m'enlève en fuyant? Le rivage qui servira d'exil à la femme du grand Pompée, ne sera que trop célèbre. Qui ne saura que c'est à Lesbos que tu auras voulu me cacher? Ah! je t'en conjure, pour dernière grâce, si le sort des armes ne te laisse d'autre ressource que la fuite, en cherchant ton salut sur les mers, éloigne-toi des bords où je serai, et choisis un plus sûr asyle. » En parlant ainsi, elle se lève éperdue; et pour ne pas prolonger le tourment de son départ, elle s'arrache (17) des bras de Pompée, et se refuse la douceur de le presser encore une fois dans les siens. Ce dernier fruit d'un si constant amour fut perdu pour l'un et pour l'autre. Ils abrègent leurs plaintes, ils étouffent leurs soupirs, et aucun des deux, en s'éloignant, n'a la force de dire adieu. Ce fut le plus triste jour de leur vie; car leur ame endurcie au malheur soutint courageusement tout le reste.

Cornélie tombe en faiblesse entre les bras de ses esclaves. Ses esclaves la portent jusqu'au bord de la mer. Mais là, se jetant sur le sable, elle embrasse, en pleurant, ce rivage chéri, et semble vouloir s'y attacher. On l'entraîne enfin sur le vaisseau, et à l'instant le vaisseau s'éloigne. Hélas! ce n'était pas ainsi qu'elle avait quitté sa patrie, dont César s'était emparé. Fidèle compagne de Pompée, tu t'en vas seule, tu le laisses, lui-même il t'oblige à le fuir. Oh! quelle nuit va suivre son départ! Pour la première fois seule et sans époux, dans un lit baigné de ses larmes, peut-elle y trouver le repos qu'elle goûtait à ses côtés? Combien de fois, dans le sommeil, ses mains errantes et trompées, croyant l'embrasser, n'embrassèrent qu'une ombre! Combien de fois, oubliant sa fuite, elle le chercha vainement! Elle ne prévoit que les maux de l'absence ; elle ne craint que de se voir long-temps séparée de son époux. Ah, malheureuse Cornélie, les dieux ne vont que trop presser l'instant qui doit te réunir à lui !

EXCERPTA
EX LIBRO QUINTO.

(1) UT primùm mœstum tenuere silentia cœtum,
Lentulus è celsâ sublimis sede profatur:
Indole si dignum Latiâ, si sanguine prisco
Robur inest animis, non quâ tellure coacti,
Quamque procul tectis captæ sedeamus ab urbis
Cernite; sed vestræ faciem cognoscite turbæ;
Cunctaque jussuri, primum hoc decernite, Patres,
Quod regnis populisque liquet, nos esse senatum.
.... Tarpeiâ sede perustâ
Gallorum facibus, Veios habitante Camillo,
Illic Roma fuit.........................
Ordine de tanto quisquis non exultat, hic est.
Ignaros scelerum, longâque in pace quietos
Bellorum primus sparsit furor: omnia rursùs
Membra loco redeunt. En totis viribus orbis
Hesperiam pensant superi; jacet hostis in undis
Obrutus Illyricis; Libyæ squalentibus arvis
Curio Cæsarei cecidit pars magna senatûs.
Tollite signa, duces; fatorum impellite cursum;
Spem vestram præstate deis; fortunaque tantos
Det vobis animos, quantos fugientibus hostem
Causa dabat.

(2) Quis latet hìc superûm? Quod numen ab æthere pressum
Dignatur cæcas inclusum habitare cavernas?
Quis terram cœli patitur deus, omnia cursûs

Æterni secreta tenens, mundique futuri
Conscius, ac populis sese proferre paratus,
Contactusque ferens hominis? magnusque potensque,
Sive canit fatum, seu quod jubet ipse canendo
Fit fatum! Forsan terris inserta regendis,
Aëre libratum vacuo quæ sustinet orbem,
Totius pars magna Jovis Cirrhæa per antra
Exit, et ætherio trahitur connexa Tonanti.
Hoc ubi virgineo conceptum est pectore numen,
Humanam feriens animam sonat, oraque vatis
Solvit, ceu Siculus, flammis urgentibus Ætnam,
Undat apex.

(3) .... Non ullo sæcula dono
Nostra carent majore deûm, quàm Delphica sedes
Quod siluit, postquàm reges timuêre futura,
Et superos vetuêre loqui.

(4) .... Tandem conterrita virgo
Confugit ad tripodas, vastisque abducta cavernis
Hæsit, et insueto concepit pectore numen.
.... Non unquàm plenior artus
Phœbados irrupit Pæan; mentemque priorem
Expulit, atque hominem toto sibi cedere jussit
Pectore. Bacchatur demens, aliena per antrum
Colla ferens, vittasque dei, Phœbeaque serta
Erectis discussa comis; per inania templi
Ancipiti cervice rotat, spargitque vaganti
Obstantes tripodas, magnoque exæstuat igne,
Iratum te, Phœbe, ferens; nec verbere solo
Uteris, et stimulis; flammas in viscera mergis.
Accipit et frænos; nec tantùm prodere vati,
Quantùm scire, licet. Venit ætas omnis in unam
Congeriem; miserumque premunt tot sæcula pectus:
Tanta patet rerum series, atque omne futurum

Nititur in lucem, vocemque petentia fata
Luctantur.

(5) Tuque potens veri, Pæan, nullumque futuri
A superis celate diem, suprema ruentis
Imperii, cæsosque duces, et funera regum,
Et tot in Hesperio collapsas sanguine gentes.
Cur aperire times? An nondùm numina tantum
Decrevêre nefas? Et, adhuc dubitantibus astris
Pompeii damnare caput, tot fata tenentur?
Vendicis an gladii facinus, pœnasque furorum,
Regnaque ad ultores iterùm redeuntia Brutos,
Ut peragat Fortuna, taces? Tunc pectore vatis
Impactæ cessêre fores, exclusaque templis
Prosiluit. Perstat rabies; nec cuncta locuta est:
Quem non emisit, superest deus. Ille feroces
Torquet adhuc oculos, totoque vagantia cœlo
Lumina: nunc vultu pavido, nunc torva minaci,
Stat nunquàm facies: rubor igneus inficit ora
Liventesque genas; nec qui solet esse timenti,
Terribilis sed pallor inest. Nec fessa quiescunt
Corda; sed ut tumidus, Boreæ post flamina, pontus
Rauca gemit, sic multa levant suspiria vatem.
Dùmque à luce sacrâ, quâ vidit fata, refertur
Ad vulgare jubar; mediæ venêre tenebræ.
Immisit Stygiam Pæan in viscera Lethen,
Quæ raperet secreta deûm. Tùm pectore verum
Fugit, et ad Phœbi tripodas rediêre futura.

(6) Haud magis expertus discrimine Cæsar in ullo est,
Quàm non è stabili, tremulo sed culmine cuncta
Despiceret, staretque super titubantia fultus.
Tot raptis truncus manibus, gladioque relictus
Pænè suo, qui tot gentes in bella trahebat,
Scit non esse ducis, strictos sed militis enses.

(7) .... Liceat discedere, Cæsar,
A rabie scelerum. Quæris terrâque marique
His ferrum jugulis, animasque effundere viles
Quolibet hoste paras. Partem tibi Gallia nostri
Eripuit; partem duris Hispania bellis;
Pars jacet Hesperiæ. Totoque exercitus orbe
Te vincente perit. Terris fudisse cruorem
Quid juvat Arctoïs, Rhodano, Rhenoque subactis?
Tot mihi pro bellis bellum civile dedisti.
Cepimus expulso patriæ cùm tecta senatu,
Quos hominum, vel quos licuit spoliare deorum?
Imus in omne nefas, manibus ferroque nocentes,
Paupertate pii. Finis quis quæritur armis?
Quid satis est, si Roma parùm? Jàm respice canos,
Invalidasque manus, et inanes cerne lacertos.
Usus abit vitæ: bellis consumsimus ævum.
Ad mortem dimitte senes. An improba vota:
Non duro liceat morientia cespite membra
Ponere, non animâ galeam fugiente ferire,
Atque oculos morti clausuram quærere dextram;
Conjugis illabi lacrymis, unique paratum
Scire rogum? Liceat morbis finire senectam.
Sit præter gladios aliquod sub Cæsare fatum.

(8) .... Nec fas, nec vincula juris
Hoc audere vetant. Rheni mihi Cæsar in undis
Dux erat; hic socius. Facinus quos inquinat, æquat.
Adde, quod ingrato meritorum judice virtus
Nostra perit. Quidquid gerimus Fortuna vocatur.
Nos fatum sciat esse suum. Licet omne deorum
Obsequium speres; irato milite, Cæsar,
Pax erit.

(9) .... Stetit aggere fultus
Cespitis, intrepidus vultu; meruitque timeri

Non metuens ; atque hæc irâ dictante profatur.
Qui modò in absentem vultu dextrâque furebas,
Miles, habes nudum, promptumque ad vulnera pectus.
Hîc, fuge, si belli finis placet, ense relicto.
Detegit imbelles animos nil fortiter ausa
Seditio, tantùmque fugam meditata juventus,
Ac ducis invicti rebus lassata secundis.
Vadite, meque meis ad bella relinquite fatis :
Invenient hæc arma manus, vobisque repulsis,
Tot reddet Fortuna viros, quot tela vacabunt.
Anne fugam Magni tantâ cum classe sequuntur
Hesperiæ gentes, nobis victoria turbam
Non dabit, impulsi tantùm quæ præmia belli
Auferat, et, vestri raptâ mercede laboris,
Lauriferos nullo comitetur vulnere currus?
Vos defecta, senes, exhaustaque sanguine turba,
Cernetis nostros, jàm plebs romana, triumphos.
Cæsaris an cursus vestræ sentire putatis
Damnum posse fugæ?......................
.... An vos momenta putatis
Ulla dedisse mihi? Nunquàm sic cura deorum
Se premit, ut vestræ morti, vestræque saluti
Fata vacent. Procerum motus hæc cuncta sequuntur.
Humanum paucis vivit genus....

(10) .... Molli consurgit Amyclas
Quem dabat alga toro. Quisnam mea naufragus, inquit,
Tecta petit? Aut quem nostræ fortuna coëgit
Auxilium sperare casæ? Sic fatus, ab alto
Aggere, jàm tepidæ, sublato fune, favillæ
Scintillam tenuem commotos pavit in ignes :
Securus belli, prædam civilibus armis
Scit non esse casas. O vitæ tuta facultas
Pauperis, angustique lares! ô munera nondùm
Intellecta deûm! quibus hoc contingere templis

Aut potuit muris, nullo trepidare tumultu,
Cæsareâ pulsante manu?

(11) Sic fatur, quamvis plebeio tectus amictu,
Indocilis privata loqui.

(12) Avulsit laceros, percussâ puppe, rudentes
Turbo rapax, fragilemque super volitantia malum
Vela tulit; sonuit victis compagibus alnus.
Indè ruunt toto concita pericula mundo.
Primus ab Oceano caput exeris Atlanteo,
Core, movens æstus; jàm te tollente furebat
Pontus, et in scopulos totas erexerat undas.
Occurrit gelidus Boreas pelagusque retundit;
Et dubium pendet, vento cui concidat, æquor.
Sed Scythici vicit rabies Aquilonis, et undas
Torsit, et abstrusas penitùs vada fecit arenas....
Non cœli nox illa fuit : latet obsitus aër
Infernæ pallore domus, nimbisque gravatus
Deprimitur; fluctusque in nubibus accipit imbrem....
Tunc superum convexa tremunt, atque arduus axis
Insonuit, motâque poli compage laborant.
Extimuit natura cahos; rupisse videntur
Concordes elementa moras, rursùsque redire
Nox manes mixtura deis....................
Nubila tanguntur velis et terra carinâ :
Nam pelagus, quâ parte sedet, non celat arenam,
Exhaustum in cumulos, omnisque in fluctibus unda est.
Artis opem vicêre metus; nescitque magister
Quam frangat, cui cedat aquæ. Discordia ponti
Succurrit miseris, fluctusque evertere puppim
Non valet in fluctus : victum latus unda repellens
Erigit, atque omni surgit ratis ardua vento.

(13) .... Credit jàm digna pericula Cæsar

Fatis esse suis. Tantusne evertere, dixit,
Me superis labor est, parva quem puppe sedentem
Tàm magno petiére mari? Si gloria lethi
Est pelago donanda mei, bellisque negamur;
Intrepidus quamcumque datis mihi, numina, mortem
Accipiam. Licet ingentes abruperit actus
Festinata dies fatis; sat magna peregi....
Nulla meis aberit titulis romana potestas.
Nesciat hoc quisquam, nisi tu, quæ sola meorum
Conscia votorum es, me quamvis plenus honorum,
Et dictator eam stygias, et consul, ad umbras,
Privatum, fortuna, mori. Mihi funere nullo
Est opus, ô superi! lacerum retinete cadaver
Fluctibus in mediis : desint mihi busta rogusque;
Dùm metuar semper, terrâque expecter ab omni.

(14) Quò te, dure, tulit virtus temeraria, Cæsar?
Aut quæ nos viles animas in fata relinquens,
Invitis tua membra dabas spargenda procellis?
Cùm tot in hac animâ populorum vita, salusque
Pendeat, et tantus caput hoc sibi fecerit orbis;
Sævitia est voluisse mori. Nullusne tuorum
Emeruit comitum, fatis non posse superstes
Esse tuis? Cùm te raperet, mare corpora segnis
Nostra sopor tenuit. Pudet heu! Tibi causa petendæ
Hæc fuit Hesperiæ : visum est committere quemquam
Tàm sævo crudele mari. Sors ultima rerum
In dubios casus, et prona pericula mortis
Præcipitare solet. Mundi jàm summa tenentem
Permisisse mari, tantùm quid numina lassas?..
Hi ne usus placuére deûm, non rector ut orbis,
Nec dominus rerum, sed felix naufragus esses?

(15) .... Heu quantùm mentes dominatur in æquas,
Justa Venus! Dubium, trepidumque ad prælia, Magne,

Te quoque fecit amor : quod nolles stare sub ictu
Fortunæ, quo mundus erat, romanaque fata,
Conjux sola fuit. Mentem jàm verba paratam
Destituunt, blandæque juvat ventura trahentem
Indulgere moræ, et tempus subducere fatis.
Nocte sub extremâ, pulso torpore quietis,
Dùm fovet amplexu gravidum Cornelia curis
Pectus, et aversi petit oscula grata mariti;
Humentes mirata genas, percussaque cæco
Vulnere, non audet flentem deprendere Magnum.
Ille gemens, Non nunc, vitâ mihi dulcior, inquit,
Cùm tædet vitæ, læto sed tempore, conjux,
Venit mœsta dies, et quam nimiùmque parùmque
Distulimus : jàm totus adest in prœlia Cæsar.
Cedendum est bellis, quorum tibi tuta latebra
Lesbos erit. Desine preces tentare : negavi
Jàm mihi. Non longos à me patiere recessus.
Præcipites aderunt casus : properante ruinâ
Summa cadunt. Satis est audisse pericula Magni.
Meque tuus decepit amor, civilia bella
Si spectare potes. Nam me, jàm Marte parato,
Securos cepisse pudet cum conjuge somnos,
Eque tuo, miserum quatient cùm classica mundum,
Surrexisse sinu. Vereor civilibus armis
Pompeium nullo tristem committere damno.
Tutior interea populis et tutior omni
Rege latè, positamque procùl fortuna mariti
Non totâ te mole premat. Si numina nostra
Impulerint acies, maneat pars optima Magni;
Sitque mihi, si fata premant, victorque cruentus,
Quò fugisse velim.

(16) Hostis ad adventum rumpamus fœdera tædæ,
Placemus socerum. Sic est tibi cognita, Magne,
Nostra fides! Credisne aliquid mihi tutius esse,

Quàm tibi? Nonne olim casu pendemus ab uno?
Fulminibus me, sæve, jubes, tantæque ruinæ
Absentem præstare caput! secura videtur
Sors tibi, cùm facias etiam nunc vota perisse!....
Adde quòd assuescis fatis, tantumque dolorem,
Crudelis, me ferre doces. Ignosce fatenti:
Posse pati timeo. Quòd si sunt vota, deisque
Audior, eventus rerum sciet ultima conjux!
Sollicitam rupes, jàm te victore, tenebunt,
Et puppim, quæ fata feret tàm læta, timebo!
Nec solvent audita metus mihi prospera belli;
Cùm vacuis projecta locis à Cæsare possim
Vel fugiente rapi! Notescent littora clari
Nominis exilio; positâque ibi conjuge Magni,
Quis Mityleneas poterit nescire latebras?
Hoc precor extremum : si nil tibi victa relinquent
Tutius arma fugâ, cùm te commiseris undis,
Quòlibet infaustam potiùs deflecte carinam.

(17) ...... Non mœsti pectora Magni
Sustinet amplexu dulci, non colla tenere;
Extremusque perit tàm longi fructus amoris;
Præcipitantque suos luctus; neuterque recedens
Sustinuit dixisse, vale; vitamque per omnem
Nulla fuit tàm mœsta dies; nam cætera damna
Duratâ jàm mente malis, firmâque tulerunt.
Labitur infelix, manibusque excepta suorum
Fertur ad æquoreas, ac se prosternit, arenas,
Littoraque ipsa tenet tandemque illata carinæ est.

LA PHARSALE

DE LUCAIN.

LIVRE SIXIÈME.

ARGUMENT.

Pompée ayant établi son camp sur une hauteur qui protége la ville de Dyrrachium, César entreprend de l'investir, et forme, autour de la ville et du camp, un retranchement d'une étendue immense. La contagion se met dans le camp de Pompée; la famine dans celui de César. Ceux de Pompée veulent forcer le rempart qui les environne. Le centurion Scæva défend le poste dont ils allaient s'emparer. Ils dirigent une nouvelle attaque sur les forts voisins de la mer, et l'ennemi en est chassé. César vole au secours des siens; mais son armée prend l'épouvante. La victoire est dans les mains de Pompée; mais il la laisse échapper. César, avec les débris de son armée, passe dans la Thessalie; Pompée y marche après lui. Les armées sont en présence; et tandis que des deux côtés on est dans l'attente d'une action décisive, Sextus, le plus jeune des deux fils de Pompée, en veut prévoir l'événement : il va au milieu de la nuit consulter une enchanteresse. Art magique des peuples de l'Hémus. Charme de la Thessalienne. Réponse du cadavre qu'elle ranime et qu'elle interroge. Sextus, avec ses compagnons, s'en retourne au camp de son père.

Pompée retint ses soldats animés au Carnage et commanda au fer et à la mort de s'arrêter.

La Pharsale liv. 6.

C. Perrin del.
A Romanet sculp.

LA PHARSALE
DE LUCAIN.

LIVRE SIXIÈME.

Dès que les chefs, dans la résolution d'en venir à une bataille, se furent établis sur des hauteurs voisines, et que les dieux tinrent dans la lice ces deux rivaux qu'ils voulaient voir aux mains, César dédaigna de s'occuper à prendre les villes de la Grèce. Il ne veut plus devoir à sa fortune de victoire que sur Pompée. Tous ses vœux ne tendent qu'à voir l'heure fatale qui entraînera la chûte de l'un des deux partis. Il aime à penser qu'un seul coup du sort anéantira l'un ou l'autre.

Trois fois il déploie son armée sur les collines qu'il occupe, et fait lever ses étendards, signal menaçant des combats, pour annoncer qu'il est toujours prêt à consommer le malheur de Rome. Mais, comme il voit que tous ses mouvements ne peuvent engager Pompée à sortir de son camp, il quitte le sien, et à travers les bois, il cache sa route, et s'avance vers les murs de Dyrrachium, qu'il espère enlever d'assaut. Comme il a pris un long détour, Pompée, qui suit le rivage de la mer, le devance, et va s'établir sur une éminence appelée Pétra, d'où il protége la ville. Cette ville, fondée par les Corinthiens, est par elle-même imprenable. Ce qui la défend n'est pas l'ouvrage de ses fondateurs; ce n'est point un rempart élevé par l'industrie et les efforts de l'homme. Les travaux des humains, quelque hardis et solides qu'ils soient, cèdent sans peine aux ravages des guerres, et des ans qui renversent tout. La force de cette place est telle, que le fer ne peut l'ébranler; c'est l'assiette du lieu, c'est la nature même. Elle est environnée d'une mer profonde (1), et de rochers où se brisent les flots. Sans une colline étroite qui la joint à la terre, Dyrrachium serait une île. Des écueils formidables aux matelots sont les fondements de ses murs; et lorsque la mer d'Ionie est soulevée par le rapide vent du midi, la vague ébranle les maisons et les temples, l'écume s'élance jusqu'au faîte des toits.

L'impatience et l'ardeur de César le détournèrent d'une entreprise douteuse et lente. Il résolut d'assiéger lui-même ses ennemis à leur insu, en s'emparant des hauteurs d'alentour, et en élevant au loin un rempart dont l'enceinte (a)

(a) *Ausus est aggredi (Cæsar) opus difficillimum et vix credibile, ut universa hostium castra una munitione à mare ductá concluderet; etiamsi conatui successus non responde-*

embrasserait leur camp. Il mesure des yeux la campagne; il ne se contente pas d'y construire à la hâte un fragile mur de gazon ; il fait tirer d'énormes rochers des entrailles de la terre, il fait démolir et transporter les murailles des villes voisines; et de leurs débris il bâtit un rempart à l'épreuve du bélier et des efforts de l'art destructeur de la guerre. Les montagnes sont applanies, les abymes comblés ; et l'ouvrage de César se prolonge à travers les hauteurs et les précipices. Un fossé profond règne au pied du rempart; et sur les sommets les plus escarpés on établit des forts. Ainsi, dans une vaste enceinte, il enferme des champs cultivés, des déserts stériles, et de vastes forêts. Ni les moissons, ni les pâturages ne manquent à Pompée ; et dans les limites que César lui trace, il a la liberté de changer de camp. On voit des fleuves commencer et finir leurs cours dans cet enclos immense; et César ne saurait parcourir toute l'étendue de ses travaux, sans se reposer dans sa course. Que la fable nous vante à-présent les murs de Troie qu'elle attribue aux dieux; que le Parthe admire les murs de Ba-

---

ret, *laudem laturus animi magnifici : protendebatur enim per mille ducenta stadia.* (APPIAN. de Bell. civ. lib. 2.) Il y a vingt stades à la lieue; il y avait donc soixante lieues d'enceinte. Comment César pouvait-il les garder? Aussi se reprocha-t-il bien la témérité de son entreprise.

bylone; César en construit de plus vastes, presque subitement, et au milieu du tumulte des armes. Tant de travaux, qui sont perdus, auraient suffi pour combler le Bosphore et réunir les bords de l'Hellespont, pour couper l'isthme de Corinthe et pour épargner aux vaisseaux le tour pénible et dangereux du promontoire de Malée, ou pour changer utilement la face de tel autre lieu de la terre, quelque obstacle que la nature eût opposé aux efforts de l'art.

La guerre s'enferme (2) en champ clos, et son théâtre se resserre. Ici s'amasse tout le sang qui doit bientôt inonder le monde, ici sont rassemblées toutes les victimes que la Thessalie et l'Afrique doivent dans peu voir égorger. Toute la rage de la guerre civile, retenue dans cette arène étroite, fermente et brûle de se répandre.

Les premiers travaux de César avaient échappé à la vigilance de Pompée. Tel, au milieu des champs de la Sicile, le laboureur repose en sûreté, et n'entend pas le mugissement des flots contre les rochers de Pelore; tels les Bretons, au centre de leur île, ne sont point frappés du bruit de l'Océan qui se brise contre leurs bords. Mais lorsque Pompée s'aperçoit que le terrain qu'il occupe est investi d'un immense rempart, il quitte le camp de Pétra, et répand son armée sur plusieurs éminences, pour engager César à diviser ses troupes, et pour le fatiguer, en lui donnant sans cesse toute son enceinte à garder. De son côté, il se retranche (*a*); et du terrain que César lui laisse, il se réserve un espace égal au cours du Tibre, depuis les murs de Rome jusqu'à sa chûte dans la mer, s'il ne faisait aucun détour.

On n'entend point le son des trompettes; les traits se croisent dans les airs, mais c'est de plein gré que le soldat les lance; et des Romains, pour s'exercer, percent le cœur à des Romains. Un soin plus pressant (3) que celui de la guerre occupe les chefs, et leur ôte l'envie de mesurer leurs armes. Dans l'enceinte du camp de Pompée, la terre épuisée ne donnait plus d'herbages; les prairies foulées aux pieds des chevaux, et endurcies sous leurs pas rapides, refusaient de les nourrir. Ces coursiers belliqueux périssaient de langueur dans des campagnes dépouillées; leurs jarrets tremblants fléchissaient, ils s'abattaient au milieu de leur course, ou devant des crêches pleines d'un chaume aride, ils tombaient mourants de faiblesse, la bouche ouverte, et demandant en vain un herbage frais qui leur rendît la vie.

La corruption suivit la mortalité. L'air immo-

(*a*) César, qui ne dit point quelle était l'étendue de son enceinte, donne la mesure de celle de Pompée. *Castellis enim viginti quatuor effectis quindecim millia passum circuitu amplexus hoc spatio pabulabatur.* (De Bell. civ. lib. 3.)

bile et croupissant se remplit de mortelles exhalaisons, qui, condensées en nuages, couvrirent le camp de Pompée. Telle est la vapeur infernale qui s'élève des rochers fumants de Nésis, ou des cavernes d'Inarimès, d'où Typhée exhale sa rage. Les soldats tombent en langueur ; l'eau, plus facile encore et plus prompte que l'air à contracter un mélange impur, porte dans les entrailles un poison dévorant. La peau se sèche et se noircit, le feu jaillit à travers les prunelles, un rouge ardent colore les joues, le sang qui brûle dans les veines, brise ses canaux, et s'exhale en tumeurs ; la tête, lasse et appesantie, refuse de se soutenir. Le ravage que fait le mal (4), est à chaque instant plus rapide. Il n'y a plus aucun intervalle de la pleine vie à la mort. Dès qu'on se sent frappé, on expire. La contagion se nourrit et s'accroît par le nombre de ses victimes ; car les vivants sont confondus avec les morts privés de sépulture, et l'unique devoir funèbre que l'on rend à ces malheureux, c'est de les traîner hors des tentes, et de les laisser épars dans les champs.

Cependant le souffle des Aquilons qui vinrent purifier l'air, et l'abondance que les vaisseaux apportèrent sur le rivage, firent cesser cet horrible fléau.

L'ennemi (5), répandu en liberté sur des collines spacieuses, n'avait à souffrir ni de la corruption d'une eau dormante, ni de la pesante inertie d'un air infect et sans ressort. Mais il était tourmenté d'une famine aussi cruelle, que s'il eût été resserré par le siége le plus étroit. Comme la moisson est encore en herbe, on voit les hommes, pressés par la faim, disputer la pâture aux animaux, brouter la feuille des buissons, et mordre à l'écorce des arbres. On les voit déraciner des plantes dont la nature leur est inconnue, et qui peuvent être des poisons mortels. Tout ce que le feu peut amollir, tout ce qui cède à une dent avide, tout ce qui peut passer dans les viscères, même en déchirant le palais, des mets jusqu'alors inconnus à l'homme, les soldats mourants se les arrachent; et ils ne laissent pas de tenir assiégé un ennemi chez qui tout abonde.

Dès que Pompée vit le moment de forcer les barrières qui l'environnaient, et de se rendre la terre libre, il ne prit pas, comme pour s'échapper, une heure où la nuit l'eût couvert de ses ombres; il dédaigne une fuite dérobée à César et un chemin frayé sans le secours des armes. Il veut sortir, mais à travers de vastes ruines, sur les débris du rempart et des tours; s'ouvrir un passage au milieu des glaives, et par le carnage et la mort. Il choisit, pour l'attaque, un endroit du rempart, qui depuis s'est appelé le fort Minutius (*a*), et qu'environne un bois épais.

(*a*) Du nom du Romain qui défendait ce poste, *cujus scutum ferunt centum viginti telis confixum, ipsum verò sex accepisse vulnera, et oculum amisisse.* (Appian. de Bell. civ. lib. 2.)

Il y fait marcher son armée en silence; et sans qu'il s'élève aucun nuage de poussière qui le trahisse, il arrive au pied du rempart. A l'instant toutes ses trompettes sonnent, toutes ses aigles brillent aux yeux des ennemis; et sans donner au fer le temps de contribuer à leur défaite, la frayeur les a déja vaincus. Leur plus grand effort de courage est de tomber, percés de coups, dans le poste où ils sont placés. La mort qui vole sur les murs, n'y rencontre plus de victimes. Des nuages de traits se perdent dans les airs. Alors les torches de bitume portent le feu de toutes parts. Les tours embrasées chancellent et menacent de s'écrouler, le boulevard retentit des coups redoublés du bélier qui l'ébranle. Déja sur le haut du rempart on voyait les aigles du sénat arborées; l'univers rentrait dans ses droits.

Mais ce poste que des légions n'auraient pas gardé, que César lui-même eût peut-être mal défendu, un seul homme le dispute à l'ennemi, et ose déclarer que tant qu'il est vivant et qu'il a les armes à la main, la victoire n'est pas décidée. Cet homme étonnant s'appelait Scæva (*a*). Il avait langui dans la foule obscure des légions, jusqu'à la conquête des Gaules, où il avait obtenu, par

---

(*a*) *Scutoque ad eum (Cæsarem) relato Scævæ centurionis, inventa sunt in eo foramina ducenta et triginta : ejus operá castellum conservatum esse magnâ ex parte constabat.* (Cæs. de Bell. civ. lib. 3.)

son courage et au prix de son sang, le grade de centurion : homme (6) voué à tous les forfaits, et qui ne savait pas que contre son pays la valeur est le plus grand des crimes. Sitôt qu'il vit ses compagnons renoncer au combat, et chercher leur salut dans la fuite, il s'écria : « Romains, où vous emporte une impie et lâche frayeur, une frayeur jusqu'à vous inconnue dans les armées de César? Vils fugitifs, troupeau d'esclaves, quoi! sans verser une goutte de sang, vous présentez le dos à la mort! Quoi! vous supporterez la honte de n'être pas au nombre de ces braves gens que vous voyez périr, de n'être pas portés sur les mêmes bûchers, et d'être cherchés vainement dans cette foule de morts illustres! Si le zèle ne peut vous retenir, que l'indignation du moins vous retienne. Ne voyez-vous pas que de tous les postes que l'ennemi pouvait attaquer, c'est le nôtre qu'il a choisi? Non, ce jour ne se passera point sans coûter du sang à Pompée. Il eût été plus heureux pour moi de mourir aux yeux de César; mais si la fortune m'envie un témoin si cher, j'emporterai du moins chez les morts les éloges de son rival. Venez, compagnons, jettez-vous avec moi au milieu de nos ennemis; que les traits s'émoussent sur l'airain qui nous couvre, et que la pointe des épées se brise au moins dans notre sein. Déja la poussière s'élève et se répand, déja le bruit de ces ruines retentit jusqu'aux oreilles de César; amis, la victoire est à nous! le voilà qui s'avance! tandis que nous mourons, le voilà qui vient nous venger! »

Jamais le premier son de la trompette, au moment d'une bataille, n'excita plus d'ardeur que la voix de Scæva. Ses compagnons, frappés de son audace, l'admirent tous, et brûlent de le suivre, impatients de voir par eux-mêmes, si, enfermé dans un lieu étroit, et se voyant accablé par le nombre, un seul homme a dans sa vertu d'autre ressource que la mort. Pour Scæva, du haut du rempart qui s'ébranle et menace de s'écrouler, il commence par rouler les cadavres dont les tours sont déja comblées, et à mesure que les ennemis se succèdent, il les accable sous le poids. Les ruines et les débris, les masses de bois et de pierre, tout devient une arme en ses mains. Il va jusqu'à menacer les assaillants de sa propre chûte. Tantôt il les repousse à coups de pieux et de leviers; tantôt il tranche à coup d'épée les mains qu'il voit s'attacher au mur. Aux uns il écrase la tête sous la pierre, et à travers les débris des os qu'il enfonce, le cerveau rejaillit au loin. A d'autres, il présente des torches allumées : leurs cheveux s'enflamment, leur visage brûle, et leurs yeux, où le feu pénètre, en sont tout-à-coup dévorés. Dès que la foule des morts entassés, et qui s'accumulent sans cesse, a égalé la hauteur du mur, Scæva se jette sur ce monceau sanglant, et se précipite au milieu des armes avec la rapidité d'un léopard qui s'élance sur les épieux.

Pressé par d'épais bataillons, enveloppé par une armée entière, par-tout où il jette les yeux il y porte la mort. Déja son glaive est émoussé : il ne blesse plus, il meurtrit et il brise. Tous les traits de l'ennemi s'adressent à lui seul. Il s'y expose, il s'y tient en butte ; et les dieux se donnent le spectacle nouveau d'un combat entre un seul homme et la guerre. Son épais bouclier retentit des coups redoublés qui le percent. Son casque brisé meurtrit sa tête, et son sein se fait une armure des traits dont il est hérissé. Qu'on cesse de prétendre à lui percer le cœur : le dard, le javelot n'y peuvent plus atteindre ; c'est au bélier, à la baliste, à renverser ce nouveau mur qui protége César, et résiste à Pompée. Il ne daigne plus se couvrir de ses armes ; et, soit pour ne pas laisser oisive la main qui porterait le bouclier, soit pour éviter le reproche d'avoir voulu prolonger sa vie, il s'abandonne sans défense à tous les coups des assaillants. Enfin accablé sous le poids des flèches dont il est couvert, comme il sent que ses genoux fléchissent, il ne songe plus qu'à choisir un ennemi sur qui tomber.

Tel l'éléphant, dans les champs de la Libye, percé de lances et de dards qui n'ont pu pénétrer jusqu'au vif à travers sa dure enveloppe, les secoue en ridant sa peau, ou les brise en repliant sa trompe.

Voilà cependant qu'un Crétois tend son arc, et vise à Scæva : sa flèche part ; et fidèle aux vœux de celui qui l'a décochée, atteint Scæva, et lui transperce un œil. Scæva (7), rompant tous les liens qui attachent le globe sanglant, et arrachant d'une intrépide main la flèche et l'œil qu'elle tient suspendu, il les foule aux pieds l'un et l'autre. Ainsi, une ourse de Pannonie, furieuse de se sentir blessée du dard qu'un chasseur lui a lancé, se replie sur elle-même, pour arracher de sa blessure le trait qui la suit en tournant avec elle.

Le front pâlissant de Scæva avait perdu sa férocité, une pluie de sang inondait son visage; les cris de joie des vainqueurs remplissaient l'air; à peine eussent-ils marqué plus d'alégresse si le sang qu'ils voyaient couler eût été celui de César. Mais Scæva (*a*), tenant sa douleur renfermée au fond de son ame : « Citoyens (dit-il d'un air plein de douceur, et comme ayant perdu courage), citoyens, je vous demande grâce : détournez de moi le fer homicide; il n'est pas besoin, pour m'ôter la vie, de me lancer de nouveaux traits, il vous suffit d'arracher de mon sein ceux dont

---

(*a*) *Scæva centurio multis egregiis tùm quoque insignis facinoribus, in oculum telo percussus ante ordines prosiliit, manu innuens silentium, quasi dicturus aliquid; moxque Pompeianum centurionem, virtute nobilem, appellabat*: Serva tui similem; serva amicum; mitte qui me manu ducant saucium. *Cùmque tamquàm ad transfugam duo viri accurissent, alterum occidit priùsquàm dolum sentiret, alterius abscidit humerum.* (APPIAN. de Bell. civ. lib. 2.)

il est déja percé. Emportez-moi vivant dans le camp de Pompée, rendez ce service à votre chef : il vaut mieux pour lui que l'exemple de Scæva montre à renoncer à César, qu'à mourir pour César d'une mort honorable. »

Le malheureux Aulus ajoute foi à ce langage plein d'artifice; et sans s'apercevoir que Scæva tient son épée prête à le percer, il l'embrasse pour l'enlever et l'emporter avec ses armes. Soudain, aussi prompt que la foudre, le glaive de Scæva est plongé dans son sein. La force revient à Scæva, et ranimé par ce nouvel exploit : « Ainsi périsse (dit-il) et soit puni quiconque osera croire avoir réduit Scæva à demander la vie. Si Pompée veut obtenir la paix de cette épée que je tiens, qu'il rende les armes à César, qu'il se prosterne, et qu'il l'adore. Lâches, me croyez-vous timide et tremblant comme vous à l'aspect de la mort? Sachez que le parti de Pompée et du sénat vous est moins cher, qu'à moi l'honneur de mourir en servant César. » Comme il disait ces mots, un tourbillon de poussière élevé dans les airs, annonce que César arrive avec ses cohortes; et son approche épargne à Pompée le plus accablant des affronts, la honte d'avoir cédé à un seul homme, et d'avoir vu son armée entière reculer devant Scæva. Celui-ci, que la chaleur du combat avait soutenu, tombe de défaillance dès que le combat cesse. Ses compagnons (8) l'environnent en foule, et le reçoivent dans leurs bras. C'est à qui sera chargé de ce glorieux fardeau. Il leur semble que c'est quelque dieu que ce corps déchiré renferme ; ils adorent en lui la vivante image de la plus sublime vertu. Chacun s'empresse à retirer les flèches de ses blessures ; et les temples des dieux, les autels de Mars seront ornés des armes de Scæva. O nom glorieux à jamais, si ce vaillant homme eût signalé son zèle à vaincre les ennemis de sa patrie ! O Scæva, tu ne suspendras point aux murs du capitole les monuments de ta victoire ! Rome ne retentira point du bruit de ton triomphe. Malheureux ! fallait-il employer tant de vertu à te donner un maître ?

Pompée (9), repoussé de cet endroit du camp, ne se tint pas plus en repos que la mer, quand les vents furieux l'agitent et qu'elle se brise contre ses écueils, ou que, heurtant contre les flancs d'une montagne inébranlable, elle s'élève et suspend ses flots pour retarder au moins sa chûte. Il embarque une partie de ses troupes, leur fait tourner les forts les plus voisins, enlève ces postes par une double attaque, et reculant ces bornes de son camp, se déploie dans la campagne, et y jouit de l'avantage de pouvoir changer de position. Tel l'Éridan (10) ; lorsqu'il enfle ses eaux, surmonte les digues qui protégent ses bords, et se répand au loin dans les campagnes. Que s'il rencontre dans son cours quelque endroit faible qui n'ait pu soutenir l'effort de ses rapides flots, il sort tout entier de sa couche profonde, et à travers des terres inconnues va se creuser un nouveau lit. Les laboureurs des champs inondés s'en éloignent, et de nouveaux possesseurs s'emparent du fond que le fleuve a quitté.

A peine César est averti par ses signaux de cette attaque inopinée, il accourt, et il trouve (11) ses remparts renversés, la poussière même abattue; et le même silence qui régnerait parmi des ruines antiques. Le calme du lieu, la tranquillité de Pompée, le sommeil qu'on ose goûter après avoir vaincu César, l'enflamme de fureur. Il veut aller, dût-il hâter sa perte, troubler ce repos insultant. Torquatus commandait le fort que Pompée avait pris. Il découvre César qui s'avance; et aussi-tôt, avec la même célérité qu'un nocher habile replie ses voiles et les dérobe à la tempête qui le menace, ce guerrier prudent se retire et va regagner le camp de Pompée, pour ramasser toutes ses forces, et se former dans un espace étroit. Dès que Pompée voit que César a passé la première enceinte, il fait descendre toutes ses troupes des collines qu'elles occupent, les déploie autour de César, et l'investit de son armée entière. Lorsque l'Etna (12), où mugit Encelade, ouvre tout-à-coup ses cavernes brûlantes, et se répand lui-même en torrents de feu dans les campagnes d'alentour, l'habitant de ces campagnes en est moins effrayé, que ne le fut le soldat de César à cette irruption soudaine. Vaincu, même avant le combat, par la seule poussière qu'il voyait s'élever, dans le trouble et l'aveuglement où l'avait plongé sa frayeur, il voulait fuir, il se précipitait au-devant de l'ennemi; et saisi d'épouvante, il courait à sa perte.

Il dépendait de Pompée d'étouffer dans le sang jusqu'aux semences de la guerre (a). Il retint ses soldats animés au carnage, il commanda au fer et à la mort de s'arrêter. Rome aujourd'hui serait heureuse, libre, maîtresse d'elle-même, et rétablie dans tous ses droits, si l'impitoyable Sylla se fût trouvé à la place du généreux Pompée; et c'est un malheur à jamais déplorable, que César ait dû son salut à ce qui mettait le comble à ses crimes, à l'injustice d'être en guerre avec un gendre si rempli de clémence et de piété. O perte irréparable d'un moment de bonheur! L'Afrique n'eût pas vu le désastre d'Utique, ni l'Espagne celui de Munda; le Nil n'eût pas été souillé d'un meurtre abominable; le jeune et vaillant Juba n'eût pas couvert le sable de Libye de son cadavre dépouillé; le sang d'un Scipion n'eût pas appaisé les mânes des Carthaginois, et la vie n'eût pas été privée du sage et vertueux Caton. O Rome! ce jour pouvait être le dernier jour de tes malheurs. Pharsale pouvait s'effacer du livre de tes destinées.

(a) *Ne Cæsar quidem dissimulavit eam diem bello finem allaturam fuisse, si hostis sciisset uti victoriá* (APPIAN. de Bell. civ. lib. 2.) *Voyez* PLUT. Vie de Jules-César.

César abandonne un pays où le sort des armes lui a été contraire; et avec les débris de son armée, il passe dans la Thessalie (*a*).

Les amis de Pompée (13) firent tous leurs efforts pour le détourner du dessein de suivre César, et pour l'engager à retourner à Rome, et à regagner l'Italie, où il n'avait plus d'ennemis, « Non (leur dit-il), je ne veux point, à l'exemple de César, jeter la guerre au sein de ma patrie; et Rome ne me reverra qu'après que j'aurai renvoyé mes armées. Lorsque ces troubles se sont élevés, il ne tenait qu'à moi de garder l'Italie, si j'avais voulu faire des places de Rome un champ de bataille, voir assiéger les temples de nos dieux, et ensanglanter leurs autels. Pourvu que j'éloigne la guerre, je consens à passer au-delà des Scythes, dans les climats glacés du nord, ou à suivre César à travers les régions brûlantes du midi. Moi, Rome, troubler ton repos après ma victoire; moi qui, pour t'épargner les horreurs des combats, ai pu me résoudre à te fuir! Ah! que plutôt, pour ta sûreté, César se flatte que tu es à lui, et te ménage comme sa conquête! » Après ce discours, il prit sa route vers les contrées de l'Orient; et par des chemins qu'il se fraya lui-même à travers les montagnes qui séparent l'Illyrie et la Macédoine, il arriva dans la Thessalie,

---

(*a*) *Petiit Apolloniam, indèque in Thessaliam clàm noctu profectus est.* (App. lib. 2.)

où la fortune avait marqué le dernier théâtre de la guerre.

La Thessalie, du côté où le soleil se lève environné des frimas de l'hiver, est ombragée par le mont Ossa; mais lorsque l'été promène le char du dieu du jour au milieu et au plus haut du ciel, c'est le mont Pélion qui s'oppose aux premiers traits de sa lumière. Au midi s'élève l'Othryx couronné d'épaisses forêts, qui défendent cette contrée de la rage du lion céleste. Le Pinde, au couchant, lui sert de barrière contre le Zéphire et l'Iapis; et les peuples qui vers le nord habitent au pied de l'Olympe, sont à couvert des Aquilons, et ne savent pas que les astres de l'ourse brillent toute la nuit au ciel. Les plaines que ces monts environnent étaient jadis cachées sous les eaux, avant qu'à travers le vallon de Tempé, les fleuves se fussent ouvert un passage pour se jeter au sein des mers. Ils ne formaient qu'un lac immense; leurs eaux s'accumulaient au lieu de s'écouler. Mais quand le bras d'Hercule eut séparé l'Ossa de l'Olympe, et que Nérée entendit la chûte de ces torrents, nouveaux pour lui, alors sortit de dessous les eaux cette Pharsale que les dieux auraient dû laisser à jamais submergée. On vit paraître les champs de Philacé, où régna le premier des Grecs (*a*) qui descendit au rivage troyen; et ceux de Ptélée; et ceux de Dorion, qui depuis

---

(*a*) Protésilas.

ont été célèbres par le malheur de Thamiris, le rival des muses; et Trachine, où s'exila Hercule; et Mélibée, la patrie du compagnon de ce héros, de Philoctète, héritier de ses flèches; et Larisse, autrefois puissante sous le règne du vaillant Achille; et ces campagnes où fleurissait Argos, couverte aujourd'hui de moissons; et cette Thèbes fabuleuse, dont on nous montre encore la place, Thèbes où la malheureuse Agavé ensevelit la tête de Penthée, de ce fils qu'elle-même elle avait immolé dans un accès de ses fureurs.

Les eaux de ce marais immense s'écoulèrent donc par divers canaux, et formèrent autant de fleuves: le pur et faible Æas, qui, de son humble lit, coule dans la mer d'Ionie; et l'Inachus, père d'Isis, qui n'est pas plus fort que l'Æas, et l'Achéloüs, qui se vit au moment d'être l'époux de Déjanire; et l'Évène, qui fut teint du sang de Nessus, et qui traverse Calidon, la patrie de Méléagre; et l'Amphrise, dont les claires eaux arrosent les prairies où Apollon, berger, garda les troupeaux d'Admète; et l'Anaurus, d'où jamais il ne s'élève aucun nuage et que les vents n'osent troubler; et nombre de fleuves inconnus au dieu des mers, qui rendent au Pénée le tribut de leur onde. L'Épidane se jette à flots précipités dans l'Énipe, qui ne devient rapide qu'en s'unissant à lui; l'Asope reçoit dans son sein le Phénix et le Mélas; le Titarèse se joint au Pénée; mais sans se confondre avec lui, il coule le long du rivage : on croit qu'il prend sa source dans les marais du Styx; que, fier encore de son origine, il dédaigne de mêler ses eaux avec celles d'un fleuve obscur, et qu'il est craint des dieux comme le Styx lui-même.

Dès que ces fleuves écoulés laissèrent à sec les campagnes, divers peuples s'empressèrent à les venir cultiver : de ce nombre furent les Magnètes, inventeurs de l'art de dompter les chevaux, et les Miniens, constructeurs célèbres du vaisseau que monta Jason. Ce fut aussi dans les antres des montagnes de Thessalie que la nue d'Ixion engendra les centaures, tels que Monichès, qui brisait les durs rochers du mont Pholoé; Rhécé, qui du haut de l'Etna lançait des chênes qu'il arrachait du sommet de cette montagne, et que Borée à peine aurait déracinés; et Pholo qui se glorifiait d'être l'hôte du grand Alcide; et toi, Nessus, que ce héros perça de ses flèches empoisonnées; et toi, sage Chiron, qu'on voit briller au ciel vers le pôle glacé de l'Ourse, l'arc tendu sur le scorpion. Cette même terre (14) a produit toutes les semences de guerre. Ce fut là que du sein du roc frappé du trident de Neptune, s'élança le coursier, présage des combats; ce fut là qu'il reçut de la main du Lapithe le premier frein qui le dompta; qu'il rongea le mors pour la première fois, et couvrit d'écume les rênes. Ce fut de là que le premier vaisseau qui jamais ait fendu les ondes, emporta l'homme audacieux loin de la terre, son élément, sur l'abyme inconnu des mers. Ce fut encore un roi de Thessalie, Itonus, qui apprit aux humains à fondre les métaux dans d'immenses fournaises, à façonner leur masse brute sous les coups des marteaux brûlants, à faire de l'argent et de l'or les signes mobiles des richessses, et à calculer leur valeur : secret fatal, qui fut pour les peuples une source de guerres, de malheurs et de crimes. La Thessalie avait aussi engendré le serpent Python, et ces deux enfants d'Aloée (*a*), dont l'impiété seconda la révolte des Titans, lorsque sur Pélion, qui touchait presque au ciel, Ossa fut encore entassé, et coupa la route des astres.

A peine (15) les deux chefs sont campés dans ces champs proscrits par les dieux, le pressentiment du combat agite l'une et l'autre armée. Tout annonce que le moment d'une action décisive, ce moment si grave et si terrible, approche : les esprits faibles et timides tremblent d'y toucher de si près, et ne voient dans l'avenir que ce qu'il y a de plus funeste. D'autres, mais c'est le petit nombre, s'armant de force contre l'événement, portent dans les hasards un courage mêlé d'espérance et de crainte. Du nombre des lâches était Sextus, l'indigne fils du grand Pompée, qui, dans la suite, échappé des com-

---

(*a*) Ils s'appelaient Otus et Éphialte. Éphimédie, femme d'Aloée, les avait eus de Neptune.

bats et vagabond sur les mers de Sicile, fit le métier infâme de pirate, et obscurcit la gloire que son illustre père avait acquise sur ces mers.

L'effroi dont il était saisi dans l'attente de l'avenir, lui fit chercher à le connaître. Mais ce ne fut ni Delphes, ni Délos, ni Dodone, qu'il consulta : il ne chercha point un devin qui sût lire les destinées dans les entrailles des victimes, dans le vol des oiseaux, dans les feux de la foudre, ni observer le cours des étoiles, comme les savants Chaldéens. S'il est encore quelque moyen caché, mais innocent, d'interroger le sort, ce n'est pas celui qu'il emploie; c'est un art abhorré du ciel, c'est la magie qu'il met en usage. Il porte ses vœux aux autels des Furies; il évoque les ombres et les dieux des enfers. Ce malheureux se persuade que les dieux du ciel ne sont pas assez clairvoyants. Ce qui achève de le décider, c'est le voisinage des peuples de l'Émus. L'art des femmes de cette contrée passe toute croyance (*a*). C'est l'assemblage de tout ce qu'on peut imaginer et feindre de plus monstrueux. La Thessalie leur fournit des plantes venimeuses en abondance, et ses rochers affreux sont propres à cacher le mystère infernal de leurs enchantements. Il y croit

---

(*a*) En prenant soin d'adoucir et d'abréger les détails de cet épisode, j'ai cru devoir en conserver assez pour faire voir quelle idée les anciens avaient de la magie, et quels procédés ils lui attribuaient.

des herbes que Médée chercha vainement dans la Colchide, et qu'elle ne trouva que dans ces lieux sauvages, des herbes dont la force toute-puissance fait violence même aux dieux.

Ces dieux (16), qui daignent si rarement écouter les vœux du reste des mortels, sont attentifs aux chants impies du peuple cruel de l'Hémus. Les accents magiques pénètrent seuls au fond des demeures célestes. Les immortels n'y peuvent résister, le soin même du monde ne peut les en distraire. Quand le murmure d'une Émonide frappe leurs oreilles, Babylone et Memphis auraient beau déployer tous les secrets de leur magie antique, il n'est point d'autel qu'un dieu n'abandonnât pour celui de l'enchanteresse. Ses charmes (17) inspirent l'amour à des cœurs qui jamais n'auraient été sensibles. Par elle, de sages vieillards brûlent d'une flamme insensée : sans filtre ni poison, ses paroles suffisent pour jeter les esprits dans un délire affreux. Deux ames que ni le penchant, ni le devoir, ni la douce puissance de la beauté n'attire, un nœud magique les enchaîne, et rien ne peut les en dégager. A la voix d'une Thessalienne (18), l'ordre des choses est renversé, les lois de la nature sont interrompues. Le monde, emporté par son cours rapide, reste tout-à-coup immobile, et le dieu qui imprime le mouvement aux sphères, est tout étonné de sentir que leurs pôles sont arrêtés. Par ces mêmes enchantements la terre est inondée, le soleil obscurci, le ciel (19) tonne à l'insu de Jupiter. L'Émonide, en secouant ses cheveux autour de sa tête, remplit l'air de noires vapeurs, et répand au loin les orages; la mer s'irrite, quoique les vents se taisent; les flots sont retenus dans un calme profond, quoique les vents soient déchaînés; les airs et les eaux se combattent; les vaisseaux voguent contre les vents; les torrents qui tombent du haut des rochers, demeurent suspendus au milieu de leur chûte; les fleuves remontent vers leur source; le sommet des monts s'applanit; l'Olympe s'abaisse au-dessous des nuages; les neiges de Scythie fondent au milieu de l'hiver, et sans que le soleil y darde ses rayons; la mer, repoussée loin du rivage, résiste au poids de l'astre qui la presse, et n'ose surmonter ses bords; la terre est ébranlée sur son axe incliné, sa masse pesante est poussée hors du centre de son repos, et laisse à découvert le ciel qui l'environne; les étoiles se détachent de la voûte azurée; la lune, en pleine sérénité, se colore d'un rouge obscur, comme quand l'ombre de la terre lui dérobe l'aspect de l'astre dont elle emprunte ses rayons : le tourment que lui cause le charme, ne cesse qu'au moment qu'elle descend du ciel, et qu'elle vient écumer sur l'herbe.

Tous les animaux dévorants, tous les reptiles venimeux tremblent devant l'enchanteresse : leur sang et leur venin lui servent à composer ses poisons. Le tigre vorace et le fier lion lèchent ses mains et la caressent. La froide couleuvre rampe à ses pieds, et se déploie sur l'herbe humide; la vipère se replie autour d'elle, et l'enveloppe de ses nœuds; les serpents savent que de sa bouche le souffle humain leur est mortel.

Quel pénible soin pour les dieux que d'obéir à ces enchantements! Qu'ont-ils à craindre, s'ils les méprisent? Quelle est la loi qui les y soumet? Est-ce de force (20) ou de plein gré qu'ils cèdent? Est-ce par un culte qui nous est inconnu que l'Émonide se les concilie? ou bien sont-ils intimidés des menaces qu'elle leur fait? A-t-elle cet empire sur tous les dieux? ou ne l'a-t-elle que sur un seul, qui peut sur le monde ce qu'elle peut sur lui, et qui force la nature entière à subir l'ascendant qu'il subit lui-même?

Érichtho, l'une des Émonides, avait abandonné, comme trop doux encore, les rites criminels, les noirs enchantements usités parmi ses compagnes; elle avait porté les secrets de son art à un plus haut degré d'horreur. Elle s'était interdit la demeure des vivants; et pour être plus chère aux dieux des morts, elle habitait parmi des tombeaux, dans l'asyle même des ombres. Aussi ni l'air qu'elle respire, ni le ciel dont elle jouit, ne l'empêchent d'entendre ce qui se passe chez les mânes et dans le conseil infernal. Sur le visage de cette femme impie, qu'un jour serein n'éclaira jamais, une maigreur hideuse se joint à la pâleur

La Pharsale.

de la mort. Ses cheveux mêlés sur sa tête sont noués comme des serpents. C'est lorsque la nuit est la plus noire et le ciel le plus orageux, qu'elle sort des catacombes, et qu'elle court dans les champs déserts, pour recueillir les feux de la foudre. Ses pas imprimés sur la terre brûlent le germe des moissons. Son souffle même est utile à sa rage : l'air qu'elle respire en est empoisonné. Elle ne daigne pas adresser aux dieux du ciel des vœux timides et suppliants : aux premiers accents de sa voix, ils se hâtent de l'exaucer, sans jamais lui donner le temps de redoubler le chant magique. Ses autels ne sont éclairés que par des torches funéraires, et son encens ne fume que sur des brasiers qu'elle a pris aux bûchers des morts. Elle y va dérober les os brûlants encore d'un fils chéri, ou d'une jeune épouse, et les flambeaux que leurs parents ont portés à leurs funérailles, et les débris à demi-consumés du lit où le mort reposait, et les lambeaux de ses voiles funèbres, et ses cendres étincelantes qui exhalent l'odeur de la chair et du sang. Quand le charme qu'elle veut opérer l'exige, elle ensevelit des vivants, et commande aux parques de trancher les jours qu'ils devaient à leurs destinées ; ou bien, tirant de la poussière des corps déja ensevelis, elle force la mort à lui lâcher sa proie. Mais le plus souvent, au lieu de ranimer ceux qu'elle arrache des tombeaux, elle en repaît ses regards avides, et les déchire avec fureur. Les plus horribles dépouilles de la mort sont un butin précieux pour elle. C'est de ces restes exécrables que sont tirés ses charmes les plus forts. Elle se jette encore avec plus d'ardeur sur les criminels suspendus à l'instrument de leur supplice, et s'y attache comme un vautour. Si on laisse étendu sur la terre un mort privé de sépulture, elle accourt avant les oiseaux et avant les bêtes féroces; mais elle n'a garde d'employer ses mains ou le fer à déchirer sa proie; elle attend que les loups la dévorent, et c'est de leur gosier avide qu'elle se plaît à l'arracher. Le meurtre ne lui coûte rien, sitôt qu'elle a besoin d'un sang qui fume encore, et qui jaillisse de la plaie, ou qu'elle veut pour ses sacrifices une chair vive et un cœur palpitant. Elle déchire les entrailles d'une mère, et en arrache un fruit prématuré, pour l'offrir à ses dieux sur un autel brûlant. S'il lui faut des ombres plus terribles, elle choisit parmi les vivants, et fait des mânes à son gré. Toute mort est à son usage : de la joue éteinte des adolescents, elle enlève ce duvet tendre qui annonçait la fleur de l'âge; de celui qui meurt dans la virilité, ce sont les cheveux qu'elle ravit. Elle assiste à la mort de ses proches, et sans pitié pour ce qu'elle a de plus cher, elle se jette sur le mourant, feint de lui donner le dernier baiser, et lui tranche la tête, ou lui entr'ouve la bouche, et d'une dent impie lui mordant la langue déjà glacée et presque attachée au palais, elle murmure sur ses lèvres éteintes, et lui confie les noirs secrets qu'elle fait passer aux enfers.

Dès que la renommée a fait connaître au fils de Pompée cette exécrable enchanteresse, il se met en marche au milieu de la nuit, à l'heure même où le soleil est à son midi sous notre hémisphère; et suivi de ses complaisants les plus familiers et les plus intimes, il traverse d'affreux déserts. Ces ministres assidus de tous ses vices, après avoir long-temps erré parmi des tombeaux entr'ouverts et sur des débris de bûchers, aperçurent de loin Érichtho (c'était le nom de la Thessalienne) assise dans le creux d'un rocher, du côté où le mont Hémus s'abaisse et va se joindre aux plaines de Pharsale. Elle essayait des paroles inconnues aux magiciens et aux dieux mêmes de la magie, et composait de nouveaux chants pour des sortiléges nouveaux : car dans la crainte que le dieu vagabond qui préside aux armes, n'entraînât les Romains en de nouveaux climats, et que la Thessalie ne fût privée de tout le sang qui s'allait répandre, elle jetait sur les champs de Philippes, qu'elle arrosait de ses poisons, un charme assez fort pour y fixer la guerre, afin d'avoir à elle tout cet ample carnage, et de disposer à son gré de tout le sang de l'univers. Elle s'applaudit d'avance de pouvoir mettre en pièces les cadavres des rois égorgés, amasser les cendres de l'Italie entière, recueillir les ossements de tant d'illustres morts, et commander à de si grandes ombres. Son plus ardent désir, sa seule inquiétude est de savoir ce qu'on lui laissera du corps de Pompée jeté sur le sable, ou du cadavre de César. Ce fut dans ce moment que Sextus l'aborda, et lui parla le premier en ces termes :

« O toi, la gloire des Émonides, toi, qui peux révéler ou changer l'avenir, je te conjure de me laisser voir sans nuage et sans aucun doute quelle sera l'issue de cette guerre. Celui qui t'implore n'est pas le moins considérable d'entre les Romains. Le nom de Pompée est assez illustre; tu vois son fils, et l'héritier de sa ruine ou du trône du monde. Mon esprit, dans l'incertitude, est saisi d'un mortel effroi, et je me sens plus de courage pour soutenir un malheur certain. Ote aux hasards le droit de me surprendre et de m'accabler tout-à-coup ; force les dieux à s'expliquer; ou, sans leur faire violence, tire la vérité de la nuit des tombeaux ; ouvre-moi le séjour des mânes, et contrains la mort à t'apprendre ce que je veux savoir de toi. Ce soin n'a rien qui t'humilie; et l'événement qui se prépare est digne que tu cherches à découvrir, ne fût-ce que pour toi, ce qu'en décidera le sort. »

La Thessalienne s'applaudit de voir son nom devenu si célèbre. Elle répondit à Sextus : « Jeune homme, s'il ne s'agissait que de quelques destins d'une moindre importance, il me serait facile d'obtenir des dieux, en dépit d'eux-mêmes, tout ce que tu demanderais. Il est accordé à mon art de prolonger une vie dont les astres pressent la fin, ou de trancher des jours qu'ils veulent prolonger jusques dans l'extrême vieillesse. Mais les événements publics forment une chaîne qui, dès l'origine du monde, les tient liés et dépendants. Si l'on y veut changer quelque chose, l'ordre universel en est ébranlé, et tout l'univers s'en ressent. Alors, nous magiciens, nous avouons que la fortune est plus forte que nous. Que si tu te contentes de prévoir l'avenir, mille routes faciles te seront ouvertes pour arriver à la vérité. La terre, les airs, le chaos, les mers, les campagnes, les rochers de Rhodope, tout me parle. Mais puisqu'un carnage récent nous fournit des morts en abondance, enlevons-en un qui n'ait pas perdu toute la chaleur de la vie, et dont les organes encore flexibles forment des sons à pleine voix : n'attendons pas que ses fibres desséchées ne puissent plus nous rendre que des accents faibles et confus. »

Elle dit, et redoublant par ses charmes les ténèbres de la nuit, elle s'enveloppe la tête d'un nuage impur, et va courant sur un champ de morts qui n'étaient point ensevelis. A son aspect, les loups dévorants prennent la fuite, et les oiseaux voraces détachent leurs griffes de la proie, même avant d'y avoir goûté. Cependant la Thessalienne roule ces cadavres glacés, pour en choisir un dont le poumon n'ayant reçu aucune atteinte, lui rende les sons de la voix. Elle en trouve plusieurs, et son choix suspendu tient une foule de morts dans l'attente, lequel d'entre eux va revoir la clarté. Si elle eût voulu relever à-la-fois toutes ces troupes égorgées et les renvoyer aux combats, les lois de la mort auraient fléchi, et, par un prodige de son art puissant, un peuple rappelé des rivages du Styx aurait reparu sous les armes. A la fin, elle choisit parmi ces morts un interprète des destinées, et traînant à travers des rochers aigus ce malheureux condamné à revivre, elle va le cacher au fond du creux immense d'une montagne consacrée à ses mystères ténébreux. Cette caverne (21) se prolonge et descend presque jusqu'aux enfers. Une sombre forêt la couvre de ses rameaux courbés vers la terre, et dont aucun jamais ne se dirigea vers le ciel : c'est le Taxus (a), dont le noir feuillage la rend impénétrable au jour. Au-dedans croupissent d'immobiles ténèbres; et l'intérieur de l'antre est revêtu de cette mousse humide et limonneuse qu'engendre une éternelle nuit. Jamais ce lieu ne fut éclairé que d'une lumière magique ; l'air n'est pas plus pesant et plus noir au fond de l'antre du Ténare, sur les confins de ce monde et de l'empire des morts. Aussi les dieux des enfers ne craignent-ils pas d'envoyer les mânes dans la caverne d'Érichtho : car, quoiqu'elle fasse violence aux destins, l'ombre qu'elle évoque peut douter

---

(a) Arbre vénéneux.

elle-même si elle sort des enfers, ou si elle y entre. L'enchanteresse était vêtue, comme les furies, d'un voile peint de couleurs bizarres, dont le mélange blessait la vue. Elle se couvrit le visage de ses cheveux, qu'elle entrelaça de serpents; et, voyant que les compagnons de Sextus et Sextus lui-même tremblants à son aspect, avaient la pâleur sur le front et les yeux fixés à la terre : « Revenez (leur dit-elle) de la frayeur dont vous êtes atteints: ce corps va reprendre la vie, et ses traits vont se rétablir dans un état si naturel, que les plus timides pourront sans crainte le voir et l'entendre parler. Je vous pardonnerais de trembler, si je vous faisais voir les noires eaux du Styx et les bords où le Phlégéton roule ses ondes enflammées, si je paraissais moi-même au milieu des furies, si je vous montrais Cerbère secouant sous ma main sa crinière de serpents, et les géants enchaînés par le milieu du corps, et frémissants de rage; mais ici, lâches que vous êtes, que craignez-vous devant des mânes tremblants eux-mêmes devant moi? »

Alors faisant au cadavre de nouvelles blessures, elle versa dans ses veines un sang nouveau, plein de chaleur. Elle a eu soin d'y mêler des flots de l'écume lunaire, et de celle aussi que la rage fait distiller aux animaux; elle y a joint une infinité de poisons encore plus violents que la nature lui fournit, ou qu'elle-même a donnés au monde, tels que les herbes qu'elle a infectées par ses noirs enchantements, et sur lesquelles, dès leur naissance, le fiel de sa bouche a coulé.

Alors sa voix, plus puissante que tous les philtres, se fait entendre aux dieux des morts. Ce n'est d'abord qu'un murmure confus, et qui n'a rien de la voix humaine. C'est un mélange du hurlement des bêtes féroces, du cri lugubre des oiseaux de la nuit, et du sifflement des serpents; il tient aussi du gémissement des ondes qui se brisent contre un écueil, du mugissement des vents dans les forêts, et du bruit du tonnerre en déchirant la nue. Tous ces sons divers n'en font qu'un. Elle y ajoute le chant magique, et ces paroles qui pénètrent jusques dans le fond des enfers.

« Euménides (dit-elle), et vous, crimes et tourments du Tartare; et toi, Chaos, toujours avide d'engloutir des mondes sans nombre; et toi, monarque des enfers, que tourmente sans cesse ton immortalité; effroyable Styx; et vous, champs Élysées, que moi ni mes compagnes nous ne verrons jamais; toi, Proserpine, qui, pour l'enfer, as quitté le ciel et ta mère, toi, qu'on adore là-bas sous le nom d'Hécate, et par qui les mânes et moi nous communiquons en secret; et toi, gardien des portes de l'enfer, toi, qui jettes à Cerbère nos entrailles pour l'appaiser; et vous, Parques, qui allez reprendre un fil que vous avez coupé; et toi, nocher de l'onde infernale, qui sans doute es las de repasser de l'un à l'autre bord les ombres que j'évoque; noires divinités, écoutez ma prière; et si ma bouche est assez impure, assez criminelle pour vous implorer, si jamais elle ne vous nomma sans s'être remplie de sang humain, si j'ai égorgé tant de fois sur vos autels et la mère et l'enfant qu'elle avait dans ses flancs, si j'ai rempli les vases de vos sacrifices des membres déchirés de tant d'innocents qui auraient vécu, soyez propices à mes vœux. Je ne demande point une ombre dès long-temps enfermée dans vos cachots, et accoutumée aux ténèbres. A peine celle que j'évoque a-t-elle quitté la lumière : elle descend, elle est encore à l'entrée du noir séjour; et la rappeler par mes charmes, ce ne sera point l'obliger à passer deux fois chez les morts. Souffrez donc, si la guerre civile est de quelque prix à vos yeux, que l'ombre d'un soldat, qui dans le parti de Pompée se signalait il y a quelques instants, instruise le fils de ce héros, et lui annonce le sort de leurs armes. »

Après qu'elle a proféré ces paroles (22), elle se relève, la bouche écumante, et voit debout devant ses yeux l'ombre du mort étendu à ses pieds, qui, tremblante elle-même à la vue de ce corps livide et glacé, le considère, et frémit de rentrer dans cette odieuse prison. Ces veines rompues, ce sein déchiré, ces plaies profondes l'épouvantent. Le malheureux! on lui enlève le plus grand bienfait de la mort, l'avantage de ne plus mourir.

Érichtho s'étonne que l'enfer soit si lent à lui obéir. Elle s'irrite contre la mort, et d'un fouet de couleuvres vivantes, elle frappe à coups redoublés le cadavre encore immobile. Alors, par les mêmes fentes de la terre où sa bouche a fait l'invocation, elle hurle contre les mânes, et trouble le silence de l'éternelle nuit.

« O Tisiphone, et toi, Mégère, vous demeurez tranquilles à ma voix! vous ne chassez pas, avec vos fouets vengeurs, cette ame rebelle à travers les noirs espaces de l'Érèbe! Tremblez que je ne vous appelle par les noms que vous méritez; que je ne vous traîne, comme on a fait Cerbère à qui vous ressemblez, hors des enfers, à la clarté des cieux, et que je ne vous y retienne. Je vous poursuivrai à travers les bûchers et les funérailles, dont je vous défendrai l'approche; je vous chasserai des tombeaux, je vous écarterai des urnes. Et toi, Hécate, je souillerai, je rendrai livide et sanglante la face que tu prends pour te montrer aux dieux du ciel, je te forcerai à garder celle que tu as dans les enfers. Toi, Proserpine, je dirai à quel indigne appât tu t'es laissé prendre et retenir dans les royaumes sombres, par quel incestueux amour tu t'es livrée au dieu des morts, et que ta mère, après ton infamie, n'a pas voulu te rappeler. Pour toi, le plus injuste, le plus méchant des dieux, tremble que je n'entr'ouvre les voûtes infernales. Oui, j'y ferai pénétrer le jour. Tu seras tout-à-coup frappé de sa lumière........

M'obéirez-vous ? ou faut-il que j'appelle celui dont la terre n'entend jamais prononcer le nom sans frémir; celui qui d'un œil assuré regarde en face la Gorgone; celui qui châtie Érinnys tremblante sous ses fouets sanglants; celui qui siége au-dessous de vous, et aussi loin que vous l'êtes du ciel, dans les abymes du Tartare, dont vos yeux mêmes n'ont jamais mesuré la profondeur; le seul enfin de tous les dieux qui, après avoir juré par le Styx, peut être impunément parjure ? »

A peine elle achevait (23), une chaleur soudaine pénètre le sang du cadavre, et ce sang commence à couler. Dans son sein glacé jusqu'alors, les fibres tremblantes palpitent; et la vie rendue à ce corps qui en avait oublié l'usage, en s'y glissant, se mêle avec la mort. Les organes ont repris leur vigueur, les nerfs leur ressort, mais non pas leur souplesse. Le cadavre ne se lève point peu-à-peu, et en se ployant sous lui-même; il est repoussé par la terre, et il se dresse tout-à-la-fois. Ses yeux ouverts sont immobiles: ce n'est pas le visage d'un homme vivant, mais d'un homme qui va mourir; la roideur de la mort et sa pâleur lui restent. Il paraît stupide d'étonnement de se voir rendu au monde. Mais aucun son ne sort de sa bouche; l'usage de la voix et de la langue ne lui est rendu que pour répondre à la Thessalienne. « Révèle-moi (lui dit-elle) ce que je veux savoir, et sois sûr de ta récompense; car si tu me dis vrai, je t'exempte à jamais d'obéir aux évocations. Je composerai ton bûcher, je charmerai ta tombe de telle sorte, que ton ombre ne sera plus obsédée par les enchantements. Tu revis pour la dernière fois, et ni les paroles, ni les herbes magiques ne troubleront pour toi le sommeil du Léthé, quand je t'aurai rendu la mort. Les oracles des dieux du ciel ne montrent l'avenir qu'à travers un nuage; mais celui qui cherche la vérité chez les dieux des enfers, s'en va sûr de l'avoir trouvée. Ce sont les oracles de la mort que l'homme courageux consulte : ne ménage donc pas celui qui t'ose interroger; ne déguise rien, je t'en conjure; nomme les choses et les lieux, et que la voix qui t'est rendue, soit la voix même des destins. »

Elle finit par un nouveau charme qui a la vertu d'instruire une ombre de tout ce qu'elle veut qui lui soit révélé. Alors le cadavre (24), accablé de tristesse et le visage baigné de pleurs, lui répondit : « Quand tu m'as rappelé du séjour du silence, je n'ai pas eu le temps d'examiner le travail des Parques; mais ce que j'ai pu savoir des ombres, c'est qu'une discorde effroyable agite celles des Romains, et que la fureur qui les anime encore, trouble le repos des enfers. Les uns ont quitté l'Élysée; les autres, ayant brisé leurs fers, se sont échappés du Tartare, et c'est par eux que l'on a su ce que les destins préparaient. Les ombres heureuses paraissaient consternées; j'ai vu les deux Décius, ces victimes de la patrie; j'ai vu Camille et Curius pleurer sur le malheur de Rome. Le favori de la fortune, Sylla se plaint qu'elle trahit son fils; Scipion donne des larmes au sien, qui va périr dans la Libye; le vieux Caton, l'ennemi de Carthage, prévoit en gémissant le sort de l'héritier de ses vertus : il ne vivra point sous un maître. Toi seul, ô Brutus! ô généreux consul! qui chassas nos premiers tyrans, toi seul, entre les justes, tu montres de la joie. Mais le cruel Marius, le fier Catilina, et son complice Cethégus, triomphent. J'ai vu aussi les Drusus, ces hardis partisans du peuple, et les Gracques, ces fiers tribuns, dont le zèle outré ne connut aucun frein; je les ai vus se réjouir ensemble. Des mains chargées d'éternelles chaînes font retentir d'applaudissements les noirs cachots du dieu des morts. Ce monarque du sombre empire fait élargir les prisons du Tartare, il fait préparer des rochers aigus, et des chaînes de diamant, et des tortures pour les vainqueurs. O jeune homme! emporte avec toi la consolation de savoir que les mânes heureux attendent Pompée et ses amis, et que, dans le climat le plus paisible et le plus serein des enfers, on garde une place à ton père. Qu'il n'envie point à son rival la faible gloire de lui survivre. Bientôt viendra l'heure où les deux partis seront confondus chez les morts. Hâtez-vous de mourir; et d'un humble bûcher, descendez parmi nous avec de grandes ames, en foulant aux pieds la fortune et l'orgueil de tous ces demi-dieux de Rome. Ce qu'on agite à-présent se borne à savoir, entre les deux chefs, lequel périra sur le Nil, lequel périra sur le Tibre. Pompée et César ne se disputent que le lieu de leurs funérailles. Pour toi, Sextus, ne cherche pas à t'éclairer sur ton sort : les parques l'accompliront, sans que je te l'annonce. Pompée t'apprendra ce que tu dois savoir ; il est pour toi le plus sûr des oracles. Mais, hélas! il ne saura lui-même où t'envoyer, d'où t'éloigner, quel climat, quel rivage tu dois chercher ou fuir. Craignez l'Europe, et l'Asie, et l'Afrique : la Fortune disperse vos tombeaux comme vos triomphes. O malheureuse famille! vous n'avez pas dans l'univers d'asyle plus sûr que les champs de Pharsale. »

Après (25) que ce corps ranimé eut fait ce qui lui était prescrit, il se tint muet, immobile ; et la tristesse sur le visage, il redemandait la mort : mais pour la lui rendre, il fallut un nouvel enchantement ; car les destins ayant exercé leurs droits, ne pouvaient plus rien sur sa vie. L'Émonide compose donc un bûcher magique, où ce corps vivant va se placer lui-même. Elle y met le feu, et l'y laisse mourir pour ne ressusciter jamais.

Elle accompagna Sextus jusques au camp de son père ; et comme la lumière naissante commençait à éclairer le ciel, pour donner le temps au fils de Pompée et aux siens de regagner leurs tentes, elle ordonna à la nuit de repousser le jour et de les couvrir de ses ombres.

EXCERPTA

EX LIBRO SEXTO.

(1) .... Clausa profundo
Undiquè præcipiti, scopulisque vomentibus æquor,
Exiguo debet, quod non est insula, colli.
Terribiles ratibus sustentant mœnia cautes,
Ioniumque furens, rapido cùm tollitur austro,
Templa domusque quatit, spumatque in culmina, pontus.

(2) .... Coït area belli :
Hîc alitur sanguis terras fluxurus in omnes;
Hîc et Thessalicæ clades, Libycæque tenentur.
Æstuat angustâ rabies civilis arenâ.

(3) Major cura duces miscendis abstrahit armis :
Pompeium, exhaustæ præbenda ad pabula terræ,
Quæ currens obtrivit eques, gradibusque citatis
Ungula frondentem discussit cornea campum.
Belliger attonsis sonipes defessus in arvis,
Advectos cùm plena ferant præsepia culmos,
Ore novas poscens moribundus labitur herbas,
Et tremulo medios abrumpit poplite gyros.

(4) Jàm magis atque magis præceps agit omnia fatum;
Nec medii dirimunt morbi vitamque, necemque;
Sed languor cum morte venit, turbâque cadentûm

Aucta lues, dùm mista jacent incondita vivis
Corpora : nam miseros ultrà tentoria cives
Spargere, funus erat.

(5) At liber terræ spatiosis collibus hostis
Aëre non pigro, nec inertibus angitur undis;
Sed patitur sævam, veluti circumdatus arctâ
Obsidione, famem. Nondùm surgentibus altam
In segetem culmis, cernit miserabile vulgus
In pecudum cecidisse cibos, et carpere dumos,
Et morsu spoliare nemus, lethumque minantes
Vellere ab ignotis dubias radicibus herbas;
Quæ mollire queunt flammâ, quæ frangere morsu,
Quæque per abrasas utero demittere fauces,
Plurimaque humanis ante hoc incognita mensis,
Diripiens miles, saturum tamen obsidet hostem.

(6) Pronus ad omne nefas, et qui nesciret, in armis
Quàm magnum virtus crimen civilibus esset.
Hic ubi quærentes socios, jàm Marte relicto,
Tuta fugæ cernit : Quò vos pavor, inquit, abegit
Impius, et cunctis ignotus Cæsaris armis?
O famuli turpes, servum pecus, absque cruore
Terga datis morti? Cumulo vos deesse virorum
Non pudet, et bustis? Interque cadavera quæri?
Non irâ saltem, juvenes, pietate remotâ,
Stabitis? E cunctis per quos erumperet hostis,
Nos sumus electi. Non parvo sanguine Magni
Ista dies erit. Peterem felicior umbras
Cæsaris in vultu. Testem hunc Fortuna negavit;
Pompeio laudante cadam. Confringite tela.
Pectoris incursu, jugulisque retundite ferrum.
Jàm longinqua petit pulvis, sonitusque ruinæ;
Securasque fragor concussit Cæsaris aures.
Vincimus, ô socii! veniet qui vendicet arces,

Dùm morimur. Movit tantum vox illa furorem,
Quantum non primo succendunt classica cantu;
Mirantesque virum, atque avidi spectare sequuntur,
Scituri juvenes, numero deprensa, locoque,
An plus quàm mortem virtus daret. Ille ruenti
Aggere consistit, primùmque cadavera plenis
Turribus evolvit, subeuntesque obruit hostes
Corporibus; totæque viro dant tela ruinæ,
Roboraque, et moles; hosti seque ipse minatur.
Nunc sude, nunc duro contraria pectora conto
Detrudit muris, et valli summa tenentes
Amputat ense manus; caput obterit, ossaque saxo,
Ac malè defensum fragili compage cerebrum
Dissipat; alterius flammâ crinesque, genasque
Succendit : strident oculis ardentibus ignes.
Ut primùm, cumulo crescente, cadavera murum
Admovêre solo; non segnior extulit illum
Saltus, et in medias jecit super arma catervas,
Quàm per summa rapit celerem venabula pardum.
Tunc densos inter cuneos compressus, et omni
Vallatus bello, vincit quem respicit hostem....
Ac veritus credi clypeo, lævâque vacasse,
Aut culpâ vixisse suâ, tot vulnera belli
Solus obit; densamque ferens in pectore silvam
Jàm gradibus fessis, in quem cadat eligit hostem....

(7) Ille moras ferri, nervorum et vincula rumpit,
Affixam vellens oculo pendente sagittam
Intrepidus, telumque suo cum lumine calcat.
Pannonis haud aliter post ictum sævior ursa,
Cùm jaculum parvâ Libys amentavit habenâ,
Se rotat in vulnus, telumque irata receptum
Impetit, et secum fugientem circuit hastam.
Perdiderat vultum rabies : stetit imbre cruento
Informis facies : lætus fragor æthera pulsat

EX LIBRO SEXTO.

Victorum. Majora viris de sanguine parvo
Gaudia non faceret conspectum in Cæsare vulnus.
Ille tegens altâ suppressum mente dolorem,
Mitis, et à vultu penitùs virtute remotâ,
Parcite, ait, cives; procùl hinc avertite ferrum;
Collatura meæ nil sunt jàm vulnera morti :
Non eget ingestis, sed vulsis pectore telis.
Tollite, et in Magni viventem ponite castris.
Hoc vestro præstate duci : sit Scæva relicti
Cæsaris exemplum potiùs, quàm mortis honestæ.
Credidit infelix simulatis vocibus Aulus;
Nec vidit recto gladium mucrone tenentem;
Membraque captivi pariter laturus et arma,
Fulmineum mediis excepit faucibus ensem.
Incaluit virtus; atque una cæde refectus,
Solvat, ait, pœnas, Scævam quicumque subactum
Speravit : pacem gladio si quærit ab isto
Magnus, adorato submittat Cæsare signa.
An similem vestri, segnemque ad fata putatis?
Pompeii, vobis minor est, causæque senatûs
Quàm mihi mortis amor.

(8) . . . . Labentem turba suorum
Excipit, atque humeris defectum imponere gaudet;
Ac velut inclusum perfosso in pectore numen,
Et vivam magnæ speciem virtutis adorant.....
Infelix! quantâ dominum virtute parasti!

(9) Nec magis hâc Magnus castrorum parte repulsus
Intra claustra piger dilato Marte quievit,
Quàm mare lassatur, cùm se tollentibus Euris,
Frangentem fluctus scopulum ferit, aut latus alti
Montis adest, seramque sibi parat unda ruinam.

(10) Sic pleno Padus ore tumens, super aggere tutas

Excurrit ripas, et totos concutit agros.
Succubuit si quà tellus, cumulumque furentem
Undarum non passa, ruit; tum flumine toto
Transit, et ignotos aperit sibi gurgite campos.
Illos terra fugit dominos; his rura colonis
Accedunt, donante Pado.

(11) Invenit impulsos, presso jàm pulvere, muros,
Frigidaque ut veteris deprendit signa ruinæ.
Accendit pax ipsa loci, movitque furorem
Pompeiana quies, et victo Cæsare somnus.
Ire vel in clades properat, dùm gaudia turbet.

(12) Non sic Ætnæis habitans in vallibus horret.
Enceladum, spirante Noto, cùm tota cavernas
Egerit, et torrens in campos defluit Ætna;
Cæsaris ut miles, glomerato pulvere victus,
Ante aciem, cæci trepidus sub nube timoris,
Hostibus occurrit fugiens, inque ipsa pavendo
Fata ruit. Totus mitti civilibus armis,
Usquè vel in pacem, potuit cruor: ipse furentes
Dux tenuit gladios. Felix, ac libera legum
Roma fores, jurisque tui, vicisset in illo
Si tibi Sylla loco. Dolet heu, semperque dolebit,
Quod scelerum, Cæsar, prodest tibi summa tuorum,
Cum genero pugnasse pio. Proh tristia fata!
Non Uticæ Libye clades, Hispania Mundæ
Flesset, et infando pollutus sanguine Nilus
Nobilius Phario gestasset rege cadaver;
Nec Juba Marmaricas nudus pressisset arenas,
Pænorumque umbras placasset sanguine fuso
Scipio; nec sancto caruisset vita Catone.
Ultimus esse dies potuit tibi Roma malorum;
Exire è mediis potuit Pharsalia fatis.

(13) Arma secuturum soceri, quacumquè fugasset,

Tentavêre sui comites divertere Magnum,
Hortati patrias sedes, atque hoste carentem
Hesperiam peteret. Nunquàm me Cæsaris, inquit,
Exemplo, reddam patriæ, nunquàmque videbit
Me, nisi dimisso redeuntem milite, Roma.
Hesperiam potui, motu surgente, tenere,
Si vellem patriis aciem committere templis,
Ac medio pugnare foro. Dùm bella relegem,
Extremum Scythici transcendam frigoris orbem,
Ardentesque plagas. Victor tibi, Roma, quietem
Eripiam, qui, ne premerent te prœlia, fugi!
Ah potiùs! ne quid bello patiaris in isto,
Te Cæsar putet esse suam.

(14) Hac tellure feri micueruut semina Martis.
Primus, ab æquoreâ, percussis cuspide saxis,
Thessalicus sonipes, bellis feralibus omen,
Exsiluit; primus chalybem, frenosque momordit,
Spumavitque novis Lapithæ domitoris habenis.
Prima fretum scindens Pegasæo littore pinus,
Terrenum ignotas hominem projecit in undas.
Primus, Thessalicæ rector telluris, Itonus
In formam calidæ percussit pondera massæ,
Fudit et argentum flammis, aurumque monetâ
Fregit, et immensis coxit fornacibus æra.
Illic, quod populos scelerata impegit in arma,
Divitias numerare datum est.

(15) Hac ubi damnata fatis tellure locarunt
Castra duces, cunctos belli præsaga futuri
Mens agitat; summique gravem discriminis horam
Adventare palam est. Propiùs jàm fata moveri
Degeneres trepidant animi, pejoraque versant.
Ad dubios pauci, præsumpto robore, casus
Spemque metumque ferunt.

(16) Impia, tot populis, tot surdas gentibus aures
Cœlicolûm, diræ convertunt carmina gentis.
Una per æthereos exit vox illa recessus;
Verbaque ad invitum perfert cogentia numen,
Quod non cura poli, cœlique volubilis unquàm
Avocat.

(17) Carmine Thessalidum dura in præcordia fluxit
Non fatis adductus amor; flammisque severi
Illicitis arsêre senes.

(18) Cessavêre vices rerum; dilataque longâ
Hæsit nocte dies; legi non paruit æther.
Torpuit et præceps audito carmine mundus;
Axibus et rapidis impulsos Jupiter urgens,
Miratur non ire polos.

(19) Et tonat ignaro cœlum Jove. Vocibus iisdem
Humentes latè nebulas, nimbosque solutis
Excussêre comis. Ventis cessantibus, æquor,
Intumuit; rursùs vetitum sentire procellas
Conticuit turbante Noto; puppimque ferentes
In ventum tumuêre sinus; de rupe pependit
Abscissâ fixus torrens; amnisque cucurrit
Non quâ pronus erat.... Submisso vertice montes
Explicuêre jugum; nubes suspexit Olympus.
Solibus et nullis Scythicæ, cùm bruma rigeret,
Dimaduêre nives; impulsam sidere Tethyn
Reppulit Hæmonidum, defenso littore, carmen....
Has avidæ tigres et nobilis ira leonum
Ore fovent blando; gelidos his explicat orbes,
Inque pruinoso coluber distenditur arvo.
Viperei coëunt, abrupto corpore, nodi;
Humanoque cadit serpens afflata veneno.

(20) .... Parere necesse est;

EX LIBRO SEXTO.

An juvat? ignotâ tantùm pietate merentur;
An tacitis valuêre minis? hoc juris in omnes
Est illis superos? an habent hæc carmina certum
Imperiosa deum, qui mundum cogere, quicquid
Cogitur ipse, potest?

(21) Haud procùl à Ditis cæcis depressa cavernis,
In præceps subsedit humus : quam pallida pronis
Urget silva comis, et nullo vertice cœlum
Suspiciens, Phœbo non pervia taxus opacat.
Marcentes intùs tenebræ, pallensque sub antris
Longâ nocte situs, nunquàm, nisi carmine factum,
Lumen habent. Non Tænareis sic faucibus aër
Sedit iners, mœstum mundi confine latentis,
Ac nostri : quò non metuunt emittere manes
Tartarei reges. Nam quamvis Thessala vates
Vim faciat fatis, dubium est, quod traxerit illùc
Aspiciat Stygias, an quod descenderit, umbras.
Discolor, et vario furialis cultus amictu
Induitur, vultusque operitur crine soluto,
Et coma vipereis substringitur horrida sertis.
Ut pavidos juvenis comites, ipsumque timentem
Conspicit, exanimi defixum lumina vultu,
Ponite, ait, trepidâ conceptos mente timores :
Jàm nova, jàm veræ reddetur vita figuræ :
Ut quamvis pavidi possent audire loquentem.
Si verò Stygiosque lacus, ripamque sonantem
Ignibus ostendam, si me præsente videri
Eumenides possent, villosaque colla colubris
Cerberus excutiens, et vincti terga gigantes!
Quis timor, ignavi, metuentes cernere manes?

(22) Hæc ubi fata caput, spumantiaque ora levavit,
Aspicit adstantem projecti corporis umbram,
Exanimes artus, invisaque claustra timentem

Carceris antiqui. Pavet ire in pectus apertum,
Visceraque, et ruptas lethali vulnere fibras.
Ah miser! extremum cui mortis munus iniquæ
Eripitur, non posse mori. Miratur Erichto
Has fatis licuisse moras, irataque morti
Verberat immotum vivo serpente cadaver;
Perque cavas terræ, quas egit carmine, rimas
Manibus illatrat, regnique silentia rumpit.
Tisiphone, vocisque meæ secura Megæra,
Non agitis sævis Erebi per inane flagellis
Infelicem animam! Jàm vos ego nomine vero
Eliciam, Stygiasque canes in luce supernâ
Destituam; per busta sequar, per funera custos;
Expellam tumulis, abigam vos omnibus urnis.
Teque deis, ad quos alio procedere vultu
Ficta soles, Hecate, pallenti tabida formâ,
Ostendam, faciemque Erebi mutare vetabo.
Eloquar, immenso terræ sub pondere quæ te
Contineant, Ennæa, dapes; quo fœdere mœstum
Regem noctis ames; quæ te contagia passam
Noluerit revocare Ceres. Tibi, pessime mundi
Arbiter, immittam ruptis Titana cavernis,
Et subito feriere die. Paretis? an ille
Compellandus erit, quo nunquam terra vocato
Non concussa tremit, qui Gorgona cernit apertam,
Verberibusque suis trepidam castigat Erinnyn;
Indespecta tenet vobis qui Tartara; cujus
Vos estis superi; Stygias qui pejerat undas?

(23) Protinus adstrictus caluit cruor, atraque fovit
Vulnera, et in venas extremaque membra cucurrit.
Percussæ gelido trepidant sub pectore fibræ;
Et nova desuetis subrepens vita medullis,
Miscetur morti. Tunc omnis palpitat artus;
Tenduntur nervi; nec se tellure cadaver

Paulatim per membra levat, terrâque repulsum est,
Erectumque simùl.

(24) .... Mœstum, fletu manante, cadaver,
Tristia non equidem Parcarum stamina (dixit)
Respexi, tacitæ revocatus ab aggere ripæ :
Quod tamen è cunctis mihi noscere contigit umbris,
Effera Romanos agitat discordia manes,
Impiaque infernam ruperunt arma quietem.
Elysias alii sedes, ac Tartara mœsta
Diversi liquêre duces. Quid fata pararent
Hi fecêre palàm. Tristis felicibus umbris
Vultus erat. Vidi Decios, natumque patremque,
Lustrales bellis animas, flentemque Camillum,
Et Curios; Syllam de te, Fortuna, querentem.
Deplorat Libycis perituram Scipio terris
Infaustam sobolem; major, Carthaginis hostis,
Non servituri mœret Cato fata nepotis.
Solum te, consul depulsis prime tyrannis,
Brute, pias inter gaudentem vidimus umbras.
Abruptis Catilina minax, fractisque catenis
Exsultat, Mariique truces, nudique Cethegi.
Vidi ego lætantes popularia nomina Drusos;
Legibus immodicos, ausosque ingentia Gracchos.
Æternis chalybum nodis, et carcere Ditis
Constrictæ plausêre manus; camposque piorum
Poscit turba nocens. Regni possessor inertis
Pallentes aperit sedes, abruptaque saxa
Asperat, et durum vinclis adamanta, paratque
Pœnam victori. Refer hæc solatia tecum,
O juvenis, placido manes patremque domumque
Exspectare sinu, regnique in parte serenâ
Pompeio servare locum. Nec gloria parvæ
Sollicitet vitæ. Veniet quæ misceat omnes
Hora duces. Properate mori, magnoque superbi

Quamvis è parvis animo descendite bustis,
Et Romanorum manes calcate deorum.
Quem tumulus Nili, quem Tibridis alluat unda
Quæritur, et ducibus tantùm de funere pugna est.

(25) . . . . Sic postquàm fata peregit,
Stat vultu mœstus tacito, mortemque reposcit.

LA PHARSALE

DE LUCAIN.

LIVRE SEPTIÈME.

ARGUMENT.

Songe de Pompée avant la bataille. Cicéron vient lui demander, au nom du sénat et de l'armée, de marcher à l'ennemi : Pompée cède à ses instances. Appareil du combat dans le camp de Pompée. Des signes effrayants s'y font voir. Un devin prédit à Padoue ce qui se passe en Thessalie. Les deux armées s'avancent dans la plaine. Harangues de César et de Pompée à leurs troupes. Réflexion du poète sur la bataille qui va se donner. Bataille de Pharsale. Pompée est vaincu ; il s'enfuit. Accueil qu'il reçoit à Larisse. Son camp est mis au pillage et occupé par les vainqueurs. Quelle nuit César et les siens passent dans le camp de Pompée. Tableau du champ de bataille.

Hâtez-vous de donner vous même le signal, avant que vos trompettes ne vous échappent et ne le donnent malgré vous.

La Pharsale Liv. 7.

LA PHARSALE
DE LUCAIN.

LIVRE SEPTIÈME.

Jamais le soleil n'avait été si lent à s'élever du sein de l'onde ; jamais, avec un front si pâle, il n'avait commencé sa course, ni poussé avec moins d'ardeur ses coursiers vers le haut des cieux. Il aurait voulu s'éclipser, pour ne pas luire sur la Thessalie ; et cédant à regret aux éternelles lois qui le forçaient d'éclairer le monde, il attira d'épais nuages, dans lesquels il s'enveloppa.

Mais la nuit, la dernière nuit des prospérités de Pompée, avait charmé, par une douce erreur (*a*), les soins cruels qui l'agitaient, même dans les bras du sommeil. Il crut se voir assis à son théâtre, environné d'un peuple innombrable, qui portait

---

(*a*) Il rêva qu'il avait consacré dans Rome un temple à Vénus victorieuse. *Vénus victorieuse* était le cri, ou le signal de César.

son nom jusqu'au ciel, et qui faisait retentir l'air d'applaudissements redoublés. Il le voyait, ce peuple (1), tel que dans ces beaux jours où il enleva sa faveur, lorsqu'à la fleur de sa jeunesse, après avoir dompté l'Ibère et tous les peuples qu'avait armés le rebelle Sertorius, après avoir soumis et calmé l'Occident, il rentra victorieux dans Rome, et qu'aussi vénérable sous la robe blanche que s'il eût été revêtu de la pourpre, il parut, simple chevalier, assis sur le char de triomphe, au milieu des acclamations du peuple et des applaudissements du sénat. Telle était son illusion : soit que son ame inquiète sur l'avenir se rejetât sur le passé, et cherchât dans ses jours heureux de quoi dissiper ses alarmes ; soit que le sommeil, qui toujours enveloppe et déguise la vérité sous des apparences contraires, lui fît de la publique joie le présage de la douleur; soit que, ne devant plus revoir ta patrie, ô Pompée, le sort voulût encore une fois te la montrer du moins en songe. Vous qui veillez autour de lui, respectez son sommeil; que la trompette ne frappe l'air d'aucun son qui en interrompe le charme : le silence de la nuit prochaine sera cruel pour ce héros ; et le jour ne va lui offrir qu'une guerre affreuse et funeste. Hélas! ce peuple qui le chérit, n'a pas même une nuit si doucement trompeuse. Que ne peut-il aussi rêver qu'il le voit et qu'il le possède ! ô Pompée, ce serait pour Rome et pour toi un bienfait des dieux qu'un seul jour, où, même assurés de votre ruine, vous pussiez vous donner l'un à l'autre un dernier gage de votre amour. Tu as quitté Rome avec l'espérance de venir mourir dans son sein ; et Rome, qui n'a jamais fait pour toi de vœux que le sort n'ait remplis, n'a pu penser qu'il aurait la rigueur de lui envier jusqu'à tes cendres. Sur ton tombeau (2) les jeunes et les vieux, les enfants mêmes auraient versé des larmes; les femmes romaines, les cheveux épars, se seraient déchiré le sein, comme aux funérailles de Brutus (a); et lors même qu'ils trembleront devant un injuste vainqueur, que ce soit César en personne qui leur annonce ta mort, ils pleureront; mais, hélas! en pleurant, ils porteront au Capitole, et tes lauriers, et l'indigne encens qu'ils feront fumer devant lui.

L'astre du jour (3) avait donc effacé l'éclat des astres de la nuit; un murmure confus s'éleva dans le camp, et toute l'armée en tumulte, cédant à la fatalité qui entraînait l'aveugle univers, demanda hautement le signal du combat. Cette foule de malheureux, dont le plus grand nombre ne doit pas voir la fin du jour, environnent les tentes du général, et enflammés d'une ardeur insensée, pressent l'heure fatale qui s'avance et qui leur apporte la mort. Une rage cruelle s'empare des esprits : chacun veut voir décider son sort et celui

---

(a) Junius-Brutus, qui vengea Lucrèce, et chassa les Tarquins. Les dames romaines portèrent son deuil douze mois.

du monde. On accuse Pompée d'être lent et timide, et trop patient envers César. On dit qu'il se plaît à régner, qu'il aime à voir sous ses drapeaux tant de nations rassemblées, qu'il craint la paix; et qu'il l'éloigne, comme le terme de sa puissance (*a*). Les rois, les peuples de l'Orient se plaignent qu'on prolonge la guerre, et qu'on les retient loin de leur pays. O dieux! quand vous voulez nous perdre, vous disposez tout de manière que notre malheur est notre ouvrage, et devient notre crime : nous courons à notre ruine; nous cherchons les combats où nous devons périr. C'est dans le camp de Pompée (4) qu'on fait des vœux pour la bataille de Pharsale (*b*)!

Le plus éloquent des Romains, Tullius, qui, sous son consulat, avait fait trembler le fier Catilina devant la toge et les faisceaux, Tullius fut chargé de porter la parole. Plein d'aversion pour une guerre qui l'éloignait de la tribune, et impatient du long silence que lui imposaient les combats, il appuya de toute son éloquence la témérité d'un mauvais dessein.

(*a*) Et aucuns le piquaient en l'appelant *Agamemnon*, et *le roi des rois*.... Afranius allait demandant pourquoi l'on ne combattait pas ce marchand, que l'on disait avoir acheté de lui la province d'Espagne. (PLUT. *Vie de Jules-César.*)

(*b*) *Omnes aut de honoribus suis, aut de præmiis pecuniæ, aut de persequendis inimicis agebant; nec quibus rationibus superare possent, sed quemadmodum uti victoriâ deberent, cogitabant.* (CÆS. de Bell. civ. lib. 3.)

« La fortune (5), dit-il à Pompée, ne vous demande, pour prix de sa longue faveur, que de vouloir en user encore. Les grands de Rome, les rois de la terre, le monde à vos pieds, nous vous conjurons tous de nous laisser vaincre César. César est-il fait pour tenir si long-temps tout l'univers en alarmes? Certes il est honteux pour les nations, que Pompée, qui les a vaincues avec tant de rapidité, soit si lent à vaincre avec elles. Qu'est devenue cette ardeur que vous portiez dans les combats, et cette confiance au bonheur de vos armes? Ingrat, craignez-vous que les dieux ne se rangent du parti du crime? N'osez-vous leur fier la cause du sénat? Vos légions, n'en doutez pas, enleveront leurs étendards, et s'élanceront au combat d'elles-mêmes. Rougissez d'attendre qu'elles vous préviennent, et qu'elles marchent sans votre aveu. Si vous ne commandez ici qu'au nom du sénat, si c'est pour nous que se fait la guerre, dès que nous demandons la bataille, c'est à vous de la livrer. Pourquoi détourner de César tant de glaives qui le menacent? Voyez déja partir les traits de mille mains impatientes. A peine chacun se contient dans l'attente du signal. Hâtez-vous de le donner vous-même, avant que vos trompettes ne vous échappent, et ne le donnent malgré vous. Enfin, Pompée, le sénat veut savoir si vous voyez en lui vos soldats ou vos compagnons, et si c'est lui qui sert ou qui commande. »

Pompée, à ce discours, gémit profondément : il vit bien que c'était un piége de la fortune, et que les destins s'opposaient à la sagesse de ses conseils. « Si c'est (dit-il) le vœu de tous (*a*) et l'intérêt de la cause commune, que Pompée dans ce moment cesse d'être chef et devienne soldat; j'y consens (6). Que la fortune se hâte d'envelopper tous ces peuples dans la même ruine, et que ce soit ici le tombeau d'une partie nombreuse du genre humain : je cède à l'ordre des destinées. Cependant, Rome, je t'atteste, que l'on m'aura marqué ce jour de la destruction. Tu pouvais soutenir la guerre sans qu'il t'en eût coûté du sang; tu pouvais voir, sans tirer l'épée, César vaincu et pris lui-même, réduit à souscrire à la paix, dont il a violé les lois. Les insensés! quelle est leur ardeur pour le crime! ils ont peur qu'une guerre civile ne soit pas assez meurtrière! Ne voit-on pas que nous avons enlevé à l'ennemi des pays immenses; que nous l'avons chassé de toutes les mers; que nous avons réduit ses troupes affamées à ravager les moissons avant la maturité; qu'il en est au point de désirer de périr par le glaive plutôt que par la faim, et qu'un même champ de bataille soit couvert de ses combattants égorgés et confondus avec les miens? Ne voit-on pas que

---

(*a*) Caton lui seul était de l'avis de Pompée, encore était-ce pour épargner le sang de ses concitoyens. (PLUT. *Vie de Jules-César.*)

cette guerre est déja très-avancée par les succès qui ont aguerri notre jeune milice, au point de ne pas craindre le signal, ou plutôt de le désirer ; si toutefois je dois attribuer cette impatience au courage, car la crainte même du péril fait souvent qu'on se hâte de s'y précipiter? L'homme courageux est celui qui brave le danger s'il le faut, et qui l'évite s'il est possible. Et nous, c'est dans la plus heureuse situation des choses que nous voulons tout abandonner au caprice de la fortune! Il y va du sort du monde ; et on le livre aux hasards d'un moment! Ces peuples aiment mieux me voir les mener au carnage, que leur assurer la victoire. Fortune! tu m'as donné le destin de Rome à gouverner; je te le remets plus grand que je ne l'ai reçu. Veille sur lui dans les horreurs de la mêlée. Cette guerre ne sera plus ni à ma gloire, ni à ma honte. César, tes vœux l'emportent sur les miens : on va combattre; et combien ce jour coûtera de crimes et de malheurs au monde! quel déluge de sang romain va rougir les eaux de l'Énipe! Ah! plût aux dieux, si cette tête n'est plus utile à ma patrie, que la première flèche qu'on lancera, vînt la frapper! car ma victoire m'affligera autant que m'affligerait ma défaite. Le nom de Pompée, après cette bataille, ne peut être pour l'univers qu'un objet d'horreur ou de compassion; et dans ce désastre, le malheur du vaincu sera le crime du vainqueur. »

Après sa réponse, il permit qu'on éprouvât le sort des armes, et l'impatiente fureur des troupes n'eut plus ni barrière, ni frein. Tel un pilote vaincu par la violence des vents, abandonne le gouvernail, et se laisse emporter lui-même, immobile fardeau, sur la poupe que son art ne dirige plus.

Le tumulte et le bruit règnent dans tout le camp; des mouvements opposés suspendent et précipitent tour-à-tour les battements de ces cœurs féroces; plusieurs portent sur le visage (7) la pâleur de la mort qui les attend, et sur leur front se peint leur destinée. On ne peut se dissimuler que les armes vont régler le destin du monde, et décider, pour l'avenir, si Rome est libre, ou si elle est esclave. Chacun oublie ses propres dangers, frappé d'un objet plus terrible : Rome et Pompée les occupent tous; ce n'est pas pour soi, c'est pour eux qu'on tremble.

Pour être plus sûr de ses coups, on aiguise la lance et l'épée, on renouvelle la corde de l'arc, on remplit le carquois de flèches acérées. Ceux qui doivent combattre à cheval, essaient le mors et les rênes, et se munissent d'aiguillons. Ainsi (8), quand les géants attaquèrent les dieux (s'il est permis de comparer les travaux des hommes à ceux des immortels), le glaive de Mars fut remis brûlant sur les enclumes de Lemnos, le trident de Neptune rougit dans la fournaise, Apollon fit tremper de nouveau les flèches dont il avait blessé

Python, Pallas étala sur son égide les cheveux de la Gorgone, et le Cyclope forgea de nouvelles foudres à Jupiter.

La fortune ne manqua pas d'annoncer par divers prodiges les revers qu'elle préparait : car dès que les troupes de Pompée entrèrent dans la Thessalie, tout le ciel, pour les arrêter, s'arma de foudres et d'éclairs, de colonnes de feu, de tourbillons de flamme. On croyoit voir voler des torches allumées; la nue éclatait dans les yeux des soldats, et les éclairs qui en jaillissaient, leur faisait baisser la paupière. La foudre consuma les aigrettes des casques, fondit la lame des épées, fit couler la pointe des dards, et le fer même qui n'en fut pas dissous, fut pénétré d'une vapeur de soufre. Les enseignes furent couvertes d'un nuage d'essaims d'abeilles; la main (*a*) qui les avait plantées dans la terre, ne pouvait plus les en arracher; une rosée de larmes baignait les images des dieux qui jusqu'alors avaient été les étendards de la patrie. Un taureau amené aux autels pour y être immolé, s'échappe et s'enfuit à travers les champs de Pharsale. Pompée ne trouve point de victime pour ses malheureux sacrifices.

Mais toi, César, au moment d'une bataille impie et parricide, quels sont les dieux que tu in-

---

(*a*) Avant la bataille que perdit Crassus contre les Parthes, la même chose fut prise pour un présage malheureux. (*Voy.* Plut. *Vie de Crassus.*)

voques? Les noires déités du Styx, les Euménides, les forfaits, les fureurs, tous les dieux du crime.

Il y a cependant lieu de douter si tout ce qui frappait les soldats de Pompée, était de vrais prodiges ou des fantômes vains. Plusieurs crurent voir les sommets du Pinde et de l'Olympe se heurter, ceux de l'Hémus se changer en abymes, un rapide fleuve de sang traverser le lac Bœbéide, qui baigne les pieds de l'Ossa.

On crut entendre, la nuit, dans les airs, les cris des combattants et le fracas des armes. Les soldats sont épouvantés de se distinguer clairement l'un l'autre au milieu des ténèbres, et de voir en plein jour la lumière pâlir, une noire vapeur envelopper leur tête, et les simulacres de leurs parents voltiger devant leurs yeux. Ce qui les rassure, c'est de penser que ces prodiges sont eux-mêmes les présages de leurs forfaits : car ils savent bien qu'ils ont à verser le sang de leurs frères et de leurs pères; et le trouble et l'égarement qui précède ces parricides, leur répond qu'ils seront commis.

Et pourquoi s'étonner que des hommes qui voyaient la lumière pour la dernière fois, fussent frappés du pressentiment d'une mort si prochaine? Les Romains mêmes qui se trouvaient alors, ou sur le Tage, ou sur l'Araxe, ou sur d'autres bords éloignés, furent saisis d'une noire tristesse. Ils ignorent la cause de leur abattement, ils se reprochent de s'affliger : les malheureux ne savent pas ce qu'ils vont perdre en Thessalie. On dit que vers Padoue, et dans ces campagnes où le Timave répand ses ondes, un devin (*a*) assis au haut d'une colline, s'écria : « Voilà le grand jour; le sort du monde se décide; Pompée et César sont aux mains : » soit qu'il eût tiré ses présages des éclats du tonnerre et des traits de la foudre, soit qu'il eût observé la discorde qui s'élevait parmi les astres, ou l'obscure pâleur du soleil et l'éclipse de sa lumière. Il est vrai du moins que la nature marqua ce jour par des caractères que nul autre jour n'avait eus; et si les hommes avaient tous eu le don d'expliquer les signes du ciel, de tous les lieux du monde on aurait vu Pharsale.

O combien (9) supérieur au reste des mortels doit être un peuple que la fortune donne en spectacle à l'univers, et dont tout le ciel est occupé à prédire la destinée! Dans l'avenir, même le plus éloigné, chez la postérité la plus reculée, soit que

---

(*a*) Ce devin était Caius Cornélius, ami de Tite-Live l'historien; celui-ci racontait le fait, comme le poëte l'expose. Il ajoutait même, que le devin cria tout haut, comme s'il eût été inspiré et poussé par quelque esprit divin : *La victoire est tienne, César*. Et comme tous les assistants l'écoutaient avec surprise, il ôta la couronne qu'il avait sur la tête, en faisant serment de ne jamais l'y remettre, que l'événement n'eût fait foi de la vérité de son art. (PLUT. *Vie de Jules-César*.)

la seule renommée transmette ces événements, soit que ce pénible fruit de mes veilles contribue à sauver de grands noms de l'oubli; en lisant le récit de cette guerre, la crainte, l'espoir, le doute impatient se saisiront de tous les cœurs; l'ame interdite et suspendue, on attendra l'événement, comme s'il était à venir. On ne croira pas lire des disgrâces passées; et c'est toi, Pompée, qui réuniras les vœux tardifs et superflus de toutes les races futures.

Dès que les troupes de Pompée descendirent dans la vallée qui séparait les deux camps (*a*), la pente des collines parut resplendissante de la lumière qu'y répandait le brillant acier de leurs armes, frappé des rayons du soleil. Ce ne fut pas témérairement que cette malheureuse armée s'étendit et se développa; la prudence d'un chef habile en régla l'ordre et les mouvements. Lentulus commandait l'aile gauche avec deux légions; le vaillant et malheureux Domitius commandait la droite, Scipion le centre, avec toutes les forces qu'il avait amenées de Cilicie : il n'était là que lieutenant; il fut bientôt chef en Libye. Sur l'humide bord de l'Énipe était placée la cavalerie de Cappadoce et de Pont; plus loin du fleuve, étaient rangés cette foule de rois qui servaient sous Pompée. D'ici devaient partir les flèches des Numides et des Crétois, de là celles des Syriens. D'un

---

(*a*) A trente stades de distance, environ une lieue et demie.

côté marchaient les Gaulois sanguinaires, et aguerris contre César; de l'autre s'avançait le belliqueux Ibère (*a*).

Ce jour-là César détachait une partie (*b*) de son armée pour enlever les moissons. Tout-à-coup il voit l'ennemi descendre dans la plaine; il voit le moment, souhaité mille fois, de tout décider par le fer. Dès long-temps dévoré d'ambition, brûlant d'impatience d'arriver à l'empire, il se reprochait comme un crime le peu de lenteur et de délai que la guerre civile avait souffert. Mais lorsqu'il se vit avec Pompée sur le bord du précipice, et qu'il sentit que sa grandeur chancelante et prête à tomber, dépendait de cette journée, son ardeur se ralentit un peu; il douta un moment du succès de ses armes : car si sa fortune lui faisait tout espérer, celle de Pompée lui donnait tout à craindre. Mais renfermant ce trouble au-dedans de lui-même, il ne fait voir à son armée que la noble assurance qu'il lui veut inspirer.

« Soldats (dit-il), soldats vainqueurs du monde (10), auteurs de mes prospérités, la voilà, cette occasion que vous avez tant demandée. Nous n'avons plus de vœux à faire, et notre sort dépend de nous. Vous tenez dans vos mains tout

---

(*a*) *Cunctum equitatum, sagittarios funditoresque omnes in sinistro cornu objecerat.* (Cæs. de Bell. civ. lib. 3.)

(*b*) Trois légions.

César, sa fortune, sa gloire, et sa vie. C'est ce grand jour, il m'en souvient, que vous m'avez promis au bord du Rubicon; ce fut pour lui que nous prîmes les armes. C'est de lui que nous attendons ces triomphes qu'on nous refuse; c'est lui qui vous rendra vos femmes, vos enfants, vos foyers, et les terres dont le partage doit récompenser vos travaux. C'est lui enfin qui va prouver, par le témoignage du sort, quel est le parti le plus juste, et déclarer coupable le vaincu. Si c'est pour moi que vous avez porté la flamme et le fer dans le sein de votre patrie, combattez aujourd'hui pour vous, pour justifier votre choix, et pour absoudre vos épées. La guerre a deux faces, le sort en est le juge, et, selon qu'il change, l'un ou l'autre parti est innocent ou criminel. Ce n'est plus de moi qu'il s'agit, c'est de vous : c'est vous, Romains, que je conjure de vouloir être un peuple libre et souverain de l'univers. Pour moi, je borne mon ambition au repos obscur d'une vie privée, et à me voir dans Rome simple citoyen, vêtu de la robe du peuple. Oui, pourvu que vous soyez tout, je consens à n'être plus rien. Je veux bien même être odieux, pour vous avoir rendus puissants et redoutables. Reprenez ce pouvoir suprême; il vous coûtera peu de sang. Vous allez trouver devant vous une jeunesse oisive et lâche, qui sort des écoles de la Grèce, et qui ne connaît de combats que ses jeux, une foule de nations barbares, sans valeur et sans discipline, qui ne s'entendent pas entre elles, dont la mollesse asiatique soutient à peine le poids des armes, et qui vont prendre l'épouvante au premier signal de la bataille, au premier cri des combattants. Ce qu'il peut y avoir de nos citoyens dans cette armée, est peu de chose. C'est de cent peuples étrangers, tous ennemis du nom romain, que se fera le plus grand carnage, et c'est purger la terre, que de l'en délivrer. Fondez sur ces peuples timides, écrasez l'orgueil de leurs rois; que le tranchant du fer moissonne d'un seul coup toutes les puissances du monde; et faites voir que ces nations que Pompée, avec tant de faste, a promenées séparément dans l'univers après son char (*a*), ne valaient pas ensemble les honneurs d'un triomphe. Du reste, pensez-vous qu'aucun de ces étrangers voulût donner deux gouttes de son sang pour ranger l'Italie sous les lois de Pompée? Pensez-vous que l'Arménien s'intéresse à voir la puissance romaine aux mains de l'un ou de l'autre chef? Ils détestent Rome et tous les Romains; et ceux de leurs maîtres qu'ils ont vus de plus près, sont ceux qu'ils abhorrent le plus dans l'ame. Pour moi, grâces au ciel, je vois mes intérêts entre les mains de mes amis, de ceux qui dans la guerre des Gaules m'ont eu dix ans pour compagnon et pour

---

(*a*) Pompée avait triomphé trois fois, de l'Espagne, de l'Afrique, et du Pont.

témoin de leurs exploits. En est-il un seul dont l'épée ne me soit connue? en est-il un dont je ne sois presque assuré de distinguer le javelot dans le combat? Si j'en crois des signes auxquels jamais je ne me suis trompé, si j'en crois ces visages terribles, et ces yeux fiers et menaçants, amis, la victoire est à nous. Je vois couler des flots de sang, je vois les rois foulés aux pieds, le sénat lui-même épars sur la poussière, et dans un immense carnage les peuples nageant confondus. Mais je retarde nos destins; je vous occupe à m'écouter, quand vous brûlez d'aller combattre. Pardonnez-moi ce retardement. Vous me voyez tressaillir de joie, et de l'espoir que vous m'inspirez. Jamais les dieux ne m'ont promis de si grandes choses, et jamais je n'ai éprouvé plus sensiblement leur faveur. Je touche au terme de mes vœux, je n'ai qu'un pas à faire pour y atteindre. Ce combat livré, la guerre est finie; et alors c'est moi qui donnerai tout ce que ces peuples et ces rois possèdent. O Thessalie, de quels intérêts les destins te rendent l'arbitre! mais si ce jour porte avec lui les récompenses de la guerre, il en prépare aussi les châtiments. Amis, si nous sommes vaincus, voyez les chaînes de César, les instruments de son supplice; voyez sa tête exposée sur la tribune: et tous ses membres dispersés; voyez sur-tout l'exécution sanglante qui vous attend au champ de Mars. Pompée a pris les leçons de Sylla, et c'est pour vous que cet exemple m'épouvante : mon sort à moi est décidé, et ma main seule me l'assure. Ceux de vous qui, dans le combat, regarderaient en arrière, me verraient me plonger mon épée dans le sein. O dieux, dont les malheurs de Rome attirent les regards, accordez la victoire à celui qui en usera le mieux, et qui, désarmé par la clémence, ne fera point un crime aux vaincus d'avoir porté les armes contre lui. Romains, vous savez si Pompée, lorsqu'il nous a tenus enfermés dans un lieu où la valeur ne pouvait agir (*a*), vous savez s'il nous a fait grâce, s'il a ménagé notre sang ! Loin de l'imiter, je vous conjure d'épargner tout ce qui fuira devant vous : dans un Romain qui rendra les armes, ne voyez plus qu'un citoyen. Mais tant qu'on vous résistera, qu'aucun respect ne vous retienne. Frappez, sans voir quel est le sang où votre main va se plonger. Allons, rasez ce retranchement, comblez le fossé qui l'entoure, afin de sortir tous ensemble, sans vous rompre et vous désunir. Ne ménagez pas votre camp : ce soir vous camperez sur le champ de bataille, dans cette plaine où vos ennemis viennent périr sous vos coups. »

A peine il achevait de parler, chacun se retire

(*a*) A Dyrrachium, dans les retranchements du vieux camp de Pompée. Labiénus, devenu le plus implacable ennemi de César, demanda à Pompée qu'il lui permît de disposer des prisonniers. Pompée le lui accorda; et il les fit tous massacrer.

en diligence, va prendre son poste, et se met sous les armes. Ils ont avidement saisi ses paroles comme autant d'oracles; et foulant aux pieds les débris de leur camp, ils se répandent dans la plaine, et s'abandonnent à leurs destins. Si cette armée eût été composée de rivaux de Pompée et de prétendants à l'empire, ils n'auraient pas volé au combat avec plus d'ardeur et de rapidité.

Dès que Pompée les voit marcher à lui, et qu'il n'y a plus moyen de prolonger la guerre, mais que les dieux ont marqué eux-mêmes le lieu et le jour qui doit la terminer, la frayeur dont il est saisi le glace jusqu'au fond de l'ame; et cette faiblesse, dans un si grand homme, est un présage malheureux. Mais il dissimule sa crainte, et se montrant à son armée monté sur un coursier superbe : « Votre valeur, dit-il aux siens, ne demandait qu'une bataille (11); nous y touchons; préparez-vous à déployer toutes vos forces; c'est le dernier de nos travaux. Le sort de Rome et des nations sera décidé dans une heure. Que celui qui aime sa patrie et ses dieux, qui veut revoir sa femme, ses enfants, sa famille, les cherche l'épée à la main. C'est au milieu de ce champ de bataille que le Ciel a mis tout ce qui vous est cher. La bonne cause a les dieux pour elle, et ce serait un crime d'en douter. C'est leur main vengeresse qui conduira vos traits jusque dans le cœur de César. C'est de son sang

qu'ils cimenteront l'autorité des lois romaines.
S'ils avaient résolu de donner l'empire à César,
ils m'auraient épargné le malheur de vieillir; et
j'ose croire que ce n'est ni pour Rome, ni pour
le monde une marque de leur colère, que d'avoir prolongé mes jours. Tout ce qui assure la
victoire se réunit en notre faveur. Une foule
d'hommes illustres sont venus de plein gré partager nos périls; nous comptons parmi nos soldats les descendants de ces anciens Romains,
dont nous révérons les images. Si les destins rendaient au monde les Curius, les Camilles, les
Décius, tous ces héros de la patrie, qui se sont
dévoués pour elle, ils seraient de notre côté. Tous
les peuples de l'Orient, tous ceux qu'embrassent
les signes célestes depuis le midi jusqu'au nord,
des cités, des états sans nombre, des forces telles
que la guerre n'en a jamais tant rassemblé, se
réunissent sous nos drapeaux. Il suffit que les
ailes de notre armée se déploient pour envelopper l'ennemi : César n'a pas de quoi nous faire
face; et tandis qu'un petit nombre des nôtres
va combattre, le reste n'aura qu'à pousser des
clameurs pour épouvanter l'ennemi. Mais le péril
fût-il plus grand, il y va du salut de Rome. Croyez
voir, du haut de ses murs, vos mères éplorées
et les cheveux épars, se pencher vers vous, et,
vous tendant les bras, vous exhorter à les défendre; croyez voir ces vieux sénateurs que leur
grand âge empêche de nous suivre, incliner à

vos pieds leurs têtes vénérables et couvertes de cheveux blancs. Voyez Rome entière à genoux, et qui tremble d'avoir un maître. Représentez-vous la race vivante et la race future prosternées devant vous, et qui vous demandent, l'une à mourir libre, et l'autre à ne pas naître esclave. Après de si grands intérêts, si Pompée osait vous parler des siens, et que la majesté du commandement lui permît de s'abaisser à la prière, vous le verriez lui-même suppliant à vos pieds avec sa femme et ses enfants. Oui, Romains, si vous n'êtes vainqueurs, Pompée est exilé, proscrit, le jouet de César, et votre propre honte. C'est tout l'honneur de ma vieillesse et de ma mort que je vous conjure de sauver. Ne me réduisez pas, sur le bord de la tombe, au malheur d'apprendre à servir. »

A ce discours si triste et si touchant, tous les cœurs sont enflammés de zèle : la vertu romaine s'y ranime; la mort n'a plus rien d'effrayant; et, fût-elle assurée, on veut bien l'affronter. Les deux partis s'avancent donc avec une fureur égale, l'un dans la crainte d'avoir un maître, l'autre dans l'espoir de le devenir.

Leurs mains meurtrières vont causer au monde des pertes que jamais le temps ni la paix ne peuvent réparer. Dans ce carnage seront enveloppées même les nations futures; et les âges qui auraient dû voir la race humaine se reproduire, perdent aujourd'hui cet espoir. Dans l'avenir, la puissance romaine sera mise au nombre des fables : de tant de villes florissantes, à peine l'Italie conservera-t-elle quelques ruines, qu'on cherchera sous la poussière; et nos campagnes ne seront plus qu'un immense et triste désert. Mais nous qui avons sous les yeux ces restes de grandeur, que le temps n'a pas achevé de détruire, nous voyons le crime de la guerre civile : nos villes solitaires, nos campagnes incultes, tout nous retrace ses fureurs. Et dans quel épuisement n'a-t-elle pas laissé le genre humain ! Tout ce que la nature a fait depuis pour le renouveler, n'a pas même suffi pour repeupler nos villes. Rome seule nous contient tous; l'Hespérie n'est cultivée que par des esclaves; Rome elle-même serait encore une effrayante solitude, si elle n'avait que ses citoyens; elle est remplie de la lie du monde; et cette calamité l'a réduite au point de ne pouvoir, un siècle après, avoir une guerre civile (*a*). Cannes, Allia, noms funestes, les revers que vous rappelez sont peu de chose auprès de celui-ci. Rome vous a inscrites dans ses fastes, mais Pharsale n'y sera point nommée; Rome veut pouvoir l'oublier. Il n'est point de fléau dont le monde n'eût

---

(*a*) Dans le dénombrement de César, après la guerre civile, au lieu de trois cent vingt mille chefs de citoyens qui étaient à Rome, il ne s'en trouva que cent cinquante mille, sans compter les pertes du reste de l'Italie et des autres provinces romaines. (PLUT. *Vie de Jules-César.*)

pu réparer les ravages, avec le sang que ce jour vit couler. La fortune, ô Rome, semble avoir voulu étaler à tes yeux tous les dons qu'elle t'avait faits, et rassembler dans un même champ les peuples et les rois qu'elle t'avait soumis, pour te faire voir, en tombant, toute la hauteur de ta chûte, et contempler dans tes ruines l'étendue de ta grandeur. Elle semble même n'avoir élevé si rapidement ta puissance, que pour la renverser avec plus d'éclat. Tous les ans la guerre avait étendu tes conquêtes et ton empire; les deux pôles du monde avaient vu la victoire suivre tes aigles; peu s'en fallait que tous les climats que le soleil éclaire et que le ciel embrasse, ne fussent à toi; mais un jour fait rétrograder tes destins, et seul il renverse et détruit tout l'ouvrage de tant d'années. Ce jour affreux est cause (12) que l'Indien ne redoute pas nos faisceaux, que le Scythe et le Sarmate errant n'ont point vu la charrue de nos consuls leur tracer l'enceinte des villes où ils devaient se renfermer, et que le Parthe reste impuni de la défaite de Crassus. Le même jour a vu la liberté, épouvantée de la guerre civile, s'éloigner de nous, et se retirer au-delà du Tanaïs et du Rhin. Le Scythe, le Germain, en jouissent; et nous, qui tant de fois avons voulu la racheter au prix de notre sang, nous avons beau la rappeler, elle ne daigne pas même tourner les yeux vers l'Italie. Et plût aux dieux que Rome ne l'eût jamais connu, ce bien si cher que lui ravit Pharsale! O fortune, tu nous réduis à nous plaindre de Brutus (*a*)! Pourquoi avons-nous si long-temps vécu sous le juste empire des lois, et vu ces années qui, dans nos fastes, portent le nom de nos consuls? Plus heureux l'Arabe et le Mède, et tous les peuples de l'orient, de ne connaître que la tyrannie! De toutes les nations qui servent sous un maître, c'est ici la plus malheureuse, puisqu'elle a honte de servir. Non, il n'est point de dieu qui veille sur les hommes : c'est le hasard qui préside à tout; et nous mentons en attribuant le soin du monde à Jupiter. Quoi! il aurait la foudre en main, et il serait, du haut des cieux, tranquille spectateur des crimes de Pharsale! Il lancerait ses traits vengeurs sur l'Œta ou sur le Rhodope, qui n'ont jamais pu l'irriter; il exercerait son courroux sur de hauts pins, sur de vieux chênes, et laisserait à Cassius cette coupable tête à frapper! Il refusa, dit-on, la lumière du jour au festin de Thyeste; il répandit sur Argos une soudaine et profonde nuit; et ces champs qui vont être couverts de mille parricides, où le père, le fils, les frères vont s'égorger, il peut souffrir que le jour les éclaire! Non, non, les dieux sont insensibles au sort des malheureux humains. Mais autant qu'on peut être vengé des immortels, nous le serons: la guerre civile placera nos tyrans à côté

(*a*) Qui chassa les Tarquins.

d'eux sur les autels; comme eux, ils seront couronnés de lumière; ils auront la foudre à la main; et dans les temples de ses dieux Rome jurera par des ombres.

Quand les deux armées eurent presque franchi l'espace qui les séparait, et qu'il ne resta plus qu'un étroit intervalle, chacun tâchait de reconnaître l'ennemi qui lui faisait face, de voir à qui s'adresserait le javelot qu'il allait lancer, de quelle main partirait celui dont il était menacé lui-même, et quel serait le premier sang où ses armes se tremperaient. Le père (13) se trouve en présence du fils, le frère en présence du frère, sans qu'ils osent changer de place. Cependant une soudaine horreur les saisit; et au fond de leur cœur, où frémit la nature, leur sang se retire glacé. On vit les cohortes, le bras tendu, suspendre et tenir immobile le javelot prêt à partir (*a*).

Que les dieux te punissent, non par le trépas, qui est la peine commune à tous, mais en te laissant, après la vie, le sentiment et le remords, ô Crastinus (*b*), dont la lance, en partant, donna

---

(*a*) *Instructos utrinquè diù silentium altum tenuit, cunctabundos et expectantes ut ab adversâ parte fieret pugnæ initium : miserebat enim tantas copias quantas nunquàm anteà, præsertim utrinquè lectissimas, semel subire aleam ancipitem.* (App. de Bell. civ. lib. 2.)

(*b*) *Faciam (inquit) hodiè, imperator, ut aut vivo mihi,*

le signal du carnage ! O rage impatiente d'un soldat effréné! quoi, César même retient ses traits, et une autre main que la sienne donne le signal et l'exemple! Alors les trompettes sonnent la charge; le son perçant des clairons fend les airs; un bruit effroyable s'élève jusqu'aux cieux; les vallons de l'Hémus, les cavernes du Pélion, les rochers du Pinde et du Pangée en retentissent; il ébranle jusqu'au sommet de l'Olympe, d'où jamais n'approchent les nuages, et où les tonnerres n'ont jamais atteint; et ce cri de fureur, mille fois redoublé par les montagnes qui le renvoient, revient plus effrayant encore aux oreilles des combattants. Des flèches innombrables volent des deux côtés; les unes portent leur atteinte, les autres en tombant ne percent que la terre; et les mains qui les ont lancées sont criminelles, ou encore innocentes, au gré de l'aveugle hasard. Mais le fer volant n'exécute que la moindre partie du carnage. L'épée seule est assez meurtrière pour assouvir la rage des deux partis; elle ouvre à la main qui l'enfonce, le flanc où cette main brûle de se plonger.

Du côté de Pompée, les rangs pressés se tiennent à couvert de leurs boucliers unis ensemble, comme des écailles d'airain. Cette armée reste

---

aut mortuo gratias agas. Hæc cùm dixisset, primus è dextro cornu procurrit. (Cæs. de Bell. civ. lib. 3.)

immobile (a), ayant à peine assez d'espace pour remuer ses armes; et le glaive est oisif dans la main du soldat. Mais ceux de César, comme des forcenés, se précipitent sur ces masses profondes. Ils s'efforcent de rompre ces épais bataillons; et malgré l'airain qui les couvre, l'épée et la lance pénètrent, et la pointe homicide va, jusque sous l'armure, se tremper dans le sang et porter la mort. L'une des deux armées livre le combat, et l'autre le soutient. D'un côté, l'épée est immobile et froide; de l'autre, elle est fumante et avide de sang. La fortune semblait déja se décider en faveur de César; mais la cavalerie de Pompée, secondée de ses alliés, se déploie sur l'une des ailes, pour attaquer en flanc et pour envelopper l'aile opposée de l'armée ennemie. Ce fut là qu'on vit toutes les nations étrangères réunir leurs forces contre les Romains. De toutes parts volent les flèches; les cailloux que lance la fronde, et les globes de plomb dans l'air, deviennent brûlants par leur rapidité. Là, les Syriens, les Mèdes, les Arabes, décochent leurs dards, sans viser au but : c'est vers le ciel qu'ils les dirigent, et ils font pleuvoir sur l'ennemi une grêle de traits mortels. Mais ces traits lancés par des mains étrangères se trempent sans crime dans le sang romain; l'atrocité de la guerre civile n'est attachée qu'à nos propres armes. Cependant l'air pa-

---

(a) Tel était l'ordre de Pompée, et César l'en a blâmé.

raît tissu de flèches, et l'épais nuage qu'elles forment, brise la lumière du jour.

César (a), craignant que sa première ligne ne pût, sans s'ébranler, soutenir ce rapide choc, fait avancer d'un pas oblique, et derrière ses étendards, six cohortes qui tout-à-coup, sans déranger le front de son armée, chargent la cavalerie de Pompée déja éparse dans la plaine, et rompue par escadrons. A cette attaque imprévue et soudaine, tous les alliés de Pompée, renonçant au combat et perdant toute honte, prirent la fuite comme des lâches, et firent voir qu'il ne fallait jamais confier à des étrangers le sort des guerres domestiques.

Dès qu'on vit les chevaux (14) mortellement blessés jeter à bas leurs maîtres qui tombaient sur la tête, et se rouler sur eux, ou les fouler aux pieds, toute la cavalerie éperdue tourne le dos, et les premiers rangs pliés l'un sur l'autre en tumulte, se précipitent sur les derniers qu'ils rompent eux-mêmes en fuyant. Dès-lors la déroute est entière parmi les alliés; c'est un massacre, et non plus un combat. D'un côté, on ten-

---

(a) *Timens ne multitudine equitum cornu dextrum circumveniretur, celeriter ex tertiâ acie singulas cohortes detraxit, atque ex his quartam (aciem) instituit, equitatuique opposuit, et quid fieri vellet ostendit, monuitque ejus diei victoriam in earum cohortium virtute constare.* (Cæs. de Bell. civ. lib. 3.)

dait la gorge; de l'autre, on enfonçait le fer. Une armée suffit à peine à frapper tout ce qui dans l'autre se présente à ses coups. Et plût aux dieux, Pharsale, que ce sang étranger fût le seul qui baignât tes plaines, et que des flots d'un sang plus précieux ne dussent pas les inonder! qu'il te suffise d'être couverte des ossements de ces barbares, ou si tu aimes mieux que tes champs soient engraissés du meurtre des Latins, épargne au moins tant d'autres peuples : quand la guerre civile aura épuisé Rome, ces nations viendront l'habiter; ce sera le peuple romain.

L'alarme une fois donnée, la terreur se répand, et les destins déclarés pour César ont pris le cours le plus rapide. Mais on arrive au centre des forces de Pompée, au milieu de ses légions. C'est ici que s'arrête la guerre, et que la fortune de César hésite au moins quelques instants. Ce n'est plus cet amas de peuples et de rois qui ont si mal défendu Pompée, c'est Rome et le sénat qui combattent. Ici les frères, les pères, les enfants se joignent; ici se rassemblent la fureur, la rage, et tous les crimes de César. O ma pensée, écarte loin de toi ce moment affreux de la guerre : que les ténèbres l'ensevelissent; que l'avenir n'apprenne pas de moi à quels excès peut se porter la fureur des guerres civiles. Ah! privons-nous plutôt des larmes et des regrets de la postérité. Oui, Rome, je dois, je veux taire ce que tu as fait dans cette bataille. On y voyait César, l'ame de la fureur, l'aiguillon de la rage du peuple, pour ne rien perdre de ses forfaits, voler autour de ses bataillons, et verser encore un nouveau feu dans les esprits échauffés au carnage. Son œil observe et distingue parmi cette forêt de glaives, ceux qui se sont plongés tout entiers dans le sang, et ceux dont la pointe seule en est rougie, et l'épée qui tremble dans la main, et celle qui frappe sans hésiter, et les traits lancés mollement, et ceux qui partent d'un vol rapide, et ceux d'entre les soldats qui combattent avec joie, et ceux qui ne font qu'obéir et qui sont cruels à regret, et ceux qui changent de visage en voyant tomber à leurs pieds les citoyens percés de coups. Il parcourt les cadavres épars dans cette vaste plaine; il ferme lui-même les plaies de ceux des siens qui respirent encore et qui perdent leur sang; il est par-tout (15), il erre au fort de la mêlée, comme on nous peint Bellone secouant son fléau, ou Mars au milieu des Thraces qu'il irrite, Mars aiguillonnant ses coursiers que la vue de l'égide épouvante.

Ce n'est plus qu'un chaos de meurtres et de crimes; les cris des mourants ne forment plus qu'un vaste et long gémissement. A cette immense et lugubre plainte se mêle le bruit des épées qui se brisent contre les épées, et le fracas des armes des combattants qui tombent, et qu du sein frappant la terre, la font retentir sous le poids de l'airain. Dans ce tumulte, on voit César ramassant lui-même les glaives et les traits, qu'il tend à ses soldats, en leur criant de frapper au visage. Il presse, il excite ses troupes, il les pousse en avant, et du bois de sa lance il réveille ceux dont l'ardeur se rebute ou se ralentit. Il défend qu'on s'occupe à tuer les plébéïens; c'est au sénat qu'il veut qu'on s'attache. Il sait trop où réside la vie de l'état, l'ame des lois; il sait par quel endroit il faut attaquer Rome, et quels seront les coups mortels pour la patrie et pour la liberté. L'ordre consulaire tombe confondu avec celui des chevaliers, le fer choisit les sénateurs et perce leur sein vénérable. On égorge les Lépides, les Métellus, les Corvinus, ces défenseurs des lois; nombre de vaillants capitaines, et les plus grands des hommes, après toi, Pompée, sont indignement massacrés. O Brutus! ô toi (16), le dernier de ce nom à jamais illustre, toi, l'honneur de la république, et l'unique espoir du sénat, ici, le visage caché sous le casque d'un légionnaire, et par-là inconnu aux yeux de l'ennemi, quelle épée chère et terrible tu tiens dans ta main vengeresse! Ah! garde-toi de te jeter en téméraire au milieu de ces bataillons! La Thessalie sera ton tombeau; mais il n'est pas temps : ménage-toi jusqu'à Philippes. Ici tu chercherais en vain à percer le cœur de César. Il n'est pas encore arrivé au comble de la tyrannie; il faut, pour mériter de mourir de ta main, qu'il franchisse les bornes de la grandeur humaine, qu'il vive et qu'il règne, pour être une victime digne du glaive de Brutus (a).

Là périt cependant l'élite de la noblesse romaine; et dans ces champs couverts de morts, les cadavres des pères conscrits sont entassés avec ceux du peuple. Dans le massacre de tant d'hommes illustres, on distingua la mort de ce vaillant Domitius, que sa fatale destinée traînait de défaite en défaite. On eût dit que sa présence était partout funeste aux armes de Pompée; mais tant de fois vaincu par César, il a du moins l'avantage de mourir libre. Percé de coups, il succombe,

---

(a) Pompée avait fait mourir le père de Brutus; mais estimant (dit Plutarque) qu'il fallait préférer les affections publiques aux privées, et se persuadant que la cause qui avait fait prendre les armes à Pompée, était meilleure et plus juste que celle de César, Brutus se mit de la part de Pompée; bien que l'ayant rencontré quelquefois, il ne le daignât pas seulement saluer, pensant que ce serait à lui un grand péché que de parler à l'homicide de son père. (PLUT. *Vie de Brutus.*)

César dit, avant la bataille, à ses capitaines et chefs de bandes, qu'ils se gardassent de tuer Brutus, et s'il se rendait volontairement qu'ils le lui amenassent; mais s'il se mettait en défense pour n'être point pris, qu'ils le laissassent aller sans lui faire aucune violence; et dit-on qu'il le faisait pour l'amour de Servilia, mère de Brutus. (PLUT. *Vie de Brutus.*)

Parmi ceux à qui César fit grâce et qu'il reçut à son amitié, était Brutus, celui qui le tua.... lequel s'étant venu rendre à lui, il en fut fort joyeux. (*Le même, Vie de César.*)

avec la joie de n'avoir pas une seconde grâce à recevoir. César, qui le voit se roulant dans son sang, l'insulte, et lui dit : « Eh bien, Domitius, mon successeur (a), tu quittes les armes de Pompée, et la guerre se fera sans toi? » Un souffle de vie qui reste à Domitius, lui suffit pour se faire entendre; sa bouche expirante s'entr'ouvre, et il répond à César : « En descendant chez les morts, libre, irréprochable, et fidèle à Pompée, j'ai la consolation, César, de te laisser, non pas en jouissance du fruit de tes forfaits, mais encore incertain de ton sort, et au-dessous de ton rival. Il m'est permis en mourant d'espérer que Pompée et les siens obtiendront des dieux ton supplice et notre vengeance. » En achevant ces mots, la vie l'abandonne, et des ténèbres éternelles s'appesantissent sur ses yeux.

Dans ces funérailles du monde, j'aurais honte de donner des regrets à quelques-uns de ces morts innombrables, d'observer d'un œil curieux chacun des mourants, et de dire comment et de quels coups tel ou tel est frappé. L'ennemi qui meurt étendu sur son ennemi expirant; le frère qui perce le sein à son frère, lui tranche la tête et la jette au loin, pour le dépouiller comme un inconnu,

---

(a) *Jussus est ei succedere L. Domitius.* (App. de Bell. civ. lib. 2.)

Provinciæ privatis decernuntur.... Scipioni obvenit Syria; L. Domitio Gallia. (Cæs. Comm. lib. 3.)

le fils qui déchire le visage de son père, et qui a la barbare prudence de le défigurer, de peur qu'on n'aperçoive que c'est son père qu'il égorge ; aucun de ces excès de rage, aucun de ces genres de mort n'est digne d'occuper nos plaintes ; et ce n'est pas sur quelques hommes, mais sur le genre humain, que nous devons gémir. Pharsale ne ressemble point (17) à tant d'autres batailles funestes. Là, Rome ne comptait ses pertes que par le nombre des soldats; ici, elle compte par le nombre des peuples: là, c'était la mort des citoyens; ici, c'est la mort de la patrie entière. Au lieu du sang de quelques provinces, c'est tout le sang des nations qui coule ; et celui des Romains, se mêlant à ses flots, les grossit et presse leur cours. Ce combat seul excède les pertes qu'un siècle pouvait soutenir; ses coups s'étendent au-delà des vivants : le monde à naître en est frappé lui-même ; et le glaive y range au nombre des vaincus cette longue suite d'esclaves qui dans tous les âges serviront nos tyrans. O Romains! par où vos enfants, par où vos neveux ont-ils mérité de naître pour la servitude? Est-ce nous qui avons combattu lâchement à Pharsale? est-ce nous qui avons reculé devant les glaives de César? Hélas! ce joug qui fut la peine de la frayeur de nos aïeux, s'est appesanti sur nos têtes. O fortune, après le malheur des pères, en donnant un maître aux enfants, que ne leur laissais-tu la guerre!

Déja Pompée a reconnu que les dieux et les destins de Rome se sont rangés de l'autre parti, et sa défaite le force enfin à renoncer à sa fortune. Il s'arrête sur une éminence, d'où il découvre ce qu'il n'a pu voir dans le tumulte du combat, toutes ses légions rompues et dispersées dans les campagnes. Il voit combien de têtes il a fallu abattre avant d'arriver à la sienne, combien d'hommes ont péri pour un seul, combien de sang sa ruine a coûté : mais loin de s'applaudir, comme il arrive aux malheureux, d'entraîner tout dans son naufrage, et d'envelopper dans sa perte tant de peuples et tant de rois; pour obtenir que le plus grand nombre de ses défenseurs lui survive, il se résout encore à adresser des vœux aux dieux cruels qui l'ont trahi; et pour toute consolation, il leur demande le salut du monde. « Grands dieux, dit-il, épargnez ces peuples : Pompée peut être malheureux sans que Rome et l'univers périssent. Si vous voulez me frapper encore, et me porter de plus sensibles coups, j'ai une femme, j'ai des enfants; il vous reste encore des victimes. N'est-ce pas assez de moi et des miens, pour assouvir la guerre civile? Notre perte, sans celle des nations, sera-t-elle trop peu pour vous? O fortune! pourquoi t'obstiner à tout déchirer, à tout détruire? Rien au monde n'est plus à moi. »

Il dit, et parcourant ses troupes dispersées, il les rappelle du combat où elles se livraient à une mort certaine : il dit hautement que c'en est trop pour lui. Il ne manquait à ce héros ni la volonté, ni la force de se jeter au milieu des glaives, la gorge et le sein découverts; mais il craignait qu'en le voyant tomber son armée ne pût se résoudre à la fuite, et ne se fît massacrer elle-même sur le corps de son général. Peut-être voulait-il dérober sa mort aux yeux de César; mais en vain : le malheureux! dans quelque lieu qu'il meure, sa tête sera portée à son beau-père, qui en repaîtra ses regards. Son épouse elle-même contribue à sa fuite. O Cornélie! il doit te voir encore : le sort veut qu'il meure à tes yeux.

Le coursier que monte Pompée (18) l'éloigne du combat : le héros se retire, mais sans appréhender les traits qui volent après lui; et conservant dans le malheur extrême une ame plus forte que le malheur, il ne lui échappe ni larmes, ni gémissements : c'est une douleur vénérable, qui lui laisse toute sa majesté, une douleur telle que Pompée la devait aux calamités de Rome. Pharsale ne l'a point vu changer de visage; et autant l'infidèle fortune l'a trouvé au-dessus d'elle durant le cours de ses triomphes, autant il lui est supérieur encore au comble de l'adversité. Il s'en va libre, et délivré du poids d'une grandeur qui l'accablait. C'est à-présent qu'il peut tout à loisir se rappeler ses jours prospères. Cette espérance qui l'égarait, et qui ne devait jamais se réaliser, l'abandonne; et l'ambition de ce qu'il voulait être ne l'empêche plus de voir tout ce qu'il a été.

Fuis, Pompée, fuis les sanglants combats, et prends les dieux à témoins que désormais, si l'on poursuit la guerre, ce n'est plus pour toi qu'on s'obstine à mourir. Le reste de cette bataille, après ta fuite, doit aussi peu s'imputer à toi que les nouveaux revers que Rome éprouvera dans l'Afrique, à Munda, sur le Nil. Le nom de Pompée (19), volant de bouche en bouche, ne sera plus dans l'univers le cri d'alarme, le signal des batailles; les deux contendants désormais seront César et la Liberté; la guerre entre eux est implacable; et le sénat, en ton absence, prouvera, en mourant, que ce n'est pas pour toi, mais pour lui, qu'il a combattu. O Pompée, n'es-tu pas heureux de t'éloigner de ce carnage? de n'avoir pas sous les yeux ces forfaits? et de ne pas voir ces cohortes écumant de rage et nageant dans le sang? Regarde (20) ces fleuves dont les eaux en sont rougies et fumantes, et porte compassion à César. Avec quel trouble et quels remords le malheureux va rentrer dans Rome, après ce coupable succès! Compare son sort avec le tien; et l'abandon, l'exil chez des peuples barbares, le complot même d'un roi perfide et son exécrable attentat, tout ce qui te reste à souffrir te paraîtra une faveur des dieux. Le vainqueur est bien plus à plaindre! Défends aux peuples de te donner des larmes; apprends à l'univers à respecter en toi les revers comme les succès; aborde les rois d'un visage tranquille, et qui n'ait rien d'un suppliant ; parcours des yeux les villes que tu as possédées, les royaumes que tu as donnés, le Pont, l'Égypte, la Libye; et choisis la terre où tu veux mourir.

Larisse est le premier asyle de ce grand homme, après sa défaite; elle voit la première cette tête auguste, dont le malheur n'a point abattu la fierté. Dans cette ville, qui lui est fidèle encore (a), les citoyens se répandent en foule, et volent au-devant de lui comme s'il était triomphant. Ils lui apportent en pleurant leurs richesses; ils lui ouvrent leurs maisons et leurs temples; ils demandent à partager ses périls et sa fortune; car il lui reste encore assez de la splendeur de son nom, et Pompée, tout malheureux qu'il est, ne se voit encore inférieur qu'à lui-même. Il ne tient qu'à lui de ramener les nations aux combats, de lutter de nouveau contre les destinées. « Mais que me servirait, dit-il, dans l'état où je suis, ce zèle généreux que vous me témoignez? Peuples, donnez-vous au vainqueur. » O César! dans le moment même que sur des monceaux de morts tu achèves de déchirer les entrailles de ta patrie, ton gendre te cède l'univers, et l'exhorte à se rendre à toi. Il part de Larisse, accompagné des gémissements et des larmes d'un peuple qui reproche aux dieux leur injuste rigueur. C'est là (21),

---

(a) C'était la seule des villes de la Thessalie, qui, à l'arrivée de César, ne s'était pas rendue à lui.

Pompée, que tu l'éprouves dans toute sa pureté, cet amour du monde, que tu as dans tous les temps recherché avec tant de soin ; c'est à-présent que tu en goûtes les fruits : l'homme heureux ne sait pas si on l'aime.

Lorsque César croit avoir fait couler assez de sang dans la Thessalie, il laisse la vie au reste de l'armée, comme à une multitude vile qui périrait inutilement. Mais de peur que le camp de Pompée ne rassemble les fugitifs, et que le calme de la nuit ne fassse cesser l'épouvante, il se hâte de s'emparer des retranchements de l'ennemi. Il ne craint pas que ses soldats, quoique lassés des travaux d'une bataille, soient rebutés de ce nouvel ordre; il n'a pas même besoin d'une longue harangue pour les mener au butin. « Compagnons, dit-il, la victoire est complète, il ne reste plus qu'à payer votre sang, et c'est à moi de vous montrer où vous attend votre salaire : car je n'appelle pas vous donner ce que chacun de vous a le droit d'acquérir, et va se donner à lui-même. Voilà un camp ouvert et abandonné, qui regorge de trésors; là, se trouve amassé tout l'or de l'Italie; sous ces tentes sont accumulées toutes les richesses de l'Orient. La fortune de vingt rois et celle de Pompée réunies attendent des maîtres. Hâtez-vous de prévenir ceux que vous chassez devant vous. Ne laissez pas aux vaincus le temps de vous enlever leurs dépouilles. »

Il n'en fallut pas davantage pour engager ces

furieux, que dévorait la soif de l'or, à se précipiter à travers les débris des armes, et sur les corps sanglants des sénateurs et des chefs, qu'ils foulaient aux pieds. Quelle tranchée ou quel rempart arrêterait ces hommes avides, qui courent à leur proie et au salaire de leurs forfaits? Ils brûlent de savoir à quel prix ils se sont rendus si coupables. Ils trouvèrent à la vérité de grandes richesses dont on avait épuisé le monde pour fournir aux frais de la guerre; mais ce n'en était pas assez pour assouvir leur cupidité; et en ravissant tout l'or qu'ont produit les mines de l'Ibère, tout celui qu'a roulé le Tage et que l'Arimaspe a laissé sur ses bords, le soldat se plaint que c'est peu pour récompenser tant de crimes. César a promis, s'il était vainqueur, de leur livrer le Capitole, et de mettre Rome entière au pillage : il les trompe, en ne leur donnant que le camp de Pompée à saccager.

Des cohortes (22) impies et sanguinaires dorment sous les tentes des sénateurs; de vils scélérats occupent les pavillons des rois; le soldat parricide repose sur le lit de son père et de ses frères égorgés. Mais leur repos est un affreux délire, leur sommeil un accès de fureur. Les malheureux roulent dans leurs esprits toutes les horreurs de Pharsale. Le crime atroce veille au fond de leur ame ; ils se battent en songe, et leur main serre à vide la poignée du glaive qu'elle croit tenir. On dirait que ces campagnes gémissent, que cette terre coupable enfante des ombres, que l'air est souillé par les mânes, et que l'effroyable nuit des enfers s'est répandue dans le ciel. La victoire tourmente et punit les vainqueurs. Le sommeil ne leur fait entendre que le sifflement des serpents des furies, ne leur fait voir que leurs flambeaux. L'ombre du citoyen qu'ils viennent d'égorger, leur apparaît; chacun a sur lui sa victime qui le presse. L'un reconnaît les traits d'un vieillard, l'autre ceux d'un jeune homme immolé de sa main. L'un est poursuivi par le cadavre de son frère, l'autre a son père dans le cœur; et tous ces spectres réunis assiégent l'ame de César. Oreste, Penthée, Agavé, n'étaient pas plus effrayés de l'aspect des Euménides vengeresses. Tous les glaives qu'a vu tirer Pharsale, tous ceux que le jour de la vengeance verra briller dans le sénat, César les voit cette nuit en songe, tous dirigés contre son sein. Il se sent comme déchiré par les fouets vengeurs des furies. Ah! si du vivant de Pompée tel est pour lui le tourment du remords, s'il a déja tout l'enfer dans le cœur, quel sera bientôt son supplice!

Mais enfin délivré des tourments du sommeil, dès que la lumière du jour éclaire les champs de Pharsale, il y promène ses regards, et s'applaudit de les voir couverts de ses ennemis massacrés. Il va jusqu'à leur refuser les honneurs de la sépulture (a). L'exemple même d'Annibal, qui avait rendu les devoirs funèbres à deux consuls, ne le touche point. Il excepte ses citoyens d'un droit commun à tous les hommes. Cruel, nous ne demandons pas (23) autant de bûchers qu'il y a de morts, mais un seul, qui consume à-la-fois tous ces peuples. Fais seulement entasser sur eux les forêts de l'OEta ou du Pinde; et si tu veux encore ajouter au malheur de Pompée, qu'il en découvre la flamme du milieu des mers. Quelle vengeance veux-tu tirer des morts? Il est égal pour eux que ce soit l'air ou le feu qui les consume. Tout ce qui périt est reçu dans le sein paisible de la nature, et les corps subissent d'eux-mêmes la loi de leur dissolution. Si ce n'est pas aujourd'hui qu'ils brûlent, ce sera quand la terre et les eaux brûleront, dans cet embrasement du monde, où la poussière de nos ossements et la cendre des globes célestes se mêleront dans un même bûcher. Les mânes de tes ennemis et les tiens n'auront qu'un même asyle; tu ne t'éleveras pas plus haut vers le ciel, tu n'auras pas une meilleure place que les vaincus dans l'éternelle nuit. La mort n'est point esclave de la fortune. La terre engloutit tout ce qu'elle engendre; et celui des morts qui n'a point d'urne, repose sous

---

(a) Ce fait est démenti par Appien, qui dit, en parlant du centurion Crastinus : *Cadaver ejus seorsim sepeliit Cæsar propè communem aliorum tumulum.*

la voûte du ciel. Mais, toi, d'où vient que tu t'éloignes? que ne demeures-tu dans ces champs empestés? Bois, si tu l'oses, de ces eaux sanglantes; respire cet air, si tu le peux. Ces cadavres te forcent à leur céder Pharsale. Le champ de bataille leur reste; ils en ont chassé le vainqueur.

L'odeur de cette proie immense attire les loups de la Thrace et les lions de Pholoé. Tous les animaux dévorants quittent leurs ténébreux asyles. Les oiseaux voraces qui avaient suivi les camps des deux armées, se rassemblent dans celui-ci. Jamais de si épaisses nuées de vautours (24) n'avaient pressé l'air de leurs ailes, ni obscurci la lumière du ciel. Des légions d'oiseaux ravissants s'élancent des forêts voisines, et une rosée de sang distille de tous les arbres où ils vont se percher; souvent même sur les enseignes et sur la tête des vainqueurs ils laissent tomber du haut des airs des lambeaux sanglants, dont leurs griffes se lassent de porter le poids. Bientôt rassasiés de cette pâture, ils l'abandonnent; et la plus grande partie du carnage que César a fait des Romains, engraisse les champs de Pharsale.

O malheureuse Thessalie (25)! par quel crime as-tu irrité les dieux, pour être chargée de tant d'horreurs? Combien de siècles s'écouleront avant que l'avenir te pardonne les malheurs de cette guerre? Peux-tu produire des moissons qui ne soient pas empoisonnées et souillées de taches de sang? Le soc peut-il ouvrir ton sein, sans troubler le repos des mânes? Hélas! avant que tes campagnes inondées de sang soient desséchées, une nouvelle guerre va les en arroser. Quand Rome rassemblerait les cendres que renferment tous ses tombeaux, cet amas n'égalerait point les monceaux de cendres romaines que sillonne ici la charrue, ni les tas d'ossements blanchis que brise le fer du laboureur. Jamais aucun vaisseau n'eût osé aborder à ce rivage malheureux; jamais le soc n'eût soulevé cette abominable terre; les peuples auraient abandonné ces champs habités par les mânes; aucun pasteur n'eût laissé paître à ses troupeaux des herbages engraissés de sang; et pareille à ces contrées que les feux brûlants du soleil, ou que les glaces d'un éternel hiver rendent inhabitables, la Thessalie serait déserte, si ces campagnes étaient les seules que la guerre civile eût souillées. Mais les dieux n'ont pas voulu donner au reste de la terre le droit de les détester : ils égalent tous les climats en les chargeant des mêmes crimes; et Munda, Mutine, Actium, nouveaux théâtres de nos malheurs, feront pardonner à Pharsale.

EXCERPTA

EX LIBRO SEPTIMO.

(1) Qualis erat populi facies, clamorque faventis,
Olim, cum juvenis, primique ætate triumphi,
Post domitas gentes, quas torrens ambit Iberus,
Et quæcumque fugax Sertorius impulit arma,
Vespere pacato, purâ venerabilis æquè
Quàm currus ornante togâ, plaudente Senatu,
Sedit adhuc Romanus Eques. Seu fine bonorum
Anxia venturis ad tempora læta refugit;
Sive per ambages solitas contraria visis
Vaticinata quies, magni tulit omnia planctûs;
Seu vetito patrias ultrà tibi cernere sedes
Sic Romam Fortuna dedit. Ne rumpite somnos,
Castrorum vigiles; nullas tuba verberet aures :
Crastina dira quies.

(2) Te misto flesset luctu, juvenisque, senexque.
Injussusque puer : lacerasset crine soluto
Pectora femineum, seu Bruti funere, vulgus.
Nunc quoque tela licet paveant victoris iniqui,
Nunciet ipse licet Cæsar tua funera, flebunt;
Sed dùm thura ferent, dùm laurea certa tonanti.

(3) Vicerat astra jubar, cùm misto murmure turba
Castrorum fremuit, fatisque trahentibus orbem

Signa petit pugnæ. Miseri pars maxima vulgi
Non totum visura diem, tentoria circùm
Ipsa ducis queritur, magnoque accensa tumultu,
Mortis vicinæ properantes admovet horas.
Dira subit rabies. Sua quisque, ac publica fata
Præcipitare cupit : segnis, pavidusque vocatur,
Ac nimiùm patiens soceri Pompeius, et orbis
Indulgens regno, qui tot simul undiquè gentes
Juris habere sui vellet, pacemque timeret.
Necnon et reges, populique queruntur Eoi
Bella trahi, patriâque procul tellure teneri.
Hoc placet, ô superi, cùm vobis vertere cuncta
Propositum, nostris erroribus addere crimen.

(4) In Pompeianis votum est Pharsalia castris.

(5) Hoc pro tot meritis solum te, Magne, precatur,
Uti se Fortuna velis; proceresque tuorum
Castrorum, regesque tui, cum supplice mundo,
Affusi, vinci socerum patiare rogamus.
Humani generis tàm longo tempore bellum
Cæsar erit? Meritò Pompeium vincere lentè
Gentibus indignum est, à transcurrente subactis.
Quò tibi fervor abit? Aut quò fiducia fati?
De superis, ingrate, times! causamque senatûs
Credere diis dubitas! ipsæ sua signa revellent,
Prosilientque acies. Pudeat vicisse coactum.
Si duce te jusso, si nobis bella geruntur,
Sit juris quocumquè velint concurrere campo....
Scire senatus avet, miles te, Magne, sequatur,
An comes.

(6) Si placet hoc, inquit cunctis; si milite Magno,
Non duce, tempus eget, nil ultrà fata morabor.
Involvat populos unâ Fortuna ruinâ.........

Quis furor, ô coeci, scelerum! Civilia bella
Gesturi, metuunt ne non cum sanguine vincant!
.... Multos in summa pericula misit
Venturi timor ipse mali. Fortissimus ille est,
Qui promptus metuenda pati, si comminus instant,
Et differre potest. Placet hæc tàm prospera rerum
Tradere fortunæ! Gladio permittere mundi
Discrimen! pugnare ducem, quàm vincere, malunt!
Res mihi Romanas dederas, Fortuna, regendas;
Accipe majores, et cæco in Marte tuere.
Pompei nec crimen erit, nec gloria bellum.
.... Neque enim victoria Magno
Lætior. Aut populis invisum, hâc clade peractâ,
Aut hodiè Pompeius erit miserabile nomen.
Omne malum victi, quod sors feret ultima rerum,
Omne nefas victoris erit. Sic fatur, et arma
Permittit populis; frenosque furentibus irâ
Laxat; et ut victus violento navita Coro,
Dat regimen ventis, ignavumque arte relictâ
Puppis onus trahitur.

(7) .... Multorum pallor in ore
Mortis venturæ est, faciesque simillima letho.
Advenisse diem, qui fatum rebus in ævum
Conderet humanis, et quæri Roma quid esset,
Ille Marte palàm est. Sua quisque pericula nescit,
Attonitus majore metu........................
.... Urbi, Magnoque, timetur.

(8) Si liceat superis hominum conferre labores,
Non aliter Phlegrâ rabidos tollente gigantes,
Martius incaluit Siculis incudibus ensis,
Et rubuit flammis iterùm Neptunia cuspis,
Spiculaque extenso Pæan Pythone recoxit,
Pallas Gorgoneos diffudit in ægida crines,
Pallenæa Jovi mutavit fulmina Cyclops.

(9) O summos hominum, quorum Fortuna per orbem
Signa dedit! quorum fatis cœlum omne vacavit!
Hæc et apud seras gentes, populosque nepotum,
Sive suâ tantùm venient in secula famâ,
Sive aliquid magnis nostri quoque cura laboris
Nominibus prodesse potest; cùm bella legentur,
Spesque metusque simul, perituraque vota movebunt:
Attonitique omnes veluti venientia fata,
Non transmissa legent, et adhuc tibi, Magne, favebunt.

(10) O domitor mundi, rerum fortuna mearum,
Miles, adest toties optatæ copia pugnæ.
Nil opus est votis : jàm fatum accercite ferro.
In manibus vestris, quantus sit Cæsar, habetis.
Hæc est illa dies, mihi quam Rubiconis ad undas
Promissam memini, cujus spe movimus arma,
In quam distulimus vetitos remeare triumphos;
Hæc eadem est hodiè quæ pignora, quæque Penates
Reddat, et emerito faciat vos Marte colonos;
Hæc fato quæ teste probet, quis justiùs arma
Sumpserit; hæc acies victum factura nocentem est.
Si pro me patriam ferro flammisque petistis,
Nunc pugnate truces, gladiosque exsolvite culpâ.
Nulla manus, belli mutato judice, pura est.
Non mihi res agitur; sed vos, ut libera sitis
Turba precor, gentes ut jus habeatis in omnes.
Ipse ego privatæ cupidus me reddere vitæ,
Plebeïâque togâ modicum componere civem,
Omnia dùm vobis liceant, nihil esse recuso.
Invidiâ regnate meâ. Nec sanguine multo
Spem mundi petitis : Graiis delecta juventus
Gymnasiis aderit, studioque ignava palæstræ,
Et vix arma ferens, et mistæ dissona turbæ
Barbaries; non illa tubas, non agmine moto
Clamorem latura suum. Civilia paucæ

Bella manus facient: pugnæ pars magna levabit
His orbem populis, Romanumque obteret hostem.
Ite per ignavas gentes, famosaque regna,
Et primo ferri motu prosternite mundum.
Sitque palàm, quas tot duxit Pompeius in urbem
Curribus, unius gentes non esse triumphi.
Armeniosne movet, Romana potentia cujus
Sit ducis? aut emtum minimo vult sanguine quisquam
Barbarus Hesperiis Magnum præponere rebus?
Romanos odêre omnes, dominisque gravantur,
Quos novêre, magis. Sed me Fortuna meorum
Commisit manibus, quorum me Gallia testem
Tot fecit bellis. Cujus non militis ensem
Agnoscam? cœlumque tremens cum lancea transit,
Dicere non fallar quo sit vibrata lacerto.
Quod si signa ducem nunquàm fallentia vestrum
Conspicio, faciesque truces, oculosque minaces,
Vicistis. Videor fluvios spectare cruoris,
Calcatosque simul reges, sparsumque senatûs
Corpus, et immensâ populos in cæde natantes.
Sed mea fata moror, qui vos in tela ruentes
Vocibus his teneo. Veniam date bella trahenti:
Spe trepido: haud unquàm vidi tàm magna daturos,
Tàm prope me superos. Camporum limite parvo
Absumus à votis. Ego sum, cui, Marte peracto,
Quæ populi regesque tenent, donare licebit....
Aut merces hodiè bellorum, aut pœna paratur.
Cæsareas spectate cruces, spectate catenas,
Et caput hoc positum rostris, effusaque membra,
Septorumque nefas, et clausi prælia campi.
Cum duce Syllano gerimus civilia bella.
Vestri cura movet. Nam me secura manebit
Sors quæsita manu : fodientem viscera cernet
Me mea, qui non dùm victo respexerit hoste.
Dii, quorum curas abduxit ab æthere tellus,

Romanusque labor, vincat, quicumque necesse
Non putat in victos sævum distringere ferrum,
Quique suos cives, quod signa adversa tulerunt,
Non credit fecisse nefas. Pompeius in arcto
Agmina vestra loco, vetitâ virtute moveri,
Cum tenuit, quanto satiavit sanguine ferrum!
Vos tamen hoc oro, juvenes, ne cædere quisquam
Hostis terga velit. Civis qui fugerit, esto.
Sed dùm tela micant, non vos pietatis imago
Ulla, nec aversâ conspecti fronte parentes
Commoveant : vultus gladio turbate verendos....
Sternite jàm vallum fossasque implete ruinâ,
Exeat ut plenis acies non sparsa maniplis.
Parcite ne castris. Vallo tendetis in illo,
Undè acies peritura venit.

(11) .... Quem flagitat, inquit,
Vestra diem virtus, finis civilibus armis
Quem quæsistis, adest. Totas effundite vires.
Extremum ferri superest opus, unaque gentes,
Hora trahit. Quisquis patriam, carosque penates,
Qui sobolem, ac thalamos, desertaque pignora quærit,
Ense petat : medio posuit Deus omnia campo.
Causa jubet melior superos sperare secundos :
Ipsi tela regent per viscera Cæsaris, ipsi
Romanas sancire volent hoc sanguine leges.
Si socero dare regna meo, mundumque pararent,
Præcipitare meam fatis potuêre senectam.
Non iratorum populis urbique deorum est,
Pompeium servare ducem. Quæ vincere possent
Omnia contulimus. Subiêre pericula clari
Sponte viri, sacraque antiquus imagine miles.
Si Curios his fata darent, reducesque Camillos
Temporibus, Deciosque caput fatale voventes,
Hinc starint. Primo gentes oriente coactæ,

Innumeræque urbes, quantas in prælia numquàm
Excivêre manus. Toto simùl utimur orbe....
Credite pendentes è summis mœnibus urbis,
Crinibus effusis, hortari in prælia matres;
Credite grandævum, vetitumque ætate senatum
Arma sequi, sacros pedibus prosternere canos;
Atque ipsam domini metuentem occurrere Romam.
Credite, qui nunc est, populum, populumque futurum
Permistas affere preces. Hæc libera nasci,
Hæc vult turba mori. Si quis post pignora tanta
Pompeio locus est; cum prole, et conjuge supplex,
Imperii salvâ si majestate liceret,
Volverer antè pedes. Magnus, nisi vincitis, exul,
Ludibrium soceri, vester pudor, ultima fata
Deprecor, ac turpes extremi cardinis annos,
Ne discam servire senex. Tàm mœsta locuti
Voce ducis flagrant animi, Romanaque virtus
Erigitur, placuitque mori, si vera timeret.

(12) .... Hac luce cruentâ
Effectum, ut Latios non horreat India fasces;
Nec vetitos errare Daas in mœnia ducat,
Sarmaticumque premat succinctus consul aratrum;
Quod semper sævas debet tibi Parthia pœnas;
Quod fugiens civile nefas, redituraque nunquàm
Libertas, ultrà Tigrim, Rhenumque recessit;
Ac toties nobis jugulo quæsita, negatur,
Germanum, Scythicumque bonum, nec respicit ultrà
Ausoniam. Vellem populis incognita nostris;
Vulturis ut primùm lævo fundata volatu
Romulus infami complevit mœnia luco,
Usquè ad Thessalicas servisset Roma ruinas.
De Brutis, Fortuna queror. Quid tempora legum
Egimus, aut annos à consule nomen habentes?
Felices Arabes, Medique, Eoaque tellus,

Quam sub perpetuis tenuerunt fata tyrannis!
Ex populis qui regna ferunt, sors ultima nostra est,
Quos servire pudet. Sunt nobis nulla profectò
Numina : cùm cæco rapiantur secula casu,
Mentimur regnare Jovem. Spectabit ab alto
Æthere Thessalicas, teneat cùm fulmina, cædes!
Scilicet ipse petet Pholoën, petet ignibus OEten,
Immeritæque nemus Rhodopes, pinusque minantes;
Cassius hoc potiùs feriet caput? Astra Thyestæ
Abstulit, et subitis damnavit noctibus Argos;
Tot similes fratrum gladios, patrumque gerenti
Thessaliæ dabit ille diem? mortalia nulli
Sunt curata deo. Cladis tamen hujus habemus
Vindictam, quantam terris dare numina fas est.
Bella pares superis facient civilia divos;
Fulminibus manes, radiisque ornabit, et astris,
Inque deûm templis jurabit Roma per umbras.

(13) .... Vidêre parentes
Frontibus adversis, fraternaque comminus arma,
Nec libuit mutare locum. Tamen omnia torpor
Pectora constrixit; gelidusque in viscera sanguis
Perculsa pietate coït; totæque cohortes
Pila parata diù tensis tenuêre lacertis.

(14) Ut primùm sonipes transfixus pectora ferro,
In caput effusi calcavit membra regentis;
Omnis eques cessit campis, glomerataque pubes
In sua conversis præceps ruit agmina frenis.
Perdidit indè modum cædes, ac nulla secuta est
Pugna : sed hinc jugulis, hinc ferro bella geruntur.
Nec valet hæc acies tantùm prosternere, quantùm
Indè perire potest.

(15) .... Quacumque vagatur,
Sanguineum veluti quatiens Bellona flagellum,

Bistonas aut Mavors agitans, si verbere sævo
Palladiâ stimulet turbatos ægide currus;
Nox ingens scelerum, et cædes oriuntur, et instar
Immensæ vocis gemitus, et pondera lapsi
Pectoris arma sonant, confractique ensibus enses.

(16) Illic plebeïâ contectus casside vultus,
Ignotusque hosti, quid ferrum, Brute, tenebas!
O decus imperii, spes ô suprema senatûs,
Extremum tanti generis per secula nomen,
Ne rue per medios nimiùm temerarius hostes,
Nec tibi fatales admoveris antè Philippos,
Thessaliâ periture tuâ. Nil proficis istic,
Cæsaris intentus jugulo : nondùm attigit arcem
Juris, et humanum culmen, quo cuncta reguntur,
Egressus, meruit fatis tàm nobile lethum.
Vivat, et, ut Bruti procumbat victima, regnet.

(17) Non istas habuit pugnæ Pharsalia partes,
Quas aliæ clades; illic per fata virorum;
Per populos hîc Roma perit............
Vincitur hîc gladiis omnis quæ serviet ætas.
Proxima quid soboles, aut quid meruêre nepotes
In regnum nasci? pavidè nùm gessimus arma?
Teximus an jugulos? alieni pœna timoris
In nostrâ cervice sedet. Post prælia natis
Si dominum, Fortuna, dabas, et bella dedisses.

(18) .... Tunc Magnum concitus aufert
A bello sonipes, non tergo tela paventem;
Ingentesque animos extrema in fata ferentem.
Non gemitus, non fletus erat; salvâque verendus
Majestate dolor, qualem te, Magne, decebat
Romanis præstare malis. Non impare vultu
Aspicis Emathiam : nec, te vidêre superbum

Prospera bellorum, nec fractum adversa videbunt;
Quàmque fuit læto per tres infida triumphos,
Tàm misero Fortuna minor.

(19) Non jàm Pompeii nomen populare per orbem,
Nec studium belli; sed par, quod semper habemus,
Libertas et Cæsar erunt. Teque indè fugato
Ostendet moriens, sibi se pugnasse senatus.

(20) Respice turbatos incursu sanguinis amnes,
Et soceri miserere tui. Quo pectore Romam
Intrabit factus campis felicior istis?
Quidquid in ignotis solus regionibus exul,
Quidquid sub Phario positus patiere tyranno,
Crede deis, longo fatorum crede favori.
Vincere pejus erat.

(21) Nunc tibi vera fides quæsiti, Magne, favoris
Contigit, ac fructus. Felix se nescit amari.

(22) .... Capit impia plebes
Cespite patricio somnos; vacuumque cubile
Regibus infandus miles premit; inque parentum,
Inque toris fratrum posuerunt membra nocentes,
Quos agitat vesana quies, somnique furentes.
Thessalicam miseri versant in pectore pugnam.
Invigilat cunctis sævum scelus, armaque tota
Mente agitant, capuloque manus absente moventur.
Ingemuisse putes campos, terramque nocentem
Inspirasse animas, infectumque aëra totum
Manibus, et superam Stygiâ formidine noctem.
Exigit à meritis tristes victoria pœnas,
Sibilaque et flammas infert sopor. Umbra perempti
Civis adest; sua quemque premit terroris imago;
Ille senum vultus, juvenum videt ille figuras;

Hunc agitant totis fraterna cadavera somnis;
Pectore in hoc pater est; omnes in Cæsare manes....
Hunc omnes gladii, quos aut Pharsalia vidit,
Aut ultrix visura dies stringente senatu,
Illâ nocte premunt; hunc infera monstra flagellant.

(23) ...... Petimus non singula busta,
Discretosque rogos : unum da gentibus ignem :
Non interpositis urantur corpora flammis.
Aut generi si pœna juvat, nemus extrue Pindi;
Erige congestas OEtæo robore sylvas;
Thessalicam videat Pompeius ad æquore flammam.
Nil agis hac irâ. Tabesne cadavera solvat,
An rogus, haud refert. Placido natura receptat
Cuncta sinu, finemque suî sibi corpora debent.
Hos, Cæsar, populos si nunc non usserit ignis,
Uret cum terris, uret cum gurgite ponti.
Communis mundo superest rogus, ossibus astra
Misturus. Quòcumque tuam Fortuna vocabit,
Hæ quoque eunt animæ. Non altiùs ibis in auras,
Non meliore loco Stygiâ sub nocte jacebis.
Libera Fortunâ mors est; capit omnia tellus
Quæ genuit; cœlo tegitur qui non habet urnam.
Tu, cui dant pœnas inhumato funere gentes,
Quid fugis hanc cladem? quid olentes deseris agros?
Has trahe, Cæsar, aquas; hoc, si potes, utere cœlo.
Sed tibi tabentes populi Pharsalia rura
Eripiunt, camposque tenent victore fugato.

(24) .... Nunquàm se tanto vulture cœlum
Induit, aut plures presserunt aëra pennæ.
Omne nemus misit volucres, omnisque cruenta
Alite, sanguineis stillavit roribus arbor.
Sæpè super vultus victoris, et impia signa
Aut cruor, aut alto defluxit ab æthere tabes;
Membraque dejecit jàm lassis unguibus ales.

(25) Thessalica infelix, quo tanto crimine, tellus,
Læsistis superos, ut te tot mortibus unam,
Tot scelerum fatis premerent? quod sufficit ævum,
Immemor ut donet belli tibi damna vetustas?
Quæ seges infectâ surget non decolor herbâ?
Quo non Romanos violabis vomere manes!

LA PHARSALE

DE LUCAIN.

LIVRE HUITIÈME.

ARGUMENT.

Pompée va trouver Cornélie à Lesbos. Il se rembarque avec elle. Il envoie Déjotarus solliciter le secours du Parthe. Il assemble les restes du sénat sur la côte de Cilicie, à l'embouchure du Sélinus, et tient conseil pour décider s'il doit se refugier chez le Parthe, en Égypte, ou chez le Numide. On le détermine à passer en Égypte. Dès que Pompée se présente devant Péluse, les ministres de Ptolomée s'assemblent pour délibérer sur le parti que le roi doit prendre. Photin, pour acheter la faveur de César, opine à la mort de Pompée. Ce conseil est suivi. Achillas est chargé de l'exécution. Mort de Pompée. Ses funérailles.

Où vas tu sans moi ? veux tu m'abandonner une seconde fois.

La Pharsale Liv. 8.

LA PHARSALE
DE LUCAIN.

LIVRE HUITIÈME.

A travers les bois de Tempé, et au-dessus de l'étroit passage ouvert par Alcide au Pénée entre l'Olympe et l'Ossa, Pompée (a), excitant son coursier déja excédé de fatigue, s'efforce (1) par de longs détours de dérober les traces de sa fuite au vainqueur. Plein de trouble et d'inquiétude, il regarde sans cesse autour de lui; le bruit des vents dans les forêts, le pas de ses compagnons l'épouvante. Quoique déchu de sa grandeur, il sait de quel prix est encore sa vie, et ne doute pas que César ne payât sa tête aussi cher qu'il paierait celle de César. Mais il a beau chercher des routes solitaires, ses traits sont trop connus pour qu'il lui soit permis de se tenir long-temps caché. Les peuples d'alentour (2), qui accou-

---

(a) *Superstes dignitati suæ vixit, ut cum majore dedecore per Thessalica Tempe equo fugeret, pulsus Larissâ.* (Flor. lib. 4. c. 2.)

rent à son camp, et à qui la renommée n'a pas encore annoncé sa défaite, le rencontrent, s'étonnent, ne peuvent concevoir un renversement si rapide dans la fortune de ce grand homme, et ont peine à le croire lui-même, quand il leur dit qu'il a tout perdu. Dans l'état où il est réduit, les témoins l'importunent : il aimerait mieux être inconnu par-tout, et pouvoir traverser le monde en sûreté, à la faveur d'un nom obscur. Mais la fortune punit de ses propres bienfaits les malheureux qu'elle abandonne; elle surcharge l'adversité du poids d'une renommée éclatante, et insulte au bonheur passé. C'est à-présent que Pompée avoue que ses prospérités ont été trop rapides, qu'il se plaint de l'éclat de ses premiers triomphes, et qu'il rappelle en gémissant l'orgueil dont l'enflaient ses victoires. C'est ainsi (3) que le malheur d'avoir trop vécu a obscurci la gloire de tant de grands hommes. Si le dernier jour du bonheur n'est pas aussi le dernier de la vie, et si la mort ne prévient les revers, la félicité passée se change en opprobre. Et qui jamais, après cet exemple, osera se livrer à la prospérité, sans avoir préparé sa mort (*a*)?

(*a*) *Qui* (*Pompeius*) *si antè biennium quàm ad arma itum est, gravissimâ tentatus valetudine, decessisset in Campaniâ.... defuisset fortunæ destruendi ejus locus; et quam apud superos habuerat magnitudinem, illibatam detulisset ad inferos.* (VELL. PATERC. lib. 2. cap. 48.)

Arrivé au bord où le Pénée, rougi du sang versé dans les champs de Pharsale, se précipite dans la mer, Pompée se jette dans une barque à peine assez solide pour aller sur un fleuve, et trop fragile pour résister au choc des vents et des flots. C'est sur ce faible esquif que s'échappe, avec un nautonnier tremblant, celui dont les flottes couvrent encore les mers de Corcyre et de Leucade, celui que la Liburnie et la Cilicie reconnaissent pour leur vainqueur. Un navire plus fort se présente, il y monte, et il ordonne (4) qu'on fasse voile vers le rivage de Lesbos, vers cette île dépositaire de ce qu'il a de plus cher au monde. C'est là, Cornélie, que tu vivais cachée, et dans une inquiétude aussi cruelle que si tu avais été au milieu des champs de Pharsale. De noirs présages t'agitent sans cesse ; à chaque instant ton sommeil est troublé par de violentes frayeurs ; tes nuits se passent en Thessalie ; et dès que le jour chasse les ténèbres, errante sur la cime des rochers qui bordent la mer, les yeux attachés sur les flots, tu es la première à découvrir dans le lointain les voiles flottantes d'un vaisseau qui s'avance; mais lorsqu'il aborde, tu n'oses demander des nouvelles de ton époux. Tu vois son navire voguer vers toi; tu ne sais pas ce qu'il t'apporte ; mais dans un moment toutes tes craintes vont s'avérer. O Cornélie, celui qui vient t'annoncer le malheur de nos armes, la défaite et la fuite de ton époux, c'est ton époux lui-même. Il n'est plus temps de craindre, il est temps de pleurer.

Le navire aborde; Cornélie approche, et reconnaît Pompée : elle voit le crime des dieux marqué sur le front pâle du héros, sur cette face vénérable qu'il couvre de ses cheveux blancs, et sur ses vêtements tout souillés de poussière. A cette vue, elle chancelle, un nuage répandu sur ses yeux lui dérobe la lumière du ciel, l'excès de la douleur lui ôte le sentiment, tout son corps tombe en défaillance ; son cœur reste long-temps immobile et glacé; et la mort qu'elle a invoquée, semble avoir exaucé ses vœux.

Pompée descend du navire attaché au rivage, et s'avance à pas lents sur le sable de cette plage solitaire. A son approche, les femmes qui environnent Cornélie, retiennent leurs cris, et ne se permettent d'accuser le ciel que par des gémissements étouffés. Elles s'efforcent en vain de relever leur maîtresse évanouie et étendue sur la terre. Mais son époux se penchant vers elle, et serrant dans ses bras son corps saisi d'un froid mortel, lui rend la chaleur et la vie. Cornélie, dont le sang recommence à couler, et dont les esprits se raniment reconnaît la main qui la presse ; et ses yeux ouverts sur son époux, ont la force de soutenir la tristesse profonde qu'elle voit peinte sur son visage. Il lui défend de se laisser abattre par l'infortune, et réprime en ces mots l'excès de sa douleur. « Femme de Pompée, oubliez-vous de quels aïeux (*a*) vous êtes née? est-ce à une ame si courageuse de succomber sous les premiers revers? Voici le moment d'éterniser la mémoire de vos vertus. La magnanimité de votre sexe n'est point attachée au maintien des lois, ni aux travaux des armes; le malheur d'un époux en est l'unique épreuve; elle consiste à le partager et à savoir le soutenir. Elevez, affermissez votre ame; que votre piété envers moi combatte et surmonte le sort. Aimez votre époux d'autant plus qu'il est vaincu et malheureux. C'est à-présent sur-tout que je fais votre gloire. Les faisceaux, le sénat, une foule de rois, tout s'éloigne, tout m'abandonne; vous seule me restez. Commencez à vous regarder comme mon seul ami, mon unique compagne, et à me tenir lieu de tout. Il serait honteux, votre mari vivant, de montrer une douleur extrême. Réservez vos larmes pour mon trépas; ce sera le dernier gage de votre foi. Jusque-là vous n'avez rien perdu; je respire : ma fortune seule a péri; et si c'est elle que vous pleurez, c'est elle que vous avez aimée. »

A ce reproche de son époux, Cornélie soulève à peine sa tête languissante, et son cœur laisse échapper ces plaintes entrecoupées de sanglots. « O femme née pour le malheur de ceux à qui mon sort se lie, que ne suis-je entrée dans le

---

(*a*) **Les Scipions.**

lit de César! J'ai coûté deux fois des larmes au monde. C'est une implacable furie qui a présidé deux fois à mon hymen. J'ai été funeste à Crassus (a); et son ombre, qui me poursuit, m'a vue transporter dans ton camp tout le malheur que j'avais attaché à ses armes. Misérable! j'ai entraîné tous les peuples dans ta ruine, j'ai éloigné tous les dieux du plus juste parti. O Pompée! ô mon illustre époux! héros dont je n'étais pas digne! quoi, le sort qui me persécute a eu le droit de t'opprimer! Pourquoi formai-je les nœuds impies qui t'allaient rendre malheureux? Reçois ma mort, que je demande, en expiation de mon crime; et pour te rendre la mer plus facile, les rois plus fidèles, l'univers plus soumis, pour appaiser les dieux, s'il est possible, jette dans les flots ta compagne: plus heureuse si elle s'était dévouée avant le malheur de tes armes pour en obtenir le succès, qu'elle te serve au moins à expier tous les maux qu'elle cause au monde. O Julie! ombre que j'irritais, où que tu sois, te voilà vengée de mon hymen par les malheurs de la guerre civile. Viens, cruelle, viens jouir encore de mon supplice; et, appaisée par le trépas de ton odieuse rivale, pardonne à ton époux l'amour qu'il eut pour moi. »

A ces mots, elle tomba une seconde fois dans

(a) Publius Crassus, fils du triumvir, tué chez les Parthes, dans la défaite de son père.

les bras de Pompée, et sa douleur arracha des larmes à tous ceux qui en étaient témoins. La grande ame de Pompée en fut elle-même attendrie; et ce héros, qui d'un œil sec avait vu les champs de Pharsale, versa des larmes à Lesbos.

Alors le peuple de Mitylène, accourant en foule au rivage, environne Pompée, et lui dit : « Si notre île fait à jamais sa gloire d'avoir eu en dépôt la digne moitié d'un si grand homme, daignez aussi, Pompée, nous vous en conjurons, daignez vous-même, ne fût-ce qu'une nuit, prendre pour asyle nos murs, et vous reposer au sein de nos dieux domestiques, sur la foi sainte et inviolable d'un peuple qui vous est dévoué. Faites de Lesbos un lieu mémorable et sacré qu'on vienne voir dans tous les siècles, et qui excite la vénération de tous les voyageurs romains. Vous n'avez pas de refuge plus assuré dans votre fuite : toute autre ville peut espérer de trouver grâce auprès du vainqueur; celle-ci ne peut plus s'attendre qu'à sa haine. D'ailleurs César n'a point de flottes, et nous sommes entourés de mers. Le plus grand nombre de vos amis, sachant où vous êtes, viendront vous retrouver; il faut un lieu connu pour rallier vos forces. Nos richesses, les trésors même de nos temples vous sont offerts; et que ce soit sur mer ou sur terre que vous vouliez employer notre brave jeunesse, elle est prête à vous suivre; disposez de Lesbos, et de tout ce qui est en son pouvoir. Acceptez ce faible secours, de peur que César n'en profite. Enfin épargnez à un peuple qui croit avoir bien mérité de vous, l'humiliation de laisser croire que vous n'avez compté sur lui que lorsque vous étiez heureux, et que vous avez douté de sa foi dès que le sort vous a été contraire. » Pompée ne fut point insensible à la joie de trouver dans Lesbos un zèle si pur et si noble; il s'applaudit, pour l'humanité, de voir que l'honneur et la foi n'étaient pas encore exilés du monde.

« Je crois (leur dit-il) avoir assez prouvé qu'il n'est aucun lieu de la terre qui me soit plus cher que Lesbos. C'est à Lesbos que j'ai confié toutes les affections de mon ame; c'est ici que j'ai retrouvé ma maison, mes dieux, une seconde Rome: aussi, dans ma fuite, n'ai-je pas cherché à gagner un autre rivage; et, quoique vous eussiez à craindre le ressentiment de César, je n'ai pas hésité à vous livrer en moi le moyen le plus sûr d'appaiser sa colère. Mais c'est assez, généreux Lesbiens, de vous avoir rendus coupables une fois; je dois aller chercher ailleurs de quoi réparer ma ruine. Adieu, Lesbos, peuple à jamais heureux, d'avoir acquis par ta vertu une renommée éternelle; soit que ton exemple engage les nations et les rois à me secourir, soit que tu aies la gloire d'être le seul qui dans mon malheur me soit resté fidèle : car j'ai résolu d'éprouver en quels lieux de la terre la justice règne, et en quels lieux le crime fait la loi. Dieu, qui veilles sur mes destins (s'il en est encore un seul qui me protége), reçois le dernier de mes vœux; fais-moi trouver par-tout des peuples comme le peuple de Lesbos, qui, tout malheureux que je suis, aiment mieux s'exposer à la colère de César, que d'insulter à ma disgrâce, ou d'attenter à ma liberté!»

Après avoir ainsi exprimé sa reconnaissance, il fit porter la triste Cornélie sur le vaisseau qui l'attendait. A la désolation de ce peuple, on eût dit qu'on le forçait lui-même à quitter sa patrie. On n'entendait sur le rivage que des gémissements et des plaintes; on ne voyait que des mains élevées vers le ciel; et, quoique le malheur de Pompée eût affligé tous les cœurs, c'était moins ce héros qu'on plaignait, que celle avec qui ce bon peuple était accoutumé à vivre comme avec une de ses citoyennes, et qu'il voyait avec douleur s'éloigner de lui pour jamais. Quand même elle irait joindre un époux triomphant, les femmes de Lesbos, en lui disant adieu, auraient peine à retenir leurs larmes : tant sa pudeur, sa probité, la modestie répandue sur son visage et dans ses chastes regards, lui ont attiré leur amour. Ce qui les a le plus touchées, c'est que, loin de se rendre incommode à ses hôtes, et loin d'humilier même les plus petits, elle a vécu à Mitylène dans le temps des prospérités et de la gloire de Pompée, comme s'il eût été vaincu.

Le soleil était à demi-plongé sous l'horizon,

et, s'il est vrai qu'il y ait des peuples pour lesquels il se lève en se couchant pour nous, chacun des deux mondes ne voyait alors que la moitié de son globe de flamme. La nuit vient, et les soucis cruels et vigilants dont l'ame de Pompée est remplie, lui font parcourir de la pensée les villes et les peuples alliés des Romains, les cours de l'Orient, leurs mœurs, leur différent génie, et ces régions du Midi qu'une chaleur intolérable défend seule contre César. Souvent l'ame accablée de ces pénibles soins, et rebutée de l'affligeante image que lui présente l'avenir, il écarte, pour respirer, ces idées tumultueuses; et l'abattement de ses esprits, qu'un trouble si violent épuise, lui laisse un moment de relâche. Alors il interroge son pilote sur l'art de lire dans le ciel la route qu'on tient sur les eaux; et ce savant observateur du cours silencieux des astres lui révèle tous ses secrets.

« Ordonnez (ajoute le pilote), et dites-moi (5) quel est le rivage où vous voulez aborder. Le plus loin (lui dit Pompée encore irrésolu), le plus loin qu'il sera possible de Pharsale et de l'Italie. Avant d'avoir retrouvé ce dépôt si cher, je savais où tendaient mes vœux; mais mon épouse est avec moi : qu'importe où nous soyons ensemble? je laisse à la fortune à nous choisir un port. »

Alors le pilote, au lieu de présenter la pleine voile au vent, l'incline, afin de diriger sa route entre les écueils de la côte d'Asie et du rivage de Chio. La mer ressentit le mouvement de la voile, et la proue annonça, par le bruit des ondes, qu'elle y traçait un sillon nouveau. Tel et avec moins d'adresse, dans la course des chars, un écuyer habile, obligeant ses coursiers à décrire le tour le plus étroit du cirque, effleure la borne, et l'évite.

Le soleil revient éclairer la terre, et sa lumière efface les astres de la nuit. Bientôt tout ce qui est échappé au naufrage de Thessalie se rassemble auprès de Pompée. Son fils Sextus fut le premier qui, du rivage de Lesbos, suivit ses traces sur les mers (a). Après lui vinrent une foule de patriciens et de rois : car, même depuis sa ruine et la défaite de son armée, la fortune ne put l'empêcher d'avoir des ministres couronnés ; et dans sa déroute, il traînait après lui tous les sceptres de l'Orient. Déjotarus, l'un de ces rois, ayant découvert çà-et-là les signes épars de sa fuite, venait enfin de le joindre ; Pompée l'envoie au fond de l'Asie lui chercher de nouveaux secours. « O le plus fidèle de tous les rois qui me sont attachés, lui dit-il, j'ai perdu tout ce qui sur la terre était au pouvoir des Romains ; mais il me reste à éprouver le zèle des peuples du Tigre et de l'Euphrate, où ne s'étend point encore la

---

(a) *Pompeius profugiens cum duobus Lentulis Consularibus, Sextoque filio et Favonio, etc.* (VELL. PATERC. lib. 2. c. 53.)

domination de César. Allez, en mon nom, soulever l'Orient et le Nord; pénétrez jusques dans le fond des états du Mède et du Scythe; rendez au superbe Arsacide (*a*) ces paroles que je lui adresse : Si l'ancienne alliance que nous avons jurée, moi par Jupiter Latien, vous par le culte de vos mages, subsiste encore entre Rome et vous; Parthes, remplissez vos carquois, tendez vos arcs; souvenez-vous qu'en chassant devant moi les peuples du Caucase (*b*), je vous laissai la liberté d'errer en paix dans vos campagnes, sans vous réduire à chercher dans les murs de Babylone un asyle sûr contre moi. J'avais déja franchi les bornes du vaste empire de Cyrus; et vers le fond de la Chaldée, je touchais aux bords où l'Hydaspe et le Gange vont se jeter au sein des mers. Cependant lorsque la victoire me soumettait tout l'Orient, je voulus bien excepter le Parthe (*c*) du nombre des peuples que je rangeais sous les lois de Rome; et leur roi fut le seul que je traitai d'égal. Ce n'est pas une fois seulement que les Arsacides m'ont dû la conservation de leur empire; et, après la sanglante défaite de Crassus en

---

(*a*) Phraate, roi des Parthes, descendant d'Arsace.

(*b*) Les Albaniens et les Hibériens.

(*c*) *Exceptis Parthis, qui fœdus maluerunt, et Indis qui nos adhuc non noverant, omnis Asia, inter Rubrum et Caspium et Oceanum, Pompeianis domita vel oppressa signis tenebatur.* (FLOR. lib. 3. c. 5.)

Assyrie, quel autre que moi eût appaisé le ressentiment des Romains ? Engagés par tant de bienfaits, ô Parthes! voici le moment de passer l'Euphrate qui devait à jamais vous servir de barrière. Venez vaincre en faveur de Pompée; et Rome elle-même consent à être vaincue à ce prix. »

Quelque difficile que fût ce message, Déjotarus voulut bien s'en charger. Il dépose les marques de la royauté, et part sous l'habit d'un esclave. Dans les moments de péril et d'alarme, on voit souvent, pour sa sûreté, un roi se donner l'apparence d'un homme indigent et obscur : tant il est vrai que la vie du pauvre est plus tranquille et moins menacée que celle des maîtres du monde.

Pompée ayant jeté Déjotarus sur le rivage de l'Asie, poursuit sa route entre les écueils des îles d'Icare et de Samos. Il laisse derrière lui Éphèse et Colophone; et, à la faveur d'un vent léger que l'île de Cos lui envoie, il passe devant Gnide, rase l'île de Rhodes, coupe le golfe de Telmesse, et la côte de Pamphilie se présente devant lui; mais n'y voyant pas encore d'asyle assuré, il gagne le port de Phasale, petite ville où il n'a point à craindre le peu d'habitants que la guerre y a laissés, et qui tous ensemble n'égalent pas le nombre des Romains qu'il amène à sa suite. Il s'avance et passe à la vue du mont Taurus, d'où tombent les eaux du Dipsante. Pompée eût-il jamais pu croire, dans le temps qu'il chassait de ces mers les pirates de Cilicie, qu'un jour, exposé sur un faible navire, il aurait besoin d'y trouver lui-même un passage tranquille et sûr? Une grande partie du sénat se rallie auprès de son chef fugitif; et c'est à l'embouchure du Sélinus qu'il s'arrête et qu'il les assemble (*a*). Là, sa voix, qu'une douleur profonde avait tenue long-temps muette, rompt enfin le silence, et il parle en ces mots.

« Généreux compagnons (6) de mes travaux et de ma fuite, vous qui dans mon exil êtes Rome pour moi, quoique nous soyons assemblés sur une plage solitaire, sur les bords de la Cilicie, où je me vois sans secours et sans armes, abandonné de tout l'univers, j'ose former de nouveaux desseins pour changer la face des choses. Rappelez, pour m'entendre et pour me seconder, toutes les forces de vos grandes ames. Je n'ai pas péri tout entier à Pharsale; et mon malheur ne m'a point tellement abattu, que je ne puisse encore relever ma tête, et me dégager du milieu des ruines où l'on me croit enseveli. Marius errant et caché entre les débris de Carthage, ne s'est-il pas relevé de sa chûte? ne l'a-t-on pas revu dans Rome, précédé par les faisceaux (*b*)?

(*a*) *Aliis ut Parthos, aliis ut Africam peteret, in quâ fidelissimum partium suarum haberet regem Jubam, suadentibus, AEgyptum petere proposuit.* (VELL. PATERC. lib. 2. c. 43.)

(*b*) **Consul pour la septième fois.**

n'a-t-on pas encore une fois inscrit son nom dans nos fastes? et si la main de la fortune s'est moins appesantie sur moi que sur lui, me tiendra-t-elle terrassé? J'ai mille vaisseaux sur les mers de la Grèce; mille chefs au premier signal se rangeront sous mes drapeaux : Pharsale a plutôt dispersé, qu'elle n'a renversé mes forces. La seule réputation que mes anciens travaux m'ont faite dans tout l'univers, et un nom long-temps cher au monde, suffiraient pour me soutenir. Ce que je vous laisse à examiner, c'est à qui nous aurons recours, de l'Égyptien, du Parthe, ou du Numide, et sur les forces et la fidélité duquel des trois on peut le plus compter. Pour moi, je vais vous confier mes inquiétudes secrètes, et quelle serait ma résolution. L'enfance du roi d'Égypte m'est suspecte : pour lutter contre le malheur, le zèle a besoin d'un courage affermi par toute la vigueur de l'âge. D'un autre côté, l'artificieuse duplicité du Maure m'épouvante. Ce peuple a hérité de la haine de Carthage contre les Romains. Le Numide, qui occupe le trône, a dans le cœur tout l'orgueil d'Annibal; et il n'est déja que trop fier d'avoir vu Varrus suppliant, et d'avoir protégé nos armes. Le parti le plus sûr est donc de nous retirer vers l'Orient. L'Euphrate partage le monde; une longue chaîne de montagnes sert de barrière à ces vastes contrées qu'un autre ciel éclaire et qu'entoure un autre Océan. Vaincre et dominer sont les plaisirs de ces peuples fiers et vaillants; leurs chevaux sont superbes, leur arc est terrible; dès l'enfance, et jusques dans la vieillesse, ils le tendent avec vigueur; le trait décoché par leur main porte une mort inévitable : ils furent les seuls qui arrêtèrent l'impétuosité d'Alexandre; ils soumirent le Mède et l'Assyrien; nos javelots les intimident peu; et depuis le malheur de Crassus, ils savent trop qu'avec les carquois des Scythes, leurs aïeux, ils peuvent défier nos armes. C'est peu pour eux d'aiguiser leurs flèches, ils savent les empoisonner : la plus légère blessure en est fatale; et dès que la pointe pénètre jusqu'au sang, elle y laisse la mort. Et que ne puis-je moins compter sur la valeur des Arsacides! Leurs destins, qui balancent les nôtres, ne leur inspirent que trop d'audace, et la faveur même des dieux ne les a que trop secondés. Je ferai donc sortir ces peuples des régions où naît le jour; je les ferai marcher vers nos climats et y porter la guerre. S'ils me manquent de foi, s'ils trahissent l'alliance entre nous jurée, je consommerai mon naufrage : on ne me verra point aller en suppliant implorer les rois que j'ai faits; mais sur une terre éloignée j'aurai la consolation de mourir, sans coûter un nouveau crime à César, sans rien devoir à sa pitié. Cependant plus je me rappelle ma vie passée, plus j'ose croire que mon nom est respecté dans l'Orient. Quelle gloire nos armes n'ont-elles pas acquise au-dessus de l'Euxin, au bord du Tanaïs? En quelle partie du monde avons-nous eu des succès plus rapides, des triomphes plus éclatants? O Rome! fais des vœux au ciel pour le dessein que je médite. Et que peuvent jamais les dieux t'accorder de plus favorable, que d'engager le Parthe dans tes guerres civiles, d'y consumer ses forces redoutables, et de l'envelopper dans tes malheurs? Si le Parthe et César en viennent aux mains, quel que soit le vainqueur, il faut que la fortune ou me venge, ou venge Crassus. »

Au murmure qui s'éleva dans l'assemblée, il fut facile à Pompée de juger qu'on désapprouvait son dessein. Lentulus se distingua dans ce conseil par la chaleur de son zèle et la majesté de sa douleur. Il se lève, et il fait entendre ces paroles dignes d'un consul (*a*).

« Eh quoi, Pompée! le malheur de Rome dans la Thessalie a-t-il jusques-là consterné votre ame? Un jour a-t-il tout renversé? Pharsale a-t-elle vu périr jusqu'au dernier espoir de la république? La plaie enfin est-elle si profonde, et le mal est-il incurable au point qu'il ne vous reste d'autre ressource que d'aller implorer le Parthe et vous prosterner à ses pieds? Pourquoi, transfuge de ce monde, aller chercher un ciel nouveau, des peuples inconnus, une terre étrangère? Voulez-vous, esclave du Parthe, vous ranger sous ses lois, vous soumettre à son culte, aller avec les Chaldéens adorer le feu de leurs foyers? Vous qui prétendez n'a-

---

(*a*) L'histoire attribue cet avis à Téophane de Lesbos.

voir pris les armes que pour l'amour de la liberté, pourquoi, si vous pouvez endurer l'esclavage, en avoir imposé à ce malheureux univers? Le Parthe, qui frémit d'effroi quand il apprit que Rome vous avait mis à la tête de ses armées; le Parthe, qui vous a vu du fond de l'Hircanie et du rivage de l'Inde traîner les rois captifs après vous; le Parthe vous verra, triste rebut du sort, humilié, tremblant, consterné devant lui! Quels projets son orgueil ne va-t-il pas fonder sur notre puissance abattue, en se comparant avec Rome, qu'il croira voir en vous suppliante à ses pieds? Sans doute il jugera de sa supériorité par votre abaissement. Et que lui direz-vous qui soit digne de votre courage et du rang que vous occupez? Le barbare ignore votre langue, il faudra que vos larmes, les larmes de Pompée implorent sa compassion. Qu'il vous l'accorde; quelle honte pour Rome d'avoir besoin du Parthe pour venger ses malheurs! Est-ce pour subir cet affront qu'elle vous a fait notre chef? Pourquoi répandre chez ces barbares le bruit de nos calamités? pourquoi leur découvrir des plaies qu'il eût fallu tenir cachées? pourquoi leur apprendre à franchir les barrières de leur empire? La seule consolation de Rome, dans son malheur, était d'écarter tous les rois; et s'il fallait qu'elle eût un maître, d'avoir pour maître un de ses citoyens; et vous, traversant l'univers, vous voulez attirer jusqu'au sein de Rome des peuples qui ne demandent qu'à la déchirer! Vous reviendrez des bords de l'Euphrate, à la suite des étendards que le Parthe enleva au malheureux Crassus! Que dis-je? le seul de tous les rois qui, dans le temps que la fortune ne se déclarait point encore, s'est exempté de cette guerre, osera-t-il, instruit de la victoire et des forces de César, s'associer à vos disgrâces, se déclarer pour vous, et marcher contre lui? N'en attendez pas ce courage. Les peuples nés dans les frimas du nord sont belliqueux et indomptables; mais ceux de l'orient sont amollis par la douceur de leur climat. Ces robes longues et flottantes dont les hommes y sont vêtus, annoncent-elles des guerriers? Il est vrai que dans les campagnes de la Médie, dans les champs du Sarmate, dans les vastes plaines qu'arrose le Tigre, le Parthe, ayant la liberté de fuir et de se rallier, est un ennemi invincible; mais dans un pays de montagnes, lui fera-t-on gravir des rochers escarpés? le fera-t-on marcher à travers des abymes? Surpris, attaqué dans la nuit, quel usage ses faibles mains feront-elles de son arc? S'il faut passer à la nage un fleuve rapide et profond, est-il accoutumé à vaincre l'impétueux courant des eaux? Et dans les chaleurs de l'été, au milieu des flots de poussière, couvert de sang et de sueur, soutiendra-t-il sous un soleil brûlant tout le poids d'un jour de bataille! Il ne connaît ni le bélier, ni aucune machine de guerre. Une tranchée à combler est un travail au-dessus de ses forces; et tout ce qui s'oppose au vol d'une flèche est un rempart contre lui. De légers combats, une guerre fugitive, des escadrons volants, des soldats plus propres à quitter leur poste qu'à chasser l'ennemi du sien; voilà le Parthe : il est réduit au lâche expédient d'empoisonner ses flèches; il n'ose approcher l'ennemi : mais du plus loin qu'il peut l'atteindre, il tend son arc, et laisse au vent le soin de diriger ses coups. L'épée a toute une autre force, et c'est l'arme de tous les peuples vraiment belliqueux et vaillants. Voyez les Parthes dans les combats : désarmés dès la première charge, si-tôt que leur carquois est vide, ils sont obligés de s'enfuir (*a*); leurs bras n'ont aucune vigueur : toute leur confiance est au venin dans lequel ils trempent leurs flèches. Et vous, Pompée, vous comptez sur un peuple à qui, dans les combats, le fer ne peut suffire, s'il n'est secondé du poison! Un si honteux secours vaut-il que vous alliez mourir loin de votre patrie, à l'autre bout de l'univers; qu'une terre barbare vous couvre, et qu'on vous y accorde un humble et vil bûcher, grâce encore digne d'envie, dans

---

(*a*) Les Romains furent détrompés de cette erreur le jour de la défaite de Crassus. Ils espéraient que lorsque les Parthes auraient épuisé leurs carquois, ils cesseraient de combattre, ou se laisseraient joindre. Mais quand ils apprirent que l'armée ennemie avait un grand nombre de chameaux chargés de flèches, où ceux qui n'en avaient plus en allaient prendre de nouvelles, ils perdirent courage. (PLUT. *Vie de Crassus.*)

un pays où Crassus est privé de la sépulture? Toutefois votre sort n'est pas le plus malheureux; car le trépas est le dernier des maux, et il n'a rien d'effrayant pour des hommes de courage. Mais que deviendra Cornélie? Ce n'est pas la mort qui l'attend chez le Parthe. Ignorez-vous comment ces peuples dissolus traitent les plaisirs de l'amour? Leur usage est l'instinct des bêtes. Un même lit reçoit des épouses sans nombre; les lois, les nœuds de l'hyménée y sont souillés par ce mélange impur; ses mystères les plus secrets y sont célébrés sans pudeur, en présence de mille femmes, toutes esclaves d'un seul amant. Cette cour, plongée dans l'ivresse et dans les délices des festins, ne s'interdit aucun excès de licence et de volupté. Les nuits se passent entre ces rivales à rallumer sans cesse les désirs d'un homme, et à les combler tour-à-tour. Les sœurs, les mères (noms sacrés que l'amour doit frémir de méconnaître) partagent la couche abominable des rois, leurs frères ou leurs fils. La fable d'Œdipe, quelque involontaire que fût son crime, le rend horrible aux yeux des nations; et combien de fois, avec pleine lumière, un pareil commerce a donné des héritiers aux Arsacides! Que ne se permet pas un roi qui se croit permis de donner des enfants à sa mère! L'illustre fille des Scipions sera donc la millième femme destinée au lit d'un barbare, et la plus exposée sans doute aux outrages d'un amour qu'elle irritera par sa fière sévérité, et par le nom de ses époux; car un nouvel attrait pour les désirs du Parthe, ce sera de savoir que votre femme fut celle du jeune Crassus. C'est une captive qui lui est échappée dans la défaite des Romains, et qu'il croira que le sort lui ramène. Rappelez-vous, Pompée, ce carnage affreux de nos légions dans l'Assyrie (a); et vous rougirez, non-seulement d'implorer le secours de ce peuple funeste, mais d'avoir préféré la guerre civile à celle qui aurait dû nous venger de lui. Et quel plus grand crime aux yeux des nations, dans le gendre et dans le beau-père, que d'avoir laissé, pour se détruire entre eux, Crassus et les siens sans vengeance! Il fallait que Rome, avec toutes ses forces et tous ses chefs les plus vaillants, fondît à-la-fois sur le Parthe; et que, de peur de n'avoir pas assez d'armes pour l'accabler, laissant l'empire à découvert du côté du Germain et du Dace, elle abandonnât ses frontières, jusqu'à ce que la perfide Suze et la superbe Babylone eussent caché sous leurs ruines jusqu'aux tombeaux de nos vainqueurs. O fortune, ce n'est point l'alliance des Arsacides, c'est la guerre avec eux que nous te demandons! Si Pharsale a consommé le crime et le malheur de la

---

(a) Selon Plutarque, il n'y eut que vingt mille hommes tués, et dix mille prisonniers; mais Appien fait monter bien plus haut cette perte. *Ex centum millibus vix decem millia refugerunt in Syriam.* (**De Bell. civ. lib. 2.**)

guerre civile, que le vainqueur marche contre le Parthe; c'est le seul peuple de l'univers dont nous puissions voir avec joie César revenir triomphant. Vous, Pompée, dès le moment que vous aurez passé l'Araxe, attendez-vous à voir Crassus, ce malheureux vieillard, tout couvert des flèches du Parthe, vous apparaître et vous parler ainsi : *O toi, qu'après ma mort mon ombre errante et désolée regardait comme le vengeur de l'outrage fait à ma cendre, tu viens à mon vainqueur barbare parler d'alliance et de paix!* Alors plus vous avancerez et plus à chaque pas vous trouverez de monuments de la honte et du malheur de Rome. Les villes vous offriront les têtes de nos chefs qu'on y a portées en triomphe; l'Euphrate vous rappellera tous ces illustres morts dont il a roulé les cadavres; le Tigre, tous ceux qu'il a engloutis sous la terre, et qu'il a revomis en reprenant son cours. Si vous pouvez aller à travers ces objets implorer l'amitié du Parthe, vous devez pouvoir aller implorer celle de César jusques sur le champ de Pharsale. Mais pourquoi ne pas préférer des peuples amis des Romains? Si le Numide vous est suspect, si la mauvaise foi de Juba nous effraie, cherchons un asyle en Égypte, dans l'héritage de Lagus. D'un côté, les écueils des Syrtes; de l'autre, les bouches du Nil, dont les eaux repoussent la mer, défendent l'Égypte et la rendent d'un difficile et dangereux accès. Cette terre fertile est contente des richesses qu'elle produit; elle n'attend rien ni du commerce du monde, ni de l'influence du ciel; elle a mis toute sa confiance dans le fleuve qui l'arrose. Ptolomée, encore enfant, vous doit le sceptre qu'il possède, le royaume et le roi sont sous votre tutelle : qui peut craindre un monarque enfant? Son âge est l'âge de l'innocence; et ce n'est pas dans de vieilles cours qu'il faut chercher la justice, la bonne foi, le respect pour les dieux : l'habitude de tout pouvoir fait perdre la honte de tout oser; et on distingue les jeunes rois à la douceur de leur empire. »

Ces paroles de Lentulus entraînèrent tous les esprits. Son avis l'emporta sur celui de Pompée; tant l'extrémité du péril et l'alternative pressante de la perte ou du salut commun rétablissent entre les hommes l'égalité et l'indépendance. Ils quittent la côte de Cilicie, et vont aborder à l'île de Chypre, séjour favori de la déesse à qui la mer de Paphos a donné le jour, et qui s'en souvient, pour préférer à tous les temples de l'univers l'île témoin de sa naissance (si l'on peut croire que les dieux soient nés, et s'il est possible que jamais aucun d'eux ait commencé d'être).

Pompée, en s'éloignant de ce rivage, traverse la mer qui le sépare de l'Égypte, et luttant à force de voiles contre les eaux du Nil qui les repoussent, il parvient au bord où Péluse voit la plus vaste des bouches du fleuve s'épancher dans le sein des mers.

LIVRE VIII. 415

C'était le temps où la balance céleste ne tient qu'un moment en équilibre les heures du jour et celles de la nuit, et va rendre aux nuits de l'automne l'avantage que le bélier a donné aux jours du printemps. Le jeune roi était à Péluse, et le bruit répandu dans sa cour, que Pompée venait lui demander l'asyle, y jeta l'alarme et l'effroi. A peine avait-on le temps de tenir conseil; cependant tous les infâmes courtisans de Ptolomée s'assemblent autour de lui. Il se trouve parmi eux un homme juste, un vieillard dont les ans ont mûri la sagesse, éteint les passions et adouci les mœurs. Achorée est son nom, Memphis l'a vu naître; Memphis qui du haut de ses murs observe les progrès du Nil lorsqu'il inonde les campagnes; Memphis si fière de ses dieux! Ce sage, dévoué au culte des autels, avait vu plusieurs fois, dans le cours d'un long sacerdoce, accomplir le nombre des révolutions lunaires (a) que doit vivre le bœuf Apis. Il fut le premier qui donna sa voix dans le conseil : il rappela les bienfaits de Pompée, son amitié pour le père du roi, et la sainteté de leur alliance. Mais Photin (7), plus habile à démêler le caractère d'un mauvais prince, et plus instruit dans l'art de le persua-

---

(a) On laissait vivre Apis vingt-cinq ans, selon Plutarque; mais, selon Ammien, le temps qu'il devait vivre était un secret consigné dans les livres mystiques. Ce temps n'était donc pas fixe, puisqu'il était inconnu.

der, osa proposer le meurtre de Pompée. « Ptolomée, dit-il, la bonne cause, quand elle est malheureuse, tient lieu de crime à qui l'embrasse; et si la foi qu'on garde à ceux que trahit la fortune obtient des éloges, elle attire des châtiments. Rangez-vous du parti des dieux et du sort; fléchissez devant les heureux, et repoussez les misérables. L'élément du feu et celui des eaux ne sont pas plus incompatibles que la droiture et l'intérêt. Toute la force des sceptres s'anéantit, dès qu'on pèse leurs droits au poids de l'équité. La pudeur et l'honnêteté renversent les empires. L'autorité, odieuse par elle-même, ne se soutient que par la pleine liberté du crime, et par l'usage illimité du glaive. Le droit d'user de violence ne se conserve qu'en s'exerçant. Que celui qui veut être juste descende du trône. L'absolu pouvoir ne peut jamais s'accorder avec la vertu; et qui rougit de tout violer aura sans cesse tout à craindre. Punissez Pompée d'avoir méprisé la faiblesse de votre âge, et d'avoir pensé que, tout vaincu qu'il est, nous n'oserions lui fermer nos ports. Si vous êtes las de régner, ce n'est pas à lui qu'il faut livrer l'héritage de vos pères; vous avez une sœur à qui vous le devez : rappelez-la au trône d'où vous l'avez bannie. Mettons l'Égypte à couvert des armes romaines; tout ce qui n'aura point été au vaincu, sera épargné par le vainqueur. Pompée, chassé du monde entier, se voyant perdu sans ressource, cherche à s'appuyer sur un peuple qui le soutienne, ou qui tombe avec lui. Les mânes des Romains qu'il a fait périr le poursuivent. Ce n'est pas seulement son beau-père qu'il fuit; il fuit les regards du sénat, dont le plus grand nombre est la proie des vautours de la Thessalie; il craint les nations qu'il a laissées nageant ensemble dans les flots de leur sang; il craint cette foule de rois qu'il a entraînés dans son naufrage. Chargé du crime de la Thessalie, rebuté par-tout, il se jette dans le seul pays qu'il n'ait pas encore ruiné; et c'est ce qui le rend plus coupable envers vous. Pourquoi, Pompée, venir souiller et rendre suspecte à César cette Égypte qui s'est tenue en paix? pourquoi la choisir pour le lieu de ta chûte, et y transporter les destins de Pharsale et ton propre malheur? Nous avons déja un crime à expier aux yeux de César, celui de te devoir le sceptre, et d'avoir fait des vœux pour toi. Ce glaive, que le sort nous force de tirer, était destiné, non pas à toi, mais au vaincu. C'est toi, Pompée, qu'il va frapper; nous aurions voulu que ce fût ton beau-père : ne nous demande rien de plus; nous sommes emportés par le torrent qui entraîne l'univers. Et peux-tu douter qu'un attentat ne soit permis dès qu'il est nécessaire? Malheureux! quelle confiance as-tu mise en nous? quel secours peux-tu en attendre? Ne vois-tu pas un peuple sans armes, et tout occupé à cultiver ses campagnes encore humides, aussitôt que le Nil a retiré ses eaux? Il faut savoir mesurer ses forces, et avouer son impuissance. Êtes-vous, Ptolomée, un assez ferme appui pour un homme dont la ruine écrase Rome elle-même? Irons-nous remuer les cendres de Pharsale, et attirer la guerre sur nos bords? Avant que l'un des deux partis fût abattu, nous n'en avons embrassé aucun; et à-présent nous suivrions des drapeaux que le monde entier abandonne! Nous oserions défier un vainqueur dont la puissance et la destinée se déclarent si hautement! Il est honteux d'abandonner celui qui tombe dans l'infortune; mais ce n'est qu'autant qu'on l'a suivi dans la prospérité; et personne n'attend, pour choisir ses amis, l'instant où ils sont malheureux. »

Tout le conseil applaudit au crime; et le roi, encore dans l'enfance, fut flatté de voir que ses ministres lui déféraient l'honneur, nouveau pour lui, de prononcer sur ce grand coup d'état. Achillas est chargé de l'exécution. Il monte avec ses satellites sur une barque qui les contient à peine. O dieux! était-ce sur le Nil, et par les coups d'un peuple enseveli dans la honte et dans la mollesse, qu'un si grand homme devait périr, que Rome et le monde devaient succomber? L'infâme Égypte était-elle digne de contribuer à leur ruine? Discorde civile, interdis du moins le parricide à des mains étrangères; arme celles d'un citoyen. La tête de Pompée n'est-elle pas d'un assez grand prix pour coûter un crime à César? Quoi, Ptolomée, tu ne crains point d'être accablé sous sa chûte! Le ciel tonne, et toi, faible enfant, tu oses porter ta main profane sur cette tête qu'environne la foudre! Respecte en lui, non le vainqueur du monde, non celui que le Capitole a vu trois fois traînant les rois après son char, non le vengeur de Rome et du sénat, non le gendre de César, enfin; mais, ce qui doit suffire à un roi, respecte un Romain dans Pompée. Quels fruits attends-tu de ce parricide? Tu ne sais plus, prince cruel, ce que tu vas devenir; tu n'as plus aucun droit au sceptre de l'Égypte; c'est de Pompée que tu le tiens; sa mort te laisse sans appui.

Le héros avait fait ployer les voiles, et la rame poussait son vaisseau vers ce détestable rivage; alors s'avance au-devant de lui la barque qui porte ses assassins. Ils l'assurent, en l'abordant, que l'Égypte lui est dévouée, et que ses ports lui sont ouverts; mais prétextant les bancs de sable qui rendent l'abord difficile aux vaisseaux, ils l'invitent à descendre de son navire dans leur barque. Si les lois de la destinée et l'irrévocable décret de sa mort ne l'eussent pas entraîné vers les bords où il devait périr, il lui eût été facile de prévoir le complot tramé contre lui; car s'il y avait eu de la bonne foi dans l'accueil qu'on lui faisait, si un zèle sincère eût ouvert le palais de Ptolomée à son bienfaiteur, ce roi lui-même, avec toute sa flotte, ne fût-il pas venu le recevoir? Mais Pompée cède à son mauvais destin;

il descend dans la barque, il laisse ses vaisseaux, il préfère la mort à la crainte.

Cornélie (8) allait se précipiter avec son époux sur la barque ennemie, d'autant plus résolue à ne le pas quitter, qu'elle avait un pressentiment de sa perte. « Demeurez, lui dit-il, Cornélie, et vous, mon fils, je vous en conjure : éloignés du rivage, attendez mon sort. Ce n'est qu'au péril de ma tête que je veux éprouver la foi de cette cour. »

Il dit; mais, sourde à sa prière, Cornélie éperdue lui tendait les bras. « Où vas-tu sans moi? lui dit-elle, veux-tu m'abandonner une seconde fois, et m'éloigner des périls que tu cours? Jamais, tu le sais, nous ne nous séparons que sous de malheureux auspices. Ah! si tu voulais m'écarter de tous les bords où tu descends, pourquoi venir me chercher à Lesbos? que ne m'y laissais-tu cachée? quoi, n'est-ce donc que sur les mers que tu me permets de t'accompagner? »

Quoique ses plaintes ne soient pas écoutées, Cornélie n'en demeure pas moins sur le bord du vaisseau, penchée et prête à s'élancer; et dans l'égarement où sa frayeur la jette, elle ne peut ni détourner ses yeux de la barque, ni les fixer sur son époux. La flotte de Pompée se tient à l'ancre dans l'inquiétude et dans l'attente du succès. Elle craignait, non la violence ou la trahison de Ptolomée, mais que Pompée ne s'abaissât jusqu'à la prière, et ne fléchît devant un sceptre que lui-même il avait donné.

Comme le héros se prépare à descendre sur le rivage, Septime vient le saluer; Septime, soldat romain, qui avait servi sous ses enseignes, et qui depuis, ô lâcheté infâme! avait quitté les aigles pour les drapeaux d'un roi dont il était le satellite; homme cruel, violent, atroce, et plus affamé de carnage que les bêtes féroces mêmes. O fortune, qui n'eût pas cru que tu avais voulu épargner le sang des peuples, en dérobant cette main meurtrière à la guerre civile, et en l'éloignant de Pharsale? Mais non, tu as disposé les glaives de sorte qu'aucun pays du monde ne manque d'être souillé de sang, et que Rome t'offre par-tout des meurtriers et des victimes. O honte éternelle pour les vainqueurs! ô souvenir dont à jamais nos neveux rougiront à la face du ciel! Ce fut de l'épée d'un Romain qu'un roi se servit pour ce meurtre! ce fut, Pompée, sous l'un de tes glaives que Ptolomée fit tomber ta tête! Quelle sera chez la postérité la mémoire de ce perfide? Et comment appeler l'attentat de Septime, si l'on donne le nom de parricide à l'action de Brutus?

Pompée touchait à sa dernière heure : en passant dans la barque, il était tombé au pouvoir de ses ennemis. Les assassins tirent l'épée; et le héros voyant le fer (9) levé sur lui, s'enveloppe le visage de sa robe; il est trop indigné contre le sort pour lui présenter sa tête à couvert; il ferme les yeux et contient son ame, de peur qu'il ne lui échappe en mourant quelques plaintes ou quelques larmes qui ternissent l'éclat immortel de son nom. Mais sitôt que le perfide Achillas lui a enfoncé l'épée dans le sein, il se laisse tomber sous le coup, sans pousser un gémissement, sans daigner se plaindre du crime. Immobile et muet, il s'éprouve, il s'affermit contre la mort, et s'occupe de ces pensées : « Tout l'univers a les yeux sur toi; l'avenir même est attentif à ce qui se passe dans cette barque; prends soin de ta gloire, Pompée. Ta longue vie s'est écoulée dans les prospérités; le monde ignore, à moins que ta mort ne le prouve, si tu sais soutenir les revers. Ne conçois ni honte, ni regret de périr sous les coups d'un lâche : de quelque main que tu sois frappé, crois que c'est la main de César. Que ces traîtres déchirent mon corps, qu'ils dispersent mes membres; je suis heureux : oui, grands dieux, je le suis : ma vertu me reste, et il n'est au pouvoir d'aucun de vous de m'enlever ce bien. Le malheur n'est attaché qu'à la vie; le trépas va m'en délivrer. Cornélie et mon fils Sextus sont témoins de ce meurtre.... O ma douleur, garde-toi d'éclater! laisse-les jouir de toute ma constance : s'ils admirent ma mort, ce qu'elle aura d'illustre leur fera supporter ce qu'elle a d'affreux. »

C'est ainsi que Pompée mourant maîtrise son ame, et la défend de tout ce qui peut la troubler. Mais Cornélie, qui a moins de courage pour voir mourir son époux, qu'elle n'en aurait pour mourir elle-même, remplit l'air de ses cris douloureux. « O mon époux! dit-elle, c'est moi qui t'assassine : le détour que tu as fait pour venir à Lesbos a donné à César le temps de te devancer sur le Nil; car quel autre que lui eût ordonné ce crime abominable? Qui que tu sois, barbare, toi que le ciel envoie pour arracher la vie à mon époux, soit que tu serves la rage de César, ou que tu assouvisses la tienne, tu ne sais pas où ta main doit frapper pour déchirer l'ame de Pompée. Tu te hâtes de lui donner le coup mortel! c'est tout ce qu'un vaincu demande. Que ma mort précède la sienne, et qu'il en soit témoin; voilà son vrai supplice. Si la guerre est son crime, je n'en suis pas exempte : je suis la seule Romaine qu'on ait vue suivre son époux et sur les mers et dans les camps : aucun de ses dangers ne m'a intimidée; j'ai fait ce que les rois n'ont osé faire, j'ai tendu les bras au vaincu. Est-ce donc ainsi que ta femme, ô Pompée, a mérité d'être laissée sur un vaisseau, loin des dangers que tu courais! Homme injuste, tu m'as fait l'outrage de ménager ma vie en exposant la tienne! Je trouverai la mort sans qu'un roi me l'envoie. O vous, qui avez suivi Pompée, laissez-moi me jeter dans les flots, ou me servir de l'un de ces cordages! Pompée n'a-t-il pas un ami qui daigne me plonger son épée dans le sein? Ce qu'un tel service aura de cruel sera imputé à César. Mais

quoi ! vous m'empêchez de finir mes déplorables jours ! O mon époux ! tu respires encore, et Cornélie n'est déja plus libre ! On me défend de me donner la mort; on me garde pour le vainqueur ! »
A peine a-t-elle achevé ces mots qu'elle tombe dans les bras des siens ; et le vaisseau, plein d'épouvante, s'éloigne et gagne la haute mer.

Pompée, en expirant, avait conservé sur son visage vénérable l'empreinte de la majesté : on n'y voyait que de l'indignation contre les dieux qui l'avaient trahi; l'effort même de la nature, en ces derniers moments, n'avait point altéré ses traits : c'est le témoignage de ceux qui virent sa tête exposée : car Septime, ajoutant le sacrilége au parricide, avait arraché le voile qui couvrait la face du héros expirant; et comme il rendait les derniers soupirs, il lui avait tranché la tête. Mais le lâche Romain ne fut que l'instrument de ce nouveau forfait : Achillas, pour comble d'opprobre, lui en ravit l'odieux honneur ; et ce fut lui qui présenta au roi ce reste sacré de Pompée.

L'impie et cruel enfant, pour mieux reconnaître les traits du héros, ose porter la main sur ce front que révéraient tous les rois de la terre; il ose en écarter ces cheveux blanchis qui en décoraient la majesté. Il fait exposer au bout d'une lance cette tête qui semble respirer, dont la bouche palpite encore, et dont les yeux sont entr'ouverts; cette tête (10) d'un héros pacifique et juste, à l'aspect de laquelle le sénat, le champ de Mars, la tribune, voyaient tous les cœurs s'émouvoir. O fortune de Rome! c'est sous ces traits que tu aimais à te contempler. Ce ne fut pas assez pour le tyran de l'Égypte de voir la tête de Pompée, il voulut que l'on conservât ce monument de son impiété. Infâme et dernier rejeton de la race de Lagus, prince indigne du jour que tu vas perdre, et du sceptre qui va passer aux mains de ton impudique sœur ; quoi ! tandis qu'Alexandre a sur le Nil un vaste et superbe tombeau, que des pyramides immenses couvrent les cendres des Ptolomées, et d'une foule de rois qui ont été la honte du trône, le corps de Pompée est le jouet des flots, et poussé d'écueil en écueil, se brise contre le rivage ! T'en eût-il coûté tant de soins de le conserver tout entier, ne fût-ce que pour l'offrir aux yeux de son beau-père ? Voilà donc (11) ce que réservait à Pompée cette fortune qui élevait si haut ses destins, et de quel coup elle devait le frapper au comble des grandeurs humaines ! La cruelle assemble en un seul jour tous les maux dont elle l'a exempté durant le cours d'une longue vie. Tel fut le sort de ce héros, qu'il ne connut jamais le mélange des succès et des revers. Heureux, aucun des dieux ne le troubla; malheureux, aucun ne lui fit grâce. Leur main suspendue sur lui, ne l'a frappé qu'une fois; le voilà jeté sur le sable, brisé par les écueils, et le misérable jouet des eaux qui se mêlent avec son sang. Son corps est si défiguré, que la seule marque à laquelle il soit reconnaissable est d'être séparé de sa tête. Le sort voulut bien cependant lui accorder en secret une humble sépulture, soit pour qu'il n'en fût pas absolument privé, soit pour qu'il n'en obtînt pas une plus honorable.

Cordus, un vieux romain du parti de Pompée, qui, de l'île de Chypre où il était questeur, s'était retiré en Égypte, ose (12), à la faveur de la nuit, sortir de sa retraite obscure; et il s'avance à pas tremblants vers le rivage de la mer. La lune répandait à peine, à travers les nuages, une triste et faible clarté; mais à la lueur de ses rayons, le cadavre flottant sur les eaux blanchissantes frappe les yeux de ce vieillard; et dans son ame, à cette vue, la piété l'emportant sur la crainte, il entreprend d'attirer au rivage ce corps abandonné à la merci des flots. Dès qu'il peut le saisir, il le serre étroitement entre ses bras et le dispute à la mer qui l'entraîne : mais trop faible pour l'enlever, il attend que la vague le pousse; et secondé par elle, il l'amène au bord. Lorsqu'il le voit à sec, étendu sur le sable, il se jette lui-même sur le sein de Pompée, arrose de larmes toutes ses blessures, et se plaint au ciel en ces mots : « O fortune! ce Pompée, qui te fut si cher, ne te demande point l'encens et les parfums que Rome brûlerait sur son bûcher; il ne demande point que sa pompe funèbre rappelle ses anciens triomphes; que des chants lugubres retentissent à son passage; que des citoyens, avec un saint respect, le portent comme leur père; et qu'une armée en deuil, et la lance baissée, environne son cercueil. Accorde seulement à ce héros la sépulture d'un homme du peuple, et un bûcher simple, où son corps se purifie et se consume. C'est bien assez, grands dieux! de le priver des larmes de Cornélie. Si elle était ici, je la verrais étendue sur le sable, et les cheveux épars, auprès du corps de son époux qu'elle presserait dans ses bras; mais quoiqu'elle ne soit pas encore bien éloignée, elle ne peut se joindre à moi pour lui rendre les derniers devoirs. »

Comme il parlait ainsi, il découvrit de loin le bûcher d'un jeune homme, qui, négligé par ses parents, brûlait sans qu'aucun d'eux veillât auprès de lui. Il en va dérober la flamme, et tirant dessous le cadavre quelques bois à demi-brûlés : « Qui que tu sois, dit-il, ombre délaissée, et sans doute peu chère aux tiens, mais moins malheureuse que celle de Pompée, pardonne à une main étrangère de violer ton bûcher. S'il reste encore quelque sentiment au-delà de la vie, tu cèdes toi-même ta place; et loin de te plaindre qu'on te dérobe une partie de ce bûcher, tu aurais honte d'en jouir seule, tandis que les mânes errants de Pompée en seraient privés. »

Alors retournant sur ses pas, il rassemble les débris d'un navire épars sur le rivage; et après y avoir placé le corps du héros : « O grand (13) homme, dit-il, ô toi qui fis la gloire du nom romain, s'il est plus triste pour toi d'être réduit à ces indignes funérailles que d'être le jouet des flots, puisse ton ombre détourner les yeux des devoirs que je te vais rendre! L'iniquité du sort autorise les soins que je prends, pour empêcher que tu ne sois en proie aux animaux dévorants du ciel, de l'onde et de la terre, ou exposé aux outrages de la haine de César. Contente-toi, s'il est possible, de cet indigne bûcher : au moins est-ce une main romaine qui te l'élève et qui l'allume. Si le ciel me permet jamais de retourner dans l'Italie, des cendres si sacrées ne resteront point dans ce profane lieu. Cornélie les recevra de ma main, et les déposera dans une urne...... En attendant, laissons sur ce rivage quelque marque qui enseigne le lieu de sa sépulture ; et si quelqu'un veut appaiser ses mânes et les honorer dignement, qu'il sache où retrouver ses cendres. » Ainsi parlait le vieillard, et de son souffle il excitait la flamme où le corps du héros se consumait lentement.

Dès que le jour commence à luire, Cordus, tremblant d'être surpris, s'éloigne et va se cacher; mais sa piété ne lui permet pas de laisser les funérailles imparfaites. Il revient, retire des flammes le corps à demi-consumé, et l'ensevelit sous le sable. Mais de peur que le vent n'en disperse les cendres, il les couvre d'une pierre brute; et sur un pieu à demi-brûlé, il grave (14) ces mots : *C'est ici que Pompée repose* (*a*).

O fortune ! voilà ce que tu veux qu'on appelle le tombeau de Pompée. Le mont OEta est le tombeau d'Hercule, le Nysa celui de Bacchus, et Pompée n'a dans l'Égypte qu'une pierre et un peu de sable ! Penses-tu, Cordus, y renfermer ses mânes ? La terre entière est leur asyle : son ombre a le droit d'habiter par-tout où s'étend la puissance et la gloire du nom romain. Ah ! que du moins aucune marque n'indique sa sépulture ! alors toute l'Égypte lui sera consacrée ; et incertains du lieu où il reposera, les peuples ne fouleront qu'avec respect la terre qui peut le couvrir. Hâte-toi, Cordus, de détruire ce monument du crime des dieux ; ou si tu veux (15) graver un nom si sacré sur la pierre, ajoute-s-y tous ses hauts faits, et la guerre des Alpes contre Lépide, et celle d'Espagne contre Sertorius, et le triomphe accordé avant l'âge à un simple chevalier ; ajoute la sûreté des mers rétablie par la défaite des pirates, les Maures vaincus, les peuples vagabonds du Caucase domptés, et tous les rois qu'il a soumis vers le Nord et dans l'Orient (*b*). Dis qu'en posant les armes,

---

(*a*) Appien dit que quelqu'un y mit cette inscription :
Vix caperet templum quem parva recondit arena.
Procedente verò ætate sepulchrum hoc omninò arenis obrutum.
(De Bell. civ. lib. 2.)

(*b*) *Hujus viri fastigium tantis auctibus fortuna extulit,*

il venait constamment reprendre la robe de citoyen ; et que trois fois rentré dans Rome sur le char de victoire, il n'en voulut que l'honneur d'avoir donné des triomphes à sa patrie. Quel tombeau contiendrait tant de titres de gloire? Et ici s'élève un poteau où son nom seul est gravé ! Ce nom que Rome lisait sur le frontispice de ses temples et sur des arcs décorés des dépouilles des nations, ce nom écrit près d'un vil tombeau est presque caché sous le sable ! Le voyageur romain, s'il n'en est averti, passera sans l'apercevoir! O que la prêtresse de Cumes était bien inspirée, lorsqu'elle recommandait aux Romains d'éviter les bords qu'un fleuve inonde pendant l'été ! O fatale Égypte! puisse, pour te punir, ce fleuve détourner son cours! puisse le ciel refuser à tes campagnes les fécondes pluies de l'hiver, et cette terre fertile se changer en des sables pareils aux sables de l'Éthiopie ! Tandis que Rome reçoit dans ses temples tes monstrueuses divinités, tu laisses les mânes de Pompée dans la poussière ! Mais toi, Rome, qui as consacré des temples à ton tyran (*a*), tu n'as pas encore daigné faire apporter dans tes murs les restes de ton défenseur ! son ombre est encore exilée! Tu as pu craindre autrefois

---

ut primùm ex Africâ, iterùm ex Europâ, tertiò ex Asiâ triumpharet; et quot partes terrarum orbis sunt, totidem faceret monumenta victoriæ suæ. (Vell. Paterc. lib. 2. c. 40.)

(*a*) A César.

d'irriter son vainqueur ; mais aujourd'hui, qui peut t'empêcher de remplir un devoir si juste ? Et si la mer n'a point submergé le tombeau de Pompée, qui de nous croira profaner ses cendres en prenant soin de les recueillir dans une urne digne de lui ? Heureux moi-même, et trop heureux, si Rome daignait me choisir pour les lui apporter dans mon sein ! O Pompée ! le jour viendra peut-être où pour appaiser la colère céleste et faire cesser quelque fléau, les dieux mêmes nous prescriront de transporter tes restes au sein de ta patrie ! Le souverain pontife ira au-devant de ton urne pour la recevoir, et traversera Rome chargé de ce dépôt. Cependant quel est le voyageur qui passera dans l'Orient sans aller révérer ta tombe, et qui, voyant ta cendre confondue avec le sable, ne demandera pas qu'on appaise tes mânes ? L'indignité de ce tombeau (16) ne nuira point à ta mémoire ; tes cendres, placées dans nos temples et enfermées dans un vase d'or, imprimeraient moins de respect. Cette pierre, battue par la mer de Libye, a quelque chose de plus auguste, de plus imposant que des autels. Souvent, tel qui refuse son encens aux dieux du Capitole, adore le monceau de terre où sont cachés les débris d'un chêne frappé de la foudre. Ce sera même dans l'avenir un avantage pour toi, Pompée, de n'avoir pas eu pour tombeau un marbre superbe et durable. Dans peu cet amas de poussière sera dissipé ; dans peu la pierre où ton nom est gravé sera ensevelie : il ne restera plus aucun vestige de ta mort; et ce que l'Égypte racontera de ta sépulture, paraîtra peut-être aussi fabuleux, que ce que la Crète raconte de celle de Jupiter.

EXCERPTA

EX LIBRO OCTAVO.

(1) ...... Incerta fugæ vestigia turbat,
Implicitasque errore vias. Pavet ille fragorem
Motorum ventis nemorum, comitumque suorum.

(2) .... Multi Pharsalica castra
Cùm peterent, nondùm famâ prodente ruinas,
Occursu stupuêre ducis; vertigine rerum
Attoniti; cladisque suæ vix ipse fidelis
Auctor erat. Gravis est Magno, quicumque malorum
Testis adest. Cunctis ignotus gentibus esse
Mallet, et obscuro tutus transire per orbem
Nomine. Sed longi pœnas Fortuna favoris
Exigit à misero, quæ tanto pondere famæ
Res premit adversas, fatisque prioribus urget.

(3) .... Sic longiùs ævum
Destruit ingentes animos, et vita superstes
Imperio. Nisi summa dies cum fine bonorum
Affuit, et celeri prævertit tristia letho,
Dedecori est fortuna prior. Quisquam ne secundis
Tradere se fatis audet, nisi morte paratâ?

(4) Conscia curarum secreta in littora Lesbi
Flectere vela jubet, quâ tum tellure latebas
Mœstior, in mediis quàm si, Cornelia, campis
Emathiæ stares. Tristes præsagia curas
Exagitant: trepidâ quatitur formidine somnus;

Thessaliam nox omnis habet; tenebrisque remotis,
Rupis in abruptæ scopulos, extremaque currens
Littora, prospiciens fluctus, nutantia longè
Semper prima vides venientis vela carinæ;
Quærere nec quidquam de fato conjugis audes.
En ratis, ad vestros quæ tendit carbasa portus,
Quid ferat ignoras; sed nunc tibi summa pavoris....
Victus adest conjux. Quid perdis tempora luctûs?
Cùm possis jàm flere, times! Tunc puppe propinquâ
Prosiluit, crimenque deûm crudele notavit
Deformem pallore ducem, vultusque prementem
Canitie, atque atro squalentes pulvere vestes.
Obvia nox miseræ cœlum, lucemque tenebris
Abstulit, atque animam clausit dolor; omnia nervis
Membra relicta labant; riguerunt corda; diùque
Spe mortis decepta jacet. Jàm fune ligato
Littoribus, lustrat vacuas Pompeius arenas.
Quem postquàm propiùs famulæ vidêre fideles,
Non, ultra gemitus tacitos, incessere fata
Permisêre sibi; frustràque attollere terrâ
Semianimem conantur heram. Quam pectore Magnus
Ambit, et adstrictos refovet complexibus artus.
Cœperat, in summum revocato sanguine corpus,
Pompeii sentire manus, mœstamque mariti
Posse pati faciem; prohibet succumbere fatis
Magnus, et immodicos castigat voce dolores.
Nobile cur robur, Fortunæ vulnere primo,
Fœmina, tantorum titulis insignis avorum,
Frangis? Habes aditum mansuræ in secula famæ.
Laudis in hoc sexu, non legum jura, nec arma,
Unica materia est conjux miser. Erige mentem,
Et tua cum fatis pietas decertet; et ipsum,
Quòd sum victus, ama : nunc sum tibi gloria major.
A me quòd fasces, et quòd pia turba senatûs,
Tantaque discessit regum manus, incipe Magnum

EX LIBRO OCTAVO.

Sola sequi. Deformis, adhuc vivente marito,
Summus et augeri vetitus dolor : ultima debet
Esse fides, lugere virum. Tu nulla tulisti
Bello damna meo. Vivit post prœlia Magnus,
Sed Fortuna perit : quod defles, illud amasti.
 Vocibus his correpta viri vix ægra levavit
Membra solo, tales gemitu rumpente querelas :
O utinam in thalamos invisi Cæsaris îssem
Infelix conjux, et nulli læta marito !
Bis nocui mundo : me pronuba duxit Erinnys,
Crassorumque umbræ, devotaque manibus illis
Assyrios in castra tuli civilia casus ;
Præcipitesque dedi populos, cunctosque fugavi
A causa meliore deos. O maxime conjux,
O thalamis indigne meis, hoc juris habebat
In tantum Fortuna caput ! Cur, impia, nupsi,
Si miserum factura fui ? Nunc accipe pœnas,
Sed quas sponte luam. Quò sit tibi mollius æquor,
Certa fides regum, totusque paratior orbis,
Sparge mari comitem. Mallem felicibus armis
Dependisse caput ; nunc clades denique lustra,
Magne, tuas. Ubicumque jaces civilibus armis
Nostros ulta toros, ades huc, atque exige pœnas,
Julia crudelis, placataque pellice cæsâ
Magno parce tuo. Sic fata, iterùmque refusa
Conjugis in gremium, cunctorum lumina solvit
In lacrymas. Duri flectuntur pectora Magni,
Siccaque Thessaliæ confundit lumina Lesbos.
Tunc Mitylenæum, pleno jàm littore, vulgus
Affatur Magnum : Si maxima gloria nobis
Semper erit tanti pignus servasse mariti,
Tu quoque devotos sacro tibi fœdere muros
Oramus, sociosque lares dignare vel unâ
Nocte tuâ : fac, Magne, locum, quem cuncta revisant
Secula ; quem veniens hospes Romanus adoret.

Nulla tibi subeunda magis sunt moenia victo.
Omnia victoris possunt sperare favorem;
Hæc jàm crimen habent. Quid, quòd jacet insula ponto,
Cæsar eget ratibus. Procerum pars magna coïbit
Certa loci. Noto reparandum est littore fatum.
Accipe templorum cultus, aurumque deorum
Accipe: si terris, si puppibus ista juventus
Aptior est, totâ, quantùm valet, utere Lesbo.
Accipe: ne Cæsar rapiat, tu victus habeto.
Hoc solum crimen meritæ benè detrahe terræ,
Ne nostram videare fidem felixque secutus,
Et damnasse miser. Tali pietate virorum
Lætus in adversis, et, mundi nomine, gaudens
Esse fidem: Nullum toto mihi, dixit, in orbe
Gratius esse solum, non parvo pignore vobis
Ostendi. Tenuit nostros hac obside Lesbos,
Affectus: hîc sacra domus carique penates,
Hic mihi Roma fuit. Non ulla in littora puppim
Ante dedi fugiens, sævi cùm Cæsaris iram
Jàm scirem meritam, servatâ conjuge, Lesbon,
Non veritus tantam veniæ committere vobis
Materiam. Sed jàm satis est fecisse nocentes:
Fata mihi totum mea sunt agitanda per orbem.
Heu nimiùm felix æterno nomine Lesbos,
Sive doces populos Regesque admittere Magnum,
Seu præstas mihi sola fidem. Nam quærere certum est
Fas quibus in terris, ubi sit scelus. Accipe, numen,
Si quod adhuc mecum es, votorum extrema meorum:
Da similes Lesbo populos, qui Marte subactum
Non intrare suos infesto Cæsare portus,
Non exire vetent. Dixit, moestamque carinæ
Imposuit comitem. Cunctos mutare putares
Tellurem patriæque solum: sic littore toto
Plangitur. Infestæ tenduntur in æthera dextræ;
Pompeiumque minùs, cujus Fortuna dolorem

Moverat, ast illam, quam toto tempore belli
Ut civem vidêre suam, discedere cernens
Ingemuit populus : quam vix, si castra mariti
Victoris peteret, siccis dimittere matres
Jàm poterant oculis : tanto devinxit amore.
Hos pudor, hos probitas, castique modestia vultûs,
Quòd submissa nimis, nulli gravis hospita turbæ,
Stantis adhuc fati vixit quasi conjuge victo.

(5) Sed quò vela dari, quò nunc pede carbasa tendi
Nostra jubes? Dubio contrà cui pectore Magnus :
Hoc solum toto, respondit, in æquore serva,
Ut sit ab Emathiis semper tua longiùs oris
Puppis, et Hesperiam pelago, cœloque relinquas;
Cetera da ventis. Comitem, pignusque recepi
Depositum : tunc certus eram, quæ littora vellem;
Nunc Fortuna dabit.

(6) .... Comites bellique, fugæque,
Atque instar patriæ, quamvis in littore nudo,
In Cilicum terrâ, nullis circumdatus armis
Consultem, rebusque novis exordia quæram;
Ingentes præstate animos. Non omnis in arvis
Emathiis cecidi; nec sic mea fata premuntur,
Ut nequeam relevare caput, cladesque receptas
Excutere. An Libycæ Marium potuêre ruinæ
Erigere in fasces, plenis et reddere fastis;
Me pulsum leviore manu Fortuna tenebit?
Mille meæ Graïo volvuntur in æquore puppes,
Mille duces : sparsit potiùs Pharsalia nostras,
Quàm subvertit opes. Sed me vel sola tueri
Fama potest rerum, toto quas gessimus orbe,
Et nomen, quod mundus amat. Vos pendite regna
Viribus atque fide, Libyen, Parthosque, Pharonque,
Quænam Romanis deceat succurrere rebus.

Ast ego curarum, proceres, arcana mearum,
Expromam, mentisque meæ quò pondera vergant.
Ætas Niliaci nobis suspecta tyranni est:
Ardua quippe fides robustos exigit annos.
Hinc anceps dubii terret solertia Mauri:
Namque memor generis Carthaginis impia proles
Imminet Hesperiæ, multusque in pectore vano est
Annibal....
Quare, agite, Eoum, comites, properemus in orbem.
Dividit Euphrates ingenti gurgite mundum,
Caspiaque immensos seducunt claustra recessus,
Oceanusque suus.... Regnandi sola voluptas.
Celsior in campis sonipes, et fortior arcus;
Nec puer, aut senior lethales tendere nervos
Segnis, et à nullâ mors est incerta sagittâ.
Primi Pellæas arcu fregére sarissas,
Bactraque Medorum sedem, murisque superbam
Assyrias Babylona domos. Nec pila timentur
Nostra nimis Parthis: audentque in bella venire,
Experti Scythicas, Crasso pereunte, pharetras.
Spicula nec solo spargunt fidentia ferro;
Stridula sed multo saturantur tela veneno.
Vulnera parva nocent, fatumque in sanguine summo est.
O utinam non tanta mihi fiducia sævis
Esset in Arsacidis! fatis nimis æmula nostris
Fata movent Medos, multùmque in gente deorum est.
Effundam populos aliâ tellure revulsos,
Excitosque suis immittam sedibus ortus.
Quòd si nos Eoa fides, et Barbara fallunt
Fœdera; vulgati supra commercia mundi
Naufragium Fortuna ferat. Non regna precabor,
Quæ feci; sed magna feram solatia mortis
Orbe jacens alio, nil hæc in membra cruentè,
Nil socerum fecisse piè. Sed cuncta revolvens
Vitæ fata meæ, semper venerabilis illâ

Orbis parte fui. Quantus Mæotida supra,
Quantus apud Tanaïm toto conspectus in ortu?
Quas magis in terras nostrum felicibus actis
Nomen abît, aut unde redît majore triumpho?
Roma fave cœptis : quid enim tibi lætius unquàm
Præstiterint superi, quàm, si civilia Partho
Milite bella geras, tantam consumere gentem,
Et nostris miscere malis? Cùm Cæsaris arma
Concurrent Medis. Aut me Fortuna necesse est
Vindicet, aut Crassum. Sic fatus, murmure sentit
Consilium damnasse viros : quos Lentulus omnes
Virtutis stimulis, et nobilitate dolendi
Præcessit, dignasque tulit modò consule voces :

 Siccine Thessalicæ mentem fregêre ruinæ?
Una dies mundi damnavit fata? secundum
Emathiam lis tanta datur? jacet omne cruenti
Vulneris auxilium? solos tibi, Magne, reliquit
Parthorum Fortuna pedes? Quid transfuga mundi,
Terrarum totos tractus, cœlumque perosus,
Adversosque polos, alienaque sidera quæris,
Chaldæos culture focos et barbara sacra,
Parthorum famulus? quid causa obtenditur armis
Libertatis amor? miserum quid decipis orbem,
Si servire potes? Te, quem Romana regentem
Horruit auditum, quem captos ducere reges
Vidit ab Hyrcanis, Indoque à littore, silvis,
Dejectum fatis, humilem fractumque videbit,
Extolletque animos Latium vesanus in orbem,
Se simul, et Romam Pompeio supplice mensus?
Nil animis, fatisque tuis effabere dignum :
Exiget, ignorans Latiæ commercia linguæ,
Ut lacrymis se, Magne, roges. Patimurne pudoris
Hoc vulnus, clades ut Parthia vindicet antè
Hesperias, quàm Roma suas? civilibus armis
Elegit te nempè ducem. Quid vulnera nostra

In Scythicos spargis populos, cladesque latentes?
Quid Parthos transire doces? Solatia tanti
Perdit Roma mali, nullos admittere reges,
Sed civi servire suo. Juvat ire per orbem
Ducentem sævas Romana in mœnia gentes,
Signaque ab Euphrate cum Crassis capta sequentem?
Qui solus regum, fato celante favorem,
Defuit Emathiæ, nunc tantas ille lacesset
Auditi victoris opes, aut jungere fata
Tecum, Magne, volet? Non hæc fiducia genti est.
Omnis in Arctoïs populus quicunque pruinis
Nascitur, indomitus bellis, et Martis amator.
Quidquid ad Eoos tractus, mundique teporem
Labitur, emollit gentes clementia cœli.
Illîc et laxas vestes, et fluxa virorum
Velamenta vides. Parthus per Medica rura,
Sarmaticos inter campos, effusaque plano
Tigridis arva solo, nulli superabilis hosti est,
Libertate fugæ : sed non, ubi terra tumebit,
Aspera conscendet montis juga; nec per opacas
Bella geret tenebras, incerto debilis arcu;
Nec franget nando violenti vorticis amnem,
Nec totâ in pugnâ, perfusus sanguine membra,
Exiget æstivum calido sub pulvere solem.
Non aries illis, non ulla est machina belli :
Haud fossas implere valent : Parthoque sequente
Murus erit, quodcumque potest obstare sagittæ.
Pugna levis, bellumque fugax, turmæque vagantes,
Et melior cessisse loco, quàm pellere, miles.
Illata tela dolis, nec Martem comminùs unquàm
Ausa pati virtus, sed longè tendere nervos,
Et, quò ferre velint, permittere vulnera ventis.
Ensis habet vires, et gens quæcumque virorum est,
Bella gerit gladiis : nam Medos prœlia prima
Exarmant, vacuæque jubent remeare pharetræ.

Nulla manus illis; fiducia tota veneni est.
Credis, Magne, viros, quos in discrimina belli
Cum ferro venisse parum est! Tentare pudendum
Auxilium tanti est, toto divisus ut orbe
A terra moriare tua? tibi barbara tellus
Incumbat? te parva tegant, ac vilia busta,
Invidiosa tamen, Crasso quærente sepulchrum?
Sed tua sors levior, quoniam mors ultima pœna est,
Nec metuenda viris. At non Cornelia lethum
Infando sub rege timet. Nùm barbara nobis
Est ignota Venus, quæ ritu cæca ferarum
Polluit innumeris leges, et fœdera tedæ
Conjugibus, thalamique patent secreta nefandi
Inter mille nurus? Epulis vesana meroque
Regia, non ullos exceptos legibus horret
Concubitus; tot femineis complexibus unum
Non lassat nox tota marem. Jacuêre sorores
In regum thalamis, sacrataque pignora, matres.
Damnat apud gentes sceleris non spontè peracti
OEdipodionias infelix fabula Thebas;
Parthorum dominus quoties sic sanguine misto
Nascitur Arsacides? cui fas implere parentem,
Quid rear esse nefas? Proles tàm clara Metelli
Stabit barbarico conjux millesima lecto!
Quanquam non ulli plus regia, Magne, vacabit
Sævitiâ stimulata Venus, titulusque virorum.
Nam quò plura juvent Parthum portenta, fuisse
Hanc sciet et Crassi: ceu pridem debita fatis
Assyriis, trahitur cladis captiva vetustæ.
Hæreat Eoæ vulnus miserabile sortis;
Non solùm auxilium funesto à rege petisse,
Sed gessisse priùs bellum civile pudebit.
Nam quod apud populos crimen socerique, tuumque
Majus erit, quàm quòd vobis miscentibus arma,
Crassorum vindicta perit? Incurrere cuncti

Debuerant in Bactra duces, et ne qua vacarent
Arma, vel Arctoum Dacis, Rhenique catervis
Imperii nudare latus, dùm perfida Susa
In tumulos prolapsa ducum, Babylonque jacerent.
Assyriæ paci finem, Fortuna, precamur;
Et, si Thessaliâ bellum civile peractum est,
Ad Parthos, qui vicit eat. Gens unica mundi est,
De qua Cæsareis possim gaudere triumphis.
Non tibi, quàm primùm gelidum transibis Araxem,
Umbra senis mœsti Scythicis confixa sagittis
Ingeret has voces? *Tu, quem post funera nostra
Ultorem cinerum nudæ speravimus umbræ,
Ad fœdus, pacemque venis!* Tùm plurima cladis
Occurrent monimenta tibi : quæ mœnia trunci
Lustrârunt cervice duces, ubi nomina tanta
Obruit Euphrates, et nostra cadavera Tigris
Detulit in terras, ac reddidit. Ire per ista
Si potes, in mediâ socerum quoque, Magne, sedentem
Thessaliâ placare potes. Quin respicis orbem
Romanum? Si regna times projecta sub austro,
Infidumque Jubam; petimus Pharon, arvaque Lagi.
Syrtibus hinc Libycis tuta est Ægyptus; at indè
Gurgite septeno rapidus mare summovet amnis :
Terra suis contenta bonis, non indiga mercis,
Aut Jovis : in solo tanta est fiducia Nilo.
Sceptra puer Ptolemæus habet tibi debita, Magne,
Tutelæ commissa tuæ. Quis nominis umbram
Horreat? innocua est ætas : ne jura, fidemque,
Respectumque deûm veteris speraveris aulæ :
Nil pudet assuetos sceptris; mitissima sors est
Regnorum sub rege novo. Non plura locutus,
Impulit huc animos : quantùm spes ultima rerum
Libertatis habet! victa est sententia Magni.

(7) Sed melior suadere malis, et nosse tyrannos,

EX LIBRO OCTAVO.

Ausus Pompeium letho damnare Pothinus.
Jus et fas multos faciunt, Ptolemæe, nocentes:
Dat pœnas laudata fides, cùm sustinet, inquit,
Quos Fortuna premit. Fatis accede, deisque,
Et cole felices, miseros fuge. Sidera terrâ
Ut distant, et flamma mari, sic utile recto.
Sceptrorum vis tota perit, si pendere justa
Incipit; evertitque arces respectus honesti.
Libertas scelerum est, quæ regna invisa tuetur,
Sublatusque modus gladiis. Facere omnia sævè
Non impunè licet, nisi dùm facis. Exeat aulà
Qui volet esse pius. Virtus, et summa potestas
Non coëunt: semper metuet, quem sæva pudebunt.
Non impunè tuos Magnus, contemserit annos,
Qui te nec victos arcere à littore nostro
Posse putat. Neu te sceptris privaverit hospes,
Pignora sunt propiora tibi: Nilonque, Pharonque,
Si regnare piget, damnatæ redde sorori.
Ægyptum certè Latiis tueamur ab armis.
Quicquid non fuerit Magni, dùm bella geruntur,
Nec victoris erit. Toto jàm pulsus ab orbe,
Postquàm nulla manet rerum fiducia, quærit
Cum quâ gente cadat. Rapitur civilibus umbris.
Nec soceri tantùm arma fugit; fugit ora senatûs,
Cujus Thessalicas saturat pars magna volucres;
Et metuit gentes, quas uno in sanguine mistas
Deseruit; regesque timet, quorum omnia mersit;
Thessaliæque reus, nulla tellure receptus,
Sollicitat nostrum, quem nondùm perdidit, orbem.
Justior in Magnum nobis, Ptolemæe, querelæ
Causa data est. Quid sepositam, semperque quietam
Crimine bellorum maculas Pharon, arvaque nostra
Victori suspecta facis? cur sola cadenti
Hæc placuit tellus, in quam Pharsalica fata
Conferres, pœnasque tuas? Jàm crimen habemus

Purgandum gladio, quòd nobis sceptra senatus
Te suadente dedit. Votis tua fovimus arma.
Hoc ferrum, quod fata jubent proferre, paravi
Non tibi, sed victo. Feriam tua viscera, Magne;
Malueram soceri : rapimur, quò cuncta feruntur.
Tene mihi dubitas cum sit violare necesse,
An liceat? quæ te nostri fiducia regni
Hùc agit infelix? Populum non cernis inermem,
Arvaque vix refugo fodientem mollia Nilo?
Metiri sua regna decet, viresqne fateri.
Tu, Ptolemæe, potes Magni fulcire ruinam,
Sub quâ Roma jacet? bustum, cineresque movere
Thessalicos audes, bellumque in regna vocare?
Ante aciem Emathiam nullis accessimus armis;
Pompeii nunc castra placent, quæ deserit orbis?
Nunc victoris opes, et cognita fata lacessis?
Adversis non deesse decet, sed læta secutos.
Nulla fides unquàm miseros elegit amicos.

(8) Ibat in hostilem præceps Cornelia puppim,
Hoc magis impatiens egresso deesse marito,
Quòd metuit clades. Remane, temeraria conjux,
Et tu, nate, precor; longèque è littore casus
Expectate meos; et in hac cervice tyranni
Explorate fidem. Dixit, sed surda vetanti
Tendebat geminas amens Cornelia palmas.
Quò sine me crudelis abis?

(9) .... Ut vidit comminùs enses,
Involvit vultus : atque indignatus apertum
Fortunæ præbere caput : tunc lumina pressit,
Continuitque animam, ne quas effundere voces
Posset, et æternam fletu corrumpere famam.
At postquàm mucrone latus funestus Achillas
Perfodit, nullo gemitu consensit ad ictum;
Despexitque nefas; servatque immobile corpus,

Seque probat moriens, atque hæc in pectore volvit :
Secula Romanos nunquàm tacitura labores
Attendunt, ævumque sequens speculatur ab omni
Orbe ratem, Phariamque fidem. Nunc consule famæ.
Fata tibi longæ fluxerunt prospera vitæ.
Ignorant populi, si non in morte probaris,
An scieris adversa pati. Ne cede pudori,
Auctoremque dole fati. Quâcunque feriris,
Crede manum soceri. Spargant, lacerentque, licebit;
Sum tamen, ô superi, felix, nullique potestas
Hoc auferre deo. Mutantur prospera vitâ;
Non sum morte miser. Videt hanc Cornelia cædem,
Pompeiusque meus. Tantò patientiùs oro
Claude, dolor, gemitus : natus, conjuxque peremptum
Si mirantur, amant. Talis custodia Magno
Mentis erat : jus hoc animi morientis habebat.
At non tàm patiens Cornelia cernere sævum
Quàm perferre nefas, miserandis æthera complet
Vocibus : O conjux, ego te scelerata peremi :
Lethiferæ tibi causa moræ fuit avia Lesbos;
Et prior in Nili pervenit littora Cæsar.
Nam cui jus alii sceleris? Sed quisquis in istud
A superis immisse caput, vel Cæsaris iræ,
Vel tibi prospiciens, nescis, crudelis, ubi ipsa
Viscera sint Magni : properas, atque ingeris ictus
Quà votum est victo : pœnas non morte minores
Pendat, et antè meum videat caput. Haud ego culpâ
Libera bellorum, quæ matrum sola per undas,
Et per castra comes, nullis absterrita fatis,
Victum, quod reges etiam timuêre, recepi.
Hoc merui, conjux, in tutâ puppe relinqui?
Perfide, parcebas! te fata extrema petente
Vitâ digna fui! Moriar, nec munere regis.
Aut mihi præcipitem, nautæ, permittite saltum,
Aut laqueum collo tortosque aptate rudentes,

Aut aliquis Magno dignus comes exigat ensem.
Pompeio præstare potest, quod Cæsaris armis
Imputet. O sævi, properantem in fata tenetis?
Vivis adhuc, conjux; et jàm Cornelia non est
Juris, Magne, sui! Prohibent accersere mortem :
Servor victori! Sic fata, interque suorum
Lapsa manus, rapitur, trepidâ fugiente carinâ.
At Magni, cùm terga sonent, et pectora ferro,
Permansisse decus sacræ venerabile formæ,
Iratamque deis faciem, nihil ultima mortis
Ex habitu vultuque viri mutasse fatentur
Qui lacerum vidêre caput.

(10) ... Hoc leges, campumque, et rostra movebat :
Hac facie Fortuna tibi Romana placebas.
Nec satis infando fuit hoc vidisse tyranno;
Vult sceleri superesse fidem.

(11) Hac Fortuna fide Magni tàm prospera fata
Pertulit, hac illum summo de culmine rerum
Morte petit, cladesque omnes exegit in uno
Sæva die, quibus immunes tot præstitit annos :
Pompeiusque fuit, qui nunquàm mista videret
Læta malis : felix, nullo turbante deorum;
Et nullo parcente, miser. Semel impulit illum
Dilatâ Fortuna manu. Pulsatur arenis,
Carpitur in scopulis, hausto per vulnera fluctu,
Ludibrium pelagi.

(12) .... Ille per umbras
Ausus ferre gradum, victum pietate timorem
Compulit, ut mediis quæsitum corpus in undis
Duceret ad terram, traheretque ad littora Magnum.
Lucis mœsta parùm per densas Cynthia nubes
Præbebat; cano sed discolor æquore truncus

Conspicitur. Tenet ille ducem complexibus arctis,
Eripiente mari : nunc victus pondere tanto
Exspectat fluctus, pelagoque juvante cadaver
Impellit. Postquàm sicco jàm littore sedit,
Incubuit Magno, lacrymasque effudit in omne
Vulnus, et ad superos, obscuraque sidera fatur :
Non pretiosa petit, cumulato thure, sepulcra
Pompeius, Fortuna, tuus : non pinguis ad astra
Ut ferat è membris Eoos fumus odores;
Ut Romana suum gestent pia colla parentem;
Præferat ut veteres feralis pompa triumphos;
Ut resonent cantu tristi fora; totus ut ignem
Projectis mœrens exercitus ambiat armis;
Da vilem Magno plebeii funeris arcam,
Quæ lacerum corpus siccos effundat in ignes....
   Quæcumque es (ait) neglecta, nec ulli
Cara tuo, sed Pompeio felicior umbra,
Quod jàm compositum violat manus hospita bustum,
Da veniam : si quid sensûs post fata relictum est,
Cedis et ipsa rogo, paterisque hæc damna sepulchri,
Teque pudet, sparsis Pompeii manibus, uri.

(13) . . . . O maxime dixit,
Ductor, et Hesperii majestas nominis una,
Si tibi jactatu pelagi, si funere nullo
Tristior iste rogus; manes, animamque potentem
Officiis averte meis : injuria fati
Hoc fas esse jubet; ne ponti bellua quidquam,
Ne fera, ne volucres, ne sævi Cæsaris ira
Audeat : exiguam, quantùm potes, accipe flammam,
Romana succense manu. Fortuna recursus
Si det in Hesperiam, non hac in cede quiescent
Tàm sacri cineres : sed te Cornelia, Magne,
Accipiet, nostrâque manu transfundet in urnam.

(14) Inscripsit sacrum semiusto stipite nomen :

Hic situs est Magnus. Placet hoc, Fortuna, sepulchrum
Dicere Pompeii!

(15) Quòd si tàm sacro dignaris nomine saxum;
Adde actus tantos, monimentaque maxima rerum :
Adde truces Lepidi motus, Alpinaque bella,
Armaque Sertorî revocato Consule victa,
Et currus, quos egit eques : commercia tuta
Gentibus, et pavidos Cilicas maris : adde subactam
Barbariem, gentesque vagas, et quidquid in Euro
Regnorum, Boreâque jacet. Dic semper ab armis
Civilem repetisse togam : ter curribus actis
Contentum patriæ multos donasse triumphos.
Quis capit hæc tumulus? Surgit miserabile bustum
Non ullis plenum titulis, non ordine tanto
Fastorum; solitumque legi super alta deorum
Culmina, et extructas spoliis hostilibus arcus,
Haud procul est imâ Pompeii nomen arenâ
Depressum tumulo, quod non legat advena rectus,
Quod nisi monstratum Romanus transeat hospes.

(16) . . . . Nil ista nocebunt
Famæ busta tuæ. Templis, auroque sepultus
Vilior umbra fores. Nunc est pro numine summo,
Hoc tumulo Fortuna jacens. Augustius aris
Victoris Libyco pulsatur ab æquore saxum.
Tarpeiis qui sæpè deis sua thura negârunt,
Inclusum Thusco venerantur cespite fulmen.

LA PHARSALE

DE LUCAIN.

LIVRE NEUVIÈME.

ARGUMENT.

Apothéose de Pompée. Caton rassemble à Corcyre les débris de Pharsale, et passe en Afrique. Plaintes et regrets de Cornélie en s'éloignant du rivage de l'Égypte, où elle a cru voir de loin brûler le corps de son époux. Elle et Sextus viennent joindre Caton. Fureur de Cnéius, fils aîné de Pompée, en apprenant la mort de son père. Honneurs funèbres rendus dans le camp à la mémoire de ce héros et aux mânes des Romains qui ont péri dans la Thessalie. Éloge de Pompée, prononcé par Caton. Défection des Ciliciens; discours de leur chef pour la justifier. Les Romains eux-mêmes veulent quitter les armes : harangue de Caton, qui les ramène et les retient. Caton veut aller se joindre au roi Juba. Il tente le trajet par mer. Description des Syrtes. La flotte de Caton est dispersée par une tempête. Il entreprend de faire le tour des Syrtes à travers les sables de Libye. Discours qu'il tient à ses soldats avant que de se mettre en marche. Description de la Libye. Tempête élevée sur terre, où l'armée romaine est prête à périr, ensevelie sous le sable. Marche des Romains à travers ces plaines arides. Réponse de Caton à un soldat qui lui présente dans son casque un peu d'eau qu'il vient de puiser. On passe devant le temple de Jupiter Ammon; Caton refuse d'interroger l'oracle. L'armée poursuit sa route. Caton donne l'exemple d'une patience inépuisable. Enthousiasme du poëte pour la vertu de Caton. On rencontre une source remplie de serpents; les soldats refusent d'y boire; Caton les rassure, et y boit le premier. Cause fabuleuse de l'effroyable quantité de serpents dont la Libye est peuplée. Mort cruelle de ceux des Romains qui sont mordus par ces serpents. Découragement et plaintes de l'armée. Comment elle fut secourue et sauvée par les Psylles, peuple de ces climats. Elle arrive enfin à Leptis, sur la côte fertile de la Libye. César, cherchant les traces de Pompée, passe en Phrygie, et parcourt les ruines de Troie. De là il fait voile vers l'Égypte. Dès qu'il se présente devant le Phare, Ptolomée envoie au-devant de lui, et on lui présente la tête de Pompée. Comment il reçoit ce présent.

Va Traître, emporte loin de mes yeux ces dons funestes de ton Roi.

La Pharsale Liv. 9.

Perin Inv. del.   Pauquet sculp.

LA PHARSALE
DE LUCAIN.

LIVRE NEUVIÈME.

Les mânes de Pompée (1) ne restèrent point ensevelis dans la poussière de l'Égypte. Ils se détachent de son corps à demi-consumé, et s'élancent vers les régions éthérées. C'est entre le ciel étoilé et l'air qui enveloppe la terre, qu'habitent les mânes des demi-dieux. Cette incorruptible vertu qui, dans le cours de leur vie mortelle, a conservé leur ame innocente et pure, l'élève au ciel sur ses ailes de feu. Ce n'est point l'encens qui parfume les morts, ni l'urne d'or qui enferme leur cendre, qui les fait arriver dans ce lieu fortuné. Dès que Pompée y est parvenu, qu'il s'est pénétré de la vraie lumière, et qu'il a contemplé de près tous ces globes étincelants, dont les uns roulent sur nos têtes, et les autres sont fixes aux deux pôles des cieux; il regarde le jour d'ici-bas comme une lueur qui se perd au sein d'une profonde nuit, et sourit de voir sa dépouille jouet du crime et de la mort. De là, il vole comme l'éclair sur les champs de la Thessalie, sur les drapeaux sanglants de César, et sur les mers où sont encore répandues toutes ses flottes. Ce génie vengeur du crime se repose au sein du vertueux Brutus, et va se fixer dans l'ame de l'inflexible Caton.

Tandis que le sort de la guerre était en suspens, et qu'on pouvait encore douter quel maître la victoire allait donner au monde, Caton avait haï Pompée, quoiqu'il eût suivi ses drapeaux sous les auspices de la patrie, et à l'exemple du sénat; mais depuis le malheur de Pharsale, toute l'ame de Caton s'était livrée au vaincu. Il embrassa la patrie désolée et sans appui; il réchauffa les cœurs des peuples que la frayeur avait glacés; il remit l'épée dans les mains tremblantes qui l'avaient laissée tomber, et soutint la guerre civile sans désir de régner, sans crainte de servir. Caton ne fit rien pour sa propre cause; et depuis la mort de Pompée, son parti fut uniquement le parti de la liberté. Les forces en étaient dispersées, et la rapidité du vainqueur pouvait les enlever; Caton se hâte de les recueillir. Il se rend à Corcyre, et sur mille vaisseaux il emporte avec lui les débris de Pharsale (*a*). Sur cette flotte

---

(*a*) *L. Scipio, socer illius (Pompeii), et cæteri quotquot illustres è Pharsalicâ pugnâ evaserant, ad Catonem conten-*

immense, dont la mer est couverte, qui croirait voir une armée en fuite? Il passe au-dessus de Malée, et devant l'antre du Ténare qui communique au séjour des morts. De là il aborde à Cythère; et Borée, qui enfle ses voiles, lui fait raser l'île de Crète, dont le rivage paraît s'enfuir. Caton arrivé en Afrique force la ville de Phiconte à recevoir ses vaisseaux. Bientôt, à la faveur d'un vent paisible, il gagne la côte de Palinure. (Car l'Ausonie n'est pas la seule où ce pilote des Troyens ait laissé son nom : la Libye a des témoignages qu'il se plaisait dans ses tranquilles ports.) Là, des vaisseaux qu'on découvre de loin (2), et qui voguent à pleine voile, tiennent les esprits dans le doute, s'ils leur apportent des ennemis ou des compagnons d'infortune. L'activité du vainqueur fait tout craindre : on n'aperçoit pas un navire où l'on ne tremble de voir César; mais ceux-ci ne sont pleins que de deuil, de gémissements, et de maux capables d'arracher des larmes, même à l'inflexible Caton.

Cornélie ayant engagé inutilement Sextus et sa flotte à retarder leur fuite, pour voir si le corps

---

derunt in Corcyram.... ibi classe divisâ inter amicos Pompeii præcipuos, Cassius in pontum navigavit ad Pharnacem, exciturus eum contra Cæsarem; Scipio cum Catone in Africam, freti Varo et ejus copiis, Jubæque Mauri auxiliis; Pompeii verò major filius cum Labieno, Scapulâque, et parte exercitûs, properavit in Hispaniam. (APPIAN. de Bell. civ. lib. 2.)

de Pompée, poussé vers le rivage de l'Égypte, ne serait pas ramené par les flots; et la flamme d'un bûcher lui annonçant de loin qu'il obtenait une humble sépulture : « O ciel, dit-elle, je n'étais donc pas digne (3) d'allumer le bûcher de mon époux, de tomber moi-même sur son corps glacé, de le serrer entre mes bras, d'arroser ses plaies de mes larmes, de le placer au-dessus des flammes, d'y brûler mes cheveux arrachés de ma main, et de recueillir dans mon sein ses cendres brûlantes encore, pour distribuer dans nos temples tout ce qui resterait de lui? Son corps brûle, dénué de tous les honneurs funèbres. C'est peut-être un Égyptien qui rend à ses mânes ce devoir odieux! Ombre de Crassus, réjouis-toi d'être privée de la sépulture : celle qu'on accorde à Pompée est un nouveau trait de la haine des dieux. Quoi! mon malheur est donc par-tout le même! jamais il ne me sera permis d'ensevelir mes époux, et jamais je ne presserai contre mon cœur gémissant une urne pleine de leurs cendres!.... Que dis-tu, Cornélie? te faut-il un tombeau pour entretenir ta douleur? ton cœur n'est-il pas tout rempli de Pompée! son image n'est-elle pas gravée et vivante au fond de ton ame? Ah! que celle qui veut survivre à son époux, cherche des cendres qui la consolent.... Cependant cette faible lueur que j'aperçois de loin, Pompée, c'est la flamme de ton bûcher, c'est quelque chose de toi encore.... Hélas! ce feu se dérobe à moi; la fumée qui s'en exhale, et qui emporte les restes de mon époux, s'évanouit dans l'air aux rayons du soleil naissant; les vents, contraires à mes vœux, enflent la voile qui m'éloigne. Ah! qu'on me laisse sur ces bords : les lieux témoins de ses victoires, le Capitole même où il a triomphé, me seraient moins chers : Pompée heureux est oublié de moi; je le veux tel que le Nil le possède. Je ne me plaindrai point de rester sur une terre coupable : le crime a consacré le lieu. Fils de Pompée, c'est à toi de tenter le sort des combats. Porte par tout l'univers les étendards de ton père; écoute ce qu'il m'a chargée de dire à ses enfants : « Dès que mon heure sera venue, et que j'aurai fermé les yeux, mes fils, prenez tous deux en main les flambeaux de la guerre civile; et tant qu'il restera sur la terre quelque rejeton de ma race, qu'il ne soit pas permis aux Césars de régner. Soulevez au bruit de mon nom tout ce qu'il peut y avoir au monde de rois indépendants et de cités libres encore. Voilà le parti que je vous laisse, les armes que je vous remets. Quiconque portera sur les mers le nom de Pompée, y trouvera des flottes. Il n'est aucun peuple qui ne consente à suivre mon héritier dans les combats. Conservez seulement une ame indomptable, et n'oubliez jamais quel père vous vengez. Il n'y a sous le ciel qu'un seul homme à qui vous puissiez obéir sans honte, s'il prend la défense de la liberté : c'est

Caton.... » C'en est fait, Pompée, j'ai acquitté ma foi; j'ai accompli ta volonté dernière. Le moyen que tu as pris pour m'engager à te survivre a réussi. Je n'ai pas voulu emporter au tombeau tes paroles. Je suis libre enfin de te suivre à travers l'éternelle nuit, et aux enfers s'il y a des enfers. J'ignore combien durera cette mort lente; mais si mon ame tarde à rompre ses liens, si elle a pu te voir expirer sans voler après toi, elle en sera cruellement punie. Consumée par la tristesse, étouffée par les sanglots, c'est avec mes larmes qu'il faut qu'elle s'écoule. Je n'aurai recours ni au fer, ni au lien fatal. Il serait honteux pour moi de ne pouvoir mourir de ma seule douleur. » En parlant ainsi, elle s'enveloppe la tête de lugubres voiles, et se dévouant aux ténèbres, elle se jette au fond du vaisseau. Là elle embrasse étroitement la douleur qui la dévore, s'abreuve et jouit de ses larmes, et chérit les maux que lui cause le souvenir de son époux. Ni le mugissement des flots, ni le bruit des vents à travers les cordages, ni le cri d'effroi qui s'élève dans le vaisseau prêt à périr, rien ne l'émeut. Elle attend la mort, déja étendue comme dans un cercueil; et au milieu de la tempête, elle fait pour elle-même des vœux contraires aux vœux des matelots.

Ce fut d'abord au rivage de Chypre que la poussa la mer écumante. Mais bientôt s'élève du côté de l'aurore un vent plus doux, qui la conduit au bord de la Libye, vers le camp même de Caton (*a*).

L'aîné des enfants de Pompée, plongé dans une tristesse morne (4), l'esprit frappé du noir pressentiment qui annonce les grands malheurs, reconnaît du haut du rivage les compagnons de son père; et voyant son frère avec eux, il s'élance sur leur vaisseau. « Sextus, lui dit-il, où est mon père? L'appui de Rome, le chef des nations est-il vivant? ou Rome en le perdant, a-t-elle tout perdu? » Son frère lui répond : « Que vous êtes heureux d'avoir abordé loin de l'Égypte, et de n'avoir que la douleur d'entendre le crime dont mes yeux ont été les témoins! Pompée est mort, et ce n'est ni par le glaive de César, ni par une main digne de ce grand parricide. L'infâme roi du Nil en est l'auteur. Pompée s'était livré à lui sous la garde des dieux garants de l'hospitalité et sur la foi de ses bienfaits prodigués à cette indigne race. Il est mort victime d'un roi qu'il avait couronné lui-même : j'ai vu de lâches meurtriers déchirer le sein de mon père, et ne pouvant me persuader que le tyran de l'Égypte eût pris sur lui cet attentat, je croyais que

---

(*a*) Comme il (Caton) allait rangeant la côte, il rencontra Sextus, le plus jeune des fils de Pompée, qui lui dit le premier comment son père avait été tué en Égypte... Il aborda premièrement en la ville de Cyrène. (PLUT. *Vie de Caton d'Utique.*)

César nous y avait devancés. Mais j'ai été moins saisi d'horreur de voir assassiner ce vieillard auguste, que de voir sa tête, qu'on avait tranchée, portée en triomphe au palais du tyran. Sans doute il attend le vainqueur pour la lui offrir, et il la garde pour attester son crime. A l'égard du corps du héros, nous ignorons s'il est en proie aux oiseaux du ciel et aux chiens voraces de l'Égypte, ou si c'était lui que consumait, dans le silence de la nuit, un bûcher que nous avons vu allumé sur le rivage Quelque injure que ce corps ait reçue, je ne la reproche qu'aux dieux. Mais réserver sa tête à César, c'est l'outrage et le crime des hommes. »

Cnéius, à ce récit, ne répandit point sa douleur en gémissements et en larmes; mais sa piété se changeant en fureur : « Nochers, dit-il, dégagez les ancres, lancez nos vaisseaux sur les mers; que la flotte, à force de rames, lutte et vogue contre les vents. Chefs des Romains, vengeurs de mon père, suivez-moi. La guerre n'eut jamais une plus digne cause. Allons ensevelir les cendres de ce héros; allons nous baigner dans le sang du lâche roi qui l'a fait périr. Quoi! je ne démolirai point les temples, les palais, les tombeaux de l'Égypte! je ne plongerai pas le cadavre d'Alexandre dans le lac (*a*) qui baigne ses murs! je ne ferai pas traîner dans le Nil les membres

---

(*a*) Le lac Maræotis.

d'Amasis et de ses successeurs, arrachés du fond de leurs pyramides! Oui, mon père, je vengerai sur eux tes mânes privés de la sépulture; je renverserai les statues de leur Isis et de leur Osiris; c'est sur leurs débris enflammés que je ferai brûler la tête de Pompée, et le bœuf Apis, tout sacré qu'il est, sera immolé sur son tombeau. Pour punir cette odieuse terre, je dévasterai ses campagnes. Le Nil aura beau s'y répandre; nul ne cultivera ses dons. O mon père, tu posséderas seul l'Égypte, après en avoir vu chasser les hommes et les dieux. » Il dit, et veut que la flotte s'élance sur le sein des mers irritées. Mais Caton, témoin de sa fureur, en la louant, sut l'appaiser.

Cependant le bruit de la mort de Pompée s'étant répandu dans le camp, tout le rivage retentit de gémissements et de plaintes. La terre n'avait jamais vu d'exemple d'un si grand deuil; jamais tant de peuples ensemble n'avaient pleuré la mort d'un seul homme. Mais ce fut sur-tout lorsqu'on vit Cornélie, les yeux épuisés de larmes, le visage couvert de ses cheveux épars, sortir du fond du vaisseau, ce fut alors que les cris et les sanglots redoublèrent. Dès qu'elle est descendue sur une terre amie, elle ramasse les vêtements et les riches dépouilles de Pompée, ses armes, ses robes de pourpre, cette parure triomphale que le Capitole avait vue trois fois; elle les fait brûler sur un bûcher funèbre. Malheureuse! voilà les cendres qui lui restent de son époux. Sa piété servit d'exemple à celle de toute l'armée, et le rivage fut bientôt couvert de bûchers consacrés aux mânes de ceux qui avaient péri dans la Thessalie. Mais les regrets de cette multitude, et les reproches qu'elle faisait aux dieux sur la perte de son héros, touchèrent moins l'ombre de Pompée, que le témoignage que lui rendit Caton (5) : ce fut en peu de paroles; mais ces paroles partaient d'un cœur tout plein de la vérité.

« Il nous est mort, dit-il, un citoyen qui, sans approcher de la modération et de l'austère équité de nos pères, était cependant un exemple utile, dans un temps où les droits les plus saints sont méconnus et violés. Il fut puissant, et il respecta la liberté de sa patrie. Le peuple eût consenti à l'avoir pour maître, et il vécut en homme privé. Il gouvernait le sénat, mais le sénat régnait. Il ne s'attribua jamais aucun des droits de la guerre : ce qu'il voulait qu'on lui accordât, il voulait qu'on fût libre de le lui refuser. Il a possédé d'immenses richesses, mais il en a plus acquis à l'État qu'il n'en a réservé pour lui. Il a su prendre les armes; il a su les quitter. Il a préféré la gloire des combats aux honneurs de la pourpre; mais dans les camps mêmes il a chéri la paix. Chef des armées, il se plaisait à exercer le pouvoir suprême, mais il se plaisait à le déposer. Sa maison fut chaste, fermée au luxe, incorruptible à la prospérité. Son nom fut illustre et révéré chez les nations, et d'un grand poids dans l'autorité et la puissance de notre ville. Sous Marius et Sylla, la liberté réelle avait péri; mais il nous en restait l'ombre; et cette ombre elle-même s'évanouit à la mort de Pompée. On n'aura plus honte de prétendre à régner, et il n'y aura plus dans Rome ni vestiges de république, ni apparence de sénat. Tu es heureux, Pompée, d'avoir trouvé la mort au sortir de Pharsale, et que le Nil te l'ait offerte, lorsqu'il t'eût fallu la chercher : tu aurais eu peut-être la faiblesse de vivre sujet de César. Le premier avantage de l'homme, dans le malheur, est de savoir mourir, le second, d'y être forcé. O fortune, s'il faut que Rome subisse le joug d'un tyran, fais pour moi de Juba un nouveau Ptolomée. Qu'il me garde pour être offert aux yeux de César, j'y consens, pourvu qu'il commence par me trancher la tête. »

L'ombre généreuse de Pompée entendit ces paroles, et ce fut pour lui un plus grand honneur, que si la tribune et les places de Rome avaient retenti de ses louanges.

Cependant la discorde s'élève dans le camp. Le soldat, découragé par la mort de Pompée, demande à quitter les armes; et Tarcon, chef des Ciliciens, est celui qui donne le signal de la désertion. Caton, qui le vit prêt à s'échapper avec sa flotte, accourut au rivage, et lui dit : « O Cilicien (6), qui jamais n'as renoncé au brigandage, vas-tu de nouveau infester les mers? Pompée n'est plus; tu redeviens pirate. » En disant ces mots, il regardait tous ces séditieux assemblés en tumulte. L'un d'eux alors, sans dissimuler la résolution de s'enfuir : « Pardonne (7), Caton, lui dit-il, si la mort de Pompée nous détache de son parti. Lui seul nous y avait engagés ; c'est pour lui que nous avons pris les armes, et non pour la guerre civile. Celui que l'univers préférait à la paix, ne vit plus ; et une cause qui n'est plus la sienne, devient étrangère pour nous. Permets-nous d'aller revoir nos dieux domestiques, nos femmes et nos enfants. Car aussi-bien quel sera le terme de cette guerre, si Pharsale, si la mort même de Pompée n'en est pas la fin? Le temps de vivre est passé pour nous ; laisse-nous chercher une mort tranquille, et nous assurer un tombeau. A peine la guerre civile promet-elle la sépulture à ses chefs. Et qu'a de si affreux le sort qui nous attend? Les vaincus sont-ils condamnés à subir le joug d'un barbare? est-ce au pouvoir du Scythe ou de l'Arménien que la fortune nous fait tomber? C'est devant un Romain décoré de la pourpre que nous allons poser les armes. Celui qui, du vivant de Pompée, fut le second, est aujourd'hui pour nous le premier des hommes. Fidèles à la mémoire de Pompée, nous lui rendons cet honneur insigne de souffrir après lui le maître que le sort nous donne, mais de n'avoir plus de chef de notre choix. O grand homme, tu seras le seul que nous aurons suivi dans les combats ; et après toi, c'est au destin que nous

nous laisserons conduire : car il n'y a rien à espérer d'une plus longue résistance; tout est soumis, tout est livré à la fortune de César. Sa victoire a dissipé nos forces. Les malheureux n'ont point d'amis, et tous les cœurs leur sont fermés. César est donc dans l'univers le seul assez puissant et assez généreux pour être le refuge et le salut des vaincus. Sous Pompée, la guerre civile était pour nous un devoir; à-présent elle serait un crime. Toi, Caton, si c'est le parti des lois et de la patrie que tu veux suivre, imite-nous, et viens te ranger sous les drapeaux d'un consul. »

En parlant ainsi, il s'élance sur la poupe, et une nombreuse jeunesse s'y jette en foule sur ses pas. C'en était fait de Rome; et sur tout le rivage on voyait l'armée en tumulte demander à se rendre à César, si la voix du vertueux Caton ne se fût élevée encore.

« Et vous aussi, Romains, dit-il, vous n'avez combattu que pour le choix d'un maître! C'est donc le parti de Pompée, et non celui de Rome, que vous avez suivi? Quoi! dès l'instant que vous cessez de travailler à vous donner des chaînes, que vous vivez pour vous et non plus pour un chef, qu'en mourant du moins vous n'avez plus à craindre d'avoir acquis, au prix de votre sang, l'empire du monde à un homme, et que vous êtes sûrs, si vous venez à vaincre, de n'avoir vaincu que pour vous; dès cet instant vous vous lassez, vous vous rebutez de la guerre! Votre tête à peine est délivrée du joug, qu'elle veut le reprendre, et vous ne pouvez plus vous passer d'un roi! Ah! c'est à-présent, si vous êtes des hommes, qu'il est digne de vous d'affronter les dangers. Pompée lui-même pouvait abuser du sang qu'il vous faisait répandre; désormais c'est pour la patrie, pour elle seule que vous refusez de tirer l'épée et de braver la mort! vous touchez à la liberté : de trois tyrans, un seul vous reste; et vous aurez la honte de souffrir que l'Égyptien, que le Parthe ait plus fait pour vos lois que vous! Allez, cœurs lâches et rampants, rendez le crime de Ptolomée inutile. On n'aura garde de vous accuser d'avoir trempé vos mains dans le sang; on croira bien plutôt que c'est vous qui les premiers avez tourné le dos dans la déroute de Pharsale. Allez en toute sûreté vous présenter à César : il est juste qu'il vous laisse la vie, puisque vous vous rendez à lui, sans avoir soutenu ni siége, ni combat. O vils esclaves! en perdant votre maître, vous courez vers son héritier! Que ne méritez-vous de lui plus que la vie et le pardon? Vous avez en vos mains la fille de Métellus(*a*), la femme et les fils de Pompée : traînez-les au pieds de César; renchérissez sur le présent que Ptolomée lui prépare. Celui qui portera ma tête au tyran, peut en attendre aussi un prix considérable, et cette récompense vous prouvera du moins qu'il

---

(*a*) Cornélie, fille de Métellus Scipion.

était bon de suivre mes drapeaux. Prenez courage; et par un crime atroce, signalez-vous aux yeux de César. La fuite seule, sans quelque grand forfait, ne serait qu'une lâcheté. » Il dit, et ces paroles ramènent au rivage les vaisseaux qui gagnaient la mer.

Tels on voit des essaims d'abeilles, en quittant les cellules de cire d'où elles sont écloses, oublier leur premier asyle, et au lieu d'entrelacer leurs ailes, voler sans guide, et chacune à son gré : les fleurs n'ont plus d'attrait pour elles; et dans leur course oisive et vagabonde, elles dédaignent d'y goûter. Mais si le son de l'airain se fait entendre, saisies d'étonnement, elles suspendent leur essor; l'ardeur du travail, l'amour des fleurs, le désir d'en extraire la liqueur du miel se réveille en elles; et le pasteur rassuré, tranquille sur le gazon du mont Hybla, se réjouit d'avoir conservé la richesse de sa cabane. De même, à la voix de Caton, tous les esprits sont ramenés. Il leur inspire le courage et la constance de souffrir tous les maux d'une juste guerre.

Mais dès-lors il se proposa de tenir sans cesse occupée aux durs exercices des armes une multitude d'hommes qui n'avaient point appris à supporter le repos.

Il commença par les fatiguer sur les sables de ce rivage; et le siége de Cyrène fut le premier de leurs travaux. Quoique cette ville eût d'abord été fermée au parti de Caton, il n'en tira aucune vengeance : sa victoire est la seule peine qu'il fait subir aux vaincus.

De là il veut aller vers les confins du Maure se joindre avec le roi Juba (a). Les Syrtes s'opposent à son passage; mais quel que soit l'obstacle, sa vertu courageuse espère de le surmonter.

Quand la nature tira l'univers du chaos, elle laissa, dans le partage des éléments, les Syrtes indécis entre la terre et l'onde; car ils ne sont absolument ni sous les eaux, ni au-dessus. Limite (8) incertaine, et des deux côtés également inaccessible, c'est une mer interrompue par des écueils, c'est une terre entrecoupée par les courants d'une mer profonde. Ce sont comme des bords rangés l'un devant l'autre, et entre lesquels on entend les flots se briser et mugir. Ainsi la nature a laissé inutile cette partie d'elle-même. Peut-être aussi qu'autrefois (9) les Syrtes étaient pleinement inondés; mais le rapide flambeau du jour, qui aspire l'humide élément, pour fomenter ses dévorantes flammes, épuise sans cesse les eaux qui sont le plus près de la zône brûlante, et la

---

(a) Étant là (à Cyrène) il ouït nouvelles que Scipion, beau-père de Pompée, s'était retiré vers le roi Juba..... Il délibéra de s'aller joindre à eux. Il se mit en chemin par terre, à cause que c'était en la saison de l'hiver.... Ils furent sept jours entiers à marcher continuellement, lui servant de guide, et marchant le premier à pied. (PLUT. *Vie de Caton d'Utique.*) Selon Strabon, ils furent trente jours en marche.

mer lui dispute encore les terres qu'il veut dessécher. Le temps viendra cependant que les Syrtes seront une plage aride : car dès-à-présent même le fond n'en est couvert que d'une légère surface d'eau; et cette mer, qui doit tarir un jour, commence à laisser voir ses sables.

Dès que la rame, en sillonnant les ondes, a lancé la flotte loin du port de Cyrène, le vent du midi se lève en frémissant, environné de noirs orages. Ce vent, exerçant sa fureur sur les climats de son empire, soulève la mer, et la chasse loin des sables de la Libye, dont il lui fait un rivage nouveau. Malheur aux vaisseaux dont il saisit la voile : malgré tout l'effort des cordages, il la fait voler par-dessus la proue, et la tient enflée au-delà. Que le nocher la ploie et l'attache aux antennes, sa prévoyance est inutile : les antennes mêmes se brisent, et le mât reste dépouillé. Ceux des vaisseaux qui ont baissé leurs mâts, échappés à la fureur du vent, deviennent le jouet de l'onde, et sont jetés sur les écueils. Là, tandis que la proue appuie sur le sable, la poupe est suspendue et flotte sur les eaux; et le navire, entre deux périls, a d'un côté, la terre qui menace de le briser; de l'autre, la vague irritée qui s'efforce de l'engloutir. Le reste de la flotte est plus heureux : emporté loin du bord sur une mer profonde, il n'est battu que par les flots. Le plus grand nombre des vaisseaux, guidés par de sages pilotes, et sûrs de leur route avec des matelots à qui ce rivage est connu, vont aborder au marais de Triton. Le dieu dont la trompe fait retentir tous les rivages de la mer, se plaît, dit-on, dans ce lac paisible, qui n'est pas moins cher à Pallas. Quand cette déesse fut née de la tête de Jupiter, elle vint sur la terre; et ce fut en Libye (car de tous les climats, c'est le plus près du ciel, comme le prouve sa chaleur), ce fut là qu'elle descendit. Elle se vit pour la première fois dans le crystal de ces tranquilles eaux; son pied se posa sur leur rive; et ce lieu fut si agréable à la déesse, qu'elle en prit elle-même le nom de Tritonide.

Non loin de là serpente le Léthé. On dit qu'il descend chez les morts, et qu'ils y boivent l'oubli de la vie. Sur ces mêmes bords fleurissait le jardin des Hespérides, qui, sous la garde d'un vigilant dragon, portait jadis des fruits dorés; mais depuis long-temps il ne conserve plus aucune trace de ses richesses. Que l'envieux (10) dispute à l'antiquité ses prodiges, et à la poésie son merveilleux; il n'en est pas moins vrai qu'il y eut autrefois dans ces climats une forêt dont les rameaux étaient chargés de pommes d'or. Les fleurs avaient l'éclat et la couleur des fruits, et les arbres ployaient sous le poids de ces richesses renaissantes. Le soin en était confié à une troupe de jeûnes vierges; et un dragon, dont jamais le sommeil n'appesantit la paupière, embrassant la tige des arbres, gardait ce jardin précieux. Ce fut Alcide qui en enleva les fruits, et qui, laissant la forêt dépouillée de ses trésors, les apporta dans l'Argolide au tyran qui lui commandait.

La flotte échappée aux écueils des Syrtes, ayant donc gagné ce rivage, ne s'exposa point au-delà; mais sous le fils aîné de Pompée, elle se tint dans les ports de la côte la plus riche de la Libye : le reste fut recueilli par Caton sur les mêmes bords d'où il était parti. Mais la vertu de ce héros ne pouvant se résoudre à demeurer oisive, il ose se frayer une route par des régions inconnues; et se confiant à ses armes, il veut tourner, du côté de la terre, les Syrtes qu'il n'a pu franchir. L'hiver même l'y détermine, car il lui interdit la mer : les pluies qu'il fait espérer rassurent ceux que les chaleurs effraient; et la saison qu'adoucit le climat, et le climat que la saison tempère, semblent, dans cette longue route, devoir épargner au soldat ce qu'un soleil brûlant, ou ce qu'un âpre hiver lui feraient souffrir l'un sans l'autre.

Caton, avant de s'engager dans ces vastes plaines de sable où règne la stérilité, tient ce discours à son armée. « O vous (11), qui en suivant mes drapeaux, ne demandez qu'à mourir libres, et qu'à dérober votre tête au joug, tenez vos ames préparées aux grands efforts de la vertu et à des travaux dignes d'elle. Nous allons traverser des déserts brûlés par le soleil, où l'on trouve à peine quelques sources d'eau, et qui sont peuplés de serpents venimeux. Le voyage est pénible; et je ne le propose qu'à ceux qui ont renoncé au soin de leur salut, et pour qui c'est assez d'aller au secours des lois et de la patrie expirante. Que ceux-là seuls viennent avec moi à travers des sables où jamais avant nous les pas de l'homme ne furent imprimés. Car je ne veux tromper personne, ni engager une foule timide à me suivre, avec la crainte au fond du cœur. Je ne veux pour compagnons que ceux dont le courage s'accroît dans les dangers, et qui, sur ma foi et à mon exemple, ne connaissent rien de plus beau ni de plus romain, que de souffrir même les plus grands maux. Mais si quelqu'un a besoin qu'on lui réponde de son salut, s'il tient aux douceurs de la vie, qu'il s'en aille chercher un maître par un chemin plus facile et plus sûr. Dès que j'aurai mis le pied sur le sable, que le soleil darde sur moi ses feux, que des serpents gonflés de venin m'environnent; je veux éprouver le premier tous les périls qui vous menaceront. Si quelqu'un me voit boire avant lui, qu'il se plaigne de souffrir la soif; qu'il se plaigne de la chaleur, s'il me voit chercher un ombrage; qu'il se rebute d'aller à pied, s'il me voit aller à cheval à la tête de mes cohortes, ou si on distingue à quelque marque le chef entre les soldats. Les serpents, la soif, la chaleur, l'aridité de ces vastes plaines, sont des délices pour la vertu. C'est dans les dures extrémités que la patience triomphe et jouit d'elle-même. Une ame honnête n'a jamais tant de joie que lorsque, par de grands efforts, elle s'éprouve et se ressent. Du reste, il fallait tous les maux que la Libye nous prépare, pour nous sauver du déshonneur attaché à la fuite, et faire voir que ce n'est ni la peine, ni le danger que nous fuyons. »

Ainsi Caton pénètre et remplit tous les cœurs du feu de sa vertu, et de l'amour des travaux pénibles. A l'instant même, il prend sa route sur ce rivage qu'il ne doit plus revoir; et la Libye, où ce grand homme va être enseveli dans un humble tombeau, s'empare de sa destinée, qu'il suit avec tranquillité.

Si l'on en croit l'opinion commune, l'Afrique est la troisième partie du monde ; mais, par son étendue et sa position, elle fait partie de l'Europe : car du Nil au Tanaïs, également distants l'un et l'autre du détroit par où l'Océan s'est répandu dans les vallons que lui ont cédés les bords de l'Europe et de la Libye, l'Asie occupe seule un plus grand espace que l'Afrique et l'Europe ensemble. Elle partage avec l'une les climats du midi, les climats du nord avec l'autre; et tandis qu'elles deux s'unissent pour embrasser l'occident, tout l'orient est occupé par elle.

La Libye n'est fertile que vers les bords où le soleil va se coucher dans l'onde, encore n'a-t-elle point de vives sources qui l'arrosent; mais quelquefois les aquilons y vont répandre en pluie les nuages du nord, et la sérénité de notre ciel fait la richesse de cette terre. Elle ne produit rien de pernicieux : ni l'or, ni le fer, ne germent dans son sein ; elle n'enfante aucun de nos crimes. Innocente et pure, elle ne contient que les éléments de la végétation. Ce qu'elle a de plus précieux, ce sont des forêts de citronniers, dont même ses peuples ignoraient l'usage. Pour eux, le feuillage et l'ombre de ces bois en faisaient toute la valeur. Ce furent nos mains qui portèrent la hache dans ces forêts inconnues, quand notre luxe alla chercher aux extrémités du monde des tables, ainsi que des mets pour les délices de nos festins. Mais la côte qui embrasse les Syrtes, placée sous un ciel trop ardent, et voisine de la brûlante zône, étouffe sous un sable aride les dons de Cérès et de Bacchus. Aucune racine n'y trouve à s'attacher et à se nourrir : cette terre a perdu les germes de la vie (12); et le ciel ne prend aucun soin de lui rendre la fécondité. La nature y languit dans un stérile engourdissement, et l'influence des saisons ne se fait point sentir à ces sables arides. Seulement il y naît çà-et-là quelques plantes sauvages, dont le Nazamon se nourrit. Ce peuple dur et farouche habite nu aux environs des Syrtes; il fait son butin des débris des vaisseaux qui sont jetés sur les écueils. Du haut des sables du rivage, ces brigands attendent leur proie; et sans que jamais aucun vaisseau arrive au port, ils en recueillent les richesses : c'est ainsi que, par des naufrages, le Nazamon est en commerce avec tous les peuples de l'univers.

Telle est la route que l'austère vertu ordonne à Caton d'oser suivre. C'est là qu'une jeunesse, qui se croyait du moins en sûreté du côté des vents et des tempêtes, retrouva tous les périls, toutes les frayeurs de la mer; car le vent du midi (*a*) est bien plus furieux sur ce rivage que sur les flots, et y fait bien plus de ravages. La Libye n'a point de montagne (13) qui s'oppose à sa violence, ni de rocher qui rompe et qui dissipe ses tourbillons rapides. Il n'y rencontre point de forêts sur lesquelles ses efforts se brisent, et où il se lasse à tordre et à déraciner des chênes durcis par les ans. Sa course est libre dans ces vastes plaines, et il y exerce sans obstacle toute la rage qu'Éole inspire à ses enfants; mais il ne mêle point de nuages chargés de pluie aux tourbillons de sable dont il obscurcit l'air : c'est une colonne de poussière qu'il élève et tient suspendue sans en laisser échapper ni retomber le sommet. Le malheureux Nazamon voit le sol qu'il habite enlevé et ses cabanes renversées; le toit qui couvre le Garamante, vole dispersé dans les airs. La flamme

---

(*a*) Anciennement (dit Plutarque) il émut une telle tourmente en ces plaines-là, et y enleva de tels monceaux de sable, que cinquante mille hommes de l'armée de Cambyse y demeurèrent ensevelis. (*Vie d'Alexandre.*)

ne lance pas plus haut les corps qu'elle fait éclater; et autant qu'on voit s'élever les flots de fumée qui éclipsent le jour, autant s'élèvent vers le ciel ces noirs volumes de poussière. Cette tempête, qui assaillit les Romains, fut plus violente que jamais : elle aurait ébranlé la terre, si la Libye eût été formée de durs rochers qui, dans leurs flancs, eussent emprisonné ce vent fougueux. Le soldat (14) ne peut plus se tenir debout; le sable même qu'il foule aux pieds, s'échappe et fuit sous ses pas chancelants. Un tourbillon impétueux emporte et roule dans les airs les casques, les boucliers, les lances. Qui sait même à quelle distance il les fit voler; si ce ne fut pas un prodige de voir ces armes tomber du ciel (a), et si on ne reçut pas comme un présent des Dieux cette dépouille des hommes : ainsi peut-être un vent du midi ou du nord avait arraché à quelque peuple de l'Ausonie ces boucliers qui tombèrent aux pieds des autels de Numa, et que l'élite de la jeunesse patricienne porte dans nos solennités. Toute l'armée (15) s'étend sur la terre, dont la surface est bouleversée; et le soldat, de peur d'être enlevé, ramassant les plis de sa robe, se tient non-seulement couché, mais des deux mains ancré sur le sable : à peine encore en est-ce assez; et dès qu'il se croit affermi par son poids et par

---

(a) Cela est outré; mais c'est un de ces traits que l'on pardonne à un jeune poëte.

ses efforts, des flots de sable l'ensevelissent. C'est pour lui un travail à chaque instant nouveau que de s'en dégager; et forcé enfin de se lever debout, il se trouve encore investi par un monceau de poussière.

Dès que le vent s'est appaisé, et que les nuages de sable qui obscurcissaient l'air, se dissipent, l'armée romaine ne voit plus dans cette solitude immense aucune trace de sa route, et n'a plus pour indices des lieux que les astres qu'on a pour guides sur la vaste plaine des mers. L'horizon de la Libye laisse même au-dessous de lui nombre d'étoiles qui, vers le pôle, dirigent les matelots. La sérénité d'un ciel brûlant (16) est pour le soldat un nouveau supplice. Son corps est trempé de sueur, et sa bouche embrasée d'une soif dévorante. Alors on découvre de loin une veine d'eau qui filtre à peine à travers le sable. Un soldat creusant cette faible source, y puise un peu d'eau dans son casque et va l'offrir au général. Ils avaient tous la gorge remplie d'une brûlante poussière, et cette liqueur dans les mains de Caton, excitait l'envie de toute l'armée; mais Caton, au soldat qui la lui présentait : « Quoi, dit-il, me crois-tu le seul sans vertu parmi tant d'hommes de courage, et m'as-tu vu jusqu'à-présent si amolli, si peu capable de soutenir ces premières chaleurs? Homme indigne, tu mériterais que, pour te punir, je te fisse boire cette eau en présence de tous ces braves gens qui éprouvent la soif et qui l'endurent. » Alors, avec indignation, il jette le casque par terre, et l'eau répandue leur suffit à tous (*a*).

On approchait (17) de ce temple élevé dans les déserts du Garamante, et le seul qui fût en Libye. Il est consacré à Jupiter; mais le dieu n'y est pas représenté la foudre à la main, comme sur nos autels : il a des cornes de bélier, et on l'appelle Ammon. La structure de ce temple n'étale point une profane magnificence : ni le rubis, ni l'or de l'Orient, n'éclatent dans les offrandes qu'on y suspend; et quoique seul adoré des peuples de l'Éthiopie, de l'Arabie et de l'Inde, ce dieu est pauvre, son temple est pur, il y garde inviolablement la simplicité de son premier culte; et depuis tant de siècles, il se défend encore du luxe de l'Asie et de l'or des Romains.

Une forêt verdoyante, dont le temple est environné, atteste qu'un dieu y réside; car les sables qui s'étendent depuis les murs de Bérénice jusqu'à la ville de Leptis, n'ont jamais produit un feuillage; et la forêt d'Ammon est une merveille unique dans ces climats. Une fontaine qui coule près du temple, est la cause de ce prodige. Le limon qui se mêle au sable qu'elle arrose, le lie en l'humectant, et compose avec lui une terre souple et fertile. La forêt cependant n'est pas

---

(*a*) Pareille chose était arrivée à Alexandre, lorsqu'il poursuivait Darius. (PLUT. *Vie d'Alexandre.*)

assez touffue pour faire obstacle aux traits du jour, lorsqu'il se balance au plus haut du ciel. L'arbre à peine alors en défend sa tige, tant les rayons qui l'environnent chassent l'ombre vers le centre et l'abrègent de tous côtés. On a reconnu que c'est là que le cercle du solstice touche à celui des signes du ciel.

Les peuples de l'Orient assiégeaient les portes du temple, et demandaient à consulter l'oracle de Jupiter; mais la foule s'ouvrit avec respect devant le général romain. Les amis de Caton le conjuraient d'éprouver la vérité de cet oracle si célèbre dans l'univers, et de juger par lui-même s'il méritait sa renommée antique. Labiénus était celui qui le pressait le plus instamment (18) d'interroger le ciel sur les événements cachés dans l'avenir. « Le hasard, disait-il, ou plutôt notre bon destin fait trouver sur notre passage l'oracle du plus grand des dieux; de quel prix ses conseils ne sont-ils pas pour nous? Il peut nous conduire au-delà des Syrtes, et nous éclairer sur les succès divers que cette guerre doit avoir : car à qui les dieux confieraient-ils plus intimement leurs secrets qu'à la sainteté de Caton? Votre vie a toujours eu pour règle leur suprême loi. Un dieu vous éclaire et vous guide. Voici pour vous une occasion de communiquer avec Jupiter. Demandez-lui quel sera le sort de César et le destin de Rome? Si les peuples, rentrés dans leurs droits, verront leur liberté et leurs lois rétablies, ou si le fruit de la guerre civile sera perdu pour l'univers. Remplissez-vous de l'esprit divin dont vous consulterez l'organe; et passionné pour l'austère vertu, demandez aux dieux en quoi elle consiste; demandez-leur une règle infaillible de justice et d'honnêteté. » Caton, plein de la divinité qui résidait en silence au fond de son ame, prononça ces paroles dignes de l'antre prophétique : « Que veux-tu, Labiénus, que je demande? Si j'aime mieux mourir libre, les armes à la main, que de vivre sous un tyran; si cette vie n'est rien que le retardement d'une vie heureuse et durable; s'il y a quelque force au monde qui puisse nuire à l'homme de bien; si la fortune perd ses menaces, quand elle s'attaque à la vertu; il suffit de vouloir ce qui est louable, et si le succès ajoute à ce qui est honnête? Nous savons tout cela, et Ammon lui-même ne le graverait pas plus profondément dans nos cœurs. Nous sommes tous dans la main des dieux; et que leur oracle se taise, ce n'est pas moins leur volonté que nous accomplissons. La divinité n'a pas besoin de paroles : celui qui nous fait naître nous dit, quand nous naissons, tout ce que nous devons savoir. Il n'a point choisi des sables stériles pour ne s'y communiquer qu'à un petit nombre d'hommes; ce n'est point dans cette poussière qu'il a caché la vérité. La divinité a-t-elle d'autre demeure que la terre, l'onde, le ciel et le cœur de l'homme juste? Pourquoi chercher si loin des dieux? Jupiter est tout ce que tu vois, tout ce que tu sens en toi-même. Que ceux qui, dans un avenir douteux, portent une ame irrésolue, aient besoin d'interroger le sort : pour moi, ce n'est point la certitude des oracles qui me rassure, mais la certitude de la mort. Timide ou courageux, il faut que l'homme meure. Voilà ce que Jupiter a dit, et c'est assez. »

Telle fut la réponse de Caton; et sans chercher à affaiblir la foi qu'on avait à ce temple, il s'en éloigne, laissant aux peuples leur Ammon qu'il n'a pas voulu éprouver.

Il marche à la tête de ses troupes, une lance à la main comme un simple soldat. Dans les travaux qu'ils ont à soutenir, son exemple est l'ordre qu'il donne. On ne le voit ni porté sur un lit, ni traîné sur un char. Forcé de céder au sommeil, il plaint le peu de moments qu'il ne peut lui refuser. Si, après une longue marche, on trouve une eau salutaire, il est le dernier à soulager sa soif; il se tient sur le bord, et fait boire avant lui jusqu'aux valets de son armée.

Si la plus grande gloire est due au plus vraiment homme de bien, et si l'on considère la vertu en elle-même, sans aucun égard aux succès, ceux de nos ancêtres que nous vantons le plus, ne sont, près de Caton, que des hommes heureux. Qui jamais, ou par ses victoires, ou par le sang qu'ont répandu ses armes, a mérité un si grand nom? J'aimerais mieux avoir fait cette marche triomphante autour des Syrtes, à travers la Libye, que de monter trois fois au Capitole sur le char de Pompée, ou que de marcher, comme Marius, sur la tête de Jugurtha. Le voici, Rome, le voici le vrai père de la patrie, le héros digne de tes autels, celui par qui dans aucun temps tu n'auras honte de jurer; celui dont un jour, si jamais ta tête se relève libre du joug, tu feras sûrement un dieu.

A mesure qu'on avançait sous cette zône, que la nature a interdite aux humains, les rayons du soleil devenaient plus ardents, les sources d'eau beaucoup plus rares. Cependant on rencontra, au milieu des sables, une fontaine abondante, mais si remplie de serpents, qu'elle avait peine à les contenir. Le froid aspic rampait sur ses bords; et le dipse brûlant au milieu des eaux n'y pouvait éteindre sa soif. Caton (19), qui vit que son armée allait périr si elle s'abstenait de boire à cette source : « Amis, dit-il, votre frayeur est vaine : la morsure des serpents est venimeuse, le poison que leur dent distille est mortel quand il se mêle avec le sang, mais l'eau dans laquelle ils nagent ne l'est pas. » En disant ces mots, il puise de cette eau peut-être empoisonnée; et dans tous les sables de la Libye, cette fontaine fut la seule dont il voulut boire le premier.

D'où vient que l'air de la Libye, si fertile en venins mortels, peuple ces climats de serpents? Ce n'est pas à nous d'en chercher la cause; mais une fable répandue à ce sujet dans l'univers, a tenu lieu de la vérité.

Au fond de l'Afrique, et vers ces bords où l'Océan bouillonne sous un soleil brûlant, Méduse tenait son empire. Ce fut de son sein que la nature fit naître les premiers serpents. Ce fut (20) de sa bouche hideuse qu'on entendit, pour la première fois, sortir leurs sifflements aigus, et qu'on vit leur langue élancée agiter ses mobiles dards. Comme une longue chevelure ils se déployaient sur son dos et la Gorgone se plaisait à les sentir flotter sur ses épaules. Autour de son front se dressaient les couleuvres entrelacées, et le venin des vipères découlait de ses cheveux. Son regard frappait tous ceux qui la voyaient en face, d'une mort qu'ils n'avaient le temps ni de craindre, ni de sentir. Le corps était pétrifié avant que l'ame en fût détachée. Ni le père de Méduse (a), ni sa mère Céto, ni ses sœurs les Gorgones ne peuvent la regarder, aucun des animaux ne soutient sa vue, les serpents mêmes de sa tête se replient en arrière pour éviter son aspect. En la voyant, les oiseaux du ciel tombent en cailloux, les bêtes féroces se durcissent en pierres, les peuples voisins de l'Éthiopie éprouvent le même sort : ce fut par elle qu'aux bords du couchant, Atlas, qui debout soutenait le ciel, fut tout-à-coup transformé en montagne ; et lorsque

---

(a) Phorcus, dieu marin, fils de Neptune.

l'épouvante régnait parmi les dieux, Pallas, portant sur son égide la tête de la Gorgone, termina la guerre des Titans, en les changeant tous en rochers. Pallas avait demandé cette tête à Persée pour prix du secours qu'elle lui donna, lorsqu'avec les ailes de Mercure et sa faulx ruisselante encore du sang d'Argus, le fils de Jupiter et de Danaé fendit les airs pour aller combattre Méduse. Pallas, en lui traçant sa route, lui donna un bouclier d'airain, dans lequel l'image de la Gorgone se réfléchirait à ses yeux. Méduse était plongée dans un sommeil profond, qui fut pour elle celui de la mort. Mais (21) tous ses serpents n'étaient pas endormis : les uns tombaient languissamment sur son visage et sur ses yeux fermés à la lumière, les autres veillaient à la défense de sa tête. Persée était saisi d'effroi; mais Pallas dirigea son vol, et guidant elle-même sa main tremblante, elle fit tomber sous le tranchant du fer cette tête effroyable, armée de serpents. Combien plus terrible en fut l'aspect après qu'elle eut été tranchée! Quels flots de venin elle répandit! Combien de morts causa sa vue! Pallas elle-même en eut horreur; et pour sauver Persée qu'elle eût pétrifié, quoiqu'il en détournât ses yeux, elle fit au visage de la Gorgone un voile épais de ses cheveux, et du tissu de ses couleuvres; ainsi le fils de Danaé enleva au ciel la tête de Méduse. Il allait diriger son vol sur les régions de l'Europe; mais Pallas lui ordonna d'épargner ces fertiles champs, et les peuples qui les cultivaient. Car qui n'eût pas levé les yeux pour regarder Persée fendant les airs ? Et c'en était fait de tous ceux qui auraient vu la tête fatale. Il prend donc une route qui l'éloigne du couchant, et qui lui fait traverser les sables de la Libye, solitude immense, qui ne reçoit aucune espèce de culture, et que la nature a livrée aux feux dévorants du soleil. Cette terre, condamnée à la stérilité, et qui jamais n'a rien produit d'utile, dès qu'elle est arrosée du sang que distille la tête du monstre, conçoit et couve dans son sein les germes qu'y répand cette pluie empestée, et que fomente la chaleur. De là sont éclos (dit la fable) l'aspic, le seps, le dipse, le prester, et le céraste, et le scytale, et le rapide jaculus, et le basilic, dont le souffle est mortel à tous les autres serpents, et vous qu'on révère dans nos climats (*a*), dragons ailés, brillants d'écailles d'or, et sans venin par-tout ailleurs que sous le ciel ardent de la Libye; vous vous lancez du haut des airs sur les taureaux que votre queue embrasse, et qu'elle étouffe dans ses replis. La masse énorme de l'éléphant ne le garantit pas lui-même. C'est par un chemin tout semé de ces serpents venimeux, que Caton mène ses soldats endurcis à la souffrance, et il a la douleur de les voir périr de

---

(*a*) Les Grecs les appelaient *Agathodæmones*.

blessures presque invisibles, et dans des tourments inouis.

Aulus, jeune porte-enseigne, se sent embrasé d'un feu qui le dévore; le venin qui coule dans ses veines est celui d'un dipse, dont la dent subtile s'est à peine laissé sentir. Aulus prend cette ardeur pour celle de la soif : ni l'honneur de ses armes, ni la voix de Caton affligé de le voir souffrir, rien ne le retient; il jette son enseigne, il court furieux çà-et-là, cherchant une eau qui le désaltère; de son épée enfin il se coupe les veines, et il s'abreuve de son propre sang. Caton ordonne qu'on se mette en marche pour dérober à ses soldats ce spectacle décourageant; mais un objet plus douloureux encore se présente à lui. Un Romain, nommé Sabellus, se sentant mordu par un seps, l'arrache aussitôt de la plaie où ses dents enfoncées tenaient obstinément; et du fer de son javelot, il le perce et l'attache à la terre. Le seps, quoique le plus petit, est le plus cruel de tous les reptiles. A peine son venin a coulé dans les veines, que les chairs fondent comme la neige, ou comme la cire aux rayons du soleil, et les os restent dépouillés; les os mêmes en sont pénétrés, et il les réduit en poussière, sans laisser aucune apparence du corps qu'il a consumé. Un autre genre de mort succède. Un soldat Marse, appelé Nasidius, reçoit l'atteinte du prester. A l'instant même son sang bouillonne comme l'eau dans l'airain brûlant; un rouge de feu colore son visage; son corps s'enfle, sa peau se tend, sa forme naturelle est comme ensevelie dans une monstrueuse masse; ses compagnons, n'osant l'inhumer, s'éloignent de son corps hideux, dont le volume s'accroît encore, et le laissent en proie aux oiseaux voraces qui s'abstiendront d'y toucher, et aux bêtes féroces qu'un trépas soudain punira d'en avoir fait leur proie.

Tullus, magnanime jeune homme et sectateur passionné de la vertu de Caton, expire de la morsure d'un serpent non moins redoutable : au lieu de sang, c'est un poison vermeil qui jaillit de toutes ses veines : sa bouche le vomit à grands flots, ses yeux le répandent en larmes, ses pores l'exhalent en sueur; et tout son corps n'est qu'une plaie. Pour toi, malheureux Lévus, c'est l'aspic qui fait couler un froid mortel jusqu'à ton cœur. Sans qu'aucune douleur t'annonce sa morsure, tes yeux appesantis sont couverts d'un épais nuage, et le sommeil te conduit chez les morts. Le serpent jaculus, auprès duquel la pierre qui se détache de la fronde, et la flèche qui part de la main du Scythe, seraient lentes à fendre l'air, atteint le brave Polus à la tempe; et la vie, pour lui échapper, n'attend pas l'effet du venin. Que servit à Murrhus d'avoir percé un basilic du fer de sa lance? Le poison subtil et rapide s'insinua le long du bois que tenait la main du jeune homme : il en sentit l'atteinte, et dans le même instant, il se coupa la main d'un coup de son épée; alors voyant, exempt de péril, le venin dévorer sa proie, il s'applaudit de lui avoir livré cette partie de lui-même. Qui croirait, à voir le scorpion, qu'il eût la force de donner une mort si précipitée? Qui craindrait de fouler le sable où se tient caché l'imperceptible solpuga? Les Parques cependant leur ont donné des droits sur les jours des faibles mortels, et les Romains en font l'épreuve. Ni le jour, ni la nuit ne leur laisse un repos tranquille : la terre où ils se couchent leur est suspecte; ils n'ont pour lit ni chaume, ni feuillage; ils sont étendus sur le sable, exposés à mille morts. La chaleur de leurs corps attire les serpents, que saisit la fraîcheur des nuits; et ce n'est qu'après les avoir réchauffés dans leur sein, qu'ils se réveillent à leurs morsures.

Ce qui les désespère, c'est que n'ayant pour guide que le ciel (21), ils ne connaissent de leur route, ni la mesure, ni le terme : « O dieux ! s'écriaient-ils souvent, rendez-nous les combats que nous fuyons, rendez-nous les champs de Pharsale. Pourquoi faire périr indignement des hommes de courage, qui ont juré de mourir les armes à la main? Ici, c'est le dipse et le céraste qui nous font la guerre, et qui combattent pour César. Qu'on nous mène donc sous la zône torride, sous le char du soleil, nous y périrons, mais victimes des astres du ciel, non des reptiles de la terre. Ce n'est pas de l'Afrique, ce n'est pas de toi, nature, que nous nous plaignons. En livrant cette terre aux serpents, tu l'avais interdite aux hommes. Tu la rendis stérile pour les en écarter, et pour les garantir des poisons qu'elle engendre. C'est nous qui sommes venus malgré toi habiter parmi les serpents. Qu'il nous voit bien punis celui des dieux qui, pour rendre ces champs de la mort inaccessibles aux humains, a placé, d'un côté, les écueils des Syrtes, et de l'autre, la zône brûlante! qu'il nous voit bien punis d'avoir enfreint ses lois! Peut-être approchons-nous des barrières du monde, et allons-nous pénétrer dans les retraites les plus cachées, les plus profondes de la nature. De plus grands maux peut-être nous y sont réservés. N'est-ce point là que l'élément du feu se mêle avec celui des eaux, et que le ciel affaisse la terre? Car nous ne connaissons rien au-delà des sables de la Libye, et nous regretterons peut-être ce désert rempli de serpents : en eux du moins la vie existe, l'homme y peut respirer comme eux. Hélas! nous ne demandons point à revoir les champs de notre patrie : le doux climat de l'Europe, le beau ciel de l'Asie est trop loin de nous; mais l'Afrique où est-elle? où l'avons-nous laissée? Quand nous avons quitté Cyrène, le froid de l'hiver s'y faisait sentir. Dans le peu de chemin que nous avons fait, l'ordre des saisons est-il renversé? Nous avons sans doute passé le milieu du ciel; nous avançons vers l'autre pôle; nous faisons le tour de la terre. Peut-être Rome en ce moment est-elle sous nos pieds. Ah! pour toute consolation dans nos peines, nous demandons que nos ennemis, que César lui-même osent nous poursuivre par où nous les fuyons. »

Ainsi leur dure patience se soulageait par des plaintes. Mais ce qui leur fait supporter ces travaux, c'est la vertu de leur chef, qui, couché comme eux sur le sable, défie à toute heure la fortune de triompher de lui. Il partage seul tous les maux qui désolent son armée. Partout où il est appelé il y vole, et il y apporte plus que la vie, la force de souffrir la mort. En expirant devant lui, on n'oserait laisser échapper une plainte. Et quel pouvoir auraient les plus grands maux sur l'ame de celui qui sait les vaincre, même dans l'ame des autres, et dont le seul aspect leur apprend que la douleur ne peut rien? La fortune enfin, lasse d'éprouver ces malheureux, leur offrit un secours si long-temps attendu.

Il y a parmi les Marmarides un peuple qu'on nomme les Psylles (*a*). C'est le seul dans toute la Libye pour qui les serpents ne soient point à craindre. Il joint contre eux la vertu des herbes

---

(*a*) Caton (dit Plutarque) amenait avec lui de ces hommes qu'on appelle en Afrique les Psylles, lesquels guérissent les morsures des serpents, sucent le venin avec la bouche, et charment et enchantent les serpents mêmes, de manière qu'ils les rendent comme évanouis, et n'ayant pouvoir aucun de mal faire. (*Vie de Caton d'Utique.*)

à la force des enchantements, et il semble avoir fait un pacte avec la mort. Ce peuple est si persuadé (22) que son sang est incorruptible au venin, qu'aussitôt que ses enfants viennent au jour, il les expose à la morsure de l'aspic, pour éprouver si en eux ce sang n'a point souffert de mélange adultère. Ainsi l'oiseau de Jupiter, dès qu'il a fait éclore ses petits, les présente au soleil levant; et ceux dont l'œil fixe a la force de soutenir l'éclat de ses rayons, sont reconnus et nourris par leur père; mais ceux que la lumière blesse et qui baissent les yeux, sont abandonnés. L'épreuve de la naissance est la même parmi les Psylles : ils ne reconnaissent pour leur enfant que celui qui, sans être effrayé, joue avec les serpents qu'on lui met dans les mains. Le don que ce peuple a de les enchanter, ne lui est pas seulement utile à lui-même, il l'emploie encore au salut de ses hôtes, auprès desquels il veille à leur défense; et sa piété est l'unique refuge de l'étranger dans ces climats. Ce fut elle qui sauva l'armée de Caton. Ce bon peuple suivait sa marche; et lorsque le chef ordonnait de dresser les tentes, les Psylles prenaient soin de purifier le camp, en brûlant à l'entour les herbes odorantes qu'ils savent employer à leurs enchantements. Ainsi le soldat passait des nuits tranquilles. Mais si quelqu'un, pendant le jour, avait reçu l'atteinte de ces reptiles venimeux, c'était alors que l'art des Psylles usait des charmes les plus forts pour arrêter le cours du poison, et pour le retirer des veines. Si la force des herbes enchantées ne suffit pas, ils appliquent leur bouche à la plaie; ils pressent le venin avec leurs lèvres, ils l'expriment avec leurs dents, et ils reconnaissent au goût le serpent qui l'a distillé.

Soulagée par leur secours, l'armée s'avançait à travers ces campagnes; et la lune avait déja renouvelé, perdu et repris sa clarté, depuis qu'elle voyait Caton errer dans ces sables stériles.

Cependant la terre sous leurs pas commençait à s'affermir, et sa consistance annonçait l'humidité qui la fertilise; déja même on voyait de loin s'élever des arbres, peu touffus encore et clairsemés sur l'horizon; déja l'on découvrait quelques cabanes couvertes de chaume. O quelle fut la joie des troupes, lorsque, pour présage d'un plus heureux climat, elles virent, pour la première fois, de fiers lions venir à leur rencontre! Leptis était la ville la plus prochaine; et ce fut dans ce séjour tranquille qu'elles passèrent un hiver exempt des chaleurs du midi et des frimas du nord.

Dès que César, rassasié de sang, se fut éloigné de Pharsale (*a*), il écarta tous autres soins pour

---

(*a*) *Ille Pharsali biduo moratus.... tertiâ die profectus est versus Orientem, quò Pompeium fugam intendisse didicerat.* (APPIAN. de Bell. civ. lib. 2.) Ce fut Brutus (selon Plutarque) qui, par conjecture, indiqua à César la route que Pompée avait prise. (*Vie de Brutus.*)

s'attacher à poursuivre son gendre. Après avoir inutilement suivi ses traces sur la terre, guidé par la renommée, il le chercha sur les eaux. Il traverse le Bosphore de Thrace, il voit ce rivage fameux par les amours d'Héro, et cette mer où périt Hellé, et qui depuis en a porté le nom (*a*). De là il gagne la côte de Sigée (23), et ces bords dont la renommée le remplit d'admiration. Il parcourt les rives de Simoïs, et le promontoire de Rhœté, consacré par le tombeau d'Ajax. Il marche à travers ces ombres qui doivent tant au génie des poëtes ! Il erre dans les champs de la fameuse Troie; il cherche les traces des murs élevés par Apollon. Quelques buissons stériles, quelques troncs de vieux chênes couvrent les débris du palais des rois et des temples des dieux. Troie entière est ensevelie sous des ronces; ses ruines mêmes ont péri. Il reconnaît le rocher où fut enchaînée Hésione, et la forêt témoin des amours d'Anchise et de Vénus, et l'antre où siégea le beau Pâris, le juge des trois déesses, le lieu d'où fut enlevé Ganymède, et le mont sur lequel la cré-

---

(*a*). *Modicis navigiis Hellespontum trajicienti, Cassius cum parte triremium supervenit, ad Pharnacem properans; cùmque posset tot triremibus hostem longè navibus imparem opprimere, horrendâ Cæsaris felicitate attonitus, ratusque illum contra se navigare de industriâ, manus supplices è triremi tendens, orabat veniam, moxque classem ei dedit : tantùm poterat Cæsarianæ felicitatis opinio.* (APPIAN. de Bell. civ. lib. 2.)

dule OEnone rendit heureux son infidèle amant. Il ne voit pas un seul endroit qui ne rappelle un nom célèbre. Il avait passé, sans s'en apercevoir, un petit ruisseau qui serpentait dans la poussière; ce ruisseau était le Xante. Il portait négligemment ses pas sur un monceau de terre couvert de gazon; un Phrygien lui dit: « Que faites-vous? vous foulez les mânes d'Hector. » Il passait auprès d'un tas de pierres renversées, qui n'étaient plus que d'informes débris : « Quoi ! lui dit son guide, vous ne regardez pas l'autel de Jupiter, où Pyrrhus immola Priam?»

O travail immortel et sacré des poëtes ! tu sauves de l'oubli tout ce que tu veux; c'est par toi que les peuples triomphent de la mort, et revivent dans tous les âges. César, ne porte point envie à la mémoire de ces héros que leur poëte a éternisée; car si les muses du Latium peuvent prétendre à quelque gloire, j'ose te promettre que la race future lira ton nom dans mes vers, aussi long-temps que le nom d'Achille dans les vers du chantre de Smyrne. Mon poëme ne périra point, et ne sera jamais condamné aux ténèbres.

Dès que les yeux de César se sont rassasiés du spectacle de la vénérable antiquité, il érige à la hâte un autel de gazon (*a*); et après y avoir al-

---

(*a*) Alexandre, en passant sur les ruines de Troie, y fit des effusions funéraires aux héros dont les corps y étaient

lumé la flamme, il y fait ainsi sa prière : « Dieux
des cendres de Troie, ô qui que vous soyez qui
habitez parmi ces ruines, et vous, aïeux d'Énée
et mes aïeux, dont les lares sont aujourd'hui révérés dans Albe et dans Lavinium, et dont le feu
apporté de Phrygie brûle encore sur nos autels ;
et toi, Pallas, dont la statue, qu'aucun homme
ne vit jamais, est conservée à Rome dans le lieu
le plus saint du temple de Vesta, comme le gage
solennel de la durée de notre empire ; le dernier,
et peut-être le plus fameux des descendants d'Iule
fait fumer l'encens sur vos autels, et vous rappelle par ses vœux dans le sein de votre patrie.
Accordez-moi des succès heureux dans le reste
de mes travaux. Je rétablirai ce royaume, et je
le rendrai florissant. L'Ausonie reconnaissante re-
levera les murs des villes de Phrygie, et Troie,
à son tour fille de Rome, renaîtra de ses débris. »

Après avoir formé ces vœux, il remonte sur
ses vaisseaux ; et profitant de la faveur des vents,
il leur livre toutes ses voiles, afin de réparer le
temps qu'il a perdu sur les bords phrygiens. Déja
il a passé Lesbos, bientôt il laisse après lui l'Asie ;

---

ensevelis, principalement à Achille.... On lui demanda s'il
ne voulait point voir la lyre de Pâris, qu'on disait avoir conservée. Il répondit : « Je n'ai pas grande envie de voir celle-
là ; mais je verrais volontiers celle d'Achille, sur laquelle il
jouait et chantait les hauts faits et prouesses des hommes
vertueux du temps passé. » (PLUT. *Vie d'Alexandre.*)

et le zéphyr qui pousse la flotte, ne laissant pas un moment ses cordages détendus, fait voir à César, dès la septième nuit, les flambeaux du phare allumés sur le rivage de l'Égypte; mais l'éclat du jour avait effacé celui de ces flambeaux nocturnes, avant que César arrivât dans le port.

Au tumulte qu'il vit régner sur le rivage, au bruit confus de mille voix qui se confondaient dans les airs, il conçut des soupçons sur la foi de Ptolomée et de son peuple; et n'osant d'abord s'y livrer, il tint sa flotte loin du rivage. Bientôt un satellite de Ptolomée, chargé de ses affreux présents, aborde en pleine mer les vaisseaux de César, et lui présente la tête de Pompée, mais couverte d'un voile; et avant de l'offrir à ses yeux, sa bouche exécrable commence par exalter le crime de son maître.

« Vainqueur de la terre, dit-il à César, ô vous, le plus grand des Romains, et, ce que vous ne savez point encore, maître paisible et de Rome et du monde, puisque Pompée ne vit plus; le roi du Nil vous assure le prix de vos travaux et sur la terre et sur les mers; il vous présente ce qui manquait seul à votre victoire de Pharsale. En votre absence, il a terminé pour vous la guerre civile. Pompée, cherchant à réparer les pertes qu'il avait faites dans la Thessalie, est venu tomber sous nos coups. C'est à ce prix, César, que Ptolomée vient d'acheter votre faveur. C'est d'un tel sang qu'il a voulu cimenter son alliance avec vous. Recevez sous vos lois le royaume d'Égypte, sans qu'il vous coûte un seul de vos soldats ; acceptez l'empire absolu de la mer où le Nil se jette; acceptez tout ce que vous donneriez pour la tête de Pompée ; et regardez comme le plus fidèle de vos clients celui à qui les destins ont permis d'exécuter un si grand coup-d'état. Ne croyez pas, César, qu'il ne soit d'aucun prix, parce qu'il a été facile. L'aïeul du jeune prince était lié avec Pompée des nœuds de l'hospitalité ; son père lui devait sa couronne. Que vous dirai-je de plus? Vous donnerez vous-même un nom au service qu'il vous a rendu, ou vous attendrez que l'univers le nomme. Si c'est un crime, vous avouerez que le mérite en est plus grand, puisqu'on vous en a épargné le reproche. »

Après ce discours, il découvre et présente à César la tête de Pompée. La mort avait déja changé ses traits. César eut peine à les reconnaître (a). Ce ne fut point à la première vue qu'il rejeta cet horrible présent, et qu'il en détourna les yeux : ses regards s'y attachèrent pour s'en assurer; mais lorsqu'il eut vérifié le crime, et qu'il put paraître,

---

(a) Lorsqu'on lui présenta la tête de Pompée, il détourna les yeux (dit Appien); et il ordonna qu'on l'ensevelît dans un lieu des faubourgs, où il fit élever un petit temple à Némesis. (*Des guerres civiles, lib.* 2.) Plutarque ajoute, qu'il reçut le cachet de Pompée ; et qu'en le regardant, il se mit à pleurer. (*Vie de Jules-César.*)

en sûreté, sensible et généreux, il répandit quelques larmes que la douleur ne faisait point couler; et du fond d'un cœur satisfait, il fit sortir des plaintes simulées. Il ne fallait pas moins, pour déguiser sa joie, que tous les signes de la douleur. Par-là il dérobe au tyran du Nil le mérite de son forfait; et les larmes qu'il répand sur la tête de Pompée, le dispensent de la payer. Lui qui, sans changer de visage, avait foulé aux pieds les corps des sénateurs, et qui d'un œil sec avait vu Pharsale, il n'osa refuser à Pompée des gémissements et des pleurs. O César, tu as fait une guerre implacable à celui que tu devais pleurer! Non, ce n'est pas ton alliance avec Pompée qui te touche; ce n'est pas le souvenir de ta fille et de son enfant; tu sais que Pompée était cher aux peuples, et tu espères que tes regrets les rangeront sous tes drapeaux. Peut-être aussi es-tu indigné qu'un autre que toi ait osé croire pouvoir disposer de sa vie, et qu'on l'ait dérobé au triomphe de son superbe vainqueur; mais quel que soit le sentiment qui t'arrache des larmes, il est bien éloigné d'une piété véritable; et ce n'était pas pour le sauver que tu le cherchais avec tant d'ardeur et sur la terre et sur les mers. O qu'il est heureux que la mort te l'ait enlevé! Quelle honte la Fortune a épargnée à Rome, en ne lui donnant pas le spectacle de César pardonnant à Pompée, et lui laissant la vie!

César ne laissa pas de soutenir par ses paroles

les apparences de sa douleur. « Va, traître (24), emporte loin de mes yeux (dit-il) ces dons funestes de ton roi : votre crime est encore plus grand envers César qu'envers Pompée. Vous m'enlevez le seul prix, le seul avantage de la guerre civile, celui de sauver les vaincus. Si la sœur de Ptolomée ne lui était pas odieuse, je le paierais comme il le mérite; je lui enverrais en échange la tête de Cléopâtre. Qui lui a permis de mêler à mes victoires des trahisons et des assassinats? est-ce pour lui donner sur nous le droit du glaive, que nous avons combattu dans la Thessalie? l'avons-nous rendu l'arbitre de nos jours? Ce pouvoir que je n'ai pas voulu partager avec Pompée, souffrirai-je que Ptolomée ose l'exercer avec moi? En vain tant de peuples armés seraient entrés dans nos querelles, s'il restait dans l'univers d'autre puissance que César, et si la terre avait deux maîtres. Je quitterais dès ce moment ce rivage que je déteste, sans le soin de ma renommée, qui me défend de laisser croire que je vous fuis par crainte plutôt que par indignation. Et ne croyez pas que je me trompe à ce que vous faites pour le vainqueur : l'accueil qu'a reçu Pompée en Égypte m'était préparé; et si ce n'est pas ma tête que tu portes à la main, je ne le dois qu'au bonheur de mes armes en Thessalie. Le péril était bien plus grand que je ne croyais dans cette journée : je ne craignais pour moi que l'exil, la colère de Pompée, le ressentiment de Rome; et je vois que le glaive de Ptolomée m'attendait si j'avais fui. Cependant je veux bien pardonner à son âge, et ne pas punir sa faiblesse, du crime qu'on lui a suggéré; mais qu'il sache que le pardon est tout le prix qu'il en peut attendre. Vous, ayez soin d'élever un bûcher, où la tête de ce héros se consume, non pas afin que votre crime soit à jamais enseveli, mais afin que son ombre soit appaisée. Sur un tombeau digne de lui, portez votre encens et vos vœux; recueillez ses cendres dispersées sur ce rivage, et donnez un asyle à ses mânes errants. Que du sein des morts il s'aperçoive de l'arrivée de son beau-père, et qu'il entende les regrets que ma piété donne à son trépas. En préférant tout à César, en aimant mieux devoir la vie à son client d'Égypte qu'à moi, il a dérobé un beau jour au monde! L'exemple et le fruit de notre réconciliation est perdu. Les dieux ne m'ont point exaucé, puisqu'ils n'ont pas permis, ô Pompée, que, jetant mes armes victorieuses et te recevant dans mes bras, je t'aie conjuré de reprendre pour moi ton ancienne amitié, et que je t'aie demandé pour toi-même la vie : satisfait, si, par mes travaux, j'avais obtenu d'être ton égal. Alors, dans une paix constante, j'aurais mérité de toi de pardonner ma victoire aux dieux, et tu aurais obtenu que Rome me l'eût pardonnée à moi-même. »

Quelque touchantes que fussent ces paroles,

aucun de ceux qui l'écoutaient ne mêla ses larmes aux siennes. Ils renferment tous leur douleur, ils la déguisent sous l'apparence de la joie; et d'un air satisfait (ô lâche complaisance!) ils regardent le crime atroce dont César paraît affligé.

EXCERPTA

EX LIBRO NONO.

(1) At non in Phariâ Manes jacuêre favillâ,
Nec cinis exiguus tantam compescuit umbram;
Prosiluit busto, semiustaque membra relinquens,
Degeneremque rogum, sequitur convexa Tonantis.
Quà niger astriferis connectitur axibus aër,
Quodque patet terras inter lunæque meatus,
Semidei Manes habitant, quos ignea virtus
Innocuos vitæ, patientes ætheris imi
Fecit, et æternos animam collegit in orbes.
Non illùc auro positi, nec thure sepulti
Perveniunt. Illic postquàm se lumine vero
Implevit, stellasque vagas miratur, et astra
Fixa polis, vidit quantâ sub nocte jaceret
Nostra dies, risitque sui ludibria trunci.
Hinc super Emathiæ campos, et signa cruenti
Cæsaris, ac sparsas volitavit in æquore classes;
Et scelerum vindex in sancto pectore Bruti
Sedit, et invicti posuit se mente Catonis.
Ille, ubi pendebant casus, dubiumque manebat,
Quem mundi dominum facerent civilia bella,
Oderat et Magnum, quamvis comes isset in arma
Auspiciis raptus patriæ, ductuque senatûs.
At post Thessalicas clades, jàm pectore toto
Pompeianus erat. Patriam tutore carentem

Excepit, populi trepidantia membra refovit,
Ignavis manibus projectos reddidit enses;
Nec regnum cupiens gessit civilia bella,
Nec servire timens. Nil causâ fecit in armis
Ipse suâ. Totæ post Magni funera partes
Libertatis erant; quas ne per littora fusas
Colligeret rapido victoria Cæsaris actu,
Corcyræ secreta petit, ac mille carinis
Abstulit Emathiæ secum fragmenta ruinæ.
Quis ratibus tantis fugientia crederet ire
Agmina? quis pelagus victas arctâsse carinas?

(2) Cùm procùl ex alto tendentes vela carinæ
Ancipites tenuêre animos, sociosne malorum,
An veherent hostes; præceps facit omne timendum
Victor, et in nullâ non creditur esse carinâ.
Ast illæ puppes luctus, planctusque ferebant,
Et mala vel duri lacrymas motura Catonis.

(3) Ergo indigna fui, dixit, Fortuna, marito
Accendisse rogum, gelidos effusa per artus
Incubuisse viro, laceros exurere crines,
Membraque dispersi pelago componere Magni,
Vulneribus cunctis largos infundere fletus,
Ossibus et tepidâ vestes implere favillâ,
Quidquid ab extincto licuisset tollere busto,
In templis sparsura deûm! Sine funeris ullo
Ardet honore rogus; manus hoc Ægyptia forsan
Obtulit officium grave manibus. O benè nudi
Crassorum cineres! Pompeio contigit ignis
Invidiâ majore deûm. Similisne malorum
Sors mihi semper erit? Nunquàm dare busta licebit
Conjugibus? nunquàm plenas plangemus ad urnas?
Quid porrò tumulis opus est, aut ulla requiris
Instrumenta, dolor? Non toto pectore portas,

Impia, Pompeium? non imis hæret imago
Visceribus? Quærat cineres victura superstes.
Nunc tamen hic, longè qui fulget luce malignâ,
Ignis adhuc aliquid, Phario de littore surgens,
Ostendit mihi, Magne, tui; jàm flamma resedit,
Pompeiumque ferens vanescit solis ad ortus
Fumus, et invisi tendunt mihi carbasa venti.
Non mihi nunc tellus Pompeio si qua triumphos
Victa dedit, non alta terens Capitolia currus
Gratior : elapsus felix de pectore Magnus;
Hunc volumus, quem Nilus habet; terræque nocenti
Non hærere queror : crimen commendat arenas.
Linquere, si qua fides, Pelusia littora nolo.
Tu pete bellorum casus, et signa per orbem,
Sexte, paterna move; namque hæc mandata reliquit
Pompeius vobis in nostrâ condita curâ :
« Me cùm fatalis letho damnaverit hora,
Excipite, ô nati, bellum civile; nec unquam,
Dùm terris aliquis nostrâ de stirpe manebit,
Cæsaribus regnare vacet. Vel sceptra, vel urbes
Libertate suâ validas, impellite famâ
Nominis; has vobis partes, hæc arma relinquo.
Inveniet classes quisquis Pompeius in undas
Venerit; et noster nullis non gentibus hæres
Bella dabit. Tantùm indomitos, memoresque paterni
Juris habete animos. Uni parere decebit,
Si faciet partes pro libertate, Catoni. »
Exsolvi tibi, Magne, fidem; mandata peregi.
Insidiæ valuêre tuæ, deceptaque vixi,
Ne mihi commissas auferrem perfida voces.
Jàm nunc te per inane chaos, per Tartara, conjux,
Si sunt ulla, sequar. Quàm longo tradita letho
Incertum est; pœnas animæ vivacis ab ipsâ
Antè feram. Potuit cernens tua vulnera, Magne,
Non fugere in mortem; planctu contusa peribit :

Effluet in lacrymas : nunquàm veniemus ad enses,
Aut laqueos, aut præcipites per inania jactus.
Turpe mori, post te, solo non posse dolore.

Sic ubi fata, caput ferali obducit amictu,
Decrevitque pati tenebras, puppisque cavernis
Delituit : sævumque arctè complexa dolorem,
Perfruitur lacrymis, et amat pro conjuge luctum.
Illam non fluctus, stridensque rudentibus Eurus
Movit, et exsurgens ad summa pericula clamor;
Votaque sollicitis faciens contraria nautis,
Composita in mortem jacuit, favitque procellis.

(4) Tristis, ut in multo mens est præsaga timore,
Aspexit patrios comites à littore Magnus,
Et fratrem; medias præceps tunc fertur in undas.
Dic ubi sit, germane parens; stat summa, caputque
Orbis? an occidimus? Romanaque Magnus ad umbras
Abstulit? Hæc fatur : quem contra talia frater :
O felix, quem sors alias dispersit in oras,
Quique nefas audis ! Oculos, germane, nocentes
Spectato genitore fero. Non Cæsaris armis
Occubuit, dignoque perit auctore ruinæ.
Rege sub impuro Nilotica rura tenente,
Hospitii fretus superis, et munere tanto
In proavos, cecidit donati victima regni.
Vidi ego magnanimi lacerantes pectora patris;
Nec credens Pharium tantum potuisse tyrannum,
Littore Niliaco socerum jàm stare putavi.
Sed me nec sanguis, nec tantùm vulnera nostri
Affecêre senis, quantùm gestata per urbes
Ora ducis, quæ transfixo sublimia pilo
Vidimus : hæc, fama est, oculis victoris iniqui
Servari, scelerisque fidem quæsisse tyrannum.
Nàm corpus Phariæne canes, avidæque volucres
Distulerint, an furtivus, quem vidimus, ignis

Solverit, ignoro. Quæcumque injuria fati
Abstulit hos artus, superis hæc crimina dono;
Servatâ de parte queror. Cùm talia Magnus
Audisset, non in gemitus lacrymasque dolorem
Effudit; justâque furens pietate profatur :
Præcipitate rates è sicco littore, nautæ;
Classis in adversos erumpat remige ventos;
Ite duces mecum; nunquam civilibus armis
Tanta fuit merces, inhumatos condere manes,
Sanguine semiviri Magnum satiare tyranni.
Non ego Pellæas arces, adytisque retectum
Corpus Alexandri pigrâ Mareotide mergam?
Non mihi pyramidum tumulis evulsus Amasis,
Atque alii reges Nilo torrente natabunt?
Omnia dent pœnas nudo tibi, Magne, sepulcra.
Evolvam busto jàm numen gentibus Isim,
Et tectum lino spargam per vulgus Osirim,
Et sacer in Magni cineres mactabitur Apis,
Suppositisque deis uram caput. Has mihi pœnas
Terra dabit; linquam vacuos cultoribus agros;
Nec, Nilus cui crescat, erit; solusque tenebis
Ægyptum genitor, populis superisque fugatis.
  Dixerat, et classem sævas rapiebat in undas.
Sed Cato laudatam juvenis compescuit iram.
Intereâ, totis audito funere Magni
Littoribus, sonuit percussus planctibus æther;
Exemploque carens, et nulli cognitus ævo
Luctus erat, mortem populos deflere potentis.
Sed magis, ut visa est lacrymis exhausta solutas
In vultus effusa comas, Cornelia puppe
Egrediens, rursùs geminato verbere plangunt.
Ut primùm in sociæ pervenit littora terræ,
Collegit vestes, miserique insignia Magni,
Armaque, et impressas auro, quas gesserat olim,
Exuvias, pictasque togas, velamina summo

Ter conspecta Jovi, funestoque intulit igni.
Ille fuit miseræ Magni cinis. Accipit omnis
Exemplum pietas, et toto littore busta
Surgunt, Thessalicis reddentia manibus ignem.

(5) Non tamen ad Magni pervenit gratiùs umbram,
Omne quod in superos audet convicia vulgus,
Pompeiumque deis obicit, quàm pauca Catonis
Verba, sed à pleno venientia pectore veri.
Civis obît (inquit) multò majoribus impar
Nosse modum juris; sed in hoc tamen utilis ævo,
Cui non ulla fuit justi reverentia. Salvâ
Libertate potens, et solus plebe paratâ
Privatus servire sibi; rectorque senatûs,
Sed regnantis, erat. Nil belli jura poposcit;
Quæque dari voluit, voluit sibi posse negari.
Immodicas possedit opes; sed plura retentis
Intulit. Invasit ferrum; sed ponere nôrat.
Prætulit arma togæ, sed pacem armatus amavit.
Juvit sumta ducem, juvit dimissa potestas.
Casta domus, luxuque carens; corruptaque nunquàm
Fortunâ domini. Clarum, et venerabile nomen
Gentibus, et multùm nostræ quod proderat urbi.
Olim vera fides, Syllâ Marioque receptis,
Libertatis obît; Pompeio rebus ademto,
Nunc et ficta perît. Non jàm regnare pudebit;
Nec color imperii, nec frons erit ulla senatûs.
O felix, cui summa dies fuit obvia victo,
Et cui quærendos Pharium scelus obtulit enses!
Forsitan in soceri potuisses vivere regno.
Scire mori, sors prima viris; sed proxima, cogi.
Et mihi, si fatis aliena in jura venimus,
Da talem Fortuna Jubam : non deprecor hosti
Servari, dùm me servet cervice recisâ.

(6) O nunquàm pacate Cilix! iterùmne rapinas

Vadis in æquoreas? Magnum Fortuna removit;
Jàm pelago pirata redis.

(7) Nos Cato, da veniam, Pompeii duxit in arma,
Non belli civilis amor; partesque favore
Fecimus. Ille jacet, quem paci prætulit orbis;
Causaque nostra perit. Patrios permitte penates,
Desertamque domum, dulcesque revisere natos.
Nam quis erit finis, si nec Pharsalia pugnæ,
Nec Pompeius erit? Perierunt tempora vitæ;
Mors eat in tutum; justas sibi nostra senectus
Prospiciat flammas. Bellum civile sepulcra
Vix ducibus præstare potest. Non barbara victos
Regna manent; non Armenium mihi sæva minatur,
Aut Scythicum Fortuna jugum; sub jura togati
Civis eo. Quisquis Magno vivente secundus,
Hic mihi primus erit; sacris præstabitur umbris
Summus honor: dominum, quem clades cogit, habebo;
Nullum, Magne, ducem, te solum in bella secutus
Post te, fata sequar; neque enim sperare secunda,
Fas mihi, nec liceat. Fortunâ cuncta tenentur
Cæsaris; Emathium sparsit victoria ferrum.
Clausa fides miseris, et toto solus in orbe est,
Qui velit, ac possit victis præstare salutem.
Pompeio, scelus est bellum civile, perempto,
Quo fuerat vivente, fides. Si publica jura,
Si semper patriam sequeris, Cato, signa petamus
Romanus quæ consul habet. Sic ille profatus
Insiluit puppi, juvenum comitante tumultu.

Actum Romanis fuerat de rebus, et omnis
Indiga servitii fervebat littore plebes.
Erupêre ducis sacro de pectore voces:
Ergò pari voto gessisti bella, juventus;
Tu quoque pro dominis, et Pompeiana fuisti,
Non Romana manus? Quòd non in regna laboras,

Quòd tibi, non ducibus, vivis, moriensque quòd orbem
Acquiris nulli, quòd jàm tibi vincere tutum est,
Bella fugis! quærisque jugum cervice vacante!
Et nescis sine rege pati! Nunc causa pericli
Digna viris. Vestro potuit Pompeius abuti
Sanguine. Nunc patriæ jugulos ensesque negatis,
Cùm propè libertas! Unum Fortuna reliquit
Jàm tribus è dominis. Pudeat: plùs regia Nili
Contulit in leges, et Parthi militis arcus.
Ite, ô degeneres, Ptolemæi munus, et arma
Spernite. Quis vestras ullâ putet esse nocentes
Cæde manus? Credet faciles sibi terga dedisse,
Credet ab Emathiis primos fugisse Philippis.
Vadite securi; meruistis judice vitam
Cæsare, non armis, non obsidione subacti.
O famuli turpes, domini post fata prioris,
Itis ad hæredem! Cur non majora mereri,
Quàm vitam, veniamque libet? Rapiatur in undas
Infelix Magni conjux, prolesque Metelli;
Ducite Pompeios; Ptolemæi vincite munus.
Nostra quoque inviso quisquis feret ora tyranno,
Non parvâ mercede dabit. Sciat ista juventus
Cervicis pretio, benè se mea signa secutam.
Quin agite, et magnâ meritum cum cæde parate.
Ignavum scelus est tantùm fuga. Dixit; et omnes
Haud aliter medio revocavit ab æquore puppes,
Quàm simul effætas linquunt examina ceras,
Atque oblîta favi non miscent nexibus alas,
Sed sibi quæque volat, nec jàm degustat amarum
Desidiosa thymum; tùm si sonus increpet æris,
Attonitæ posuêre fugam, studiumque laboris
Florigeri repetunt, et sparsi mellis amorem;
Gaudet in Hyblæo securus gramine pastor
Divitias servasse casæ. Sic voce Catonis
Inculcata viris justi patientia Martis.

(8) Ambiguâ sed lege loci jacet invia sedes;
Æquora fracta vadis, abruptaque terra profundo;
Et post multa sonant projecti littora fluctus.

(9) Olim Syrtis erat pelago, penitùsque natabat;
Sed rapidus Titan ponto sua lumina pascens,
Æquora subduxit zonæ vicina perustæ;
Et nunc pontus adhuc Phæbo siccante repugnat.

(10) Invidus, annoso famam qui derogat ævo,
Qui vates ad vera vocat.

(11) O quibus una salus placuit mea castra secutis,
Indomitâ cervice mori, componite mentes
Ad magnum virtutis opus, summosque labores.
Vadimus in campos steriles, exustaque mundi,
Quà nimius Titan, et raræ in fontibus undæ,
Siccaque lethiferis squalent serpentibus arva,
Durum iter, ad leges, patriæque ruentis amorem.
Per mediam Libyen veniant, atque invia tentent,
Si quibus in nullo positum est evadere voto,
Si quibus ire sat est, neque enim mihi fallere quemquam
Est animus, tectoque metu perducere vulgus;
Hi mihi sint comites, quos ipsa pericula ducent,
Qui me teste, pati, vel quæ tristissima, pulchrum,
Romanumque putant. At qui sponsore salutis
Miles eget, capiturque animæ dulcedine, vadat
Ad dominum meliore viâ. Dùm primus arenas
Ingrediar, primusque gradus in pulvere ponam,
Me calor æthereus feriat, mihi plena veneno
Occurrat serpens; fatoque pericula vestra
Prætentate meo, sitiat, quicumque bibentem
Viderit; aut umbras nemorum quicumque petentem,
Æstuet; aut equitem peditum præcedere turmas,
Deficiat; si quo fuerit discrimine notum

Dux, an miles eam. Serpens, sitis, ardor, arenæ,
Dulcia virtuti : gaudet patientia duris.
Lætius est, quoties magno sibi constat, honestum.

(12) Temperies vitalis abest; et nulla sub illâ
Cura Jovis terrâ est; naturâ deside torpet
Orbis, et immotis annum non sentit arenis.

(13) .... Non montibus ortum
Adversis frangit Libye, scopulisque repulsum
Dissipat, et liquidas è turbine solvit in auras;
Nec ruit in sylvas, annosaque robora torquens
Lassatur : patet omne solum, liberque meatu
Æoliam rabiem totis exercet arenis.
At non imbriferam contorto pulvere nubem
In flexum violentus agit : pars plurima terræ
Tollitur, et nunquàm resoluto vertice pendet.

(14) .... Nullusque potest consistere miles,
Instabilis raptis etiam, quas calcat, arenis.
Concuteret terras, orbemque à sede moveret,
Si solidâ Libye compage, et pondere duro
Clauderet exesis austrum scopulosa cavernis.
Sed quia mobilibus facilis turbatur arenis,
Nusquàm luctando stabilis manet : imaque tellus
Stat, quia summa fugit.

(15) Sic orbem torquente Noto, Romana juventus
Procubuit, metuensque rapi, constrinxit amictus,
Inseruitque manus terræ; nec pondere solo,
Sed nixu jacuit : vix sic immobilis austro,
Qui super ingentes cumulos involvit arenæ,
Atque operit tellure viros. Vix tollere miles
Membra valet, multo congestu pulveris hærens.

(16) Utque calor solvit, quem torserat aëra ventus,

Incensusque dies, manant sudoribus artus;
Arent ora siti. Conspecta est parva malignâ
Unda procul venâ, quàm vix è pulvere miles
Corripiens, patulum galeâ confudit in orbem,
Porrexitque duci. Squalebant pulvere fauces
Cunctorum; minimumque tenens dux ipse liquoris,
Invidiosus erat. Mene, inquit, degener, unum,
Miles, in hac turbâ vacuum virtute putasti?
Usque adeò mollis, primisque caloribus impar
Sum visus? Quantò poenâ tu dignior istâ,
Qui populo sitiente bibas! Sic concitus irâ
Excussit galeam; suffecitque omnibus unda.

(17) Ventum erat ad templum, Libycis quod gentibus unum.
Inculti Garamantes habent. Stat corniger illîc
Jupiter, ut memorant; sed non aut fulmina vibrans,
Aut similis nostro, sed tortis cornibus Ammon.
Non illic Libycæ posuerunt ditia gentes
Templa; nec Eois splendent donaria gemmis.
Quamvis Æthiopum populis, Arabumque beatis
Gentibus, atque Indis unus sit Jupiter Ammon,
Pauper adhuc deus est, nullis violata per ævum
Divitiis delubra tenens; morumque priorum.
Numen Romano templum defendit ab auro.
Esse locis superos testatur silva per omnem
Sola virens Libyen.

(18) Maximus hortator scrutandi voce deorum
Eventus, Labienus erat. Sors obtulit, inquit,
Et fortuna viæ tàm magni numinis ora,
Consiliumque dei; tanto duce possumus uti
Per Syrtes, bellique datos cognoscere casus.
Nam cui crediderim superos arcana daturos,
Dicturosque magis, quàm sancto vera Catoni?
Certè vita tibi semper directa supernas

Ad leges, sequerisque deum. Datur ecce loquendi
Cum Jove libertas. Inquire in fata nefandi
Cæsaris; et patriæ venturos excute mores :
Jure suo populis uti, legumque licebit,
An bellum civile perit. Tua pectora sacrâ
Voce reple : duræ saltem virtutis amator,
Quære quid est virtus, et posce exemplar honesti.
  Ille deo plenus, tacitâ quem mente gerebat,
Effudit dignas adytis è pectore voces :
Quid quæri, Labiene, jubes? An liber in armis
Occubuisse velim potiùs, quàm regna videre?
An sit vita nihil, sed longam differat ætas?
An noceat vis ulla bono? Fortunaque perdat
Oppositâ virtute minas? laudandaque velle
Sit satis? et nunquàm successu crescat honestum?
Scimus, et hoc nobis non altiùs inseret Ammon.
Hæremus cuncti superis; temploque tacente,
Nil facimus non sponte dei. Nec vocibus ullis
Numen eget; dixitque semel nascentibus auctor
Quidquid scire licet. Steriles nec legit arenas,
Ut caneret paucis, mersitque hoc pulvere verum.
Estne dei sedes, nisi terra, et pontus, et aër,
Et cœlum, et virtus? Superos quid quærimus ultra?
Jupiter est quodcumque vides, quocumque moveris.
Sortilegis egeant dubii, semperque futuris
Casibus ancipites; me non oracula certum,
Sed mors certa facit. Pavido, fortique cadendum est :
Hoc satis est dixisse Jovem. Sic ille profatur;
Servatâque fide templi discedit ab aris,
Non exploratum populis Ammona relinquens.
  Ipse manu sua pila gerens, præcedit anheli
Militis ora pedes; monstrat tolerare labores,
Non jubet; et nullâ vehitur cervice supinus,
Carpentove sedens. Somni parcissimus ipse est,
Ultimus haustor aquæ. Cùm tandem fonte reperto

Indiga cogatur latices potare juventus,
Stat, dum lixa bibat. Si veris magna paratur
Fama bonis, et si successu nuda remoto
Inspicitur virtus, quidquid laudamus in ullo
Majorum, fortuna fuit. Quis Marte secundo,
Quis tantum meruit populorum sanguine nomen?
Hunc ego per Syrtes, Libyæque extrema triumphum
Ducere maluerim, quàm ter Capitolia curru
Scandere Pompeii, quàm frangere colla Jugurthæ.
Ecce parens verus patriæ dignissimus aris,
Roma, tuis, per quem nunquàm jurare pudebit,
Et quem, si steteris unquàm cervice solutâ,
Tunc olim factura deum.

(19) Ductor, ut aspexit perituros fonte relicto,
Alloquitur: Vanâ specie conterrite lethi,
Ne dubita, miles, tutos haurire liquores:
Noxia serpentum est admisto sanguine pestis;
Morsu virus habent, et fatum dente minantur;
Pocula morte carent. Dixit dubiumque venenum
Hausit; et in totâ Libyæ fons unus arenâ
Ille fuit, de quo primus sibi posceret undam.

(20) . . . . Illis è faucibus angues
Stridula fuderunt vibratis sibila linguis,
Femineæ qui more comæ per terga soluti,
Ipsa flagellabant gaudentis colla Medusæ.
Surgunt adversâ subrectæ fronte colubræ,
Vipereumque fluit depexo crine venenum.

(21) . . . . Vigilat pars magna comarum,
Defenduntque caput protenti crinibus hydri;
Pars jacet in medios vultus, oculique tenebras.

(22) . . . . Nec, quæ mensura viarum,
Quisve modus nôrunt, cœlo duce. Sæpè querentes,

Reddite dii, clamant, miseris, quæ fugimus, arma,
Reddite Thessaliam. Patimur cur segnia fata
In gladios jurata manus? pro Cæsare pugnant
Dipsades, et peragunt civilia bella Cerastæ.
Ire libet quà Zona rubens atque axis inustus
Solis equis; juvat ætheriis adscribere causis
Quòd peream, cœloque mori. Nil, Africa, de te,
Nec de te, natura, queror; tot monstra ferentem,
Gentibus ablatum dederas serpentibus orbem;
Impatiensque solum Cereris, cultore negato,
Damnasti, atque homines voluisti deesse venenis.
In loca serpentum nos venimus. Accipe pœnas,
Tu quisquis superûm commercia nostra perosus,
Hinc torrente plagâ, dubiis hinc Syrtibus orbem
Abrumpens, medio posuisti limite mortes.
Per secreta tui bellum civile recessûs
Vadit; et arcani miles tibi conscius orbis
Claustra petit mundi. Forsan majora supersunt
Ingressis. Coëunt ignes stridentibus undis,
Et premitur natura poli. Sed longius istâ
Nulla jacet tellus, quam famâ cognita nobis
Tristia regna Jubæ. Quæremus forsitan istas
Serpentum terras; habet hoc solatia cœlum,
Vivit adhuc aliquid. Patriæ non arva requiro,
Europamque, alios soles, Asiamque videntem
Quà te parte poli, quà te tellure reliqui
Africa? Cyrenis etiam nunc bruma rigebat.
Exiguâne viâ legem convertimus anni?
Imus in adversos axes, evolvimur orbe;
Terga damus ferienda Noto. Nunc forsitan ipsa est
Sub pedibus jàm Roma meis. Solatia fati
Hæc petimus: veniant hostes, Cæsarque sequatur
Quà fugimus. Sic dura suos patientia questus
Exonerat. Cogit tantos tolerare labores
Summa ducis virtus, qui nudâ fusus arenâ

Excubat atque omni Fortunam provocat horâ.
Omnibus unus adest fatis; quòque vocatur
Advolat, atque ingens meritum, majusque salute
Contulit, in lethum vires : puduitque gementem
Illo teste mori. Quod jus habuisset in ipsum
Ulla lues? casus alieno in pectore vincit,
Spectatorque docet magnos nil posse dolores.

(23) . . . . Fiducia tanta est
Sanguinis : in terram parvus cùm decidit infans,
Ne qua sit externæ Veneris mistura timentes,
Lethificâ dubios explorant aspide partus.
Utque Jovis volucer, calido cùm protulit ovo
Implumes natos, solis convertit in ortus;
Qui potuêre pati radios, et lumine recto
Sustinuêre diem, cœli servantur in usus;
Qui Phœbo cessêre, jacent. Sic pignora gentis
Psyllus habet, si quis tactos non horruit angues,
Si quis donatis lusit serpentibus infans.

(24) Sigeasque petit famæ mirator arenas.
Et Simoëntis aquas, et Graio nobile busto
Rhætion, et multum debentes vatibus umbras.
Circuit exustæ nomen memorabile Trojæ,
Magnaque Phœbei quærit vestigia muri.
Jàm silvæ steriles, et putres robore trunci
Assaraci pressêre domos, et templa deorum
Jàm lassa radice tenent; ac tota teguntur
Pergama dumetis : etiam periêre ruinæ.
Aspicit Hesiones scopulos, silvasque latentes
Anchisæ thalamos; quo judex sederit antro;
Undè puer raptus cœlo; quo vertice Naïs
Luserit OEnone. Nullum est sine nomine saxum.
Inscius in sicco serpentem pulvere rivum
Transierat, qui Xantus erat : securus in alto
Gramine ponebat gressus : Phryx incola manes

Hectoreos calcare vetat. Discussa jacebant
Saxa, nec ullius faciem servantia sacri;
Herceas monstrator ait, non respicis aras?
O sacer, et magnus vatum labor! omnia fato
Eripis, et populis donas mortalibus ævum.
Invidiâ sacræ Cæsar ne tangere famæ;
Nam, si quid Latiis fas est promittere Musis,
Quantùm Smyrnæi durabunt vatis honores,
Venturi me, teque legent; Pharsalia nostra
Vivet, et à nullo tenebris damnabitur ævo.
 Ut ducis implevit visus veneranda vetustas,
Erexit subitas congestu cespitis aras,
Votaque thuricremos non irrita fudit in ignes.
Dì cinerum, Phrygias colitis quicumque ruinas,
AEneæque mei, quos nunc Lavinia sedes
Servat et Alba, Lares, et quorum lucet in aris
Ignis adhuc Phrygius, nullique aspecta virorum
Pallas, in abstruso pignus memorabile templo;
Gentis Iuleæ vestris clarissimus aris
Dat pia thura nepos, et vos in sede priori
Ritè vocat : date felices in cætera cursus;
Restituam populos. Gratâ vice mœnia reddent
Ausonidæ Phrygibus, Romanaque Pergama surgent.
Sic fatus, repetit classes, et tota secundis
Vela dedit Coris, avidusque urgente procellâ
Ilacas pensare moras, Asiamque potentem
Prævehitur, pelagoque Rhodon spumante relinquit.

(25) Aufer ab aspectu nostro funesta, satelles,
Regis dona tui : pejus de Cæsare vestrum,
Quàm de Pompeio meruit scelus : unica belli
Præmia civilis, victis donare salutem,
Perdidimus. Quòd si Phario germana tyranno
Non invisa foret, potuissem reddere regi,
Quod meruit; fratrique tuum pro munere tali

33.

Misissem, Cleopatra, caput. Secreta quid arma
Movit, et inseruit nostro sua tela labori?
Ergo in Thessalicis Pellæo fecimus arvis
Jus gladio? vestris quæsita licentia regnis?
Non tuleram Magnum mecum Romana regentem;
Te Ptolemæe feram? Frustrà civilibus armis
Miscuimus gentes, si qua est hoc orbe potestas
Altera, quàm Cæsar; si tellus ulla duorum est.
Vertissem Latias à vestro littore proras:
Famæ cura vetat, ne non damnasse cruentam,
Sed videar timuisse Pharon. Nec fallere vos me
Credite victorem: nobis quoque tale paratum
Littoris hospitium: ne sic mea colla gerantur,
Thessaliæ fortuna facit. Majore profectò,
Quàm metui poterat, discrimine gessimus arma:
Exilium, generique minas, Romamque timebam;
Pœna fugæ Ptolemæus erat. Sed parcimus annis,
Donamusque nefas. Sciat hac pro cæde tyrannus
Nil veniâ plus posse dari. Vos condite busto
Tanti colla ducis: sed non, ut crimina tantùm
Vestra tegat tellus. Justo date thura sepulchro,
Et placate caput, cineresque in littore fusos
Colligite, atque unam sparsis date manibus urnam.
Sentiat adventum soceri, vocesque querentis
Audiat umbra pias. Dùm nobis omnia præfert,
Dùm vitam Phario mavult debere clienti,
Læta dies rapta est populis; concordia mundo
Nostra perit: caruêre deis mea vota secundis,
Ut te complexus, positis felicibus armis,
Affectus abs te veteres, vitamque rogarem,
Magne, tuam; dignâque satis mercede laborum
Contentus, par esse tibi. Tunc pace fideli
Fecissem, ut victus posses ignoscere divis;
Fecisses ut Roma mihi.

LA PHARSALE
DE LUCAIN.

LIVRE DIXIÈME.

ARGUMENT.

Entrée de César dans Alexandrie. Il visite les temples des dieux et le tombeau d'Alexandre. Cléopâtre, au milieu de la nuit, vient se jeter à ses pieds ; il la réconcilie avec le roi son frère : leur réunion est célébrée dans un festin. Le sage Achorée y assiste. César l'interroge sur les merveilles de l'Égypte. Réponse du vieillard. Complot de Photin et d'Achillas. Celui-ci s'avance avec une armée. César s'enferme dans le palais avec le jeune roi pour ôtage. Il y est assiégé. Il fait périr Photin. Arsinoé, sœur de Cléopâtre, se rend au camp des Égyptiens, fait assassiner Achillas, et met Ganymède à sa place. Le siége continue. César tente pour s'échapper de regagner les vaisseaux qui sont dans le port. Il est attaqué sur la levée qui joint la ville avec l'île du Phare.

Ô César!... c'est une Reine que tu vois à tes pieds..

La Pharsale liv. 10

LA PHARSALE
DE LUCAIN.

LIVRE DIXIÈME.

Dès que César, renvoyant devant lui la tête de Pompée, est descendu sur ce rivage odieux, il s'élève un combat entre sa fortune et le destin de la coupable Égypte, pour décider si le Nil subira la même loi que le Tibre, ou si le glaive de Ptolomée enlèvera au monde le vainqueur après le vaincu. O Pompée ! ton ombre secourut ton beau-père : elle déroba César au fer de tes assassins; et sans la défiance que lui inspira ta mort, ce n'eût pas été lui, mais le peuple romain, que l'Égypte aurait eu pour maître.

D'abord se croyant assuré de la foi de Ptolomée, après le crime qui en était le gage, il entra, précédé de ses étendards, dans les murs fondés par Alexandre. Mais à la vue des faisceaux, le peuple d'Égypte murmure, indigné que Rome vienne jusques dans ses murs commander à ses rois et s'attribuer leur puissance. Ce tumulte avertit César que les esprits étaient émus et divisés, et que ce n'était pas à lui qu'on avait immolé Pompée. Mais dissimulant sa frayeur (1) sous un visage serein, il parcourut d'un pas intrépide les temples de Sérapis (a) et des autres dieux de l'Égypte, monuments dont la splendeur atteste l'ancienne puissance des Macédoniens. Cependant ni la beauté de ces édifices, ni les richesses qu'ils étalent, ni la majesté du culte qu'on y rend aux dieux, ni la magnificence et la grandeur de la ville qui les renferme, ne touchent l'ame de César. Un seul objet l'émeut et l'intéresse, c'est le tombeau d'Alexandre. Il y descend avec une ardeur impatiente, il contemple d'un œil immobile le lieu où repose cet illustre brigand, dont le ciel vengeur délivra la terre. Ses restes, qu'il eût fallu disperser dans l'univers, sont recueillis comme en un sanctuaire. La fortune épargne jusqu'à ses mânes, et le bonheur de son règne se perpétue même après sa mort; car si jamais la liberté rentrait dans ses droits sur la terre, ce serait pour être le jouet des peuples qu'on aurait conservé les cendres de leur oppresseur, et non pour offrir au monde l'exemple utilement terrible du pouvoir immense qu'un homme peut usurper sur les nations.

(a) *Ptolemeus Lagides, sive Soter, Serapidi deo in urbe hac regiâ, templum invidendæ magnitudinis et structuræ mirabilis dedicari curavit.* (Jablouski, Panth. Ægyp. lib. 4. c. 3.)

On le vit sortir de la Macédoine, héritage obscur de ses aïeux, regarder avec mépris Athènes, dont son père avait fait la conquête, et, poussé par ses heureux destins, marcher à travers les royaumes de l'Asie et sur des champs couverts de morts. Son glaive destructeur moissonne les peuples de l'Orient; les fleuves les plus éloignés, dans la Perse l'Euphrate, et le Gange dans l'Inde, sont teints du sang qu'il fait couler; rapide fléau de la terre, foudre terrible dont les coups frappent les nations entières, astre ennemi du genre humain. Il se préparait à lancer des flottes sur l'Océan qui environne la terre. L'onde, le feu, rien ne l'arrête; il affronte les écueils des Syrtes, il traverse les sables de la Libye, pour aller consulter Ammon. Par l'Orient, il fût arrivé aux bords où le soleil se couche; il eût fait le tour des deux pôles; il eût vu les sources du Nil. La mort l'arrêta dans sa course, et la nature n'eut pas d'autre borne à opposer à l'ambition de ce furieux. Le même orgueil jaloux, qui lui fit souhaiter d'avoir à lui seul l'empire du monde, ne put souffrir qu'il se donnât un égal dans un successeur. Il aima mieux laisser sa dépouille à déchirer entre ses héritiers. Maître de Babylone, il mourut dans ses murs, révéré du Parthe qu'il avait dompté. O souvenir humiliant pour Rome! Le Parthe a redouté la lance macédonienne plus que le javelot romain! Notre empire s'est étendu jusques sous les astres de l'Ourse, jusqu'aux bornes du couchant, et bien avant dans les climats d'où le vent du midi se lève; et le seul effort des Arsacides nous arrête dans l'Orient! Une petite province de l'empire d'Alexandre a été l'écueil de nos armes et le tombeau de nos guerriers!

Ptolomée (2), de retour de Péluse, avait calmé par sa présence les rumeurs d'un peuple timide; et César ayant pour ôtage le jeune roi captif dans son palais, y croyait être en sûreté. Ce fut alors que Cléopâtre quittant la maison de campagne où elle était reléguée, et s'exposant la nuit sur une barque, se présenta devant le Phare, corrompit le gardien du port, dont elle fit baisser les chaînes, et se rendit dans le palais même, à l'insu de César : femme dangereuse, l'opprobre de l'Égypte, l'Érynnis des Latins, et dont les coupables attraits ont fait le malheur de Rome. Autant la fatale beauté de Sparte (a) alluma de haines entre les héros de la Grèce et de la Phrygie, autant Cléopâtre excita de fureurs entre les plus grands des Romains. Au son du sistre égyptien, elle jeta (je rougis de le dire) la terreur dans le Capitole. Avec le peuple amolli de Canope (b), elle osa marcher contre les aigles romaines, et se promettre de rentrer triomphante dans le port du Phare, en y menant captif le second des Césars. Leucate (c

---

(a) Hélène.

(b) Ville d'Égypte.

(c) Promontoire de l'Épire, non loin duquel se donna la bataille d'Actium.

vit le moment où il était douteux si l'empire ne passerait pas aux mains d'une femme, et d'une femme étrangère. Elle en conçut l'espoir ambitieux dès la première nuit qu'elle passa dans les bras de César.

Qui peut, trop faible Antoine, ne pas te pardonner ton amour insensé pour elle? L'ame inflexible de César a respiré les mêmes feux. Au milieu de sa rage et de ses fureurs, dans un palais habité par les mânes de Pompée, tout fumant encore lui-même du sang qu'il a versé dans la Thessalie, cet amant adultère a pu mêler aux soins dont il était tourmenté, les plaisirs d'un honteux amour, et former au sein des alarmes des nœuds criminels, dont les fruits feront rougir la pudeur et la foi. Quel excès de honte! il oublie que sa fille a été la femme de Pompée! O Julie! il te donne des frères, nés d'une femme dont il n'est point l'époux; et pour cette femme impudique, laissant à ses ennemis tout le temps de se rassembler en Libye, il perd avec elle, au sein des voluptés, les moments les plus précieux; il aime mieux lui donner l'Égypte, que de s'assurer l'univers.

Cléopâtre, se confiant à sa beauté, parut devant César, affligée, mais sans verser de larmes. Elle n'avait pris de la douleur que ce qui pouvait l'embellir encore. Echevelée, et dans ce désordre favorable à la volupté, elle l'aborde, et lui parle en ces mots:

« O César! ô le plus grand des hommes! si l'héritière de Lagus, chassée du trône de ses pères, peut encore dans son malheur se souvenir de son rang; si ta main daigne la rétablir dans tous les droits de sa naissance, c'est une reine que tu vois à tes pieds. Tu es pour moi un astre salutaire qui vient luire sur mes états; c'est ton équité que j'implore. Je ne serai pas la première femme qui aura dominé sur le Nil. L'Égypte obéit sans distinction à une reine comme à un roi. Tu peux lire les dernières paroles de mon père expirant : il veut qu'épouse de mon frère, je partage son lit et son trône; et le jeune roi, pour aimer sa sœur, n'a besoin que d'être rendu à lui-même. Mais le perfide Photin s'est emparé de son esprit comme de sa puissance. Ce n'est pas l'héritage de mon père que je réclame à tes genoux; c'est la dignité de sa couronne, l'honneur et la liberté de son fils, avili par le plus honteux esclavage. Daigne, César, éloigner de lui le satellite armé qui l'assiége, et ordonne au roi de régner. De quel orgueil son ministre infâme n'est-il pas enflé, depuis qu'il a tranché la tête de Pompée! C'est toi, César, puissent les dieux écarter ce présage! c'est toi qu'il menace à-présent; et il n'est déja que trop honteux pour le monde et pour toi, que la mort de Pompée ait été le crime ou le bienfait du perfide et lâche Photin. »

Le langage de Cléopâtre eût vainement flatté César; mais le charme de sa beauté se communique à sa prière, et plus éloquents que sa voix, ses yeux parlent et persuadent. Ainsi, après avoir séduit son juge, elle employa une nuit honteuse à l'enchaîner dans ses liens.

César ayant rétabli la paix entre Cléopâtre et son frère, la joie de ce grand événement fut célébrée dans un festin. Cléopâtre y fit éclater un luxe dont Rome encore n'avait pas l'idée. Le lieu du festin ressemblait à un temple, mais tel que le siècle présent, quoique plus corrompu, le construirait à peine. Les toits étaient chargés de richesses, les bois des lambris étaient cachés sous d'épaisses lames d'or. Les murs n'étaient pas incrustés, mais bâtis d'agate et de porphyre; dans tout le palais on marchait sur l'onix. Le vestibule était revêtu d'ivoire. L'ébène de Méroé y était prodiguée; elle y tenait lieu du chêne vil, et servait aux portes du palais de support, et non d'ornement; sur ces portes immenses, l'écaille de la tortue de l'Inde est appliquée en relief, et dans chacune de ses taches une émeraude étincelle. Au-dedans, on ne voit que des vases de jaspe, que des siéges émaillés de rubis et de diamants, que des lits, où la pourpre, l'or, l'écarlate éblouissent les yeux par ce riche mélange que la navette des Égyptiens sait donner à leur tissu. La salle du festin se remplit d'une multitude d'esclaves, différents d'âge et de couleur; les uns brûlés par le soleil d'Éthiopie, et portant leurs cheveux relevés en arrière et repliés autour de leur tête; les autres d'un blond si clair et si brillant, que César dit n'en avoir pas vu de plus argentés sur les bords du Rhin. On y voit aussi une malheureuse jeunesse à qui le fer a ôté sa vigueur. Parmi elle, on distingue l'âge viril, mais dénué de ses forces, et ayant à peine sur le menton le duvet de l'adolescence.

Ptolomée et Cléopâtre (3) se mirent à table; et César, plus grand que les rois, prit place entre le frère et la sœur. Peu contente du sceptre de l'Égypte et du cœur du roi son frère et son époux, Cléopâtre avait employé tous les artifices du luxe à relever l'éclat de sa beauté. Les dons les plus précieux de la mer Rouge brillent dans ses cheveux, et forment sa parure; la blancheur de son sein éclate à travers un voile de Sidon, que les femmes d'Égypte ont su rendre plus clair encore, en séparant avec l'aiguille les fils de ce léger tissu.

Sur des appuis d'ivoire, aussi blancs que la neige, on a posé des tables du bois du mont Atlas, et si belles, que César n'en eut jamais de pareilles, même depuis qu'il eut vaincu Juba.

Reine insensée, à quelle imprudence te porte ton ambition? En étalant aux yeux d'un hôte, vainqueur tout-puissant, et armé, ces richesses dignes d'envie, ne crains-tu pas d'allumer en lui le désir de s'en emparer? Quand même il n'aurait pas résolu de s'enrichir des dépouilles du monde; quand ce serait, au lieu de César, un des héros de ces temps heureux où la pauvreté fut en honneur dans Rome, un Fabrice, un Curius, ou ce consul (*a*) que l'on tira de la charrue, et qu'on amena tout couvert de la poussière de son champ; qu'il fût assis à cette table, il serait tenté d'emporter en triomphe dans sa patrie une si superbe dépouille.

On servit dans des vases d'or tout ce que l'air, la terre, le Nil et la mer ont produit de plus exquis, tout ce que l'ambition d'un luxe effréné a pu rechercher de plus rare. Ce n'est pas aux besoins de la nature, mais aux délices de la table, qu'on immole dans ce festin une foule d'animaux, qui sont des dieux sur le Nil. Des urnes de cristal versent l'eau de ce fleuve, la plus flatteuse au goût qui soit dans l'univers. De profondes coupes de pierre précieuse reçoivent le jus délicieux des vignes de Méroé, cette liqueur qu'un soleil ardent fait bouillonner, et à laquelle il donne en peu de temps la maturité d'une longue vieillesse. Le nard odoriférant, et la rose qui ne cesse de

---

(*a*) Attilius Seranus, ou Quintius Cincinnatus, le premier tiré de la charrue pour être consul, le second pour être dictateur. *Ipsorum tunc manibus imperatorum colebantur agri. Serentem invenerunt dati honores, Seranum undè cognomen. Aranti quatuor jugera in Vaticano, quæ prata* Quintia *appellantur, Cincinnato viator attulit dictaturam, et quidem, ut tradit Norbanus, nudo, plenoque pulveris etiamnum ore. Cui viator: Vela corpus, inquit, ut proferam senatûs populique Romani mandata.* (PLIN. lib. 18. cap 3.)

fleurir dans ces climats, couronnent le front des convives; leurs cheveux distillent les parfums que ces bords mêmes font éclore, et dont la subtile essence ne s'est point évaporée, comme quand ils passent sur des bords éloignés.

Là, César apprend à dissiper les richesses de l'univers conquis; et honteux d'avoir employé ses armes à vaincre un ennemi pauvre, il ne demande qu'un sujet de guerre contre un peuple si opulent.

Lorsque tous les goûts rassasiés eurent mis fin aux plaisirs de la table (4), César s'adressant au sage Achorée, qui, en longue robe de lin (a), assistait à cette fête, l'engagea dans un entretien qui fut prolongé bien avant dans la nuit : « Vieillard dévoué au culte des autels, et sans doute chéri des dieux qui vous accordent de si longs jours, daignez, lui dit-il de l'air le plus affable, m'apprendre l'origine des peuples de l'Égypte. Décrivez-moi ces heureux climats, et les mœurs de leurs habitants ; leurs rites sacrés, et les divers symboles sous lesquels ils adorent la divinité. Expliquez-moi les caractères mystérieux qu'on voit gravés sur vos tombeaux antiques, et dévoilez enfin des dieux qui ne demandent qu'à se manifester. Si vos ancêtres ont initié l'Athénien Platon dans la science des choses saintes, à qui pouvez-vous confier ces secrets sublimes, qui en

---

(a) Voyez Plutarque, dans le traité d'Isis.

soit plus digne que César? et à qui l'univers doit-il être connu, si ce n'est à son maître? Je suis venu chercher Pompée en Égypte; mais votre renommée m'y attirait autant que le bruit de sa fuite. Au milieu même des combats, j'ai toujours vaqué à l'étude des mouvements du ciel, du cours des étoiles et des secrets des dieux. Ma période de l'année (a) ne le cède point à celle d'Eudoxe, le disciple de Platon. Mais avec cet amour extrême de la vérité, la plus noble passion de mon ame, il n'est rien que je désire aussi ardemment de savoir, que les causes, inconnues depuis tant de siècles, du débordement de votre fleuve, et dans quel lieu, si long-temps inaccessible, il prend sa source. Qu'on me donne une pleine assurance de trouver les sources du Nil; et j'abandonne la guerre civile (b). » Dès que César eut achevé, le sage vieillard lui répondit ainsi.

« Oui, César, il m'est permis de vous révéler les secrets de nos vénérables ancêtres, ces secrets qui jusqu'à ce jour ont été inconnus aux profanes

---

(a) L'année grecque, de trois cent cinquante-quatre jours, donnait, en quatre ans, quarante-cinq jours d'erreur. L'année de César est de trois cent soixante-cinq jours, et la quatrième est bissextile: en sorte que sa période n'a qu'un jour d'erreur en cent trente-quatre ans. C'est cette erreur que le calendrier de Grégoire XIII a corrigée.

(b) Ce désir de César semblerait outré, si l'ambition que le poëte lui attribue n'avait pas été celle de Cyrus, de Cambyse, d'Alexandre, etc.

mortels. Que d'autres se fassent un devoir religieux de renfermer tant de merveilles dans le silence; pour moi, je crois qu'il est agréable aux dieux d'entendre annoncer les prodiges de leur sagesse, et que leurs lois soient révélées à tous les peuples du monde. »

Alors il développa aux yeux de César tout ce que l'antique Égypte avait pu savoir de l'ordre éternel qui préside aux mouvements des corps célestes, de leur influence sur la nature, et des fonctions qu'ils remplissent dans le système de l'univers.

« Quant à l'accroissement du Nil, ajouta le sage, c'est une erreur (5) des anciens de l'avoir attribué aux neiges de l'Éthiopie (*a*). Il n'en est point de ces climats comme de ceux de l'Ourse et de Borée : la couleur même des peuples qui les habitent, vous annonce un soleil brûlant, et un air sans cesse embrasé par le souffle du vent du midi. Ajoutez à cela que tous les fleuves, dont la fonte des glaces grossit la source, commencent à s'enfler au retour du printemps, dès la première dissolution des neiges; au lieu que le Nil n'élève jamais ses eaux, que le chien céleste n'ait dardé ses rayons, et ne rentre dans ses rivages qu'après que la balance, devenue l'arbitre du jour et de la nuit, les a égalés l'un à l'autre (*b*).

(*a*) Opinion d'Anaxagore.

(*b*) L'accroissement du Nil commence peu de temps après l'équinoxe du printemps, mais il est insensible jusque vers

Le Nil n'est pas soumis aux mêmes lois que les autres fleuves. Il ne se déborde point en hiver, où l'éloignement du soleil rendrait ses bienfaits inutiles. Destiné à tempérer les feux d'une saison trop ardente, il sort de son lit au milieu de l'été. Placé sous la brûlante zône, de peur que le ciel n'y consume la terre, il se tient prêt à la secourir; et c'est contre les flammes dévorantes que vomit la gueule du lion, que ce fleuve élève ses eaux. Sitôt que le tropique commence à s'embraser, Syène (*a*), expirante sous le char du soleil, implore son dieu tutélaire : le fleuve vient à son secours; et il ne cesse d'inonder ses campagnes, que lorsque le soleil, déclinant vers l'automne, ne plonge plus sur Méroé (*b*). Qui peut dire les causes de ce prodige ? C'est ainsi que la mère commune, la sage nature, a voulu déterminer le cours du Nil; il le fallait pour le bien du monde.

---

le solstice d'été. Dès-lors il va en augmentant jusqu'à l'équinoxe d'automne. *Jablouski, Panth. AEgypt. In Cancro enim sensim ac modicè primùm crescit, in Leone plenissimus fluit, pigrescit in Virgine et lentior manat, adhuc tamen crescit; at in Librâ, post æquinoxium, revocatur intrà ripas et retrocedit.* (Plin Exercit. pag. 436.)

(*a*) Ville de la Thébaïde, au bord du Nil, sous le tropique, 23 deg. 50 min. de latitude septentrionale, selon Ptolémée.

(*b*) Espèce d'île formée par les bras du Nil, ou plutôt par deux fleuves qui se joignent au Nil : 16 deg. 25 min. de latit. selon Ptolémée, et 18 deg. selon M. d'Anville.

« L'antiquité attribuait aussi l'accroissement du Nil aux vents du nord, qui tous les ans, dans la même saison, régnent constamment dans les airs avec une pleine puissance : soit que ces vents chassent vers le midi les nuages du pôle (*a*), et que ces nuages fondus en pluie grossissent les sources du Nil ; soit que les flots de la mer, soulevés par la même cause, suspendent la chûte des eaux de ce fleuve, et que, refoulé vers sa source, il soit forcé de surmonter ses bords et de se répandre dans les campagnes (*b*).

« Il en est qui ont supposé de longs canaux dans les entrailles de la terre ; et entre les rochers qui composent la solide épaisseur du globe, des vides profonds, par lesquels la chaleur du midi attire les eaux du nord, et les rassemble au milieu du monde, lorsque le soleil, s'éloignant du pôle, lance directement ses feux sur Méroé. Alors, disent-ils, par des routes cachées, l'Éridan, le Danube, tous les fleuves du nord viennent grossir le Nil, et un seul lit ne peut contenir toutes les eaux que vomit sa source (*c*).

(*a*) Véritable cause, que Démocrite avait reconnue, et qu'Aristote avait apprise d'Eudoxe ou de Platon, qui la tenaient des prêtres d'Égypte. Ces vents, que le poëte dit être les zéphyrs, étaient, selon les Grecs, les vents Étésiens, ou vents du nord, qui seuls sont opposés au cours du Nil vers son embouchure.

(*b*) Opinion de Thalès.

(*c*) Opinion commune parmi les prêtres d'Égypte.

« On croit aussi que c'est dans l'Océan, qui embrasse et qui contient la terre, que le Nil va puiser ses eaux, et qu'elles déposent leur amertume dans l'immensité de leur cours.

« On n'a pas manqué de dire encore que le soleil, qui se nourrit des humides vapeurs qu'il aspire lorsqu'il touche à notre tropique, en élève plus qu'il n'en peut consumer, et que, par la fraîcheur des nuits, ces eaux surabondantes, rendues à la terre, se joignent à celles du Nil (*a*).

« Pour moi, s'il m'est permis (6) de prononcer sur ce grand phénomène, je crois qu'entre les fleuves répandus sur la terre, les uns, long-temps après qu'elle a été formée, sont sortis de son sein par les secousses qui ont brisé ses veines, et sans qu'un dieu les en ait tirés ; que les autres ont été compris dans la première disposition du mécanisme de la nature, et ont commencé avec le grand tout ; que ceux-là coulent au hasard, mais que ceux-ci sont dirigés par l'ouvrier et le moteur suprême, qui les soumet aux lois de l'ordre universel, et que de ce nombre est le fleuve à qui l'Égypte doit sa richesse et sa félicité.

« Le désir (7) que vous témoignez de connaître sa source, a été l'ambition des rois de Perse, d'Égypte et de Macédoine. Il n'est point de

---

(*a*) Opinion d'Hérodote.

siècle qui n'eût été glorieux de transmettre cette découverte aux siècles à venir. Mais le mystère qu'en a fait la nature, demeure encore impénétrable (a). Le plus grand des rois que Memphis révère, Alexandre voulut dérober au Nil le secret de son origine. Il envoya une troupe d'élite jusques au fond de l'Éthiopie : la zône brûlante les arrêta ; ils virent le Nil fumant sous les feux de l'astre du jour. Sésostris pénétra vers les bords du couchant jusques aux limites du monde; et dans sa course triomphante, ce roi superbe se fit traîner, dit-on, par des rois attelés à son char; mais il parvint à boire les eaux du Rhône et de l'Éridan, plutôt que celle du Nil à sa source. L'insensé Cambyse porta la guerre jusque dans l'Éthiopie, et après avoir été réduit à se nourrir de la chair de ses compagnons, il revint sur ses pas, sans avoir découvert le lieu où le Nil prend naissance.

« Fleuve mystérieux, la Fable même n'ose parler de ton origine : tu es inconnu par-tout où tu parais, et aucune nation n'a eu la gloire de pouvoir dire, *il est à moi*. Je vais donc publier du cours de tes eaux ce que m'en a révélé le dieu qui nous

---

(a) Dans le siècle dernier, des missionnaires portugais ont cru avoir découvert les sources du Nil en Abyssinie, dans le royaume de Goiam; mais, selon M. d'Anville, ils ont pris pour le Nil un des fleuves qui se jettent dans le Nil; et celui-ci est le *fleuve blanc*, dont la source reste inconnue.

cache ta source (a). Tu viens en croissant du milieu de l'axe de la terre. Tu oses traverser le brûlant tropique, en dirigeant tes flots vers le pôle de l'Ourse, et contre les aquilons. Bientôt tu t'égares en longs détours vers le couchant et vers l'aurore; tu roules dans l'Éthiopie une onde qui lui est étrangère. L'univers ne sait d'où tu lui viens, ni à quelle partie de lui-même il doit les biens que tu lui fais. La nature a jeté sur ta tête un voile qu'elle n'a permis à aucun peuple de lever. Elle n'a pas voulu que le monde pût te voir faible et rampant; elle a caché dans l'éloignement les replis de tes eaux naissantes. Elle a mieux aimé te faire admirer, que te faire connaître aux humains. En te voyant grossi des pluies et des frimas d'un hiver éloigné, on s'imagine que tu franchis les deux solstices, et que tu parcours les deux pôles. Une partie du monde demande où tu commences, et l'autre où tu finis ton cours. Tu te partages en deux canaux pour embrasser l'île de Méroé, peuplée de noirs habitants, et plantée de bois d'ébène; mais quoique ces bois y abondent et la couronnent de leurs rameaux, les ardeurs de l'été n'y sont tempérées par aucun ombrage : tant l'île est directement frappée des feux du Lion. De là, tu traverses les régions du soleil, sans que le vo-

---

(a) Le poëte a pris ce morceau de son oncle Sénèque, *Natural. quest. liv.* 4. *c.* 2.

lume de tes eaux diminue; tu parcours d'immenses plaines de sable, tantôt ramassé en un seul lit avec toutes tes forces, tantôt divisé en rameaux, ou répandu sur des rivages faciles à surmonter. En approchant des murs de Phile, barrière commune de l'Égypte et de l'Éthiopie (*a*), tu rassembles de nouveau tes ondes; tu les promènes lentement dans les déserts qui bordent le golfe arabique. Qui croirait, à voir dans ces plaines le cours tranquille de tes eaux, que dans peu tu vas les soulever avec tant de fureur et de violence? C'est lorsqu'à travers des rochers escarpés et de profonds abymes, tes chûtes rapides font écumer et bondir tes flots mugissants, c'est alors qu'indigné des obstacles qui traversent ton cours, torrent fougueux, tu te révoltes, et lances ton écume jusqu'au plus haut des airs. Tout frémit au bruit de tes vagues, et la montagne dont tu bats les flancs s'ébranle avec un profond murmure.

« Au-delà de ce long détroit, Abaton, cette roche sacrée chez nos vénérables ancêtres, et deux écueils qu'il leur a plu d'appeler les veines du Nil, parce qu'on y observe les premiers signes de son accroissement, soutiennent le choc de ses eaux bondissantes. Plus loin s'élèvent des montagnes que la nature lui oppose pour l'empêcher de se répandre et qui privent les champs

---

(*a*) *Suprà cataracten sunt Philæ communis Æthiopum et Ægyptiorum habitatio.* (STRAB. lib. 17.)

de Libye du riche tribut de ses eaux. Entre les flancs de ces montagnes, dans une profonde vallée, son onde captive et domptée coule paisiblement dans un majestueux silence. C'est à Memphis qu'il est réservé de lui ouvrir de vastes plaines qu'elle lui permet d'inonder, sans qu'aucune digue s'oppose au débordement de ses eaux. »

Tel fut l'entretien que César, aussi tranquille qu'en pleine paix, poursuivit jusqu'au milieu de la nuit avec ce vieillard vénérable. Mais (8) l'ame atroce de Photin, déja souillée d'un meurtre abominable, ne peut plus s'abstenir de crimes. Après l'assassinat de Pompée, il ne voit rien qui ne lui soit permis. L'ombre de ce héros le tourmente; les furies vengeresses l'irritent et le poussent à de nouveaux forfaits : il croit ses mains dignes aussi de verser le sang de César, ce sang dont la fortune a résolu d'arroser les pères conscrits, pour expier leur défaite. Peu s'en fallut que le châtiment de la guerre civile et la vengeance du sénat ne fussent confiés à ce vil esclave. Sauvez-nous, grands dieux, de cette honte : empêchez que César ne périsse d'une autre main que de celle de Brutus; le supplice du tyran de Rome ne serait plus que le crime du Phare, et l'exemple en serait perdu.

Photin médite une entreprise à laquelle le destin s'oppose. Ce n'est point par trahison qu'il attente à la vie de César; c'est à force ouverte qu'il ose attaquer ce chef invincible. Telle est,

Pompée, l'audace que lui inspire le succès de ta mort, qu'il prétend faire tomber la tête de ton vainqueur comme la tienne, et le réunir à toi. Voici ce qu'il écrivit à son complice Achillas, qui alors était à Peluse avec toutes les forces de l'Égypte : car le jeune roi les lui avait confiées, et l'avait armé autant contre lui-même que contre ses ennemis.

« Repose-toi, lui disait Photin, dans une honteuse mollesse (9); reste plongé dans un profond sommeil. Cléopâtre, en ton absence, s'est emparée du palais; le Phare n'est pas seulement trahi, mais il est livré aux Romains. Toi seul tu manques à la fête de l'hymen qu'on célèbre ici. Cléopâtre, cette sœur impie, vient de s'unir à son frère, après s'être unie à César; et passant de l'un à l'autre de ses deux époux, elle tient le sceptre du Nil, et mérite celui du Tibre. Cette femme dangereuse a pu captiver l'ame d'un homme tel que César, et tu lui confies celle d'un enfant! S'il passe une nuit avec elle, si une fois reçu dans ses bras, il a goûté le charme de ses caresses incestueuses, et si, sous le nom d'une amitié sainte, il a respiré un criminel amour, il lui accordera tout, et ma tête et la tienne, chacune pour prix d'un baiser. Nous expierons le crime de sa beauté sur les gibets ou dans les flammes. Il n'y a plus pour nous ni secours, ni refuge : elle a d'un côté le roi pour mari; de l'autre, César pour amant; et peux-tu douter qu'à ses yeux nous ne soyons tous deux coupables, nous qui n'avons jamais recherché ses faveurs? Hâte-toi, viens, je t'en conjure, au nom du crime que nous avons commis ensemble, et dont nous perdons tout le fruit, au nom de cette alliance que le sang de Pompée a scellée entre nous; viens, par un prompt soulèvement, allumer tout-à-coup la guerre. Marche au palais, change en funérailles les fêtes nocturnes de l'hymen; que dans le lit nuptial même Cléopâtre soit immolée avec celui des deux qui se trouvera dans ses bras. Que la fortune du chef des Romains n'étonne point notre courage. Le même coup du sort qui l'a élevé si haut, et qui a imposé son joug à l'univers, fait notre gloire comme la sienne. La mort de Pompée nous égale à César. Jette les yeux sur ce rivage, où notre crime eût dû nous rendre tout-puissants; consulte ces flots encore teints du sang que nous avons versé; et demande-leur s'il est quelque forfait que nous n'ayons droit d'entreprendre. Regarde ce peu de poussière qui fait le tombeau de Pompée, et qui couvre à peine son corps; celui que tu crains n'était que son égal. Nous ne sommes pas nés d'un sang illustre; mais qu'importe? Nous n'avons pas en notre pouvoir les richesses et les forces des nations; mais par le crime nous sommes grands, et faits pour accomplir de hautes destinées. Ne vois-tu pas que la fortune attire elle-même en nos mains ces hommes puissants qu'elle a proscrits? Après une illustre victime, une plus illustre vient s'offrir à nous. Appaisons par ce sacrifice les mânes plaintifs des Romains. Il est possible que le meurtre de César engage Rome à pardonner aux meurtriers de Pompée. Qu'est-ce qui t'effraie? est-ce le nom de César? et que fait un nom pour sa défense? César n'est ici qu'un soldat : il a laissé loin de lui ses forces. Cette nuit seule, si tu le veux, terminera la guerre civile, vengera les nations, et précipitera chez les morts cette tête qui nous reste encore à immoler au repos du monde. Venez tous plonger avec fureur vos mains dans le sang de César : que les Égyptiens rendent ce service à leur roi, et les Romains à leur patrie. Toi, cher Achillas, ne perds pas un instant. Tu trouveras César fatigué des délices de la table, troublé par les vapeurs du vin, et prêt à se livrer aux plaisirs de l'amour. Ose tout; les dieux seront pour toi : les vœux des Catons et des Brutus te les rendront plus favorables. »

Achillas s'empresse d'obéir à la voix qui l'appelle au crime. Il ne fait point, comme il est d'usage, donner le signal dans le camp; la trompette, par aucun son, n'annonce que l'on prend les armes; on transporte à la hâte et sans bruit tous les instruments de la guerre. Les troupes s'avancent (*a*); elles sont (10) en partie composées

---

(*a*) Elles montaient à vingt mille hommes de pied, et deux mille hommes de cavalerie.

de Latins; mais ces transfuges ont oublié leur naissance, et se sont corrompus au point qu'ils obéissent à un esclave, et qu'ils marchent sans honte sous le satellite d'un roi, eux pour qui même il serait infâme de souffrir ce roi à leur tête : hommes sans foi, sans piété envers les dieux, ni envers la patrie; mains vénales, pour qui l'action la mieux payée est la plus juste! Ce n'est pas en Romains, mais en vils mercenaires qu'ils attentent à la vie de César. O malheureuse Rome, en quel lieu ne trouves-tu pas la guerre civile? Ceux des tiens que l'Égypte a pu soustraire à la Thessalie, exercent sur le Nil les fureurs de Pharsale. Hélas! qu'auraient-ils fait de plus, si Pompée, reçu en Égypte, les eût rangés sous ses drapeaux? Il fallait donc que chaque main romaine servît la colère du ciel, et lui payât un tribut de sang! Patrie expirante, il n'est permis à aucun de tes enfants de s'abstenir du parricide! Et voilà comme il a plu aux dieux de te voir déchirer le sein. Ce n'est plus entre le beau-père et le gendre que les peuples sont partagés : l'esclave d'un roi se met à la tête de la guerre civile; Achillas commande un parti de Romains; et si le sort ne prenait pas soin de garantir César du coup qui le menace, ce parti serait le vainqueur.

Les deux chefs de l'entreprise étaient au moment de l'exécuter. Dans le tumulte de la fête, le palais était ouvert aux surprises de la nuit. Le sang de César pouvait rejaillir sur la coupe des rois, et sa tête tomber sur leur table. Mais Achillas et Photin craignirent que, dans le trouble et la confusion d'un combat nocturne, Ptolomée ne fût lui-même enveloppé dans le carnage, et que quelque main égarée, ou conduite par le destin, ne fît tomber sur lui ses coups. La confiance qu'ils avaient en leurs forces fut telle, qu'ils dédaignèrent de hâter leur crime (*a*), et qu'ils méprisèrent l'occasion de l'exécuter infailliblement. Deux esclaves (11) regardent la perte du moment d'immoler César comme facile à réparer! On le réserve jusqu'au lendemain, pour en faire justice en plein jour! on donne à César une nuit à vivre; et, grâce à l'eunuque Photin, sa mort est différée jusqu'au lever du soleil!

L'aurore, du haut du mont Cassius, regarde l'Égypte et y répand le jour, le jour qui dans ces climats est brûlant dès sa naissance. Alors on voit de loin s'avancer vers les murs, non pas des troupes semées dans la campagne et voltigeant par escadrons, mais une armée rangée en bataille, et marchant d'un pas égal, comme elle irait à l'ennemi dans une guerre légitime. Elle est résolue à combattre de près, et préparée également pour l'attaque et pour la défense.

César (12) se hâte d'assembler les siens (*b*) ré-

(*a*) Il est à remarquer qu'une faute semblable fit avorter la conjuration de Pison, qui coûta la vie à notre jeune poëte.

(*b*) César n'avait amené avec lui que les restes de deux lé-

pandus dans la ville, et s'enferme dans le palais, honteux d'être réduit à chercher un refuge. Le palais même est encore trop vaste pour le petit nombre de ses défenseurs : leur chef les ramasse en un point. La colère et l'effroi l'agitent; il craint l'assaut dont il est menacé, et il est indigné de le craindre. Ainsi frémit un fier lion dans la cage qui le renferme, et brise ses dents à ronger les barreaux de sa prison. Ainsi, dieu de Lemnos, s'irriterait ta flamme dans les cavernes de la Sicile, si quelque puissance fatale fermait les bouches du sommet de l'Etna.

Cet homme audacieux qui naguère, au pied de l'Hémus, parcourait d'un œil fier, du haut d'une éminence, tous les grands de Rome assemblés, l'armée du sénat, et Pompée à leur tête; qui, condamné par sa propre cause, et n'ayant rien à espérer des dieux, marcha sans crainte, et osa se promettre de rendre injustes les destins ; ce même homme est pâle et tremblant aux apprêts de la révolte d'un esclave; à son approche, il va se cacher dans l'obscurité d'un palais, comme les enfants et les femmes quand leur ville est prise

---

gions, réduites ensemble à trois mille hommes, et huit cents hommes de cavalerie. Sa flotte n'était composée que de dix longs vaisseaux rhodiens, et de quelques navires d'Asie. Mais il reçut des secours, et il eut bientôt jusqu'à trente-quatre vaisseaux, parmi lesquels il y en avait quinze à quatre et à cinq rangs de rames.

d'assaut. Il met tout l'espoir de sa vie dans une porte qui l'enferme. Il court égaré où la frayeur le guide, sans toutefois quitter le jeune Ptolomée, qu'il a sans cesse à son côté. Il est résolu à se venger sur lui; et si les flèches et les flambeaux lui manquent, il fera voler sur ces esclaves la tête de leur maître, au lieu de flammes et de traits. C'était ainsi que Médée, redoutant le vengeur de sa trahison et de sa fuite, attendait son père irrité, tenant d'une main la tête de son frère, et de l'autre le glaive prêt à la trancher.

Cependant l'extrémité du péril obligea César de tenter les voies de la paix. Un des suivants de Ptolomée (*a*) fut envoyé vers Achillas et Photin, pour leur reprocher leur conduite, et leur demander, au nom du roi, par quel ordre ils avaient pris les armes. Mais, au mépris des droits les plus saints et des lois les plus inviolables chez tous les peuples du monde, ils firent massacrer l'envoyé de leur maître et le ministre de la paix: crime atroce par-tout ailleurs, mais qui doit à peine être compté parmi les forfaits monstrueux dont l'infâme Égypte est chargée. Peuple amolli et corrompu, ta lâcheté a fait ce que la barbarie des peuples les plus féroces n'eût osé faire : tes crimes leur sont inconnus.

(*a*) *Missi à rege ad Achillam Serapion et Discorides, quos ille, priusquàm audiret, aut, cujus rei causâ missi essent cognosceret, corripi ac interfici jussit.* (CÆS. de Bell. civ. lib. 3.)

César, que la guerre environne, se voit pressé de toutes parts. Déja tombent dans le palais mille traits lancés du dehors. Cependant l'ennemi n'emploie ni le bélier, qui d'un seul coup eût ébranlé les murs et brisé les portes, ni aucune autre machine capable de les forcer; il n'a pas même recours aux flammes : répandu autour du palais, il se contente d'en investir l'enceinte, sans jamais réunir ses forces pour s'ouvrir un passage et tenter un assaut. Les destins combattent pour César, et sa fortune lui sert de forteresse.

On attaque aussi le palais du côté de la mer (a), où cet édifice pompeux s'avance au milieu des flots sur une digue audacieuse. Mais César est présent par-tout; d'un côté, il repousse l'ennemi avec le fer; de l'autre, avec le feu : et telle est sa constance et son activité, qu'assiégé lui-même, il se comporte en assiégeant. Sur les vaisseaux unis pour le combat, il fait lancer des torches de poix allumées. Le feu n'est pas lent à se communiquer aux cordages, et aux bois enduits de cire,

---

(a) Il y avait dans le port, outre la flotte de César, cinquante vaisseaux à trois et à cinq rangs de rames, que l'Égypte avait envoyés à Pompée, et qui s'étaient retirés depuis sa défaite; de plus, vingt vaisseaux réservés pour garder la ville. César les fit tous brûler. En peu de jours, les Égyptiens se firent une nouvelle flotte de vaisseaux réparés ou construits à la hâte, au nombre de vingt-sept, à quatre et à cinq rangs de rames, sans compter les plus petits. (Cæs. *de Bell. civ.* lib. 3.)

dont les navires sont couverts. Les antennes et les bancs des rameurs sont en même temps embrasés. Déja la flotte à demi-consumée s'enfonce dans les eaux ; et bientôt la mer est couverte d'armes, d'hommes et de débris. L'incendie ne se borne pas aux vaisseaux, il gagne les maisons voisines de la mer. Le vent favorise la flamme ; et emportée par un rapide souffle, elle se répand sur les toits avec la même vîtesse que ces feux volants allumés dans l'air, qui n'ont pour aliment qu'une vapeur subtile, et dont l'œil suit à peine le lumineux sillon. Ce désastre rappela au secours de la ville les troupes qui assiégeaient le palais; et César n'eut garde de donner au sommeil un temps si cher et si propice : dans l'obscurité de la nuit, il s'élance sur ses vaisseaux, et profitant toujours avec succès des hasards de la guerre, et du temps qui s'enfuit, il emploie ce peu d'instants à s'emparer de l'île du Phare, qui servait alors de barrière à la mer.

Sous le règne du devin Protée, cette île était loin du rivage, et assez avant au milieu des flots; à-présent elle touche presque aux murailles d'Alexandrie. César en tira deux avantages : l'un d'interdire la mer aux ennemis; l'autre, d'assurer aux secours qu'il attendait lui-même, l'entrée du port, l'accès des murs, et la communication libre avec la mer.

Cette nuit même, sans plus différer, il punit le traître Photin, mais non par le supplice qu'il aurait mérité : il ne fut ni attaché à la croix, ni jeté dans les flammes, ni déchiré par les bêtes féroces. O justice des dieux ! on lui trancha la tête; Photin mourut de la mort de Pompée !

Cependant la jeune sœur de Cléopâtre, Arsinoé, par l'industrie de son esclave Ganymède, parvient au camp des ennemis ; et en l'absence du roi, dont elle prend la place, elle s'attribue le pouvoir suprême, et fait plonger le fer vengeur dans le sein du perfide et rebelle Achillas. O Pompée, voilà encore une victime qu'on envoie à ton ombre. Mais ce n'est pas assez pour toi; et nous préservent les dieux que ce soit là le terme de ta vengeance ! La cour d'Égypte et son roi même ne suffisent pas pour appaiser tes mânes; et jusqu'à ce que les glaives du sénat soient enfoncés dans le sein de César, Pompée ne sera point vengé.

L'audace des Égyptiens ne fut point abattue, ni leur fureur étouffée par la mort de leur général : ils retournèrent aux combats sous la conduite de Ganymède; et ce jour où César courut le plus affreux danger, suffirait seul pour perpétuer sa mémoire dans tous les âges.

Sur la levée étroite qui traverse le port et joint l'île du Phare à la ville, César, à la tête des siens, s'était avancé pour gagner des vaisseaux qu'il voyait vides et sans défense. Dans un instant il est environné de tous les périls de la guerre. Devant lui et à ses côtés d'épaisses lignes de vaisseaux le pressent, et bordent l'enceinte du port; par derrière, ceux de la ville le chargent en même temps : pour lui, nul moyen de salut, ni dans la fuite, ni dans la valeur; à peine a-t-il l'espoir d'une mort honorable. Ce n'est pas au milieu d'une armée qu'il a défaite, et sur un champ couvert d'ennemis égorgés, qu'il touche au moment de périr; c'est sans verser une goutte de sang qu'il se voit pris, forcé par le lieu même, et sans savoir s'il doit craindre ou s'il doit souhaiter la mort. Dans cette extrémité, se rappelant Scæva, et sa défense sur la brèche du fort devant Dyrrachium, il pense à la gloire immortelle dont se couvrit ce Romain, lorsque, sur les débris du rempart que l'ennemi allait franchir, il résista seul à Pompée........

SUPPLÉMENT.

Le pont que César défendait sur la levée était forcé; il allait être pris lui-même. Abandonné des siens, il se jeta sur une barque, afin de gagner ses vaisseaux. Mais, prévoyant que la barque, où se précipitait la foule, allait couler à fond, il s'élança dans la mer, et joignit sa flotte à la nage, quoiqu'il y eût deux cents pas de distance, et qu'il ne nageât que d'une main (a), tenant de l'autre ses papiers élevés au-dessus de l'eau. Les

---

(a) Suétone, Plut. etc.

uns (*a*) disent qu'il tenait aussi sa cote-d'armes avec les dents, pour ne pas laisser ce trophée à l'ennemi; les autres (*b*) prétendent qu'il l'abandonna, et que ce fut là son salut : car l'ennemi dirigea ses traits sur la dépouille flottante de César, qu'il prenait pour César lui-même. Dès qu'il eut gagné sa flotte, il envoya au secours des siens. Il avait perdu quatre cents soldats, et un peu plus que le même nombre de matelots et de rameurs. Mais l'audace et l'ardeur de ses troupes, loin de se laisser abattre par ce revers, n'en fut que plus intrépide; et il eut besoin de la retenir plutôt que de l'exciter.

Les Égyptiens voyant la constance des Romains s'affermir dans les succès, et s'accroître dans les disgrâces, firent demander à César de leur envoyer leur jeune roi, pour leur prescrire ce qu'ils devaient faire, assurant que s'il leur répondait de l'amitié des Romains, ils s'y livreraient avec confiance. Quoique César connût bien la perfidie de ce peuple, il n'hésita point à lui accorder sa demande. Si Ptolomée devait lui rester fidèle, il était utile de le renvoyer; et s'il se déclarait contre lui, ce serait un roi, et non plus un esclave qu'il aurait pour adversaire : cela seul l'aurait décidé. Il renvoya donc le jeune prince; et celui-ci poussa la dissimulation jusqu'à le prier,

---

(*a*) Suet.
(*b*) Flor. App.

les larmes aux yeux, de ne pas l'obliger à s'éloigner de lui. Mais à peine il se vit en liberté, qu'il lui déclara une guerre implacable.

Cependant un des lieutenants et des amis de César, appelé Mithridate, arrivant de Syrie en Égypte avec un puissant secours, s'était emparé de Péluse, et marchait vers Alexandrie. Ptolomée, ayant appris qu'il approchait du Delta, fit passer à ses troupes le bras du Nil, au-delà duquel l'ennemi était campé. Il l'attaqua; mais il fut repoussé; et César, instruit de ce qui se passait, étant venu au-devant des siens, les joignit après leur victoire.

Ptolomée avait pris un poste qui dominait la plaine. César entreprit de l'y forcer; et la terreur s'étant emparée des Égyptiens, les uns furent tués sur la place, les autres, se précipitant du côté du Nil, allèrent s'y noyer. Le roi, qui se sauvait sur une barque, fut submergé lui-même, et César rentra victorieux dans Alexandrie. L'Égypte se soumit à lui, et il en remit le sceptre à Cléopâtre, en société avec son second frère. Il ne voulut pas (dit Tacite) faire de l'Égypte une province, de peur qu'elle ne tombât entre les mains de quelque préteur violent, qui suscitât de nouveaux troubles. Mais, si l'on en croit César lui-même (*a*), sa conduite en Égypte eut pour motifs l'alliance que Ptolomée, père de ceux-ci,

___

(*a*) *De Bell. civ. lib.* 3.

avait faite avec Rome sous son précédent consulat, et le testament de ce même roi, dans lequel il suppliait Rome, au nom de tous les dieux et au nom de l'alliance qu'il avait jurée avec elle, de faire exécuter fidèlement ses dernières volontés. Cette guerre avait duré neuf mois.

Tandis que ces choses se passaient en Égypte, Pharnace s'était emparé de la Cappadoce et de la petite Arménie. Cn. Domitius Calvinus, lieutenant de César, l'en avait voulu chasser ; mais Pharnace, l'ayant battu, avait pris la ville de Pont, l'avait mise au pillage, avait fait vendre comme esclaves tous les citoyens, et mutiler tous les enfants qui n'avaient pas atteint l'âge de puberté. César se met en marche, passe par la Syrie, y distribue des récompenses à ceux qui ont bien mérité de lui, rassure les esprits des peuples, règle et termine leurs différends, reçoit dans son alliance les rois et les princes voisins, s'en fait des amis à lui-même et des alliés aux Romains. Il donne à Sextus César le gouvernement de cette province et de la Cilicie, qu'il trouve également soumise ; et après y avoir tout réglé comme dans l'Assyrie, il s'avance dans la Cappadoce. Alors comme il approche de la Galatie, le roi Déjotarus, allié de Pompée, vient en criminel suppliant lui demander pardon. César lui pardonne, et lui rend les marques de la royauté, se bornant à lui demander sa cavalerie, avec une légion que ce prince avait formée à la manière des Romains.

Arrivé enfin dans le Pont, il rassembla ses troupes (*a*) qui n'étaient redoutables ni par le nombre, ni par la discipline; à la réserve de la sixième légion de vétérans, qu'il avait amenée avec lui d'Égypte, mais que les combats et les fatigues avaient si fort ruinée, qu'elle était réduite au nombre de mille hommes. Il ne laissa pas de faire dire à Pharnace qu'il eût à se retirer. Pharnace, qui savait bien que César était pressé et impatient de se rendre à Rome, essaya de gagner du temps; mais César, avec cette promptitude qui lui était naturelle, et que la nécessité exigeait alors, marche à lui, et campe en sa présence près de la ville de Zéla.

Pharnace, à la tête de son armée, descend de la hauteur où il était posté, et d'une même impulsion il monte celle que César occupe (*b*). Les Romains, étonnés de tant d'audace, sont ébranlés d'abord; mais leur valeur se ranime et l'emporte : l'armée de Pharnace est précipitée du haut du camp de César, et poursuivie jusque dans le sien, d'où Pharnace, à peine échappé, s'enfuit

---

(*a*) Plutarque dit qu'il avait trois légions.

(*b*) Appien ne parle pas aussi honorablement qu'Hirtius de la valeur des troupes de Pharnace : *Ad primum clamorem editum, in fugam hostem vertit.... quo tempore fertur dixisse: O te beatum, Pompei, qui cum talibus bello Mithridatico decertans, Magni et existimationem et cognomen adeptus es!* (De Bell. civ. lib. 2.)

avec quelques débris de sa cavalerie. Ce fut de ce champ de bataille que César écrivit à Rome : *Je suis venu, j'ai vu et j'ai vaincu.*

Transporté de joie d'avoir terminé en si peu de temps une guerre de cette importance, César livre à ses soldats toutes les richesses du camp ennemi, renvoie à Déjotarus les troupes qu'il lui avait prises, laisse dans le Pont Célius Vincianus avec deux légions; de là, prenant sa route par la Galatie et la Bythinie, il achève de tout régler dans les provinces de l'Orient; et avec la même célérité qu'il a mise à exécuter de si grandes choses, il arrive dans l'Italie.

Rome, en son absence, n'était pas tranquille : il s'y était élevé une sédition populaire, qui fut éteinte à son arrivée; mais il s'en excita une plus dangereuse. Les soldats qui, sous ses drapeaux, avaient combattu à Pharsale, demandaient la récompense qui leur avait été promise, et leur congé à titre d'émérites. César leur fit dire que la guerre n'était point finie, et que leur récompense leur était assurée dès que tout serait terminé. Ils répondirent que ce n'étaient plus des promesses, mais des effets qu'ils demandaient. Alors César, malgré les instances de ses amis, se présenta dans le champ de Mars. Les soldats s'y assemblent, encore émus, mais sans leurs armes, et le saluent, selon l'usage, en l'appelant leur général. Il leur demande ce qu'ils veulent. Ils n'osent lui parler de paiement, mais ils demandent leur congé. Ils espéraient que le besoin qu'il avait d'eux, l'obligerait à les retenir. Mais lui, contre leur attente, *Votre congé?* dit-il, *je vous l'accorde;* et comme ils restaient tous muets et immobiles d'étonnement, *je ne laisserai pas*, ajouta-t-il, *de vous donner ce que je vous ai promis, quand j'aurai triomphé avec d'autres que vous.* A ces mots remplis de clémence, la honte et l'émulation les saisirent; il leur parut infâme d'abandonner leur général, et insensé de s'attirer sa haine, après s'être déja rendus odieux à l'autre parti. Chacun attendait en silence que César ajoutât quelque chose de plus; et ses amis l'exhortaient à ne pas laisser ses soldats dans l'abattement où il les voyait. Il reprit la parole, et au lieu de les appeler soldats, il les appela *quirites*, citoyens. Ce nom leur fut insupportable; et par un cri général, ils annoncèrent leur repentir, et demandèrent à servir encore. César, sans les écouter, fit semblant de descendre de son tribunal, et ce fut alors que leurs cris redoublèrent. Ces braves gens le conjuraient de rester et de les punir. Il s'arrêta comme incertain de sa résolution; et puis se tournant vers eux : « Je ne punirai personne, dit-il, mais je ne puis que m'affliger de voir ma dixième légion, ma légion favorite, donner l'exemple de la sédition. Je vous accorde votre congé; mais je reviendrai, et à mon retour, j'accomplirai mes promesses. Dès que la guerre sera finie, je vous distribuerai des terres, non pas, comme Sylla, des terres enlevées à d'autres citoyens, pour nourrir entre eux et vous une discorde éternelle, mais des terres du domaine public, mais des terres qui sont à moi; et s'il n'y en a pas assez, j'en acheterai à mes dépens. » Alors ce ne fut qu'un applaudissement et une acclamation générale. La dixième légion demeurait seule consternée, croyant César irrité contre elle, et elle disait : *Qu'il nous décime, et qu'il nous pardonne.* César enfin se laissa fléchir, et leur pardonna. L'histoire a peu d'exemples aussi frappants du pouvoir des mœurs et de la discipline.

Un autre sujet de chagrin pour César, ce fut de voir avec quelle insolence ses amis, Dolabella, Anitius, Antoine et Corfinius, abusaient à Rome de sa faveur; mais le besoin qu'il avait de tels ministres, l'obligea de dissimuler.

Une guerre nouvelle l'appelait en Afrique; il ne perdit pas un moment. La seconde année de sa dictature expirait; il fut élu consul pour la suivante, et incontinent il se rendit en Sicile, au port de Lilybée. Là, quoiqu'il apprît que Scipion et Juba réunis avaient à lui opposer une cavalerie innombrable, six légions de Numides, dix légions de Romains, une multitude de troupes légères, cent vingt éléphants, et de puissantes flottes, il n'en fut point découragé. Il assemble des galères et des navires de transport, il réunit six légions et deux mille hommes de cavalerie;

à mesure que ces troupes arrivent, il les embarque; et laissant à Alliénus, proconsul en Sicile, le soin de lui envoyer en toute diligence ce qu'il ne peut pas emmener, il fait voile avec toute sa flotte. Il aborde près d'Adrumete, et y débarque trois mille hommes de pied, et quinze cents hommes de cheval seulement; car le reste s'est dispersé. De là il marche vers Leptis; et cette ville franche et libre lui envoie des députés pour l'assurer qu'elle lui est dévouée. Le hasard y conduit plusieurs de ses vaisseaux; et il apprend que les autres, ne sachant où aborder, ont tourné du côté d'Utique. Il renvoie sa flotte en Sicile prendre de nouvelles troupes, et fait demander à la Sardaigne et aux provinces les plus voisines les vivres dont il a besoin; il détache dix vaisseaux pour recueillir ceux qui se sont égarés; et ayant appris que dans l'île de Cercine, occupée par l'ennemi, il y a des magasins de blé, il charge C. Sallustius Crispus d'aller s'emparer de cette île.

Les ordres de César étaient si absolus, qu'il fallait obéir, sans alléguer les difficultés; mais les lenteurs le désolaient : il prit le parti de s'embarquer lui-même, pour aller chercher ses vaisseaux. Il était sorti du port de Ruspine, et il luttait contre les vents qui l'empêchaient de s'éloigner, lorsqu'il vit venir à lui une partie de ces vaisseaux dont il était en peine, et avec eux il rentra dans le port.

Tout faible qu'il était, il ne déguisait point, il exagérait même à ses troupes les forces de l'ennemi. « Apprenez, leur disait-il, que Juba arrive en peu de jours avec dix légions, trente-huit mille hommes de cavalerie, cent mille de troupes légères, et trois cents éléphants. » Sa politique lui réussit : ces forces qu'on redoutait de loin, on les méprisa en les voyant de près; et Juba présent détruisit l'impression de terreur qu'avait faite sa renommée.

Le premier combat que César eut à soutenir, ce fut la veille des calendes de janvier, trois jours après son arrivée en Afrique. Labiénus était à la tête de l'armée ennemie, et il fut secondé par de nouvelles troupes que lui amena Pétréius, ancien lieutenant de Pompée. La manœuvre de la cavalerie Numide était nouvelle pour les troupes de César, et cette cavalerie avait tous ses avantages dans la plaine immense où l'action se passait. Elle n'en fut pas moins rompue et repoussée deux fois, par l'habileté de César et la valeur de ses légions (a).

César, instruit que Scipion devait venir incessamment l'attaquer avec toutes ses forces, ne négligea rien pour la sûreté de son camp : il fit des soldats de ses matelots, et les exerça à lan-

---

(a) Appien dit que Scipion était absent, que Labiénus fut blessé à la cuisse, et que Pétréius laissa échapper la victoire, disant qu'il n'en fallait pas dérober l'honneur à Scipion.

cer des traits, pour avoir des troupes légères à opposer à celles de l'ennemi. Mais il était dans la disette : les blés du pays avaient été enlevés, et l'on avait arraché les laboureurs de la charrue; ce qui avait fait manquer la dernière moisson. Il fallut à César une vigilance, une habileté, une constance incroyables, pour se soutenir, avec si peu de forces et de ressources, contre des armées innombrables qui l'assiégeaient dans son camp. Il y était réduit à nourrir ses chevaux d'algue marine, lavée dans de l'eau douce. Il avait encore la douleur de voir sous ses yeux brûler les villages, ravager les champs, enlever ou tuer les bestiaux, détruire ou déserter les villes et les places, égorger ou traîner dans les fers leurs principaux habitants, et sous le nom d'ôtages, emmener les enfants, dont on faisait des esclaves. Il entendait les cris, il voyait les larmes des députés des villes qui l'imploraient; et il ne pouvait les secourir. Il pressait avec les plus vives instances les secours qu'il attendait lui-même, et nuit et jour il avait les yeux sur la mer, dans l'impatience de les voir arriver. Ils arrivèrent enfin : d'un côté Sallustius Crispus enlève tous les blés de l'île de Cercine, et les envoie au camp de César; de l'autre, le proconsul Alliénus embarque à Lilybée deux légions, huit cents hommes de cavalerie gauloise, et mille frondeurs et archers. Le convoi, par un vent favorable, arrive en quatre jours dans ce même camp; la joie y éclate, la confiance y renaît, et la frayeur commence à se répandre dans l'armée ennemie.

Dès-lors César se vit en état de donner à son camp plus d'étendue et plus d'aisance. Le six des calendes de février, il se mit en marche au milieu de la nuit, et alla s'établir sur un amphithéâtre de collines qui bordait la mer, et devant lequel s'étendait une plaine de quinze mille pas. L'ennemi avait un poste sur l'une de ces collines : ce poste fut attaqué; et Labiénus, pour le soutenir, détacha l'aile droite de sa cavalerie. César, à l'instant, fit avancer l'aile gauche de la sienne; et une espèce de château qui interrompait la vue, ayant empêché Labiénus de voir le mouvement que faisait César, il ne s'aperçut qu'il était coupé qu'au moment qu'il fut attaqué par derrière. La cavalerie Numide épouvantée prit la fuite; et les troupes qu'elle abandonnait se trouvant enveloppées, on en fit un carnage affreux. Les légions de Scipion, témoins de ce désastre, en furent effrayées, et se jetèrent dans leur camp.

César, depuis cet avantage, ne cessa de se présenter à l'ennemi, mais sans s'exposer à être enveloppé par la cavalerie numide. Scipion avait au centre de son armée la ville d'Uzite, en face du camp de César. Celui-ci, des deux extrémités de la hauteur qu'il occupait, tira deux lignes qu'il dirigea sur les deux angles des murs de la ville. Ce retranchement était destiné à protéger les deux flancs de son armée, lorsqu'elle approcherait de la ville pour l'attaquer, et à faciliter la désertion de l'armée ennemie dans la sienne, ce qui lui réussit mieux qu'il n'osait l'espérer. Il avait encore pour objet de se procurer dans la plaine, au moyen des puits, l'eau qui manquait sur les collines, et qu'il fallait tirer de loin.

Tandis qu'une partie de l'armée était occupée à ces travaux, l'autre se tenait sous les armes en présence de l'ennemi. Mais quoique Juba se fût joint à Scipion avec des forces redoutables, l'assurance et l'intrépidité de César leur imposait; et la seule fois qu'ils osèrent tenter une légère attaque, ils furent si bien repoussés, que, sans la nuit qui survint, ou plutôt sans un vent orageux qui faisait voler la poussière dans les yeux des soldats de César, Labiénus et Juba étaient pris et leur cavalerie absolument détruite.

Dans ces circonstances, arrivèrent de Sicile dans l'armée de César la neuvième et la dixième légion. Les travaux des lignes étaient achevés, et César avait fermé son camp par une parallèle assez loin de la ville, pour n'avoir pas à craindre les traits lancés du haut des murs.

Scipion met son armée en bataille; et César, déployant la sienne, se dispose à le recevoir. Scipion, méditant la même manœuvre que Pompée à Pharsale, avait placé à mille pas de son aile droite un corps de cavalerie numide, avec une multitude de frondeurs et d'archers pour envelopper l'aile gauche de César, au moment que son aile droite l'attaquerait en face. César fit de son côté ce qu'il avait fait en Thessalie : il tripla son aile gauche, y posta sa cavalerie; et ne comptant pas assez sur elle, il la couvrit d'une légion, mêlant de plus entre les chevaux des gens de pied légèrement armés. Ce fut sans doute par ces dispositions qu'il intimida l'ennemi ; et ce qu'on n'avait jamais vu jusqu'alors, les deux armées se tinrent en présence depuis le matin jusqu'au soir, sans que ni l'une ni l'autre osât risquer l'attaque.

Mais César, qui manquait de vivres dans son camp, fut obligé de le quitter. Il partit la nuit, et alla s'établir sous la ville d'Agar, dont il était maître. Scipion le suivit de près, et divisa son armée en trois camps, à six mille de l'ennemi. César ne pouvait faire un pas sans être environné et assailli par la cavalerie numide; et ce nouveau genre de guerre excédait ses légions. Ce qui lui causait encore plus d'inquiétude, c'est que, n'ayant eu à faire jusqu'alors qu'à cette cavalerie légère et sans frein, qui lui échappait à chaque instant, et à chaque instant revenait à la charge, il ne connaissait pas encore les légions de l'armée ennemie, et qu'il ne savait pas comment il lui serait possible de faire face à tout, s'il fallait soutenir à-la-fois le choc des troupes légères, et l'attaque des légions. Les éléphants l'embarrassaient encore, et il en avait fait venir d'Italie pour y aguerrir ses soldats. Il lui avait fallu renoncer à ses manœuvres accoutumées; et au lieu de ces mouvements rapides et hardis qu'il exécutait contre les Gaulois, peuple franc et sans artifice, qui dans les combats méprisait la ruse et n'employait que la valeur, il s'était réduit à une conduite attentive, inquiète, et lente, ayant sans cesse à se garantir des surprises et des embûches d'un ennemi fourbe et rusé.

Enfin César étant campé devant la ville de Thapsus qu'il avait investie, afin de la réduire, Scipion, pour la secourir, marche vers lui par les hauteurs. Il avait à passer un défilé de mille cinq cents pas entre des salines et la mer : ce fut là que César vint au-devant de lui. L'ordre de bataille de Scipion était formidable, et César balançait à l'attaquer d'abord; mais ne pouvant plus retenir l'ardeur de ses soldats, il monte à cheval et charge à leur tête. A l'instant, une grêle de flèches et de pierres tombe sur les éléphants (a); ces animaux effrayés tournent le dos, écrasent les troupes rangées derrière eux, et ouvrent un passage à celles de César. La cavalerie maure, placée du même côté que les éléphants, prend aussi l'épouvante; le désordre et l'effroi gagnent les légions; et celles de César, renversant tout

---

(a) Ce fut, dit Appien, la cinquième légion qui demanda à être opposée aux éléphants, et qui les mit en fuite; en mémoire de cette action, elle eut depuis des éléphants pour enseignes.

ce qui leur résiste, s'emparent des retranchemens.

L'armée de Scipion, éperdue et dispersée dans la campagne, où le vainqueur la poursuit, se jette dans le camp qu'elle a quitté la veille, dans l'espoir de s'y rallier; mais les soldats ont beau chercher des yeux un chef qui les commande, il ne s'en trouve plus aucun. Ils passent de ce camp à celui de Juba; mais ils trouvent, en arrivant, que César s'en est emparé. Alors désespérant de leur salut, ils gagnent une hauteur voisine, et mettant bas les armes, ils font le signe accoutumé pour demander à se rendre. Cela même ne put les sauver. Les vétérans de César, outrés de douleur et de rage, du massacre qu'on avait fait de ceux des leurs qui avaient été pris sur deux vaisseaux et menés au camp de Scipion, égorgèrent sans pitié les vaincus, même à la vue de César, dont ils imploraient la clémence, et qui demandait grâce pour eux.

César après avoir pris trois camps, tué cinquante mille des ennemis, et dissipé tout le reste (*a*), sans avoir perdu que cinquante des siens, laisse quelques légions devant les places qui lui résistent, et va droit à Utique, où commande Caton.

(*a*) *Ita hic quoque exercitus ex* 80000 *fermè conflatus militibus, longâ duratus militiâ.... in universum afflictus est, non sine ingenti gloriâ Cæsaris.* (App. *de Bell. civ. lib.* 2.)

Presque tout ce qui s'était sauvé de l'armée de Scipion s'était retiré dans Utique (a), et Caton fit tous ses efforts pour les engager à se tenir dans cette place, et à s'y défendre courageusement; mais il ne put les y déterminer. Il fallut consentir à leur fuite, et il leur donna ses vaisseaux. Pour lui, tranquille au milieu des ruines de sa patrie, il ne s'occupa que du salut des siens : il les acompagna jusques sur le port, et les regarda s'embarquer, embrassant tous ses hôtes et amis, et leur disant adieu. Car il leur avait conseillé de se sauver comme les autres. Quant à son fils, il ne lui persuada point de s'en aller, et ne crut pas devoir le presser d'abandonner son père.

Les sénateurs qui étaient restés auprès de lui, le suppliant de leur pardonner s'ils n'étaient pas tous des Catons, lui avouèrent qu'ils avaient dessein d'envoyer vers César, pour demander grâce, d'abord pour lui, résolus, s'ils ne l'obtenaient pas, d'y renoncer pour eux-mêmes, et de combattre pour son salut jusques au dernier soupir. Caton répondit, qu'il leur savait gré de l'affection qu'ils lui témoignaient, et qu'ils faisaient bien de pourvoir à leur propre salut; mais que pour le sien, il n'en fallait point parler; que c'était aux vaincus à prier, et aux coupables à demander

---

(a) Ce morceau est extrait de Plutarque, *vie de Caton*, traduction d'Amyot. J'y ai mêlé seulement quelques traits pris dans Appien.

pardon; que pour lui, grâces au dieux, il avait toujours été invincible et irréprochable. Les habitants d'Utique lui ayant offert de même d'intercéder pour lui, il leur répondit en souriant qu'il n'avait pas besoin de conciliateurs auprès de César, et que César le savait bien. L. César, parent du vainqueur, allant l'implorer pour lui-même, voulait aussi parler en faveur de Caton; celui-ci le lui défendit, et ne laissa pas de lui aider à composer sa harangue; il lui recommanda seulement ses deux fils et ses amis. Le soir, il soupa comme il avait coutume; il s'entretint avec ses familiers sur le départ de ceux qui s'étaient embarqués, demanda s'ils avaient un bon vent, et si le lendemain, à l'arrivée de César, ils seraient assez loin pour échapper à sa vue? La seule apparence à laquelle on se douta de son dessein, ce fut la chaleur qu'il mit à soutenir cette maxime des stoïciens, *qu'il n'y a que l'homme de bien qui soit libre, et que tous les méchants sont esclaves.* En allant se coucher, il ne laissa rien apercevoir d'extraordinaire, sinon qu'il embrassa son fils un peu plus affectueusement. Quand il fut seul, il lut une partie du dialogue de Platon sur l'immortalité de l'ame; et tout-à-coup cherchant son épée, il ne la trouva point au chevet de son lit; son fils l'en avait fait ôter : il la demanda, mais sans empressement, et continua sa lecture. Il avait achevé de lire, et on ne lui rendait pas son épée; alors il fit venir son fils et ses domestiques, et avec colère il leur demanda si on voulait le livrer tout vif à César? « Que ne *lies-tu ton père, mon ami*, dit-il à son fils, *et que ne lui attaches-tu les mains derrière le dos jusqu'à ce que César arrive?* N'êtes-vous point aussi d'avis, dit-il à ses amis, *de forcer un homme de mon âge à vivre pour la servitude?* » Son fils et ses amis sortirent en fondant en larmes; et on lui envoya son épée par un enfant. Quand il la tint, il examina si la pointe était bien aiguisée, et le tranchant bien affilé. « *Maintenant*, dit-il, *je suis à moi.* » Ayant mis l'épée auprès de lui, il relut le même dialogue, puis s'endormit d'un profond sommeil. Au milieu de la nuit il s'éveilla, et envoya savoir sur le port si tous les vaisseaux avaient fait voile; on lui répondit qu'il étaient tous en mer, excepté un seul, mais qu'il faisait un vent très-fort, et qu'il y avait de la tourmente. Il gémit en pensant au danger que couraient tant de malheureux. Dès qu'il fut seul, il tira son épée, et se l'enfonça dans le sein, mais n'étant pas expiré du coup, il tomba de son lit, et au bruit de sa chûte, on accourut, et on le trouva qui nageait dans son sang, et qui regardait sortir ses entrailles. Comme elles n'étaient point blessées, son médecin les remit; et Caton s'étant évanoui, donna le temps de coudre la plaie : mais quand il eut repris ses sens, il fit semblant de rendre grâces au médecin, et dit qu'il avait besoin de repos. Ayant ainsi renvoyé son fils, ses amis et ses domestiques, il ouvrit de nouveau sa plaie, et s'arrachant du corps les entrailles qu'il déchira avec ses ongles, il rendit le dernier soupir (*a*).

Comme César approchait d'Utique, il vit venir à lui Lucius César, les deux fils de Caton, et une foule de Romains qui se jetèrent à ses pieds. Il leur fit grâce selon sa coutume; et en apprenant la mort de Caton, il dit : « Caton m'a envié la gloire de donner un bel exemple. »

Juba, échappé au vainqueur, s'enfuit avec Pétréius, et prit le chemin de Zama, ville de son royaume où il avait laissé ses femmes, ses enfants, et tout ce qu'il avait de plus précieux. Mais il y avait aussi fait dresser un bûcher immense au milieu de la place, et il avait déclaré en partant, que s'il était vaincu, il jetterait dans ce bûcher toutes ses richesses, et qu'après avoir fait égorger tous les citoyens, il les y ferait brûler, et s'y brûlerait lui-même avec ses enfants et ses femmes. Les habitants de Zama, qui n'avaient point oublié cette menace, instruits de la victoire que César avait remportée, fermèrent leurs murs à Juba; il eut beau employer tour-à-tour les menaces et les prières, et se réduire enfin à demander qu'on lui envoyât ses femmes et ses enfants, il ne put rien obtenir. Il se retira avec Pétréius dans sa maison de campagne; et ceux de Zama ayant envoyé demander à César de les

---

(*a*) Agé d'environ cinquante ans.

secourir avant que Juba fût en état de les forcer dans leur ville, César lui-même s'y rendit. Là, toute la cavalerie numide, sur ce qu'elle entend publier de sa clémence et de sa bonté, vient lui demander grâce et se livrer à lui.

Juba, réduit au désespoir, proposa à Pétréius, pour mourir honorablement, de tirer l'épée l'un contre l'autre. Pétréius y consentit, et affaibli comme il l'était par l'âge, il fut tué sans peine par le jeune roi. Celui-ci, après avoir essayé vainement de se percer lui-même, demanda en grâce, à l'un de ses esclaves, de lui rendre ce cruel office, et l'esclave lui obéit.

Faustus Sylla et Afranius, comme ils allaient passer en Espagne, sont pris et tués dans une émeute. Scipion s'était embarqué avec quelques amis, et avait pris la même route; mais après avoir été long-temps battu par la tempête, il rencontre une flotte ennemie, et ses vaisseaux sont submergés (*a*).

César ayant enlevé de Zama les richesses du roi des Numides, retourne à Utique, y faire vendre les biens de trois cents Romains négociants en Afrique, dont Caton avait fait son conseil, et qui de leurs personnes et de leur argent avaient servi le parti de Pompée; il impose un tribut annuel aux villes de Thapse, de Leptis, d'Adrumète; et

---

(*a*) Appien dit que de peur d'être pris, Scipion se tua lui-même.

après avoir pourvu à tout pour la sûreté de ces places, il remonte sur sa flotte dans le port d'Utique, le jour des ides de juin.

Arrivé à Rome, il assemble le peuple, et dans une harangue il annonce qu'il vient d'acquérir à l'empire romain un pays si vaste, qu'il peut donner tous les ans à la république deux cent mille minots de blé et deux millions de livres d'huile. Il fait ensuite quatre fois (*a*) son entrée triomphante. La première fois il triomphe des Gaules, la seconde de l'Égypte, la troisième du royaume de Pont, la quatrième de l'Afrique, comme vainqueur de Juba; et ces triomphes sont suivis de festins et de spectacles magnifiques. Les libéralités de César furent dignes du maître du monde. Il donna à ses soldats tout ce qu'il leur avait promis; il distribua de l'argent au peuple; il l'invita tout à-la-fois à un festin de vingt-deux mille tables. Enfin César, pour accomplir le vœu qu'il avait fait à Pharsale, éleva un temple à *Vénus mère*, et à côté de la statue de la déesse il fit placer celle de Cléopâtre.

Dans le dénombrement qui fut fait alors, le peuple romain se trouva réduit à la moitié de ce qu'il était avant la guerre civile (*b*).

(*a*) Plutarque n'en compte que trois : il a omis le triomphe des Gaules.

(*b*) *In tantum afflixit rempublicam contentio duorum civium* (App. de Bell. civ. 2.)

Les débris des armées vaincues à Pharsale et en Afrique s'étaient réunis en Espagne, et formaient, avec les Espagnols et les Celtibères, peuples robustes et vaillants, une armée nouvelle et terrible. César, élu consul pour la quatrième fois, partit de Rome, et se rendit en vingt-sept jours au fond de l'Espagne, où l'attendait la guerre. Il savait bien qu'il avait à faire à une multitude d'ennemis versés dans l'art des combats, et que la nécessité et le désespoir rendraient capables de tout oser; aussi, sans rien donner au hasard, mesurait-il tous ses mouvements, jusqu'à se laisser accuser de lenteur par le fils aîné de Pompée, que la supériorité de ses forces rendait téméraire et présomptueux.

L'Espagne ultérieure est favorable à qui veut prolonger la guerre. A chaque pas on y trouve des camps avantageux et fortifiés par la nature, et les eaux y sont en abondance. Il eût été facile au parti de Pompée d'y ruiner celui de César, en le retenant dans un pays où il n'avait aucune ressource : la disette l'en eût chassé ou l'eût consumé à la longue, et de siége en siége, de poste en poste, les légions harassées auraient péri insensiblement. La confiance du jeune Pompée lui fit perdre ses avantages. Il désirait, disait-il, que l'ennemi voulût s'exposer en plaine; mais il croyait être sûr qu'il ne l'oserait jamais. César était plus impatient que lui d'en venir à une bataille; et l'occasion s'en offrit sous les murailles de Munda.

La ville était située sur une éminence, et au pied des murs le jeune Pompée avait établi son camp. Celui de César était assis sur des collines opposées, et entre les deux s'étendait une plaine d'environ cinq mille pas. César ne douta point que Pompée ne descendît dans la plaine, et il s'y avança le premier. Mais l'ennemi n'osa s'éloigner de plus de mille pas des remparts de la ville, et quoique l'égalité du lieu dût l'inviter à y venir disputer la victoire, il persista dans la résolution de conserver l'avantage qu'un poste élevé lui donnait. Ce fut sans doute cet avantage, du côté de l'ennemi, qui inspira aux troupes de César la frayeur qu'elles témoignèrent dès le signal de la bataille. César, qui les vit prêtes à se rebuter, s'écria : « Grands dieux ! un seul jour, un combat honteux va-t-il effacer l'éclat de tant de victoires ! » Alors courant de rang en rang, la visière de son casque levée, afin qu'en le voyant en face, ses soldats fussent plus honteux de reculer, il leur disait, que s'ils ne rougissaient pas de se laisser battre, *ils le prissent au corps, et le livrassent eux-mêmes de leurs propres mains à ces jeunes enfants.* Ce reproche ne les touchait pas ; il fallut pour les entraîner, que, prenant lui-même un bouclier, il se jetât dans la mêlée. Alors s'adressant aux capitaines qui se trouvaient le plus près de lui : « Dans un moment, dit-il, nous serons délivrés, moi de la vie, et vous de la guerre. » A ces mots, il s'élança si avant, qu'il n'était plus qu'à dix pas de l'ennemi, et que son bouclier fut dans un instant percé d'un grand nombre de flèches. Les officiers, ne voyant plus que le danger que courait César, l'environnèrent et le couvrirent de leur corps, et toute l'armée fondit à-la-fois sur l'armée ennemie. Le combat dura tout le jour, et fut douteux jusqu'au soir, mais la dixième légion qui était à la droite de César, ayant ébranlé l'aile de l'ennemi qui lui était opposée, il fallut, pour soutenir celle-ci, tirer une légion de l'aile droite de Pompée; et ceux de César profitant de ce moment de trouble pour forcer l'aile qu'on avait affaiblie, la victoire se décida pour eux. L'ennemi se retira dans la ville, qui se rendit le lendemain. Dans cette bataille, il périt trente mille hommes du parti de Pompée, et de ce nombre furent Labiénus, Attius Varus, et trois mille chevaliers. César ne perdit que mille des siens, mais des meilleurs et des plus braves. Le soir il dit à ses familiers, que plusieurs fois auparavant il avait combattu pour la victoire, mais que dans cette dernière action il avait combattu pour sa propre vie. Le plus jeune des enfants de Pompée, Sextus, se sauva de la bataille, et alla faire sur les mers l'indigne métier de pirate. L'aîné, blessé à l'épaule et à la cuisse, et s'étant démis le talon, se voyait poursuivi et pressé sans relâche; il se cacha dans une caverne, et il eût été difficile de l'y découvrir : mais il fut trahi par ses esclaves; et peu de jours après la bataille on apporta sa tête à César. Ainsi fut terminée la guerre civile, le jour des Bacchanales, le même jour que Pompée, quatre ans auparavant, était sorti de Rome à la tête de son parti.

EXCERPTA
EX LIBRO DECIMO.

(1) .... Tum, vultu semper celante timorem,
Intrepidus, superûm sedes, et templa vetusti
Numinis, antiquas Macetûm testantia vires,
Circuit; et nullâ captus dulcedine rerum,
Non auro, cultuque deûm, non mœnibus urbis,
Effossum tumulis cupide descendit in antrum.
Illic Pellæi proles vesana Philippi,
Felix prædo, jacet, terrarum vindice fato
Raptus: sacratis, totum spargenda per orbem,
Membra viri posuêre adytis: Fortuna pepercit
Manibus, et regni duravit ad ultima fatum.
Nam sibi libertas unquàm si redderet orbem,
Ludibrio servatus erat, non utile mundo
Editus exemplum, terras tot posse sub uno
Esse viro. Macetûm fines, latebrasque suorum
Deseruit, victasque patri despexit Athenas;
Perque Asiæ populos, fatis urgentibus actus,
Humana cum strage ruit, gladiumque per omnes
Exegit gentes: ignotos miscuit amnes,
Persarum Euphratem, Indorum sanguine Gangen:
Terrarum fatale malum, fulmenque, quod omnes
Percuteret pariter populos, et sidus iniquum
Gentibus. Oceano classes inferre parabat
Exteriore mari. Non illi flamma, nec undæ,

Nec sterilis Libye, nec Syrticus obstitit Ammon.
Isset in occasus; mundi devexa secutus,
Ambissetque polos, Nilumque à fonte bibisset:
Occurrit suprema dies, naturaque solum
Hunc potuit finem vesano ponere regi:
Qui secum invidiâ, quâ totum ceperat orbem,
Abstulit imperium; nulloque hærede relicto,
Totius fati lacerandas præbuit urbes.
Sed cecidit Babylone suâ, Parthoque verendus.

(2) Jàm Pelusiaco veniens à gurgite Nili
Rex puer, imbellis populi sedaverat iras,
Obside quo pacis Pellæâ tutus in aulâ
Cæsar erat: cùm se parvâ Cleopatra biremi,
Corrupto custode Phari laxare catenas,
Intulit Emathiis ignaro Cæsare tectis;
Dedecus Ægypti, Latio feralis Erinnys,
Romano non casta malo. Quantum impulit Argos,
Iliacasque domos facie Spartana nocenti,
Hesperios auxit tantum Cleopatra furores.
Terruit illa suo (si fas) Capitolia sistro,
Et Romana petit imbelli signa Canopo,
Cæsare captivo Pharios ductura triumphos;
Leucadioque fuit dubius sub gurgite casus,
An mundum, ne nostra quidem matrona, teneret.
Hoc animi nox illa dedit, quæ prima cubili
Miscuit incestam ducibus Ptolemaïda nostris.
Quis tibi vesani veniam non donet amoris,
Antoni; durum cùm Cæsaris hauserit ignis
Pectus, et in mediâ rabie, medioque furore
Et Pompeianis habitatâ manibus aulâ,
Sanguine Thessalicæ cladis perfusus adulter
Admisit Venerem curis, et miscuit armis
Illicitosque toros, et non ex conjuge partus?
Prôh pudor! oblitus Magni, tibi, Julia, fratres

Obscænâ de matre dedit; partesque fugatas
Passus in extremis Libyæ coalescere regnis,
Tempora Niliaco turpis dependit amori,
Dum donare Pharon, dùm non sibi vincere mavult!
Quem formæ confisa suæ Cleopatra, sine ullis
Tristis adit lacrymis, simulatum comta dolorem,
Quem decuit, veluti laceros dispersa capillos,
Et sic orsa loqui : Si qua est, ô maxime Cæsar,
Nobilitas, Pharii proles clarissima Lagi,
Exul in æternum sceptris depulsa paternis,
Si tua restituat veteri me dextera fato,
Complector regina pedes. Tu gentibus æquum
Sidus ades nostris. Non urbes prima tenebo
Fæmina Niliacas : nullo discrimine sexûs,
Reginam scit ferre Pharos. Lege summa peremti
Verba patris, qui jura mihi communia regni,
Et thalami cum fratre dedit. Puer ipse sororem,
Sit modò liber, amat; sed habet sub jure Pothini
Affectus, ensesque suos. Nil ipsa paterni
Juris habere peto : culpâ, tantoque pudore
Solve domum; remove funesta satellitis arma,
Et regem regnare jube. Quantosne tumores
Mente gerit famulus, Magni cervice revulsâ !
Jàm tibi (sed procul hoc avertant fata) minatur.
Sat fuit indignum, Cæsar, mundoque, tibique,
Pompeium facinus meritumque fuisse Pothini.

 Nequidquàm duras tentasset Cæsaris aures;
Vultus adest precibus, faciesque incesta perorat.
Exigit infandam corrupto judice noctem.

(3) Discubuêre toris reges, majorque potestas
Cæsar; et immodice formam fucata nocentem,
Nec sceptris contenta suis, nec fratre marito,
Plena maris rubri spoliis, colloque, comisque
Divitias Cleopatra gerit, cultuque laborat.

Candida Sidonio perlucent pectora filo,
Quod Nilotis acus compressum pectine serum
Solvit, et extenso laxavit stamina velo.
Dentibus hîc niveis sectos Atlantide silvâ
Imposuêre orbes; quales ad Cæsaris ora
Nec capto venêre Jubâ. Proh cæcus, et amens
Ambitione furor! civilia bella gerenti
Divitias aperire suas, incendere mentem
Hospitis armati! Non sit licet ille nefando
Marte paratus opes mundi quæsisse ruinâ;
Pone duces priscos, et nomina pauperis ævi
Fabricios, Curiosque graves; hîc ille recumbat
Sordidus Hetruscis abductus consul aratris;
Optabit patriæ talem duxisse triumphum.

    Infudêre epulas auro, quod terra, quod aër,
Quod pelagus, Nilusque dedit, quod luxus inani
Ambitione furens toto quæsivit in orbe.

(4) Postquàm epulis Bacchoque modum lassata voluptas
Imposuit, longis Cæsar producere noctem
Inchoat alloquiis; summâque in sede jacentem
Linigerum placidis compellat Achorea dictis:
O sacris devote senex, quodque arguit ætas,
Non neglecte deis, Phariæ primordia gentis,
Terrarumque situs, vulgique edissere mores,
Et ritus, formasque deûm; quodcumque vetustis
Insculptum est adytis profer, noscique volentes
Prode deos. Si Cecropium sua sacra Platonem
Majores docuêre tui; quis dignior unquàm
Hoc fuit auditu, mundique capacior hospes?
Fama quidem generi Pharias me duxit ad urbes,
Sed tamen et vestri: media inter prœlia semper
Stellarum cœlique plagis, superisque vacavi;
Nec meus Eudoxi vincetur fastibus annus.
Sed cùm tanta meo vivat sub pectore virtus,

La Pharsale.

Tantus amor veri, nihil est quod noscere malim
Quàm fluvii causas per secula tanta latentes,
Ignotumque caput : spes sit mihi certa videndi
Niliacos fontes; bellum civile relinquam.
Finierat; contraque sacer sic orsus Achoreus :

Fas mihi magnorum Cæsar secreta parentum
Prodere, ad hoc ævi populis ignota profanis.
Sit pietas aliis miracula tanta silere :
Ast ego cœlicolis gratum reor, ire per omnes
Hoc opus, et sacras populis notescere leges....

(5) Vana fides veterum, Nilo, quò crescat in arva,
Æthiopum prodesse nives. Non Arctos in illis
Montibus, aut Boreas. Testis tibi sole perusti
Ipse color populi, calidique vaporibus Austri.
Adde, quod omne caput fluvii, quodcumque soluta
Præcipitat glacies, ingresso verè tumescit
Prima tabe nivis ; Nilus neque suscitat undas
Antè canis radios, nec ripis alligat amnem
Antè parem nocti Librâ sub judice Phœbum.
Indè etiam leges aliarum nescit aquarum :
Nec tumet hybernus, cùm longè sole remoto
Officiis caret unda suis : dare jussus iniquo
Temperiem cœlo, mediis æstatibus exit.
Sub torrente plagâ ne terras dissipet ignis,
Nilus adest mundo, contraque incensa Leonis
Ora tumet; Cancroque suam torrente Syenen,
Imploratus' adest; nec campos liberat undis,
Donec in autumnum declinet Phœbus, et umbras
Extendat Meroë. Quis causas reddere posset?
Sic jussit Natura parens decurrere Nilum :
Sic opus est mundo....

(6) Ast ego, si tantam jus est mihi solvere litem,
Quasdam, Cæsar, aquas post mundi sera peracti

Secula, concussis terrarum erumpere venis,
Non id agente deo; quasdam, compage sub ipsâ,
Cum toto cæpisse reor, quas ille creator
Atque opifex rerum certo sub jure coërcet.

(7) Quæ tibi noscendi Nilum, Romane, cupido est,
Et Phariis, Persisque fuit, Macedûmque tyrannis;
Nullaque non ætas voluit conferre futuris
Notitiam; sed vincit adhuc natura latendi.
Summus Alexander regum quos Memphis adorat,
Invidit Nilo, misitque per ultima terræ
Æthiopum lectos : illos rubicunda perusti
Zona poli tenuit, Nilum vidêre calentem.
Venit ad occasum, mundique extrema Sesostris,
Et Pharios currus regum cervicibus egit;
Antè tamen vestros amnes, Rhodanumque, Padumque,
Quàm Nilum de fonte bibit. Vesanus in ortus
Cambyses longi populos pervenit ad ævi,
Defectusque epulis, et pastus cæde suorum,
Ignoto te, Nile, redit. Non fabula mendax
Ausa loqui de fonte tuo est : ubicumque videris,
Quæreris; et nulli contingit gloria genti,
Ut Nilo sit læta suo. Tua flumina prodam,
Quà deus undarum celator, Nile, tuarum
Te mihi nosse dedit. Medio consurgis ab axe,
Ausus in ardentem ripas attollere Cancrum;
In Boream is rectus aquis mediumque Booten;
Cursus in occasum flexu torquetur, et ortus;....
Æthiopumque feris alieno gurgite campos;
Et te terrarum nescit cui debeat orbis.
Arcanum natura caput non prodidit ulli;
Nec licuit populis parvum te, Nile, videre,
Amovitque sinus, et gentes maluit ortus
Mirari, quàm nosse tuos. Consurgere in ipsis
Jus tibi solstitiis, alienâ crescere brumâ,

Atque hyemes adferre tuas, solique vagari
Concessum per utrosque polos. Hîc quæritur ortus,
Illic finis aquæ. Latè tibi gurgite rupto
Ambitur nigris Meroë fecunda colonis,
Læta comis hebeni : quæ, quamvis arbore multâ
Frondeat, æstatem nullâ sibi mitigat umbrâ :
Linea tàm rectum mundi ferit illa Leonem.
Indè plagas Phœbi, damnum non passus aquarum,
Præveheris, sterilesque diù metiris arenas.
Nunc omnes unum vires collectus in amnem,
Nunc vagus, et spargens facilem tibi cedere ripam.
Rursus multifidas revocat piger alveus undas,
Quà dirimunt Arabum populis Ægyptia rura
Regni claustra Philæ....
. . . . Quis te tam lenè fluentem,
Moturum tantas violenti gurgitis iras,
Nile, putet! Sed cùm lapsus abrupta viarum
Excepêre tuos, et præcipites cataractæ,
Ac nusquàm vetitis ullas obsistere cautes
Indignaris aquis; spumâ tunc astra lacessis :
Cuncta fremunt undis : ac multo murmure montis
Spumeus invictis canescit fluctibus amnis.
Hinc, Abaton, quam nostra vocat veneranda vetustas,
Petra patens, primos sentit percussa tumultus,
Et scopuli, placuit fluvii quos dicere venas,
Quod manifesta novi primum, dant signa tumoris.
Hinc montes natura vagis circumdedit undis,
Qui Libyæ te, Nile, negant : quos inter ut altâ
In convalle jacens stat molibus unda receptis.
Prima tibi campos permittit, apertaque Memphis
Rura, modumque vetat crescendi ponere ripas.

(8) . . . . Sed non vesana Pothini
Mens imbuta semel tàm sacra cæde, vacabat
A scelerum motu. Magno nihil ille perempto

EX LIBRO DECIMO.

Jàm putat esse nefas : habitant sub pectore manes,
Ultricesque deæ dant in nova monstra furorem.
Dignatur viles isto quoque sanguine dextras,
Quo Fortuna parat victos perfundere Patres;
Pœnaque civilis belli, et vindicta senatûs
Penè data est famulo. Procul hoc avertite, fata,
Crimen, ut hæc Bruto cervix absente secetur.
In scelus it Pharium Romani pœna tyranni,
Exemplumque perit.

(9) . . . . Tu mollibus, inquit,
Nunc incumbe toris, et pingues exige somnos :
Invasit Cleopatra domum. Nec prodita tantùm est,
Sed donata Pharos. Cessas accurrere solus
Ad dominæ thalamos? nubet soror impia fratri :
Nam Latio jàm nupta duci est : interque maritos
Discurrens Ægypton habet, Romamque meretur.
Expugnare senem potuit Cleopatra venenis;
Crede, miser, puero : quem nox si junxerit una,
Et semel amplexus incesto pectore passus
Hauserit obscænum titulo pietatis amorem,
Meque, tuumque caput, per singula forsitan illi
Oscula donabit. Crucibus, flammisque luemus
Si fuerit formosa soror. Nil undiquè restat
Auxilii : rex hinc conjux, hinc Cæsar adulter.
Et sumus, ut fatear, tàm sævâ judice sontes.
Quem non è nobis credet Cleopatra nocentem,
A quo casta fuit? per te, quod fecimus unà,
Perdidimusque nefas, perque ictum sanguine Magni
Fœdus, ades : subito bellum molire tumultu :
Irrue! nocturnas rumpamus funere tædas,
Crudelemque toris dominam mactemus in ipsis,
Cum quocumque viro. Nec nos deterreat ausis
Hesperii fortuna ducis. Quæ sustulit illum,
Imposuitque orbi, communis gloria nobis :

Nos quoque sublimes Magnus facit. Aspice littus,
Spem nostri sceleris : pollutos consule fluctus
Quid liceat nobis; tumulumque è pulvere parvo
Aspice Pompeii non omnia membra tegentem :
Quem metuis, par hujus erat. Non sanguine clari :
Quid refert? Nec opes populorum, ac regna movemus.
Ad scelus ingentis fati sumus. Adtrahit illos
In nostras Fortuna manus. En altera venit
Victima nobilior. Placemus cæde secundâ
Hesperias gentes. Jugulus mihi Cæsaris haustus
Hoc præstare potest, Pompeii cæde nocentes
Ut populus Romanus amet. Quid nomina tanta
Horremus, viresque ducis, quibus ille relictis
Miles erit? nox hæc peraget civilia bella,
Inferiasque dabit populis et mittet ad umbras,
Quod debetur adhuc mundo, caput. Ite feroces
Cæsaris in jugulum : præstet Lagæa juventus
Hoc regi, Romana sibi. Tu parce morari :
Plenum epulis, madidumque mero, venerique paratum
Invenies. Aude : Superi tot vota Catonum,
Brutorumque tibi tribuent.

(10) . . . . Pars maxima turbæ
Plebis erat Latiæ; sed tanta oblivio mentes
Cepit, in externos corrupto milite mores,
Ut duce sub famulo, jussuque satellitis irent,
Quos erat indignum Phario parere tyranno.
Nulla fides, pietasque viris qui castra sequuntur,
Venalesque manus : ibi fas, ubi maxima merces :
Ære merent parvo; jugulumque in Cæsaris ire
Non sibi dant. Proh fas! ubi non civilia bella
Invenit imperii fatum miserabile nostri?
Thessaliæ subducta acies in littore Nili
More furit patrio. Quid plus te, Magne, recepto,
Ausa foret Lagæa domus? dat scilicet omnis

Dextera, quod debet superis: nullique vacare
Fas est Romano. Latium sic scindere corpus
Dîs placitum: non in generi, socerique favorem
Discedunt populi. Civilia bella satelles
Movit, et in partem Romanam venit Achillas.
Et nisi fata manus à sanguine Cæsaris arcent,
Hæ vincent partes.

(11) Visum famulis reparabile damnum,
Illam mactandi dimittere Cæsaris horam!
Servatur, pœnas in apertâ luce daturus!
Donata est nox una duci, vixitque Pothini
Munere Phœbeos Cæsar dilatus in ortus!

(12) .... At Cæsar mœnibus urbis
Diffusus, foribus clausæ se protegit aulæ,
Degeneres passus latebras. Nec tota vacabat
Regia compresso: minimâ collegerat arma
Parte domûs: tangunt animos iræque, metusque;
Et timet incursus, indignaturque timere.
Sic fremit in parvis fera nobilis abdita claustris,
Et frangit rabidos præmorso carcere dentes.
Non secùs in Siculis fureret tua flamma cavernis,
Obstrueret summam si quis tibi, Mulciber, Ætnam.
Audax Thessalici qui nuper rupe sub Hæmi,
Hesperiæ cunctos proceres, aciemque senatûs,
Pompeiumque ducem, causa sperare vetante,
Non timuit, fatumque sibi promisit iniquum,
Expavit servile nefas......................
Ceu puer imbellis, ceu captis femina muris,
Quærit tuta domus: spem vitæ in limine clauso
Ponit, et incerto lustrat vagus atria cursu;
Non sine rege tamen, quem ducit in omnia secum,
Sumpturus pœnas et grata piacula morti,
Missurusque tuum, si non sint tela, nec ignes,

In famulos, Ptolemææ, caput. Sic barbara Colchis
Creditur, ultorem metuens regnique fugæque,
Ense suo, fratrisque simul cervice paratâ,
Expectasse patrem.

FIN DE LA PHARSALE.

www.ingramcontent.com/pod-product-compliance
Lightning Source LLC
Chambersburg PA
CBHW060410230426
43663CB00008B/1438